Steidl Taschenbuch
Nr. 1

Über dieses Buch:

Anna Larina Bucharina war vierundzwanzig Jahre alt, als ihr Mann Nikolaj Bucharin 1938, nach dem dritten großen Schauprozeß, auf Geheiß Stalins »liquidiert« wurde. Die Nachricht von seiner Verurteilung erhielt sie in einem sibirischen Internierungslager für Frauen von sogenannten Vaterlandsverrätern. Wie ungezählten anderen Angehörigen solcher Funktionäre und Parteigenossen, die dem machthungrigen Diktator im Weg gewesen waren, erging es auch dieser jungen Frau: Sie wurde auf einen jahrelangen Leidensweg durch Gefängnisse und Lager geschickt. Der 1888 geborene Bucharin, Bolschewik der ersten Stunde und Vordenker des Sowjetmarxismus, war von Lenin in dessen »Testament« als »wertvollster und größter Theoretiker der Partei« gepriesen worden. Das hinderte nicht, daß auch er, zum »Rechtsabweichler« gestempelt, Opfer des Staatsterrors wurde.

In ihren hier zum ersten Mal veröffentlichten Erinnerungen zeichnet Anna Larina aus ihrer intimen Kenntnis heraus ein plastisches Bild des Menschen Nikolaj Iwanowitsch Bucharin. Er, der trotz seiner intellektuellen und rhetorischen Brillanz volksnah blieb und dessen rastlose Lebenslust immer wieder die Routine seiner umfangreichen alltäglichen Arbeit durchbrach, vermochte es in seiner Emotionalität und politischen Naivität nicht, mit der zynischen Durchtriebenheit Stalins Schritt zu halten. Viele der entscheidenden Ereignisse aus Bucharins letztem Lebensjahrzehnt kann niemand so kennen und schildern wie Anna Larina: Sie hat sie miterlebt – bis hin zu den qualvollen letzten Monaten, die der abwechselnd verzweifelnde und hoffende Bucharin, nun von allen isoliert, nur noch in seiner Wohnung im Kreml verbringt. Aus brutal erzwungenen Falschaussagen hatte Stalin ein Netz gewoben, das Bucharin – wie so viele andere – schließlich undurchdringlich einschloß. Erst 1988 wurde Bucharin voll rehabilitiert und postum wieder in die Kommunistische Partei aufgenommen.

In Larinas Erinnerungen wird jene grausam paradoxe Zeit insgesamt lebendig, in der »das Volk«, wie sie sagt, »sich selbst zum Feind geworden« war. Mit großer Einfühlsamkeit beschreibt sie etwa exemplarische Schicksale von Mitgefangenen; sie gibt Verhör- und Prozeß-Dialoge ebenso wieder wie beiläufige Gespräche im Zugabteil, welche das Maß an Ratlosigkeit deutlich werden lassen, das die »Große Säuberung« bei der Bevölkerung auslöste.

Nikolaj Bucharin war lange Jahre Mitglied des Politbüros, Chefredakteur von »Prawda« und »Iswestija« sowie Vorsitzender der Kommunistischen Internationale; er fiel jedoch bei Stalin in Ungnade, als er sich dessen Plänen widersetzte, die Industrialisierung rücksichtslos zu forcieren und die Landwirtschaft zwangsweise zu kollektivieren. Das Bucharinsche Programm verkörpert die nicht realisierte Alternative zu Stalin: gleichgewichtige Ausbildung aller Wirtschaftsbereiche – staatlich, genossenschaftlich und privat –, Kooperation auch mit dem kapitalistischen Ausland. Anna Larina gelang es, Bucharins politisches Testament, »An eine künftige Generation von Parteiführern«, mit dem sie ihre Erinnerungen abschließt, über die Lagerzeit zu retten: indem sie es auswendig lernte.

Anna Larina Bucharina

Nun bin ich schon weit über zwanzig

Erinnerungen

Aus dem Russischen von
Eva Rönnau

Steidl

1. Auflage Oktober 1991

 Umschlaggestaltung und Buchausstattung: Gerhard Steidl · Umschlagfoto: Gerhard Steidl · Gesetzt aus der Baskerville der H. Berthold AG, Berlin · Gesamtherstellung: Steidl, Düstere Straße 4, 3400 Göttingen · ISBN 3-88243-198-9

Dem Andenken der mir nächsten und liebsten Menschen – meinem Vater und meinem Mann

Анна Ларина

Wer die Vergangenheit ängstlich verdrängt,
Wird kaum mit der Zukunft im reinen sein…

A. Twardowskij

Das Militärkollegium
des Obersten Gerichtshofes
der Union der SSR

9. Februar 1988

Bescheinigung

Der Prozeß in Sachen Bucharin Nikolaj Iwanowitsch, bis zu seiner Verhaftung am 27. Februar 1937 Chefredakteur der Zeitung »Iswestija«, ist am 4. Februar 1988 vom Plenum des Obersten Gerichtshofes der UdSSR revidiert worden.

Das Urteil des Militärkollegiums des Obersten Gerichtshofes der UdSSR vom 13. März 1938 bezüglich Bucharin N. I. wird hiermit aufgehoben, und der Fall wird in Ermangelung der Verwirklichung einer strafbaren Handlung eingestellt.

Bucharin Nikolaj Iwanowitsch ist hiermit posthum rehabilitiert.

Der Leiter des Sekretariats des Militärkollegiums des Obersten Gerichtshofes der UdSSR

Oberst der Justiz
A. Nikonow

GPU	Staatliche politische Verwaltung (1922–1923)
GULAG	Oberste Lagerverwaltung
IKKI	Exekutivkomitee der Kommunistischen Internationale (1919–1943)
IMEL	Marx-Engels-Lenin-Institut
KP(B)U	Kommunistische Partei der Bolschewiki der Ukraine (1918–1952)
NEP	Neue ökonomische Politik (1921–1936)
NKWD	Volkskommissariat für innere Angelegenheiten
OGPU	Staatliche politische Verwaltung (seit 1923)
RKP	Russische Kommunistische Partei
RKP(B)	Russische Kommunistische Partei der Bolschewiki (1918–1925)
RSDRP(B)	Russische sozialdemokratische Arbeiterpartei der Bolschewiki (1912–1918; später RKP(B), WKP(B), KPdSU)
RSFSR	Russische Sowjetische Föderative Sozialistische Republik (seit 1918)
SAGS	Standesamt
TscheKa	Außerordentliche Kommission zum Kampf gegen Konterrevolution und Sabotage (1917–1922)
TschSIR	Familienangehörige von Vaterlandsverrätern
WKP(B)	(s. RSDRP(B))
WOKS	Allrussische Gesellschaft für Kulturverbindungen mit dem Ausland (1925–1958)
WSNCh	Oberster Rat für Volkswirtschaft des Rates der Volkskommissare (1917–1932; später: Volkskommissariate für Schwer-, Leicht- und Holzindustrie)
WTscheKa	Allrussische außerordentliche Kommission zum Kampf gegen Konterrevolution, Sabotage und Spekulation (1917–1922)
WZIK	Allrussisches Zentrales Exekutivkomitee des Rates der Arbeiter- und Bauerndeputierten (1923–1936)
WZSPS	Allrussischer Zentralrat der Gewerkschaften der UdSSR
ZIK	Zentrales Exekutivkomitee der UdSSR (1924–1937)
ZK	Zentralkomitee
ZKK	Zentrale Kontrollkommission der Allrussischen Kommunistischen Partei der Bolschewiki

Anstelle eines Vorworts

Mit Nikolaj Iwanowitsch Bucharin habe ich die glücklichste und die dramatischste Zeit meines Lebens verbracht. Die letzten sechs Monate waren so schwer, daß jeder Tag wie ein Jahrhundert erschien. An diesem Buch habe ich viele Jahre geschrieben und jede Stunde genutzt, die von familiären Sorgen und Verpflichtungen frei war. Aber bis die ersten Worte zu Papier gebracht waren, hat mich das Erlebte keinen Tag losgelassen; es zermürbte die Seele und beunruhigte den Geist.

Ich habe unter Menschen gelebt, die sich restlos und vollkommen der Revolution ergeben hatten. Die Mehrzahl derer, die ich schon als Kind kennenlernte, hatte ein wahrhaft tragisches Schicksal. Heute kehren sie, die aus der Ahnentafel ihres Vaterlandes verbannt wurden, zurück zu den Lebenden, die ihr bewußtes Leben gerade beginnen. Darum hoffe ich, daß alle Einzelheiten für die Leser interessant sind. Mögen sie mir den Überfluß an solchen Details und die Sprünge in meinem Bericht, die die Erinnerung befahl, verzeihen.

Wenn ich mich an Nikolaj Iwanowitsch und die schweren Schicksalsschläge erinnere, die wir durchzumachen hatten, so erinnere ich mich auch an die anderen führenden Persönlichkeiten und Politiker jener Zeit: an Sinowjew, Kamenew, Sokolnikow, Radek, Pjatakow, die sich selbst verleumdeten und aus Gründen, die hier keiner Erklärung bedürfen, während der Voruntersuchung und beim Prozeß verleumderische Aussagen gegen Bucharin machten. Ich meine jene Zeit, als die erwähnten und viele andere mir bekannte Personen bereits verhaftet waren, Nikolaj Iwanowitsch aber noch nicht. Er las ihre erzwungenen Verleumdungen gegen ihn zu Hause und kehrte nach den Konfrontationen, zu denen die Untersuchungshäftlinge ins ZK-Gebäude gebracht wurden, in unsere Wohnung zurück. Nach ihrer Verhaftung wurden auch N. I. Bucharin und A. I. Rykow gebrochen und sagten beim Prozeß gegeneinander aus.

Natürlich konnte ich in meinen Erinnerungen auch meinen Vater Jurij Larin (Michail Alexandrowitsch Lurje) nicht übergehen. Er war ein Mensch von ungewöhnlich leuchtender Persönlichkeit und großer Tapferkeit, der wohl eine entscheidende Rolle bei der Herausbildung meiner Anschauungen und meines Charakters gespielt hat. Außerdem war er Nikolaj Iwanowitschs Freund, und ihrer Freundschaft verdanke ich es, daß ich denjenigen, mit dem das Schicksal mich verband, von Kindheit an kannte.

Ich hoffe, der Leser versteht, warum Nikolaj Iwanowitschs Dienstreise nach Paris im Frühjahr 1936 so breiten Raum in meinen Erinnerungen einnimmt. Sie war der Prolog zu den Ereignissen, die im Sommer jenes Jahres begannen und im Schauprozeß von 1938 ihren Abschluß fanden.

Memoiren sind notwendigerweise subjektiv, aber ich habe mich bemüht, wahrheitsgetreu zu berichten, und war in diesem Bestreben ganz aufrichtig. Ich bin sicher, daß Nikolaj Iwanowitsch mich darin unterstützt hätte. In seinem schwierigen Charakter war nicht die geringste Unaufrichtigkeit. Ich habe auch solche Details nicht verschwiegen, die möglicherweise den einen oder anderen wundern oder entmutigen könnten. Aber ich denke an die weisen Worte: »Erwartet von der Wahrheit nicht mehr, als sie selbst ist.«

Ich habe lange und hartnäckig um Nikolaj Iwanowitschs Rehabilitierung gekämpft und bin froh, mein Teil zum Sieg beigetragen zu haben.

Ich danke allen, die in schweren Jahrzehnten meine Freunde waren und mir seelische Unterstützung gewährt haben.

A.M. Larina Bucharina

N. I. Bucharin

Anna Larina mit siebzehn Jahren

I.

Im Dezember 1938 kehrte ich nach Moskau ins Untersuchungsgefängnis zurück, nachdem ich bereits anderthalb Jahre in Verbannung in Astrachan, in verschiedenen Etappen- und Untersuchungsgefängnissen und schließlich in einem Lager für Familienangehörige sogenannter Volksfeinde in Tomsk verbracht hatte. Dort war ich zum zweiten Mal verhaftet und ins Gefängnis geworfen worden.

Damals wurden viele Frauen führender Militärs und Politiker aus den Lagern wieder nach Moskau gebracht; nicht mit dem Ziel, ihr Schicksal zu erleichtern, sondern im Gegenteil, um es noch zu verschlimmern und so die überflüssigen Zeugen jener Verbrechen, die wirklich stattgefunden hatten, zu vernichten. Ungefähr gleichzeitig mit mir kamen die Frauen von Gamarnik, Tuchatschewskij und Uborewitsch nach Moskau, sowie Ljudmila Kusminitschna Schaposchnikowa, die Frau von Tschudow, der unter Kirow zweiter Parteisekretär des Leningrader Gebietskomitees gewesen war. Sie alle wurden später erschossen.

Das Tomsker Lager war mein erstes Häftlingslager. Dort verbrachte ich einige Monate vor meiner zweiten Verhaftung, und dort mußte ich den »Bucharinprozeß« und Nikolaj Iwanowitschs Erschießung erleben. Und gerade dort, wo sehr viele von uns zusammengepfercht waren, verspürte ich die Tragödie jener Zeit besonders deutlich und begann sie, ungeachtet des persönlich Erlittenen, in zunehmendem Maße als Tragödie des ganzen sowjetischen Landes zu verstehen. Im Tomsker Lager waren ungefähr viertausend Frauen von »Vaterlandsverrätern«. Dieses Lager war keine Ausnahme, sondern eines von vielen dieser Art.

Der männliche Teil der Bevölkerung wurde hier durch die Gefängniswärter in schwarzen Uniformen vertreten, die uns jeden Morgen zählten, und durch den Sanitärarbeiter »Onkel Kaka«, so genannt von dem zweijährigen Jura, der mit seiner

Mutter im Lager inhaftiert war. Wir alle, die wir in moralischer und intellektueller Hinsicht sehr unterschiedlich waren und auch, was Position und Biographie unserer Ehemänner anging, hatten die Kategorie gemeinsam, der wir den Weg ins Lager verdankten: Frauen von »Volksfeinden«, die dies nie gewesen waren. Aber wir hießen TschSIRs – Familienangehörige von Vaterlandsverrätern. Das waren die Frauen von Altrevolutionären wie Schljapnikow oder Béla Kun, die Frauen von Militärs wie I. E. Jakir und seinem jüngeren Bruder, der auch erschossen wurde, die Schwestern von M. N. Tuchatschewskij, die Frauen führender Partei- und Ratspolitiker aus den Republiken, Frauen von Kolchosleitern oder gewöhnlichen Kolchosbauern, von Vorsitzenden der Dorfsowjets oder von Angehörigen des NKWD, die unter Jagoda gearbeitet hatten. In der Vorstellung der Lagerleitung besaßen die meisten TschSIRs so etwas wie abstrakte »feindliche« Eigenschaften, denn die Lagerleiter verstanden selbst nicht, was im Lande vor sich ging. Häftlingstrupp auf Häftlingstrupp kam an. Das Volk war sich selbst zum Feind geworden.

Aber als die Lagerleiter, zumeist recht mittelmäßige und ungebildete Leute, nun mit den Frauen ehemaliger berühmter Führungspersönlichkeiten zu tun bekamen, da erschienen ihnen diese als echte Feinde. Mein Leben lang habe ich nicht vergessen, wie einen Tag nach meiner Ankunft im Lager die »gewöhnlichen« TschSIRs in einem Kreis vor den Baracken aufgestellt wurden. Jakirs Frau und ich mußten in die Mitte des Kreises treten, und der Vorsteher, der aus der GULAG (Oberste Lagerverwaltung) gekommen war, schrie aus vollem Halse: »Seht euch diese Frauen an! Das sind die Frauen der *schlimmsten* Volksfeinde; sie haben ihnen bei ihrem schändlichen Verrat geholfen, und jetzt meckern sie hier noch herum; nichts paßt ihnen, nichts gefällt ihnen.« Wir hatten gar nicht daran gedacht zu meckern, obwohl es dort niemandem besonders gut gefallen konnte. Wir waren sogar relativ zufrieden, nach dem langen, qualvollen Weg und den Etappengefängnissen endlich unseren Bestimmungsort erreicht zu haben (wie wir meinten).

Nachdem er voller Wut diese furchtbaren Worte gebrüllt hatte, wandte sich der gesunde, rotbäckige, selbstzufriedene Vorsteher zum Gefängnistor und ging. Die Häftlinge gingen entsetzt auseinander. Es gab auch einige, die uns mieden, aber die meisten waren empört. Wir selbst konnten uns nicht vom Fleck rühren, es kam uns vor, als hätte man uns Spießruten laufen lassen. So blieben wir regungslos bei vierzig Grad Kälte stehen, bis jemand uns in die Baracke führte, in unsere kalte Ecke am Fenster, wo der Schnee dicke Fransen bildete. Auf den Doppelbetten drängten sich die Frauen dicht an dicht. Die Nächte waren eine reine Tortur: Kaum jemand konnte frei liegen; fast alle lagen auf der Seite, und wenn man die Lage ändern wollte, mußte man die Nachbarin wecken, um sich gleichzeitig umzudrehen, und eine Kettenreaktion allgemeinen Aufwachens begann.

An jenem Tag glich die Baracke einem aufgerührten Wespennest. Alle unterhielten sich aufgeregt über den Vorfall. Einige waren wütend: »Das haben diese Bucharins und Jakirs angerichtet, und unsere Männer und wir haben darunter zu leiden.« Die übrigen schimpften auf den Vorsteher aus der GULAG, und viele rieten uns, eine Beschwerde nach Moskau zu schreiben, aber uns war klar, daß das keinen Sinn hatte. In jener Nacht schliefen wir nicht, sondern saßen auf dem Rand unserer Pritsche (unsere Plätze wurden von schlafenden Körpern ausgefüllt). Wir hatten in diesem Moment weder Lust zum Schlafen noch überhaupt zum Leben. Leise unterhielten wir uns beim friedlichen Schnarchen der schlafenden Frauen.

Jakir war am 11. Juni 1937 erschossen worden. Am 20. September waren seine Frau und sein vierzehnjähriger Sohn in Astrachan verhaftet worden, wo sie in Verbannung waren. Sarra Lasarewna Jakir war ohnehin schon halb tot. Auch ich war dort am gleichen Tag mit ihnen verhaftet worden.

Jetzt hatten wir Dezember 1937. Nikolaj Iwanowitschs Erschießung stand noch bevor, und ich wartete angespannt. Briefe durften wir nicht schreiben. Später erhielten wir die Erlaubnis, einen einzigen Brief mit der Bitte um warme Kleidung zu schreiben und mitzuteilen, daß man uns einmal im Monat Lebensmittelpakete schicken konnte; aber den Erhalt der Pakete durften wir nicht bestätigen.

Gegen Morgen weckten wir unsere Nachbarn, damit sie uns Platz zum Schlafen machten, aber wir waren kaum eingenickt, da begann der Appell. Wir stellten uns in Reih und Glied auf, und der diensthabende Aufseher, ein junger Mann, rief auf: »Name, Vatersname, Geburtsjahr, Paragraph, Frist; Name, Vatersname, Geburtsjahr, Paragraph, Frist...«

Und gehorsam antworteten die Frauen: »TschSIR, acht Jahre; TschSIR, acht Jahre (selten fünf).«

TschSIR klang weniger beleidigend als »Familienangehöriger eines Vaterlandsverräters«, und für die Ungebildeten – das war eine Minderheit, aber keine ganz kleine – bedeutete es überhaupt nichts. Die hatten Mühe, sich ihr Zeichen zu merken.

Mir schleuderte der Aufseher besonders herausfordernd entgegen: »Na, Name?!«

»Larina«, antwortete ich, so stand es in meinen Papieren. Gerichtlich lief ich unter zwei Nachnamen, aber das wußte ich noch nicht. Beim Transport war ich nicht nach meinem Namen gefragt worden, der wurde offenbar erst im Lager registriert.

»Larina?!« brüllte der Aufseher. »Und den Spionennamen verschweigst du?!«

Es war nicht schwer zu erraten, was er meinte, und ich antwortete: »Bucharina. Aber der ist so sehr Spionenname, wie deiner chinesisch ist.«

Alle erstarrten. Sarra Lasarewna Jakir, die neben mir stand, stieß mich in die Seite.

»In den Karzer, willst du unbedingt in den Karzer? Da warst du noch nicht, das lernst du noch kennen.«

So vergingen die ersten Tage im Tomsker Lager. In den Karzer kam ich nicht.

Am Vormittag gingen Sarra Lasarewna und ich aus der stickigen Baracke in die Zone, um uns abzulenken und Luft zu schnappen. Im frostigen Dunst leuchtete die himbeerrote sibirische Sonne (»Eine Sonne zum Krieg«, sagten die Frauen) und rötete leicht den Schnee, der direkt am Zaun, wohin kein Fuß getreten war, weil man dort nicht gehen durfte, seine jungfräuliche Reinheit bewahrt hatte. An den Ecken des Zauns, der aus Brettern flüchtig zusammengeschlagen war, standen Wachtürme, von denen uns die Posten beobachteten (die noch Schützen hießen), und wenn man dem Zaun etwas zu nah kam, ertönte sofort der Ruf: »Halt! Wer da?« Die einzig begehbare Strecke war der Weg von den elenden Baracken zur Küche, und er war immer voller Frauen. Wir nannten ihn scherzhaft den Newskij-Prospekt (unter uns waren viele Leningraderinnen) oder »Hauptstraße in wilder Panik«. Massen der Unglücklichen rannten hier herum, um nicht zu erfrieren, wobei sie sich überzogen, was sie hatten. Die meisten waren in zerrissenen Steppjacken und kalten Sportstiefeln. Wer im Sommer verhaftet worden war, hüllte sich in die Lagerdecken und ersetzte damit Rock oder Tuch. In vielen Gesichtern standen Ratlosigkeit, Angst und Leiden geschrieben.

Ljudmila Kusminitschna Schaposchnikowa erblickte mich von fern und rief mich heran. Sie kannte meine Eltern und mich von Kindheit an. Sie war eine attraktive Blondine mit grünlichen Augen und einem gewinnenden, gütigen Lächeln und hatte auch im Lager nichts von ihrer Anmut verloren. Wenn sie auch äußerlich etwas verwöhnt wirkte (wodurch sie ihr nicht mehr ganz jugendliches Alter verbarg), war sie doch ein willensstarker Mensch und sah dem bevorstehenden Elend tapfer entgegen. Sie war ein altes Parteimitglied, ein »Emporkömmling aus der Arbeiterschaft«, wie es damals hieß, hatte früher in Leningrad die Parfumindustrie geleitet und war zusammen mit Molotows Frau, P. S. Shemtschushina, in Amerika gewesen, wo sie von Roosevelt empfangen worden waren. Auslandsreisen waren damals selten, so daß dieses Ereignis sich einprägte. Im Lager war Ljudmila Kusminitschna beliebt, sie besaß Autorität bei den TschSIRs und war auf den verantwortungsvollsten Posten gewählt worden – zur Küchenleiterin (im Tomsker Lager gab es keine Produktion).

Ljudmila Kusminitschna warnte mich: »Sei sehr vorsichtig, sag nichts von dem, was im Lande geschieht, schweig über Nikolaj Iwanowitsch. Hier herrschen fürchterliche Zustände, gestern hast du dich davon überzeugen können. Die Denunziation blüht. Zum Verhör wird man in die Abteilung 3 (Untersuchungsabteilung) geschleppt. Viele gemeine Weiber fordern einen zu provozierenden Gesprächen heraus, um sich selbst die versprochene Freiheit zu verdienen. Wir haben eine sehr schwere Zeit, und du mußt ganz besonders vorsichtig sein. Du mußt doch leben! Was mich betrifft, so glaube ich, daß meine Tage gezählt sind. Mich werden sie nicht am Leben lassen.«*

* Nach meiner Freilassung erfuhr ich, daß L. K. Schaposchnikowa zum zweiten Mal verurteilt und erschossen worden ist. Ihr Mann, Michail Semjonowitsch Tschudow, wurde 1937 erschossen.

»Wieso denn? Sie haben doch acht Jahre bekommen«, widersprach ich naiv.

»Das ist noch nicht alles, das wird noch verlängert.«

Schaposchnikowa erzählte, daß man sie im Lager schon verhört hatte und wohl wieder nach Moskau schicken werde. Ich begriff nichts.

»Warum?« fragte ich. »Warum denn nur?«

»Ich weiß zuviel, das ist es«, antwortete Ljudmila Kusminitschna und sah sich um, ob auch niemand in der Nähe sei, aber es war absolut niemand da. »Sie ist Leningraderin«, dachte ich, »und stand denen nah, die mit Kirow zusammengearbeitet haben. Sie sagt selbst, daß sie zuviel weiß. Kirows engste Freunde – wie erklären sie sich die Ereignisse, was denken sie?« Konnte man eine solche Gelegenheit auslassen und nicht fragen?

»Ljudmila Kusminitschna! Wie ist das alles mit Sergej Mironowitsch gewesen, was wissen Sie darüber? Bei Ihnen in Leningrad hat man doch sicher darüber gesprochen und weiß mehr?«

»Ach, das möchtest du gern wissen!«

Sie errötete und sah mich lange aufgeregt und verwirrt an.

»Du stellst vielleicht Fragen. Darüber kann man doch nicht reden!« brachte sie schließlich hervor.

»Ich denke, wir können, Ljudmila Kusminitschna, *wir* können!«

»Naja, ich muß ja sowieso sterben, aber du sollst doch leben. Nicht um mich, sondern um dich habe ich Angst. Obwohl ... Kannst du schweigen, schweigen wie ein Grab?«

Wie hätte ich ihr nicht versprechen können zu schweigen, und sie glaubte mir.

»Sinowjew brauchte Kirows Tod nicht. Das kommt von ganz oben, auf Befehl des ›Herrn‹.« Genau so drückte sie sich aus. »Das haben viele Leningrader Genossen nach dem Schuß begriffen, auch Tschudow.«

Obwohl auch mir zu jener Zeit schon klar war, daß Sinowjew Kirows Tod nicht brauchte, gingen mir doch verschiedene Möglichkeiten durch den Kopf. Als ich schon verhaftet war, im Astrachaner Gefängnis (keinesfalls gleich nach dem Mord), war auch ich schon auf das Allerschlimmste gekommen. Aber als diese Gedanken, die eigentlich noch Vermutungen waren und gerade erst anfingen zu reifen, nun bestätigt wurden, konnte ich nur hervorbringen: »Entsetzlich!«

»Entsetzlich?« wiederholte Ljudmila Kusminitschna. »Warum soll Sergej Mironowitschs Ermordung schlimmer sein als all die anderen Morde? Das ist ja noch ein leichter Tod, der Mord aus dem Hinterhalt. Kirow ist nicht als Volksfeind gestorben, nicht als Spion und hat sich nicht quälen müssen. Wäre denn Bucharins Ermordung weniger entsetzlich? Denk nicht darüber nach, du wirst noch viel Schlimmes erleben.«

»Durch wen hat er denn gehandelt?« fragte ich.

»Das sage ich dir nicht, das wird sich zeigen.« Und Ljudmila Kusminitschna wechselte das Thema und fing an, von jenem Sommer zu sprechen, den wir zusammen auf der Krim verbracht hatten, in Muchalatka, ich mit meinem Vater und sie mit Tschudow. Zu meinem Erstaunen erinnerte sie sogar einen Vers, den ich in jenem Sommer auf Tschudow gemacht hatte:

Welch ein Wunder, welch ein Wunder:
Zu uns kam der Onkel Wundrow.*
Wunderkloster, Onkel mein –
Welch ein Hüne tritt da ein!

Damals war ich fünfzehn. Tschudow war ein großer, breitschultriger, kräftiger Mann. »Ilja Muromez«** nannte ich ihn scherzhaft.

»Ja, ja, ein Hüne, und sie haben ihn weggepustet wie einen Strohhalm.«

Ljudmila Kusminitschna wischte sich eine Träne ab. Und wir trennten uns, um keine Aufmerksamkeit zu erregen.

Die Frauen im Lager litten furchtbar unter den grauenhaften Verhältnissen und dem Nichtstun. Es gab dort keine Produktion. Bücher und Zeitungen bekamen wir nicht. Später erhielten viele in den Päckchen Garn zum Stricken und Stikken. Besonders geschickt waren die Ukrainerinnen. Ihre Handarbeiten waren ausstellungsreif.

Am lebhaftesten ging es auf dem Platz neben der Küche zu. Da wurde eifrig gearbeitet: Fässer mit Brühe oder Grütze wur-

* Der Name Tschudow hat die Wortwurzel tschudo = Wunder. (A. d. Ü.)
** Ilja Muromez: legendärer Recke. (A. d. Ü.)

den herausgetragen, Holz wurde gesägt und gehackt, die Säge surrte, und das Beil hämmerte. Dabei war die lebhafte, flinkäugige Tanja Iswekowa besonders geschickt, die ehemalige Frau von Lasar Schazkin, einem der Begründer des Komsomol, der in den ersten Jahren nach der Revolution große Autorität besessen hatte und ein beliebter, intellektueller Komsomolanführer gewesen war. Im Frost fielen die Scheite klirrend unter der Axt. Rund um die Arbeitenden standen immer viele, die helfen wollten. Die Optimisten verbreiteten immer erfreuliche Gerüchte: Zu Neujahr gibt es eine Amnestie, zum 1. Mai gibt es eine Amnestie und zu Stalins Geburtstag ganz bestimmt.

Unvergeßlich ist mir Dina, die in der Küche arbeitete. Sie war eine Ausnahme unter uns. Ihre Verurteilung war in doppelter Hinsicht ungerecht. Erstens war sie keine Frau eines »Vaterlandsverräters«, und zweitens war sie überhaupt nicht verheiratet, als sie verhaftet wurde. Sie war eine Frau von kolossalen Ausmaßen, eine ehemalige Lastträgerin aus Odessa, und hatte sich viele Jahre vor der Verhaftung von ihrem Mann getrennt. Der war damals auch Hafenarbeiter gewesen. Erst beim Verhör hatte Dina erfahren, daß ihr ehemaliger Mann später einen hohen Posten irgendwo in der Stadt innegehabt hatte. Er hatte ihr niemals etwas über sich mitgeteilt. Dina war eine stolze Frau. Sie machte sich nicht auf die Suche nach ihrem Gatten und erzog die Kinder, ohne auch nur einen roten Heller vom Vater zu bekommen. Und sie bemühte sich auch nicht um die offizielle Scheidung. Diese Tatsache war ihr zum Verhängnis geworden. Da halfen ihr beim Verhör keine Erklärungen.

In Tomsk wurde Dina als Zugpferd benutzt. Unsere Lebensmittel erhielten wir vom Tomsker Gefängnis. Es gehörte zu Dinas Aufgaben, sie auf einen Wagen zu laden und zur Küche zu fahren. So transportierte sie Kartoffeln, Kohl, Graupen und geschlachtetes Vieh, das so mager war, als seien die unglücklichen Tiere extra für uns gezüchtet worden.

Das brachte unsere Küchenchefin L. K. Schaposchnikowa zur Verzweiflung: Sie wußte nicht, wie sie uns mit solchen Produkten ernähren sollte; der Kohl und die Kartoffeln waren auch noch gefroren. Doch auch hier erwiesen sich ihre organisatorischen Fähigkeiten. Eines Tages kam sie zu uns in die

Baracke und sagte: »Mädchen!« So nannte sie alle Frauen, egal welchen Alters. »Ich habe mir folgendes überlegt: Mit diesem Fleisch ist nichts Vernünftiges anzufangen. Das gibt eine dünne Brühe mit gefrorenen Kartoffeln und ohne das kleinste bißchen Fett. Laßt uns doch das Fleisch über die Woche aufheben, solange wir Frost haben, und am Sonntag gibt es dann eine richtige Fleischsuppe, und vielleicht fällt sogar für jeden ein Kotelett ab. Einverstanden?«

»Einverstanden, einverstanden!« riefen alle im Chor. Auch in den anderen Baracken – es waren, glaube ich, acht – stimmten alle zu. Und am Sonntag bekamen wir wirklich eine gute Suppe und jeder ein kleines Kotelett. Aber es war doch zu schwierig, so ein Essen zu machen. Obwohl so viele Hilfsbereite da waren, war die Vorbereitung kaum durchführbar: Derart viele Köche paßten nicht in die Küche. Und das Experiment wurde nicht wiederholt, jedenfalls nicht, solange ich da war.

Wenn wir von weitem Dina sahen, die den schweren Wagen hinter sich herzog, riefen wir immer: »Dina kommt! Dina kommt!« und rannten zum Tor, um ihr zu helfen, indem wir von hinten nachschoben. Weil Dina so viel Energie in Pferdestärken aufwenden mußte, verordnete die Lagerleitung unserem »Pferd« die doppelte Ration. Aber leider war eine Ration so kalorienarm, daß selbst das Dreifache nichts genützt hätte (Hafer nahm Dina natürlich nicht), wenn Ljudmila Kusminitschna sie nicht in der Küche zusätzlich gefüttert hätte.

Aber eines Tages gab es einen Zwischenfall in Dinas Leben. Im Tomsker Lager war auch eine junge Frau interniert, die Shilina hieß, aber Carmen genannt wurde, weil sie sang – zwar nicht wie Carmen im Bolschoj-Theater, doch Menschen, die keine positiven, dafür aber um so mehr negative Empfindungen zu verarbeiten hatten, machte es Freude. Es lief das Gerücht um – Gerüchte waren im Lager sehr beliebt –, daß Carmen kahl sei und eine Perücke trage. Ich will nicht behaupten, daß diese Frage viele von uns beschäftigte, aber Dina beschäftigte sie. Dina konnte natürlich nicht ahnen, daß Carmen eine farcierte Frisur hatte, wie das Stadtoberhaupt Pljustsch in der »Geschichte einer Stadt«, und daß sie nach dem Lageressen noch eine Nachspeise gehabt hatte. Unsere Dina ahnte nichts von Saltykow-Stschedrins Existenz, sie war einfach furchtbar neugierig. Neugier steigert sich bei Langerweile noch, und eines Tages, als Carmen in ihrer Lagerkleidung, den Sportstiefeln und der geflickten Matrosenjacke a. D., über den »Newskij« ging, stürmte plötzlich Dina heran und riß ihr die Perücke vom Kopf. Mit einer leichten Bewegung hievte sich Dina die heulende Carmen mit ihrer knieförmigen Glatze einhändig auf den Rücken, schwenkte mit der anderen Hand die Perücke wie ein Banner und galoppierte johlend den Weg entlang. Sofort rannte der Aufseher heran und zwang sie, Carmen loszulassen. Zur Strafe sollte Dina fünf Tage in den Karzer (einen kalten Raum, bei Brot und Wasser). Als der Aufseher sie dorthin bringen wollte, beschloß sie, ihren einzigen Vorteil – ihre Kräfte – anzuwenden. Sie sträubte sich, und als der kleine, schmächtige Aufseher ihr den Arm nach hinten verrenkte, fand er sich plötzlich auf ihrem Rücken wieder. So trug Dina den Diensthabenden unter allgemeinem Gelächter zum Karzer. Aber es war ihre Rettung, daß nun die Zugkraft fehlte. Am nächsten Tag stand sie wieder vor ihren Wagen gespannt.

Dina unterschied sich nicht nur dadurch von uns, daß sie niemandes Frau war – weder die eines »Volksfeindes« noch die eines Volksfreundes –, sondern auch dadurch, daß es ihr als einziger im Lager gefiel, was Mitleid erregte. Ihre Existenz in der Freiheit war so elend gewesen, so voller Sorgen um die Kinder und das tägliche Brot, ihre Arbeit im Hafen so schwer und das ganze Leben so freudlos, daß Dina das Lager nicht als Gefängnis empfand, sondern als Befreiung von der Alltagslast und als eine sorglose Zeit.

In jenem Jahr kam der Frühling ungewöhnlich früh, während meines ganzen zwanzigjährigen Aufenthalts in Sibirien habe ich das nicht noch einmal erlebt. Dina stellte ihren Wagen mit auf den Boden fallenden Deichseln unter die einzigen drei Birken, die in der Zone neben der Küche wuchsen (später wurden auch die gefällt). Sie trugen schon Knospen, und an einigen Stellen war sogar schon das zarte Spitzenwerk eben entfalteter, hellgrüner, junger Blättchen zu sehen. Wie schön waren diese Birken, unter denen sich die vergrämten, finsteren, heruntergekommenen Frauen drängten, die noch nicht alle ihre schmutzigen grauen Steppjacken abgelegt hatten, wie schön waren sie vor dem Hintergrund der schäbigen, niedrigen Baracken und der zertrampelten Zone, aus der es überhaupt keinen Ausweg mehr zu geben schien! Jeden Tag, wenn Dina ihre kurze Arbeit beendet hatte, legte sie sich in ihrer Lagerkleidung auf dem Wagen unter die Birke: mit Schnürstiefeln aus Schweinsleder an den bloßen Füßen, einem schwarzen Kattunrock und einer speckigen Jacke von undefinierbarer Farbe (die neue Steppjacke, die ihr als einer von ganz wenigen zugeteilt worden war, faltete sie doppelt oder vierfach und schob sie sich unter den Kopf). Daneben lag immer ihre dunkle Stoffmütze. Die Sonne brannte schon kräftig, so daß man keine Mütze mehr aufzusetzen brauchte. Aber Dina dachte an die Zukunft: Der nächste Winter würde kommen, und nicht nur einer, sondern deren acht. »Man kann nie wissen bei diesen Intellektuellen und Nichtintellektuellen, eine Brotration haben sie mir schon geklaut«, erzählte Dina empört. Dina kriegt in der Küche eine andere, hatte wohl diejenige gedacht, die die Ration gestohlen hatte, Dina läßt man nicht hungern. Aber eine Mütze würde man ihr in der Küche nicht geben, und Dina schleppte sie vorsorglich mit sich herum. So hatte sie all ihr Hab und Gut auf dem Wagen bei sich. Im Lager sind Sachen nur eine Belastung: Sowie es auf Etappe geht, sieh zu, wie du sie mitschleppst. Und es ist schon ohne das kein Vergnügen.

Manchmal setzte ich mich zu Dina auf den Wagen. Es zog mich zu den Birken, und es war gut, daß Dina schweigsam war. Sie fragte nie, was ich über den Prozeß vom März dachte, und ich brauchte mir nicht den Kopf darüber zu zerbrechen, ob es vielleicht ein provokatives Gespräch war. Seit dem Prozeß waren überall Fallen aufgestellt, und wie sollte ich wissen, wen ich gerade vor mir hatte! Man war vor nichts sicher. Aber mit Dina war es leicht.

Aber eines Tages war Dina gesprächig.

»Was kommst du immer hierher, sag mal, ich tu dir wohl leid, was? Das ist nicht nötig. Um dein eigenes Leben kann es dir leid tun, aber mir geht es hier nicht schlecht. Die Kinder sind im Heim erstens satt«, und sie hielt mit der rechten Hand einen Finger der Linken hoch, »zweitens haben sie Kleider«, der zweite Finger kam hoch, »drittens haben sie Schuhe«, das war der dritte Finger.

»Sehnst du dich denn gar nicht nach deinen Kindern, Dina, und tut es dir nicht leid um die Freiheit?!«

»Was war das denn schon für eine Freiheit? Von morgens bis abends im Hafen. Und die Kinder hab ich doch kaum zu sehen gekriegt.«

»Warum hast du denn nichts gelernt, Dina?«

»Warum ich nichts gelernt hab? ... Die Sowjetmacht hat mir keinen Kopf gegeben«, antwortete sie und lachte. »Ich hab's sogar versucht, ist aber nichts bei rausgekommen. Und ich sag dir noch einmal: Kümmer dich nicht um fremde Freiheit, kümmer dich um deine eigene. Wein nicht um fremde Kinder. Wenn du selbst welche hast, wein um die. Und warum hast du dir denn so einen Feind zum Mann genommen, so eine wie du? Der soll ja nun ein echter Feind sein. Huh ... ein ganz schlimmer!«

Und ich hatte gedacht, sie wüßte nicht, wer ich bin. Mir war, als hätte man mich verbrüht. Ich sprang vom Wagen und wollte weglaufen. Ich konnte ihr nicht antworten! ... Aber Dina hielt mich mit ihrer großen kräftigen Hand fest und wechselte den Ton.

»Ach, weißt du, die munkeln ganz Verschiedenes von ihm, auch, daß er verdammt klug war, und das ist sowieso das Ende, wenn man verdammt klug ist. Ein bißchen mehr Grips als ich, das reicht vollkommen. Ich hab auch gehört, daß er mit Lenin selbst gearbeitet hat. Naja, vielleicht ist das Weibergewäsch, aber gesehen hat er ihn ja wohl mal. Irgendwann hat er ihn gesehen, nicht?« fragte Dina neugierig. Und ich mußte seit langer Zeit zum ersten Mal lächeln.

»Davon hat er mir nichts erzählt, aber vielleicht hat er ihn mal gesehen. Aber wer munkelt denn mit dir, Dina? Wer munkelt, der kriegt leicht Schwierigkeiten!«

»Na wer schon? Wer grad so kommt. Ich lieg hier und kriege alles mögliche zu hören, über dies und das ...«

Das war mein letztes Gespräch mit Dina, aber ich habe es bis heute behalten.

Von diesem Gespräch erzählte ich damals meiner Lieblingsfreundin, Wiktorija Alexandrowna Rudina. Sie war die Frau eines Militärs und hatte vor ihrer Verhaftung an einer Schule Russisch und Literatur unterrichtet. Sarra Lasarewna Jakir und ich hatten sie im Etappengefängnis Swerdlowsk kennengelernt, wohin wir bei der Überführung aus Astrachan nach dem Saratowsker Gefängnis gekommen waren, während sie aus der Moskauer Butyrka gekommen war.

Das Saratowsker Verlies erschien mir schlimmer als die Peter-Pauls-Festung, vermutlich, weil ich die Peter-Pauls-Festung mit meinem Vater zusammen besichtigt hatte. In den zwanziger Jahren war sie wohl als Museum noch gar nicht eröffnet, aber Larin durfte den ehemaligen Kerker betreten. Er zeigte mir jene Zelle, in der er vor der Revolution 1905 gesessen hatte. Der lange Korridor im Saratowsker Gefängnis mit der muffigen, schon undurchsichtigen, verqualmten Luft war wie die Hölle selbst. Die Geräusche aus den Zellen durchdrangen kaum die dicken Türen. Man hörte nur das Klirren der Schlüssel, die die Aufseher am Gürtel trugen, und das Poltern der Riegel, wenn sie weggeschoben wurden. Auch die Aufseher waren dort besonders böse. So überfüllt das Saratowsker Gefängnis auch war, wir wurden trotzdem noch in eine Zelle gestopft. Nur in einer Beziehung war es in den Etappengefängnissen leichter als in den Untersuchungsgefängnissen: Wir meinten fälschlich, daß unser Schicksal endgültig entschieden sei, und lebten nicht mehr in angespannter Erwartung.

Im Unterschied zu den anderen Gefängnissen paßten im Swerdlowsker in den Zellen keine Gefangenen mehr auf, unter oder zwischen die Betten, darum wurden wir im Korridor untergebracht. Es war ein schmaler und heller Flur, weil die Fenster keine »Maulkörbe« hatten, und er war sehr kalt. Sarra Lasarewna Jakir und ich richteten unser Lager auf dem Fußboden ein. Wir nahmen Nikolaj Iwanowitschs Baumwolldecke als Unterlage und die wärmere Wolldecke von Jakir zum Zudecken.

Neben mir lag eine wahnsinnige Leningraderin. Mal saß sie da und zerriß schweigend ihren schwarzen Wintermantel in dünne Streifen und zerrupfte die Watteline, mal schrie sie durch den ganzen Korridor: »Wir haben Sergej Mironowitsch ermordet, wir alle haben ihn ermordet, darum sitzen wir auch alle!«, mal sprang sie ruckhaft auf, ging ans zugefrorene, reifbedeckte Fenster und kratzte, wie Puschkins Tatjana, *ihr*»heiliges Monogramm« an die Scheibe, wenn auch nicht mit einem bezaubernden, sondern mit einem dicken, schmutzigen, von der Kälte geschwollenen Finger: »S. M. K.« – Sergej Mironowitsch Kirow. Nach wenigen Minuten Ruhe, während deren sie sämtliche Scheiben bekritzelte, fing sie wieder an, hysterisch zu schreien:

»Unmenschen, Unmenschen, Unmenschen, wir alle haben den Genossen Kirow umgebracht, unseren Mironytsch. Alle, ohne Ausnahme! Rettet ihn, rettet ihn!«

Nachts beruhigte sie sich, da hatte sie eine andere Beschäftigung. Sie klaubte sich die Läuse aus dem Haar, was überhaupt nicht schwierig war, so massenhaft waren die bei ihr. Sie brauchte sich nur ins Haar zu fassen, dann war ihr die Beute schon sicher. Dann streute sie mir die Läuse über den Kopf und sagte dabei: »Allen das gleiche, allen das gleiche, wir schreiten zum Kommunismus.«

Im Korridor des Swerdlowsker Gefängnisses erregte eine uralte Frau meine Aufmerksamkeit. Sie saß ruhig da und betrachtete alle aufmerksam von der Höhe ihrer Altersweisheit herab. Sie war zerfurcht von Runzeln wie ein Bratapfel, winzig klein und vertrocknet, unglaublich sauber für die Gefängnisverhältnisse, mit einer schneeweißen Spitzenhaube, die ihr akkurat auf dem Kopf saß, und sie nahm weniger Platz ein als alle anderen. Ich hörte ihre Stimme zum ersten Mal, als sie mit dem »Pfleger« sprach. (Die »Pfleger« waren meist Dienstleistungsangestellte, die sich ein warmes Plätzchen erobert hatten, von Medizin nichts verstanden, aber leichte medizinische Hilfsdienste übernahmen. Die Kriminellen nannten sie der Einfachheit halber »Pfleger«, ohne über den eigentlichen Wortsinn nachzudenken.)

»Würdest du mir bitte etwas gegen Kreuzschmerzen geben, Söhnchen?« bat die Alte.

»Was soll dir mit deinen hundertzehn Jahren denn noch helfen?!«

Alle waren erstaunt: Was, wirklich einhundertzehn?

»Das hilft mir schon, gib mir ein Tablettchen«, bat die Alte.

»Da, nimm, dann schluck ein Aspirin, wenn du unbedingt eine Tablette willst, vielleicht hilft's.«

»Bist du wirklich hundertzehn, Mütterchen?« fragte ich.

»Ja, ja«, sagte der Pfleger, »ich habe ihr Formular gesehen, sie ist Jahrgang 1827.«

»Was wahr ist, ist wahr«, bekräftigte die alte Frau.

»Dann hast du also zu Puschkins Zeiten gelebt?«

»Du meinst den, der Verse geschrieben hat? Ja, das ist schon so.«

»Ja, wofür hat man denn dich eingesperrt, Mütterchen?«

»Das weiß ich nicht, wofür. Der Untersuchungsleiter hat gesagt, daß ich das Evangelium gelesen habe, und darin steht Schlechtes über Lenin.«

»Da verwechselst du irgendwas, Mütterchen, das kann nicht sein.«

»Das hab nicht ich verwechselt, das hat er verwechselt.«

Für Lenin im Evangelium bekam diese Großmutter fünf Jahre Lager.

Das Swerdlowsker Gefängnis war auch dadurch unvergeßlich, daß in der Brühe immer Schaben schwammen. Ein Pärchen fand sich mindestens im Napf. Und diese beiden Umstände – die Schabenbrühe und die wahnsinnige Leningraderin – bildeten den Anfang meiner Bekanntschaft und Freundschaft mit Wiktorija Rudina. Ich erblickte sie zum ersten Mal, als sie sich einen Weg über die dicht gedrängt liegenden Körper im Flur bahnte, an die verschlossene Tür ging und energisch zu klopfen anfing und verlangte, daß der Gefängnisleiter käme. Schließlich erschien er. Sie sah ihn von oben herab an, musterte ihn, wie mir schien, angewidert von Kopf bis Fuß und sagte in einem Ton, als sei er ihr Untergebener:

»Erstens, nehmen Sie die Wahnsinnige hier weg. Sie muß geheilt werden, und hier läßt sie uns nicht schlafen und überträgt ihre Läuse auf alle. Zweitens, kochen Sie keine Brühe mit Schaben, da der Nutzen dieser Insekten für den menschlichen Organismus noch nicht erwiesen ist. Verstanden?«

Der Gefängnisleiter hörte schweigend zu und verschwand. Gegen Abend wurde die Wahnsinnige weggebracht. Die Schaben im Essen wurden weniger. Sie schwammen längst nicht mehr bei jedem im Napf. Vermutlich wurden sie aus dem Kessel gefischt.

Am nächsten Tag wurden Jakir, Wiktorija und ich auf Etappe ins Tomsker Lager geschickt. In Tomsk erbat sich Wiktorija von der Lagerleitung die nötige Ausrüstung und flickte Schuhe. Die Baracke, in der sie wohnte, war gegenüber der Küche, an der belebtesten Ecke. Als es wärmer wurde, kam Wiktorija nach draußen und flickte die Schuhe an die Wand gelehnt, vor den Birken. Groß, mager und blaß, mit entzündeten Augen von der Unterernährung und der anstrengenden Arbeit, saß sie gekrümmt da in ihrem alten Mantel, der irgendwann einmal kirschrot gewesen war. Jetzt war er verblichen und auf den Gefängnisbetten abgewetzt, dieser Übergangsmantel, in dem Wiktorija den ganzen sibirischen Winter hindurch fror. Mit einem Lappen über den Knien hantierte sie geschickt mit Ahle und Pechdraht. Zu dieser Zeit konnte Wiktorija die Arbeit allein nicht mehr bewältigen und hatte eine Schusterlehre organisiert. Alles ging gut. Ihre Werkstatt verwandelte sich nicht in eine »Clique« und wurde nicht als konterrevolutionäre Organisation zerschlagen. Aber die Fertigkeit der Schustermeisterin blieb unübertroffen. Alle bemühten sich, ihre Schuhe Wiktorija selbst zur Reparatur zu geben. Vielleicht hatte ihr pädagogisches Talent ihr dabei geholfen, einigen Menschen in kurzer Zeit das Schustern beizubringen, aber es war natürlich nicht ihre gute Literaturkenntnis, die sie selbst dieses Handwerk beherrschen ließ. Sie konnte sich einfach für andere hingeben. Und in den Verhältnissen, in denen wir lebten, brauchten die Leidensgefährtinnen ihre Arbeit.

Später kam Wiktorija in Verbannung in die Tatarische Sowjetrepublik, wo sie Russisch und Literatur unterrichtete. Ein besonders begabter Schüler von ihr, der einen glänzenden Schulabschluß gemacht hatte, machte das Aufnahmeexamen für die Kasaner Universität und fiel durch, weil er eine Note nicht erreicht hatte. Wiktorija hielt diese Ungerechtigkeit für einen Zufall. Sie fuhr nach Kasan zum Universitätsrektor, was für sie sehr riskant war (sie hätte zum zweiten Mal verhaftet werden können). »Wir haben Sie gründlich satt, Mamascha«, empfing der Rektor sie. »Ich bin nicht Ihre Mamascha, sondern seine Lehrerin. Er ist ein ausgezeichneter Schüler. Aber wenn Sie mich so satt haben, gehen Sie zum Telefon, rufen Sie die bekannten Organe an – ich bin Verbannte –, melden Sie, daß ich in Kasan bin, dann werde ich wieder verhaftet.« Der Rektor erhob sich, drückte ihr die Hand und sagte: »Regen Sie sich nicht auf, Ihr Schüler wird aufgenommen.« Er hielt sein Versprechen.

Als ich, aufgeregt vom Gespräch mit Dina, zu Wiktorija kam, war sie von Frauen umringt.

»Wiktorija, Liebe, besohl mir doch bitte meine Stiefel«, bat die Frau eines Kolchosbauern, die selbst eine ehemalige Bäuerin aus dem Rjasaner Gebiet war. »Das sind die Stiefel meines Vaters. Er hat gesagt, vielleicht nützen sie dir da, – und wie sie mir nützen, ohne sie wäre ich aufgeschmissen. Ach, wie ist es alles schwer«, seufzte sie. »Zuerst haben sie meinen Mann verhaftet, dann sind sie nachts gekommen, um mich festzunehmen, und haben mich ins Rjasaner Gefängnis gebracht. Haben aufgeschlossen und mich in die Zelle geführt. Da hab ich begriffen, daß es ihn nicht gibt, diesen Gott!«

Im Tomsker Lager gab es sechzig Frauen, die mit Neugeborenen verhaftet worden waren. Nur ein kleiner Jura war zwei. Den besuchte ich oft. Er wohnte mit seiner Mutter in der »Mütterbaracke« und erinnerte mich an meinen Jura. Der war damals, im Frühling 1938, ebenso alt, und sie ähnelten sich sogar äußerlich. Die Kinder wuchsen und brauchten Kleider. Ljudmila Kusminitschna hatte erreicht, daß wir Baumwollstoff bekamen, und so nähten wir für die Kinder. Die Mütter nannten wir nach ihren Kindern: Ljubas Mama, Wasjas Mama, Wanjas Mama. Wanjas war auch zu Wiktorija gekommen, um sich das Herz zu erleichtern.

»Stell dir vor, Wiktorija«, erzählte sie, »kommt doch die Telmansche zu mir (die Oberaufseherin Telman) und sagt: ›Siehst du, wie sich die Sowjetmacht um die Kinder kümmert. Du sitzt im Gefängnis, und deinem Wanja hat man so einen schönen Anzug genäht.‹ Und weißt du, was ich ihr geantwortet hab? ›Wenn's nach mir ginge, könntet ihr mir Sackleinen geben. Dann würde ich meinen Wanja einwickeln und nach Hause gehen, und euren schönen Anzug hätte ich überhaupt nicht nötig.‹ Wir waren zu Haus elf: acht Kinder, mein Mann und ich, und Mama wohnte auch bei uns. Ich hab nur Wanja mitgenommen, die andern sind bei der Alten und Dunja geblieben, die ist sechzehn, sie ist die Älteste. Die Telmansche denkt wohl, daß wir kein anständiges Leben kennen. Es kam sogar vor, daß der Alte selbst in die Stadt fuhr, ein Kilo Zucker für die Woche kaufte, und dann iß, soviel du willst...«

Bewegt von diesem Bericht antwortete Wiktorija ihr in Versen:

Ringsum ist, ringsum ist alles voll Leid,
Daß man sich schämt in der bitteren Zeit,
Nur an das eig'ne zu denken.

Aber schämte man sich wirklich? Danach waren die Zeiten nicht! Ich schämte mich nicht, auch an mein eigenes Leid zu denken. So sehr man auch das »eigene« zu verdrängen versuchte, es ließ einem keine Ruhe. Es zerriß einem das Herz.

Nekrassow hat über die grausamen Sitten in Rußland zur Zeit der Leibeigenschaft geschrieben: »Und ringsum all die russischen Knochen ... Wanetschka, kannst du sie zählen?« Aber was waren jene Knochen im Vergleich mit unseren. Unzählige Pyramiden hätte man aus den Erschossenen, Verhungerten, Erfrorenen aufschichten können. Was waren jene Tränen im Vergleich mit den Tränen unserer Frauen im Lager, die von ihren Kindern und Männern getrennt waren, die man gedemütigt und schuldlos umgebracht hatte. »Russische Frauen«? Die Fürstinnen Trubezkaja oder Wolkonskaja, die ihr luxuriöses Petersburger Leben aufgaben und mit Postkutschen zu ihren Männern, den Dekabristen, nach Sibirien fuhren? Zweifellos – eine Heldentat! Ein Thema für Dichter! Aber wie fuhren sie denn? Sechsspännig, in Pelzen, in blendend organisiertem Transport, »der Graf hüllt sie ins Bärenfell und richtet ihr die Kissen schnell«. Und schließlich fuhren sie ja zu ihren Männern! Unsere Frauen, russische und nichtrussische, Ukrainerinnen, Weißrussinnen, Georgierinnen*, Jüdinnen, Polinnen, Deutsche aus dem Wolgagebiet oder Kommunistinnen, die aus dem faschistischen Deutschland geflohen waren, Kominternangehörige und andere (Stalin war ja Internationalist!), die wurden in beheizten Güterwagen oder Häftlingswaggons auf Etappe geschickt. Vom Bahnhof bis zum

* Stalin verschonte auch die Georgier nicht. Nationalismus oder familiäre Voreingenommenheit konnte man ihm nicht vorwerfen. In dieser Hinsicht ist er rein vor der Geschichte. Seine Verwandten, die Swanidses und Allilujews, verdammte er zu Selbstmord, Hinrichtung oder Lager. Die Georgier, die mildes, warmes Klima gewohnt waren, kamen im Norden als erste um. Unzählige von ihnen wurden erschossen. Unter denen, die unter Repressalien zu leiden hatten, lagen sie prozentual gegenüber der übrigen Bevölkerung fast an erster Stelle. Und auch an Verwünschungen, mit denen sie den Führer und sogar seine Mutter bedachten, die dem georgischen Volk so einen Sohn geschenkt hatte, waren sie in den Lagern unübertroffen. Sie fluchten mit wahrhaft georgischem Temperament.

Lager ging es dann kilometerweit zu Fuß, unter Bewachung mit Schäferhunden. Entkräftet schleppten sie sich mühsam mit ihren dürftigen Habseligkeiten, Koffern und Bündeln, dahin unter den Rufen der Wachen: »Ein Schritt zur Seite und ich schieße ohne Vorwarnung!« oder »Setzen!« – egal ob in Schnee oder Schlamm – setzen! Und die fuhren nicht zu ihren Männern! Es gab allerdings unter uns solche Träumerinnen, die naiv hofften, in jener jenseitigen Lagerwelt wieder mit ihren Männern vereinigt zu werden, jenen, die zehn Jahre ohne das Recht auf Briefwechsel bekommen hatten, mit anderen Worten, erschossen worden waren. Was hätte mir der Weg ausgemacht, wenn es zu Nikolaj Iwanowitsch gegangen wäre!
Aber ich konnte nicht einmal hoffen.

Nekrassow hat über »Orina, die Soldatenmutter« geschrieben. Ihr Sohn starb während des langen, schweren Soldatendienstes an Schwindsucht. Und tatsächlich: »Es fehlen die Worte, es ist des Kummers ein Meer!« Auch an der Front, in den schweren Kriegsjahren kamen unsere Söhne um, und der Schmerz der Mütter war maßlos. Aber diese Söhne starben als Helden, die Heimat verteidigend, und nicht schuldlos verflucht, Heimat, von dir! Was soll man über eine Mutter sagen, deren Sohn nachts von einem »schwarzen Raben« abgeholt wird?! Und selbst jene Dulderin könnte noch beneidet werden von einer Mutter, deren Sohn nicht nur den Bekannten, Kollegen und Nachbarn bekannt, sondern der gestern noch der Stolz des ganzen Volkes war und heute vor allen angeprangert wird. Wir haben noch keine Gedichte zu lesen bekommen über diese endlose seelische Qual, über die maßlose Niedergeschlagenheit und die ewige Frage in den Augen: »Ist es denn wirklich wahr, und wie konnte es nur geschehen?« Und es waren viele, die dieses schwere Kreuz um den geschändeten, vernichteten Sohn zu tragen hatten, wenn auch meist nicht für lange, weil sie es nicht überlebten.
Das Schicksal führte mich mit einer Mutter zusammen, deren Sohn der Stolz des ganzen Landes gewesen war. Dafür verfluchte ihn das Land dann auch einmütig. Ich wußte, was das heißt, wenn ich auch nicht die Mutter eines solchen Sohnes, sondern die Ehefrau eines allgemein verfluchten Mannes war. Die allgemeine Verfluchung, der allgemeine Hohn – was

kann schlimmer sein? Der Tod ist die einzige Rettung vor solcher Qual!

Diejenige, die ich traf, war nicht »Orina, die Soldatenmutter«, sondern Mawra, die Marschallsmutter, auch sie eine einfache Bauersfrau. Ich begegnete Tuchatschewskijs Familie in ihren tragischsten Tagen, im Zug von Moskau nach Astrachan, im Juni 1937, auf dem Weg in die Verbannung. Ein NKWD-Mitarbeiter hatte mich im Auto zum Bahnhof gebracht und in den Zug gesetzt (ohne Platzkarten, dafür kostenlos). Er hatte sich gesucht höflich von mir verabschiedet und mir wie zum Spott alles Gute gewünscht. Unterwegs stiegen die Passagiere an den Stationen aus und stürzten sich auf die Zeitungen mit den Sensationsnachrichten. Es wurde berichtet, daß »das Militärkollegium des Obersten Gerichtshofs der UdSSR in einer geschlossenen Sitzung untersucht hat...«, daß »alle Angeklagten sich schuldig bekannten« und daß »das Urteil vollstreckt ist«. An jenem Tag kamen die bedeutendsten Heerführer um: Tuchatschewskij, Jakir, Uborewitsch, Kork, Ejdeman, Feldman, Putna, Primakow. Der Chef der Politischen Verwaltung der Roten Armee, Gamarnik, hatte schon am 31. Mai 1937 Selbstmord begangen.*

Man hätte sich wohl kaum noch zu wundern brauchen und hätte einfach alles als einen unerklärlichen, schicksalhaften Schreckenssturm auffassen können. Zwei Bolschewikiprozesse – der von Sinowjew und Kamenew und der von Radek und Pjatakow – lagen schon hinter uns. M. P. Tomskij hatte schon Selbstmord begangen, und A. I. Rykow und N. I. Bucharin waren verhaftet. Ganz zu schweigen von den früheren Prozessen, obwohl die in mir damals kein Mißtrauen erregt hatten. Nur N. N. Suchanows Verurteilung im Menschewikiprozeß vom Mai 1931 hatte mich nachdenklich gestimmt. Nikolaj Nikolajewitsch Suchanow war ein bekannter Literat, Revolu-

* Die näheren Umstände von Ja. B. Gamarniks Selbstmord erzählte mir seine Frau, mit der ich in der Astrachaner Verbannung zusammen war und dann in der gleichen Zelle im Astrachaner Gefängnis.
Am 31. Mai 1937 war W. K. Bljucher aufgeregt zu dem erkrankten Ja. B. Gamarnik gekommen und hatte ihn in verleumderische Papiere eingeweiht, die es gegen ihn und wohl auch gegen die übrigen Heerführer gab, die am 11. Juni 1937 erschossen wurden. Kaum war Bljucher weg, erschienen zwei: der Verwalter des Volkskommissariats für Verteidigung, Smorodinow, und ein Vertreter Gamarniks, Bulin, und versiegelten den Safe. Sie waren noch nicht weg, da ertönte der Schuß.

tionär, Publizist, Ökonom und ehemals Menschewik. Suchanow war ziemlich oft bei meinem Vater gewesen, nicht selten dauerten seine Gespräche mit Ju. Larin Stunden, und ich glaube, wohl auch deswegen, weil er von meiner Mutter begeistert war. Das machte ihn mir unsympathisch. Eifersüchtig wahrte ich die Interessen meines kranken Vaters. Zwar waren meine Gefühle ihm gegenüber zwiespältig, denn er war ein ungemein interessanter Mann, aber die Abneigung gewann doch die Oberhand. Deswegen reizten mich seine feinen Manieren, sein europäisches Aussehen, der Gabardinemantel, der graue Filzhut, das Pincenez. Schon damals liebte ich es, wenn der lebensfrohe Bucharin durch die Wohnung lief, und seine Lederjacke lag oft unachtsam hingeworfen in Vaters Arbeitszimmer.

Am meisten faszinierte mich damals Suchanows Erzählung von dem skandalösen Scheidungsprozeß seiner Mutter, der zu einer Freiheitsstrafe geführt und L. N. Tolstoj als Thema für sein Drama »Der lebende Leichnam« gedient hatte. Nikolaj Nikolajewitsch konnte das in allen Einzelheiten schildern, an die ich mich leider nicht mehr erinnere.

Seine vielbändigen »Notizen zur Revolution« wurden von der bolschewistischen Elite geradezu verschlungen und viel diskutiert, und obwohl einige Anschauungen darin aus bolschewistischer Sicht nicht ganz richtig sind, haben sie doch einen gewissen historischen Wert.

Aus den persönlichen Motiven verlangte es mich jedesmal, Suchanow irgendwie zu kränken oder zu verletzen. So bemerkte ich einmal, daß Suchanow meinem Vater, der begeistert von der modernen Architektur und den Städten der Zukunft erzählte, kaum zuhörte und statt dessen immerfort meine Mutter ansah. Um seinen Blick abzulenken, stimmte ich aus voller Kehle den damals populären Fliegermarsch an: »Und höher und höher und höher, wir treiben den Vogel hinauf...« Damit brachte ich Suchanow, der alles durchschaute, nur zum Lachen. Von da an begann er seine Besuche immer mit diesem Marsch. Und Vater, der überhaupt nichts begriff, erzürnte ich. »Du bist taktlos«, sagte er zu mir, »geh raus!«

Aber einmal traf ich Suchanow sehr, indem ich auf ein bekanntes historisches Faktum anspielte. Aus konspirativen Gründen war der bewaffnete Aufstand von 1917 in der Wohnung von Suchanow, der damals ein bedeutender Menschewik war, und seiner Frau, der Bolschewistin Galina Konstantinowna Flakserman, beschlossen worden.

Und einmal sagte ich zu Suchanow: »Die Bolschewiki haben Sie ja damals, im Oktober 1917, ganz schön übers Ohr gehauen, Nikolaj Nikolajewitsch, als sie in Ihrer Wohnung und Ihrer Abwesenheit den Aufstand beschlossen.«

Empört erwiderte Suchanow: »Es war völlig unmöglich, mich übers Ohr zu hauen, daß du und deine Eltern das nur wissen! Ich bin extra weggegangen, um den Beschluß zu ermöglichen.«

Kurz vor seiner Verhaftung hörte ich, wie Suchanow sagte, daß er neuerdings die Politik der WKP(B) unterstütze und vorhabe, in die Partei einzutreten.

Nikolaj Nikolajewitsch sprach seine Überzeugungen immer ganz offen aus, auch dann, wenn er mit der bolschewistischen Politik nicht übereinstimmte. Darum erweckte gerade Suchanows Fall in mir Zweifel am Prozeß gegen das Unionsbüro der Menschewiki, und dieser Zweifel wurde nach den Bolschewikiprozessen zur festen Überzeugung, daß auch die früheren Prozesse gefälscht waren.

Aber offenbar ist es dem Menschen von Natur aus eigen, daß er nicht aufhört, sich zu wundern. Ich wunderte mich, gelinde gesagt, ich war erschüttert über den neuen Prozeß und suchte ihn mir irgendwie zu erklären.

An eine Verschwörung gegen die Sowjetunion, an eine Verbindung mit Hitler vermochte ich überhaupt nicht zu glauben. Da die Repressalien aber schon solche Ausmaße erreicht hatten, daß sie zu einem Volkselend geworden waren, unterstellte ich den erschossenen Heerführern eine edle Mission. Ich dachte: Vielleicht wollten sie Stalin beseitigen, um den Repressalien ein Ende zu machen, und sind aufgeflogen. Und später, im September 1939, sagte einer der Untersuchungsführenden im Lubjankagefängnis, Matussow, zu mir:

»Sie haben wohl gedacht, daß Jakir und Tuchatschewskij Ihren Bucharin retten würden. Aber wir leisten hier gute Arbeit. Darum ist ihnen das nicht gelungen!«

Und obwohl es keine Verschwörung gegen Stalin gab, hatte er selbst offenbar Angst davor. Das ist meiner Meinung nach der Grund für den Tod unserer Heerführer.

Ich sah meinem Nachbarn über die Schulter, um die Nachricht mit eigenen Augen zu sehen, aber die Buchstaben verschwammen, und ich konnte nur entziffern: »Das Urteil ist vollzogen.«

Es war ein warmer Junitag. Ich sah aus dem Fenster und wischte mir unauffällig die Tränen ab. Vor dem Fenster erstreckte sich die weite Steppe, kleine grüne Wäldchen und der klare Himmel, der nur ganz in der Ferne, am Horizont, von Federwölkchen bedeckt war. Nur die Natur, nur sie allein, schien ewig und rein. Ringsum gab es nichts als Erschießungen. Von denen, die im Militärprozeß hingerichtet worden waren, kannte ich Tuchatschewskij, Jakir, Kork und Uborewitsch. Das machte es noch schmerzlicher. Und der Zug raste mit mir ins unbekannte Astrachan, mit jeder Minute entfernte er mich weiter vom vertrauten Moskau und von meinem einjährigen Sohn. Ich fühlte mich einsam unter Fremden, die nichts von meiner Tragödie wußten.

Und plötzlich bemerkte ich am gegenüberliegenden Fenster eine alte Frau und eine etwa Fünfunddreißigjährige mit einem jungen Mädchen. Sie horchten aufmerksam wie ich auf die Reaktionen der Umsitzenden und der Zeitung Lesenden. Das Gesicht der Alten erinnerte mich an irgendwen. Sie zogen mich an wie ein Magnet. Ich erhob mich und bat den Fahrgast, der ihnen gegenübersaß, mit mir zu tauschen. Er war einverstanden. Blieb nur, das Gespräch einzuleiten. Mir war klar, daß sie sich unter den gegebenen Umständen nicht eher zu erkennen geben würden, als sie wußten, wer ich war. Aber wie sollte ich das sagen? Meine Vermutung, daß sie zu mir gehörten, jetzt schon mehr als Verwandte, konnte ja falsch sein. Ich trat dicht an die junge Frau heran und sagte ganz leise: »Ich bin Nikolaj Iwanowitschs Frau.« Den Nachnamen wollte ich noch nicht sagen, Bucharins Vor- und Vatersname waren ebenso populär wie sein Nachname. Darum wollte ich den erst nennen, wenn sie nicht verstand, wer ich war. Aber die Antwort kam prompt: »Und ich Michail Nikolajewitschs.«

So lernte ich Tuchatschewskijs Familie kennen: seine Mutter Mawra Petrowna, seine Frau Nina Jewgenjewna und seine Tochter Swetlana.

Die Passagiere gaben ihren Haß auf die »Verräter« laut von sich: »Die sind nicht umsonst verurteilt worden!«

»Aber das ist doch nicht vernünftig, das ist doch nur ein Verlust!«

Auf die Vernunft kann man pfeifen, am besten, man schafft sie ganz ab. Konnte das Volk von dieser Einstellung des Hauptmörders wissen? Für Stalin war es eben vernünftig. Er handelte zielstrebig und unbeirrbar, ohne irgendein Risiko einzugehen. Darin war er unübertroffen, in Despotismus, Tücke, Bosheit und Betrug.

»Sie haben's doch selbst zugegeben! Vor den Beweisen kann man nicht fliehen.«

Das Volk war aufgeregt und versuchte vergeblich, irgend etwas zu verstehen.

»Wer hat sie denn verurteilt: Bljucher, Budjonnyj, Dybenko! Die werden ja auch nicht verurteilt, die sind selbst Richter!«*

Das war ein Argument, dagegen konnte man nichts sagen. Das Volk konnte zu diesem Zeitpunkt nicht wissen, daß auch Bljucher kurze Zeit darauf »Spion« werden und erschossen werden würde und daß Woroschilow als angehender englischer Spion angesehen werden und – wie Chrustschow auf der geschlossenen Sitzung des XX. Parteitags erzählte – nicht mehr zu allen Politbürositzungen Zutritt haben, sondern um Erlaubnis fragen müssen würde, ob er kommen dürfte.

»Die wollten doch nur einen hohen Posten und Ruhm haben!«

»Und nicht unser russisches Geld«, fügte eine Frau hinzu.

»Das mit Jakir glaub ich nicht!« verkündete plötzlich beherzt ein Fahrgast in besticktem ukrainischem Hemd, der nicht weit von mir saß und ganz rot vor Aufregung war. »Und wenn die hier zehn Seiten vollschreiben, ich glaub's nicht, ich glaub's nicht! Ich hab den Iona gekannt und zusammen mit ihm gekämpft, ich weiß, was das für ein Mensch ist. Der ein Nazisöldling?! Unsinn, Lüge! Der ist doch Jude, der hat die

* Unter den Mitgliedern des Gerichtshofes waren auch andere Heerführer: die Oberbefehlshaber Schaposchnikow, Below, Alksnis, Kaschirin und der Korpsführer Gorjatschew. Von allen blieben nur Schaposchnikow und Budjonnyj am Leben. Korpsführer Gorjatschew beging am Tag des Prozesses gegen die Heerführer Selbstmord. Alle anderen wurden erschossen.
Ob die genannten Heerführer selbst am Prozeß teilnahmen, oder ob nur ihre Namen benutzt wurden, um zu zeigen, daß der Gerichtshof aus hohen Autoritäten bestand, weiß ich nicht.

Nazis grad nötig! Was der für Manöver vor Kiew geleitet hat – das hat's überhaupt noch nicht gegeben! Um unsere Verteidigungsbereitschaft zu stärken, und nicht um...«

»Da haben wir schon einen, der dem auf den Leim geht«, unterbrach ihn ein anderer Passagier. »Verteidigt Jakir, weil er mit ihm gekämpft hat. Und wenn ich nun mit Tuchatschewskij gekämpft hab, und der nächste mit Kork oder Uborewitsch, dann ist also deswegen alles Lüge und Schwindel? Wozu werden denn dann solche Heerführer hingerichtet, wenn sie unschuldig sind? Nur um dem Feind einen Gefallen zu tun?«

Wieder ein Argument! Doch Jakirs Verteidiger ließ nicht locker: »Jakir ist nicht Tuchatschewskij. Der ist so ein Gutsbesitzersöhnchen, er hat vermutlich all die andern hineingerissen, aber Jakir ist ganz ahnungslos da hineingezogen worden.«

Und dieselben, die früher von ihrem militärischen Talent, ihren glänzenden strategischen Fähigkeiten, ihrem Heldentum und ihrer Tapferkeit begeistert gewesen waren, dieselben, die unter ihrer Führung im Feuer des Bürgerkriegs die Sowjetmacht zurückerobert und die Heere der Interventen geschlagen hatten, dieselben, die ihnen zugejubelt und applaudiert hatten, verfluchten sie nun voller Ingrimm, betrogen und verwirrt wie sie waren. Die Autoritäten waren zerschlagen, der Glaube zuschanden geworden, die leuchtenden Ideale verblaßt.

»Ungeheuer, Söldlinge, Betrüger, Kugeln sind zuwenig, man hätte sie vierteilen oder erhängen sollen! Das ist ein zu leichter Tod!«

Und inmitten all dieser rasenden Menschen saß die Mutter von Marschall Tuchatschewskij, starr vor Kummer und Entsetzen. Wie großzügig war die Natur zu ihm gewesen, wie erbarmungslos wurde sein Schicksal! Ungewöhnliche Begabung, seltene militärische Führerqualitäten und geistige Schönheit paarten sich mit einem bezaubernden Äußeren.

Als ich als Kind zum ersten Mal Tuchatschewskij sah, konnte ich die Augen nicht von ihm wenden. Ich starrte ihn so unverhohlen offenen Mundes an, daß ich das Gelächter der anderen und ein gutmütiges Lächeln von Michail Nikolajewitsch erntete. »Auch Kinder lieben das Schöne«, bemerkte Vater.

Jetzt sah ich seine Mutter an. Das totenbleiche Gesicht und das Zittern der großen, abgearbeiteten Hände verrieten ihre Erregung. Noch immer waren Spuren ihrer einstigen Schönheit zu erkennen, und ich erhaschte einige Züge, die sie ihrem Sohn vererbt hatte. Sie war groß, wirkte noch immer kräftig und erstaunlich stolz, selbst im Leid, selbst in der Erniedrigung. Als hätte er sie gekannt, hat Nekrassow geschrieben:

> Im russischen Dorf gibt es Frauen
> Mit ruhiger Würde im Blick,
> Mit Gesten voll Schönheit und Stärke,
> Mit fürstlichem Ausdruck und Schritt.

Wer sie jemals gesehen hat, wird mir mit Sicherheit recht geben. Die Wut und die Verwünschungen gegen ihren Sohn durchbohrten ihr Herz wie giftige Pfeile. Aber vor anderen vergoß sie keine Träne. Sie stimmte kein Klagelied an, wie Bauersfrauen das manchmal tun, wenn ihre Kinder sterben, gleichgültig, ob sie an der Front gefallen oder einer Krankheit erlegen sind. Das habe ich mehrfach erlebt. Zuletzt bei W. Schukschins Mutter an seinem Grab. Wahnsinnig vor Schmerz, verquollen von Tränen krallte sie die Hände in den Berg von Kränzen und Blumen und wehklagte mit schon ganz heiserer Stimme: »Ich bin schuld, ich bin schuld, ich hab nicht für dich um Vergebung gebetet, ich bin schuld.«

Mawra Petrowna konnte ihren Schmerz nicht aussprechen. Wer hätte Mitleid mit ihr gehabt? Es zehrte sie von innen auf. An dem Tag, an dem die tragischen Ereignisse von 1937 uns zusammenführten, hatte sie die Todesnachricht ihres Sohnes bekommen, die furchtbarste, die es gibt.

Doch einmal sah ich Mawra Petrowna auch weinend. Das war schon in Astrachan. Sie war nach der Verhaftung von Tuchatschewskijs Frau, Nina Jewgenjewna, zur mir gekommen. Jakirs Frau und ich wurden erst zwei Wochen später verhaftet. Mawra Petrowna wollte Nina Jewgenjewna ein Päckchen ins Astrachaner Gefängnis geben. Sie sagte: »Ich schreibe so schlecht« und bat mich aufzuschreiben, was sie diktierte: »Ninotschka. Hier sind Zwiebeln, ein Hering und ein Laib Brot für dich.« Ich schrieb. Plötzlich schluchzte Mawra Petrowna auf, lehnte den Kopf an meine Schulter und wiederholte nur immer: »Mischenka! Mischenka! Mischenka, Söhnchen! Du bist tot, du bist tot!«

Damals wußte sie noch nicht, daß noch zwei Söhne von ihr, Alexandr und Nikolaj, erschossen werden würden, nur weil dieselbe Mawra sie zur Welt gebracht hatte, die auch Michail geboren hatte. Vielleicht hat sie es auch nie erfahren. Damals wußte sie noch nicht, daß auch ihre Töchter verhaftet und zu acht Jahren Lager verurteilt wurden. Mit zweien von ihnen, Olga Nikolajewna und Marija Nikolajewna, war ich zusammen im Tomsker Lager. Michail Nikolajewitschs dritte Schwester, Sofja Nikolajewna, hatte ebenfalls unter Repressalien zu leiden, wurde aus Moskau verbannt und verschwand spurlos. Und auch die vierte Schwester, Jelisaweta Nikolajewna, hatte nicht weniger durchzumachen. Mawra Petrowna starb in der Verbannung. Vielleicht kommt die Zeit, wo auch sie das Herz eines Dichters berührt. Dann wird man auch von ihr lesen.

Die Gedanken über Nekrassow haben mich weit vom Thema abgebracht. Nicht zufällig kamen mir gerade seine Gedichte so oft in den Sinn: Von Kindheit an hat mein Vater mir Nekrassows Gedichte nahegebracht. Er war der Lieblingsdichter vieler Revolutionäre.

So habe ich mich in einen früheren Abschnitt meiner Qualen verirrt und bin vom Tomsker Lager abgekommen. Aber noch bin ich ja in Tomsk. Ich schrieb schon, daß ich in diesem Lager im März 1938 den Prozeß erleben mußte. Wenn sich der Grad von erlittenem Leid messen läßt, dann waren die Monate vor Bucharins Verhaftung zweifellos die schwersten, schlimmer als der Prozeß selbst. Das Bewußtsein hatte sich damals noch nicht auf die unerhörten Beschuldigungen einer »Palastrevolution« eingestellt, auf die Anklage wegen Terrors gegen Stalin und 1918 gegen Lenin, es war noch nicht an die nicht nur für mich, sondern auch für Nikolaj Iwanowitsch entsetzlichen und unerklärlichen Konfrontationen gewöhnt. Nie werde ich jenen Februartag vergessen, als ich den vom Hungerstreik geschwächten Bucharin durchs Schneetreiben in den Kreml zu dem berühmten Februar-März-Plenum von 1937 begleitete. Der Prozeß war die logische Vollendung dessen, was für Nikolaj Iwanowitsch im August 1936 zum ersten

Mal deutlich sichtbar geworden war, als beim Sinowjew-Prozeß unter anderem die Namen Bucharin, Tomskij, Rykow und Radek gefallen waren. Heute wissen wir, daß Stalin schon gleich nach Wladimir Iljitschs Tod angefangen hatte, all das sorgfältig vorzubereiten.

Selbst die kühnste Phantasie hätte sich nicht vorzustellen vermocht, daß innerparteiliche Meinungsverschiedenheiten als Verbrechen von Banditen hingestellt werden könnten, obwohl Bucharin schon seit 1929, als die sogenannte rechte Opposition zerschlagen worden war, von dem Moment an, wo er keine führende Position in der Partei mehr innehatte, ständig von Stalin aufs Korn genommen und unter Beschuß gesetzt worden war, was ihn sehr bedrückte. Stalin behandelte Bucharin geringschätzig und flüsterte ihm ein, daß seine ehemaligen Schüler Konterrevolutionäre geworden seien. Er nannte sie verächtlich eine »Clique« und vertrieb sie, indem er viele von ihnen außerhalb Moskaus arbeiten ließ. Er hetzte die Presseabteilung des ZK und den »Prawda«-Redakteur Mechlis gegen Bucharin auf, mit dem es häufige Zusammenstöße gab. Hin und wieder rief Stalin Nikolaj Iwanowitsch an und gab der »Iswestija«-Redaktion irgendwelche Anweisungen, wie zum Beispiel: Bucharin und Radek sollten »vernichtende« Artikel (»vernichtende«, so war sein Ausdruck) über den Historiker und bolschewistischen Revolutionär Michail Nikolajewitsch Pokrowskij schreiben. Oder er rief an und beschimpfte Bucharin, weil ein Autor in einer Lobeshymne an Stalins Adresse erwähnt hatte, daß dieser von seiner Mutter Sosso genannt wurde.

»Was heißt hier Sosso?« fragte Stalin wütend. Vollkommen unverständlich, was ihn so erzürnte. War es die Erwähnung seiner Mutter, der er niemals irgendeine Achtung erwiesen hatte (wie ich hörte), oder meinte er, daß auch seine Mutter ihn »Vater aller Völker« oder »Koryphäe der Wissenschaft« hätte nennen müssen? Gleichzeitig »hätschelte« er Nikolaj Iwanowitsch und erwies ihm »Achtung«. Auf einem Bankett für die Absolventen der Militärakademie brachte er im Frühling 1935 einen Trinkspruch auf Bucharin aus: »Laßt uns auf Nikolaj Iwanowitsch anstoßen, Genossen! Wir lieben und kennen ihn alle, und Schande dem, der in Vergangenem rührt!« Ein Trinkspruch bei einem Bankett für Absolventen der Militärakademie, und nicht auf einen Heerführer, sondern auf einen Zivilisten, einen, der nicht mehr zu den oberen Parteiführern gehörte, auf den gestürzten, aber noch immer geliebten Bucharin! Sie stießen an, und es erhob sich stürmischer Beifall, der in eine Ovation überging. Bucharin wurde ganz verlegen, so unerwartet kam das. Es war, als messe Stalin die Temperatur der Einstellung zu Bucharin. Bei ihm war alles berechnet, jeder Schritt, nein, jeder Zentimeter eines Schritts. *Heute* ist das völlig klar, damals hegte niemand solchen Verdacht, auch Bucharin selbst nicht. Der Trinkspruch wurde als aufrichtig verstanden, als Ausdruck von Stalins Verhältnis zu Bucharin.

Stalin rief an, um Bucharin zu einem gelungenen Vortrag über die Poesie beim ersten Schriftstellerkongreß im Sommer 1934 zu gratulieren. Besonders hatte ihm eine Äußerung über Demjan Bednyj gefallen, daß der in Gefahr sei, hinter der Zeit zurückzubleiben. Einmal rief Stalin mitten in der Nacht an. Er war nicht mehr nüchtern und gratulierte Bucharin zur Heirat. Das Klingeln hatte uns geweckt. Ich ging an den Apparat und hörte nur drei Worte: »Stalin. Bitte Nikolaj.« »Wieder irgend etwas Unangenehmes«, sagte Nikolaj Iwanowitsch und nahm aufgeregt den Hörer. Aber es war diesmal nichts Unangenehmes. Stalin sagte: »Nikolaj, ich gratuliere dir! Du hast mich auch darin übertroffen.« Wieso »auch« darin, fragte N.I. nicht, aber worin er ihn übertroffen hätte, wollte er denn doch wissen. »Eine gute Frau, eine schöne Frau, eine junge, jünger als meine Nadja!« Das sagte er, als Nadeshda Sergejewna Allilujewa schon tot war. Nach solchen Ausbrüchen mußte man am nächsten Tag auf Unannehmlichkeiten gefaßt sein. Bis zum August 1936 konnte N.I. solche Nervenbelastungen, an die er sich bis zu einem gewissen Maße gewöhnt hatte, dank der ihm eigenen Lebensfreude überwinden. Ab dem Sinowjew-Prozeß im August 1936 wurden die Beschuldigungen gegen Bucharin aber so ungeheuerlich, daß seine Lebenskräfte sichtlich schwanden.

Ich war schon vor Bucharins Verurteilung ins Lager gekommen. Ich wartete lange auf den Prozeß, ein ganzes Jahr. Es war mir klar, daß er zum Tode verurteilt werden würde, etwas anderes erwartete ich nicht und wünschte nur ein möglichst schnelles Ende, damit Nikolaj Iwanowitschs Qualen aufhörten. Ich hegte nur die schwache Hoffnung, daß er stolz aus dem Leben scheiden würde. Daß er, wie beim Februar-März-Plenum 1937, laut und allen vernehmlich verkünden würde: »Nein, nein, nein! Ich verbreite keine Lüge über mich selbst!« Diese Hoffnung war durch nichts begründet und entsprang nur meiner großen Liebe zu Nikolaj Iwanowitsch.

Im Lager begriff ich dann nur zu gut, daß alle Angeklagten im Prozeß Verbrechen gestanden, die sie gar nicht begangen haben konnten.

Gewöhnlich bekamen wir im Lager keine Zeitungen. Anfang März 1938 brachte uns der Aufseher Zeitungen, die den Prozeß behandelten. »Da, lest, wer ihr seid!« Angeekelt und böse sah er mich an, gab die Zeitungen der Barackenältesten, knallte die Tür zu und ging. Diese Älteste hieß mit Nachnamen Semskaja (ich assoziierte ihr Aussehen und ihren Namen immer mit »Schlange«*). Sie war natürlich auch die Frau von irgend jemand, war früher in Leningrad Staatsanwältin gewesen und war nun im Lager Agentin. Schon vor dem Prozeß hatte die Semskaja mir einmal Unannehmlichkeiten bereitet, indem sie in der Abteilung 3 berichtet hatte, daß ich ein Buch mit dem Stempel »Bibliothek N. I. Bucharin« und dem höchst verdächtigen Titel »Gefährliche Liebschaften« besaß. Das war ein sehr lebendig und scharfsinnig geschriebener Briefroman des französischen Schriftstellers und Politikers Choderlos de Laclos aus dem 18. Jahrhundert. Er war Anfang der dreißiger Jahre vom sowjetischen Verlag »Academia« in einer schönen Ausgabe veröffentlicht worden. Schwer zu sagen, warum ich gerade dieses Buch bei mir hatte. Nach Semskajas Denunziation unternahm man bei mir eine Extradurchsuchung und beschlagnahmte den alten französischen Roman über die höfischen Tunichtgute als konterrevolutionär. So erklärte man mir, als ich mich an die Abteilung 3 mit der Bitte wandte, mir das Buch zurückzugeben.

Wir bekamen also alle Zeitungen, die den Prozeß behandelten, außer der, in der Bucharins letzte Worte standen. Ich hätte gern gewußt, ob das reiner Zufall war, oder ob etwas dahintersteckte. Die Häftlinge bekamen die Zeitungen nicht in die Hand, sondern die Älteste las sie, auf einem Oberbett sitzend,

* »Schlange«, russ. = smeja. (A. d. Ü.)

vor, und zwar gerade mir gegenüber. Während sie die Anklagen vorlas, blickte sie hin und wieder in meine Richtung, um dann hinterbringen zu können, wie ich auf alles reagierte.

Ich hatte geglaubt, daß ich innerlich mehr oder weniger auf den Prozeß vorbereitet war, weil ich die früheren Aussagen gegen Bucharin gelesen hatte, die ihm zugeschickt worden waren, als das Untersuchungsverfahren schon lief, er aber noch nicht verhaftet war. Aber die Unverschämtheit und Ungeheuerlichkeit des Prozesses übertraf meine schlimmsten Befürchtungen. Die Verbrecherphantasie seines Erfinders (die übrigen waren nur die Ausführenden) hatte ihren Höhepunkt erreicht. So viele Delikte hätte der schlimmste Verbrecher in seinem ganzen Leben nicht begehen können, nicht nur, weil jedes Leben zu kurz dafür gewesen wäre, sondern auch, weil er schon nach den ersten paar Verbrechen gescheitert wäre.

Spionage und Sabotage; Zerspaltung der UdSSR und Organisation von Kulakenaufständen; Verbindung zu deutschen Nazikreisen, zum deutschen und japanischen Geheimdienst; Planung nicht ausgeführter terroristischer Mordanschläge auf Stalin; der Mord an Kirow; der terroristische Anschlag auf Lenin 1918, und zwar sei dieser nicht einfach durch die rechte Sozialrevolutionärin Kaplan ausgeführt worden, sondern Kaplans Hand sei Bucharins Hand gewesen; die Tötung von Menshinskij, Kujbyschew und Gorkij, die wegen Krankheit schon lange nicht mehr arbeiteten, und sogar ein Vergiftungsversuch an Jeshow...

Nach Verlesung der Anklageschrift befragte Ulrich, der Vorsitzende des Militärkollegiums des Obersten Gerichtshofs, die Angeklagten, ob sie sich schuldig bekannten. Und nur Krestinskij, Nikolaj Nikolajewitsch Krestinskij*, brachte es fertig zu antworten: »Nein, ich bekenne mich nicht schuldig.«

* N.N. Krestinskij (1883–1938): Altbolschewik, führender Partei- und Staatspolitiker. Parteimitglied seit 1903. Teilnehmer an den Revolutionen von 1905 und 1907. Wurde auf dem VI. Parteitag der RSDRP(B) ins ZK gewählt. Während der Oktoberrevolution Vorsitzender des Revolutionskomitees Jekaterinburg. Bei Abschluß des Friedens von Brest-Litowsk schloß er sich den »linken Kommunisten« an. 1918–1922 Volkskommissar für Finanzen der RSFSR, gleichzeitig 1919–1921 Sekretär im ZK der RKP(B). Ab 1921 im diplomatischen und Staatsdienst. 1919–1921 Politbüromitglied im ZK der RKP(B). 1927 schloß er sich der Opposition um Trozkij an, mit der er 1928 brach.

Mir schossen die Tränen in die Augen. Es war ein lichter Moment, und es war Stolz auf ihn. Mir war, als sähe ich sein gutmütiges Gesicht mit der dicken Brille und den stark kurzsichtigen Augen vor mir. Und obwohl Krestinskijs Ableugnung nicht lange dauerte – er wurde zum »Bekenntnis«, das heißt zur Lüge gezwungen –, wurde diese Tatsache doch zu einem tiefen Sprung im Prozeßverlauf.

Zunächst hörte ich mir den Bericht im Sitzen an. Dann legte ich mich aufs Bett und zog mir die Decke über den Kopf, um den neugierigen Blicken der Frauen zu entgehen. Ich hatte starke Kopfschmerzen und Nasenbluten. Sarra Lasarewna Jakir war treu um mich. Sie befeuchtete ein Handtuch mit kaltem Wasser, hielt es mir an die Nase und sagte leise:

»Stumpf ab, stumpf ab, du mußt versuchen, nichts zu empfinden. Nimm dir ein Beispiel an mir, ich bin schon abgestumpft.«

Plötzlich unterbrach die Semskaja ihr Lesen und schrie mit mächtiger Stimme:

»Bucharina! Geh den Korridor schrubben, du bist heute an der Reihe!«

Ich war nicht an der Reihe, und die Älteste sah ja, in welchem Zustand ich war und daß ich den Korridor unmöglich schrubben konnte. Sie hatte das absichtlich gemacht, um dann meine Ablehnung hinterbringen zu können, was meine »konterrevolutionäre« Charakteristik noch ergänzt hätte.

»Regen Sie sich nicht auf«, sagte S. L. Jakir, »ich schrubbe ihn für sie.«

Und obwohl sie selbst erschöpft war, ging sie den langen, dreckigen Barackenflur schrubben.

In diesem Moment und in der Situation, in der ich mich in der Baracke befand, als mindestens hundert Frauen mich anstarrten und ich die Zeitung nicht in die Hand nehmen und nachdenken konnte, und nicht einmal eine grobe Analyse dieses ekelhaften Gerichtsverfahrens vornehmen konnte, da flossen mir alle Angeklagten zu einer Gestalt zusammen, alle außer Krestinskij. Nikolaj Iwanowitsch sah in meinen Augen erheblich würdeloser aus als viele Jahre später, als ich das Gerichtsprotokoll und seine letzten Worte selbst lesen konnte. Im Tomsker Lager kamen mir sogar Zweifel, ob das wirklich Bucharin war und nicht vielleicht ein Strohmann, der wie

Bucharin geschminkt war. Seine Bekenntnisse erschienen mir so ungeheuerlich, daß ich ihn für wahnsinnig gehalten hätte, wenn er sie mir unter vier Augen erzählt hätte. Viele meinten damals, daß auf dem Prozeß Strohmänner vorgeführt wurden und auch Bucharin nicht der echte Bucharin war. Aber meine anfänglichen Zweifel wurden beim Weiterlesen zerstreut. Ich kannte Nikolaj Iwanowitsch zu gut, um seinen Stil und Charakter nicht zu erkennen. Strohmänner – das wäre in jedem Fall eine allzu plumpe und gefährliche Fälschung gewesen, und bei Bucharin besonders. Und der Ablauf des Prozesses mit den zugegebenen Wortwechseln mit Wyschinskij machte diese Vermutung unwahrscheinlich.

Viele Jahre später, als ich wieder in Moskau war, bestätigte mir I. G. Erenburg, der an einer Gerichtsverhandlung teilgenommen und in der Nähe der Angeklagten gesessen hatte, daß Nikolaj Iwanowitsch höchstwahrscheinlich wirklich beim Prozeß gewesen war. Er erzählte mir, daß während der Verhandlung in bestimmten Abständen ein Wächter zu Bucharin getreten sei, ihn hinausgeführt und einige Minuten später wieder hineingeführt habe. Ilja Grigorjewitsch hatte den Verdacht, daß Nikolaj Iwanowitsch mit willensschwächenden Injektionen behandelt wurde. Niemand sonst außer Bucharin wurde hinausgeführt.

»Vielleicht, weil sie ihn mehr fürchteten als alle anderen«, bemerkte Ilja Grigorjewitsch.

Erenburg erzählte, daß er die Eintrittskarte für den Prozeß von Michail Kolzow mit den Worten bekommen hatte: »Gehen Sie hin, Ilja Grigorjewitsch, und sehen Sie sich Ihren lieben Freund an!« Und Erenburg schien, daß ein feindlicher Unterton mitklang. Doch auch Kolzow entrann diesem Schicksal nicht.

Die Zusammensetzung der Angeklagten überraschte mich ungeheuer. Auch bei den ersten beiden Bolschewikiprozessen hatte es wohl einige Angeklagte gegeben, die mit Kamenew und Sinowjew, beziehungsweise mit Pjatakow, Radek und Sokolnikow, nichts zu tun gehabt hatten, deren politische Tätigkeit, allgemeine Ziele und oppositionelle Einstellung ganz anders waren. Aber es waren erheblich weniger Außenstehende gewesen. In den früheren Prozessen waren viele Angeklagte gewesen, die verantwortungsvolle Posten in verschiedenen Behörden innegehabt hatten, solche, die früher schon aus der Partei ausgeschlossen und dann wieder aufgenommen worden waren, ehemalige Trozkisten, die längst mit Trozkij gebrochen hatten.

Von den Anhängern der rechten Opposition war außer Bucharin beim letzten Prozeß nur noch Alexej Iwanowitsch Rykow. Tomskij hatte gleich begriffen, daß es da nichts zu beweisen gab, weil Beweise für die Unschuld nicht gebraucht wurden, und hatte sich mit seiner sicheren Arbeiterhand rechtzeitig eine Kugel in die Schläfe gejagt. Als ich an ihn dachte, stellte ich mir diese kräftigen, breiten Hände vor, die mir seit jener Stunde unvergeßlich waren, als Tomskij die Urne mit der Asche meines Vaters zur Kremlmauer getragen hatte.

Ich hatte angenommen, daß bei diesem Prozeß die Anhänger von Bucharins Ansichten auf der Anklagebank sitzen würden: D. Marezkij, A. Slepkow, Ja. Sten, A. Sajzew, W. Astrow, A. Ajchenwald, I. Krawel, E. Zetlin und andere. Diejenigen, die damals verächtlich »Clique« genannt wurden, und Bucharin selbst wiederholte dieses Wort beim Prozeß wie ein Roboter. Diejenigen, die kein anderer als Molotow einst gegen Kamenews Angriffe verteidigt hatte! »So ein ›Demokrat‹ wie Genosse Kamenew erwähnt sie nur von oben herab: die Stezkijs-Marezkijs. Er kann nicht anders über die Jugend sprechen, die der Nachwuchs unserer Partei und ihrer leitenden Organe ist und von allergrößtem Nutzen für sie ...«

Doch nein, es war niemand von Bucharins Anhängern aus den Jahren 1928/29 bei diesem Prozeß. Auch Uglanow war nicht da, den Stalin für Bucharins rechte Hand hielt, auch nicht Frumkin und so weiter. Bucharins Freunde aus der Zeit der Brester Zwistigkeiten, die doch gewissermaßen gemeinsam mit ihm gesündigt hatten, W.W. Ossinskij und W.N. Jakowlew, traten jetzt als Zeugen auf und merkwürdigerweise nicht als Angeklagte. Statt dessen saßen die »Giftmörderärzte« mit auf der Anklagebank, die mit Politik nie etwas zu tun gehabt hatten. Das waren sehr erfahrene Ärzte, darunter auch Professor Pletnew, der im In- und Ausland weitbekannt war. Man mußte sich »Rechte« machen. Wer wurde das nun? Unglaublich, aber eine der Zentralfiguren dieses Prozesses wurde Jagoda, der ehemalige Volkskommissar des Inneren, unter dem der Sinowjew-Kamenew-Prozeß und andere, nichtbolschewistische Verfahren gelaufen waren. Jagoda, für den Nikolaj Iwanowitsch in der letzten Zeit nichts anderes als Verachtung und Haß empfunden hatte. Bucharin meinte, daß Jagoda demoralisiert war, seine revolutionäre Vergangenheit vergessen hatte und zum Hochstapler, Karrieristen und Bürokraten geworden war. Jagoda hat niemals rechts oder links sein können, er klammerte sich immer an seinen Posten, führte alle Befehle des »Herrn« peinlich genau aus, ohne zu ahnen, wie der ihm dafür »danken« würde. Über Jagodas wahre Verbrechen fiel beim Prozeß kein Wort. Er wurde ebenso verleumdet wie seine Opfer.

Wohl nur ein einziges Ereignis, das Jagoda beim Prozeß erzählt und das Rykow und Bucharin bestätigt haben, hat wirklich stattgefunden: Als wegen der Kollektivierung auf dem Lande die Bauernunruhen begannen und Rykow und Bucharin beunruhigende Nachrichten erreichten, hatte sich wohl Alexej Iwanowitsch Rykow, oder vielleicht auch Bucharin, an Jagoda als den Volkskommissar des Inneren gewandt, um für einen Vortrag vor dem Politbüro oder dem ZK-Plenum genaue Zahlen und Daten über die Unruhen zu erfahren, weil sie vor einer weiteren Ausweitung warnen und ihre eigene Position begründen wollten. Diese Daten konnte keiner besser kennen als Jagoda. Er selbst hatte nie zur rechten Opposition gehört, aber als der Vorsitzende des Rats der Volkskommissare ihn fragte, war er verpflichtet, ihm Auskunft zu geben. Beim Prozeß galt das als tendenziös. Jagoda hatte sich verrechnet: Wenn er diese Auskunft nicht gegeben hätte, hätte er wohl nur Anerkennung geerntet. Doch diesen Fehler verzieh Stalin ihm nicht. Von dem Vorfall weiß ich, weil ich dabei war, als N. I. Bucharin und Ju. Larin darüber sprachen.

Ein anderer, der »zum ›Rechten‹ gemacht wurde«, war Akmal Ikramow, Sekretär im ZK Usbekistan. Auch er hatte niemals zur rechten Opposition gehört. Er hatte sich sogar dagegen gewandt. Schwer zu sagen, welche potentiellen Anhänger Nikolaj Iwanowitsch hatte. Vermutlich gab es welche, aber da sie ihre Meinung nicht offen äußerten, wissen wir nichts darüber. Kalinin, zum Beispiel, sagte einmal, als er N. I. im Kreml traf: »Sie haben hundertfünfzigprozentig recht, Nikolaj Iwanowitsch, aber nichts ist uns dienlicher als die Einheitlichkeit der Partei. Wir haben den Zeitpunkt verpaßt, unser Generalsekretär hat zu große Macht, den Rest können Sie sich selbst zusammenreimen.« Auch Schwernik äußerte Sympathie für Nikolaj Iwanowitschs Position, aber nur in persönlichen Gesprächen. Möglicherweise war auch Ikramow ein stummer Anhänger, obwohl er sich öffentlich gegen die rechte Opposition geäußert hatte. Akmal Ikramow und Fajsulla Chodshajew kamen den Fälschern gelegen, weil Nikolaj Iwanowitsch in Taschkent bei Akmal Ikramow gewohnt hatte, als er seinen Urlaub im Pamir oder in den Tjan-San-Bergen verbracht hatte. Da hatte er auch F. Chodshajew getroffen.

Wohin Bucharin auch seinen Fuß gesetzt hatte, verbreitete sich sofort die »Konterrevolution«. Aber die Taschkenter Begegnungen allein reichten nicht, man mußte mehr erfinden, und das tat man auch. Näheres über diese Episode später. Daß Ikramow von Bucharin »angeworben« wurde, ist ebenso unglaubwürdig wie Ikramows verlogene Aussagen über sich selbst, seine »Schädlingstätigkeit« und so weiter. Aber wenn er nicht über sich selbst gelogen hätte, hätte er auch nicht über Bucharin lügen können, und das wurde offensichtlich bei dem Verfahren von ihm verlangt.

Rudsutak, Jenukidse und viele andere, die beim Prozeß erwähnt wurden, waren niemals »rechts« gewesen und hatten Bucharins, Rykows und Tomskijs Einstellung auch in den Jahren 1928 bis 1930 nicht geteilt.

Einen entsetzlichen Eindruck hinterließ Wyschinskijs Verhör über die Jahre, die Bucharin vor der Revolution im Ausland verbracht hatte. Es wurde so dargestellt, als sei Bucharin in Westeuropa und Amerika nicht politischer Emigrant gewesen, der vor den Verfolgungen der zaristischen Regierung ins Ausland geflohen war, zu einer Zeit, als viele Revolutionäre scheiterten, weil Malinowskij, ein Provokateur des zaristischen Geheimdienstes, sie verraten hatte. Das Ziel von Bucharins Aufenthalt in Europa und Amerika sei es vielmehr gewesen, Verbindung zu den Polizeiorganen dieser Länder aufzunehmen.

Schon damals war mir bekannt, daß Bucharin sich in der Emigration neben seinem Engagement in der Arbeiterbewegung und der Bekanntschaft mit Lenin sehr der Vervollkommnung seiner Bildung gewidmet hatte. Er hatte an der Wiener

Der schwedische Sozialdemokrat Höglund in einer Karikatur von Bucharin

Universität Vorlesungen von E. Böhm-Bawerk und F. Wieser gehört, bürgerlichen Ökonomen und Vertretern der sogenannten »Österreichischen Schule« in der Politökonomie. Er hatte theoretische Artikel veröffentlicht, in denen er die Theorie der Österreichischen Schule über Wert und Profit kritisierte und den orthodoxen Marxismus vertrat. In Wien hatte er das Buch »Die politische Ökonomie den Rentiers« geschrieben, in dem er heftige Angriffe gegen die antimarxistischen Ansichten von Böhm-Bawerk und M. I. Tugan-Baranowskij richtete. In den ersten Jahren nach der Revolution erschien das Buch in Sowjetrußland und wurde in Wirtschaftsfachschulen und überhaupt in ökonomischen Kreisen ebensoviel gelesen wie das populäre »Alphabet des Kommunismus« an den Arbeiterfakultäten. In Amerika, wo N. I. sich aktiv an der Arbeiterbewegung beteiligte und die Zeitung »Nowyj mir« (»Neue Welt«) herausgab, ein Organ linker Sozialisten, war er bei den Arbeitern sehr beliebt. Nach der Oktoberrevolution schrieben sie ihm hin und wieder. 1928 schickten Vertreter der Drucker New Yorks Bucharin zum vierzigsten Geburtstag eine lange, rote Schärpe, auf der ein englisches Gedicht auf ihn abgedruckt war. In die Schärpe war ein Füllfederhalter in feinem Goldfutteral eingewickelt. Auf der Klammer stand ganz klein auf russisch: »N. I. Bucharin. Mit diesem Füller, Nikolaj, reiß die Arbeiterfeinde entzwei!«

In den Ländern, wo Bucharin während der Emigration lebte, wurde er mehrfach wegen seiner Beteiligung an der Arbeiterbewegung verhaftet, so zum Beispiel in Schweden, wo er in den Fall des linken Sozialisten Höglund verwickelt war. Dort, in Stockholm, lebte er unter fremdem Namen: Mojscha-Abe-Pinkus Dowgolewskij. Diesen komischen langen Namen habe ich behalten, weil Nikolaj Iwanowitsch sich bis ganz zum Schluß so nannte, wenn er meinen Vater besuchte. Es klingelte, und während man zur Tür lief, hörte man schon sein ansteckendes Lachen: »Macht auf, Mojscha-Abe-Pinkus Dowgolewskij ist da!«

In Österreich, das mit Deutschland gegen Rußland verbündet war, wurde Bucharin als Ausländer verhaftet, weil er unter dem Verdacht von Spionage und Sabotage stand. Aus der Sicht der österreichischen Polizei war das verständlich, weil die nicht wußte, daß der russische Bolschewik Bucharin kein Helfer der Zarenregierung war. Allerdings wußte ich damals noch nicht, daß Stalin zur gleichen Zeit wie Bucharin in Wien war. Stalin konnte kein Deutsch, und Bucharin half ihm bei der Lektüre eines Buches über die Nationalitätenfrage. Das habe ich erst viel später erfahren.

Als vorgelesen wurde, wie Wyschinskij Bucharin über seine Kontakte zur ausländischen Polizei verhörte, hielt ich es nicht mehr aus, warf die Decke ab und setzte mich neben Sajetschka (so nannte ich Sarra Lasarewna Jakir, so war sie in ihrer Familie genannt worden, die sie nun nicht mehr hatte). Die neugierigen Blicke der anderen Frauen, die mich anstarrten, waren mir jetzt egal. Ich lauschte gespannt auf diesen für Bucharin entwürdigenden Dialog. Er war wohl nicht schlimmer als alle anderen. Aber er prägte sich mir ein, weil ich Bucharins Protest spürte. Der Genauigkeit halber zitiere ich diese Episode nach dem Stenographieprotokoll:

Wyschinskij: Darf ich zunächst einige Fragen zur Biographie stellen?

Bucharin: Bitte.

Wyschinskij: Haben Sie in Österreich gelebt?

Bucharin: Ja.

Wyschinskij: Lange?

Bucharin: 1912 und '13.

Wyschinskij: Hatten Sie keine Kontakte zur österreichischen Polizei?

Bucharin: Nein.

Wyschinskij: Haben Sie in Amerika gelebt?

Bucharin: Ja.

Wyschinskij: Lange?

Bucharin: Ja.

Wyschinskij: Wieviel Monate?

Bucharin: Sieben.

Wyschinskij: Standen Sie in Amerika in Verbindung mit der Polizei?

Bucharin: Absolut nicht.

Wyschinskij: Von Amerika fuhren Sie nach Rußland über...

Bucharin: Über Japan.

Wyschinskij: Haben Sie sich dort lange aufgehalten?

Bucharin: Eine Woche.

Wyschinskij: Hat man Sie in dieser Woche nicht angeworben?

Bucharin: Wenn Sie solche Fragen stellen wollen...

...

Bucharin: Mein Kontakt zur österreichischen Polizei bestand darin, daß ich dort in Festungshaft gesessen habe.

...

Bucharin: Ich habe in einem schwedischen Gefängnis gesessen, zweimal im russischen und in einem deutschen.

Diese höhnischen Fragen stellte Wyschinskij um eines billigen Effekts willen. Er wollte Eindruck auf Uneingeweihte machen: Na klar ist der ein Spion, hat ständig die Seite gewechselt.

Um Bucharin völlig zu demütigen und seinen Willen zu lähmen, schreckte Wyschinskij auch nicht davor zurück, ihm Fragen zu stellen, die vollkommen unlogisch waren.

Wenn Bucharin beschuldigt wurde, daß er die Sowjetmacht stürzen und den Kapitalismus hätte wiedererrichten wollen, dann fragt sich doch, wozu er sich 1912/13 mit der österreichischen Polizei verbünden sollte. Um gegen das zaristische Rußland zu kämpfen? Und im Februar 1917 mit der amerikanischen und der japanischen Polizei – um gegen Kerenskijs Rußland zu kämpfen? Das war ohnehin kapitalistisch.

Bedrückend war für mich auch Bucharins Äußerung, daß während seines Aufenthalts in Paris 1936 konterrevolutionäre Gespräche mit dem Menschewikiemigranten B. I. Nikolajewskij stattgefunden hätten. Bucharin war dienstlich in Paris gewesen und hatte im Auftrag des Politbüros mit Nikolajewskij gesprochen. Ich war bei diesen Gesprächen dabei, sie hatten rein geschäftlichen, offiziellen Charakter. (Näheres zu dieser Episode später.)

Jetzt wollte ich schildern, wie ich im Tomsker Lager auf den Prozeß reagierte, als meine Nerven zum Zerreißen gespannt waren, als es schwer war, beim Hören alles mitzukriegen, als ich Bucharins letzte Worte nicht kannte, als ich zeitweilig alles wie durch einen Schleier wahrnahm und tatsächlich schon abstumpfte gegen die endlosen Nachrichten von Nikolaj Iwanowitschs »Verbrechen« und von denen der anderen Angeklagten, Verbrechen, die nichts mit Politik zu tun hatten. Es ähnelte alles einem billigen Krimi.

Das Todesurteil empfand ich als verspätete Entscheidung. Ich hatte mich schon vorher so eingestellt, daß Nikolaj Iwanowitsch für mich am Tag der Verhaftung erschossen worden war. Auch er selbst hatte mich darauf vorbereitet, als die Untersuchung schon lief. Das angespannte Warten war zu Ende, und das Wissen, daß seine Qualen endlich vorbei waren, brachte sogar eine gewisse Erleichterung, hatte aber gleichzeitig tiefe Niedergeschlagenheit zur Folge. Die ganze Umgebung verblaßte und floß für mich zu einem riesigen, leblosen, grauen Fleck zusammen. Es war sonderbar, sich vorzustellen, daß es auf der Erde noch Leben gab, menschliches Glück und irdische Freuden. Und daß auch wir hier noch schlecht und recht lebten und atmeten und uns ziellos als düstere Masse hinter diesem düsteren Zaun mit seinen Wachtürmen über den einzigen, kurzen, festgestampften Weg, unseren »Newskij-Prospekt«, schoben.

Wyschinskij verliest die Anklageschrift gegen Bucharin (März 1938)

Nach dem Prozeß, der am 13. März 1938 zu Ende war, lag ich zumeist auf dem Bett, betäubt von dem schrecklichen Verfahren und geschwächt durch noch stärkere Unterernährung als gewöhnlich, weil ich kein Stückchen Brot herunterbrachte. Als ich mich etwas gefaßt hatte, begab ich mich hin und wieder vor die Baracke in die Zone. In diesem Lager war ich die einzige, deren Mann in einem Schauprozeß verurteilt worden war. Außer mir wußte nur noch Jakirs Frau vom tragischen Schicksal ihres Mannes. Die meisten wußten nichts von ihren Männern. Und viele, wenn auch nicht alle, hatten die Hoffnung, daß sie lebten, obwohl in Wirklichkeit die allerwenigsten am Leben blieben.

In jenen Tagen erregte ich besonders viel Beachtung. Man verhielt sich unterschiedlich mir gegenüber. Das hing vor allem vom Stand des politischen Bewußtseins ab, vom intellektuellen Niveau, von ihrer Einstellung zu Bucharin vor dem Prozeß und davon, wie gut sie ihn und einige der anderen Verurteilten gekannt hatten. Deshalb spürte ich die bösen Blicke derer, die die Geständnisse der Angeklagten für bare Münze nahmen und dem Prozeß glaubten. Das waren leider gar nicht wenige. Doch ich sah auch die schmerzerfüllten Blicke anderer, die alles verstanden, und das Leiden vieler, die Bucharin, und nicht nur ihn, gekannt hatten.

Die Frau eines ukrainischen Parteipolitikers sagte zu mir: »Was läßt du den Kopf hängen? Die Geschichte wird Bucharin rechtfertigen, aber von unseren Männern wird niemals jemand etwas erfahren.«

Zwei Tage vor meiner zweiten Verhaftung hatte ich einen schrecklichen Traum: Eine Schlange wand sich um meinen Hals und würgte mich, und aus ihrem Rachen sah der Kopf meines kleinen Sohnes hervor, den sie gerade verschlang. Ich wachte davon auf, daß S. L. Jakir mich in die Seite stieß, und wohl auch von meinem eigenen Schrei. Ich war schweißgebadet.

»Wach auf, was hast du?« hörte ich Sajetschkas Stimme. Ich erzählte ihr den Traum.

»Wie schrecklich! Im Wachen ist es ja schon wie ein schlimmer Traum, und dann hast du noch solche Alpträume. Dann wird wohl wieder irgendwas passieren! Aber was soll eigentlich noch geschehen? Man möchte meinen, daß schon alles passiert ist«, sagte Sarra.

Am Morgen erzählte ich auch Wiktorija von diesem Traum. Nun, und mittags kam der Aufseher und brachte S. L. Jakir und mich in den Karzer, wo wir einer Durchsuchung unterzogen wurden. Diesmal beschloß der Aufseher, mir das Foto meines Kindes wegzunehmen, das er bei der vorigen Durchsuchung nicht beschlagnahmt hatte.

»Wer ist das?« fragte er in so bösem Ton, als hätte er noch einen »Verschwörer« entdeckt. Auf dem Bild strahlten die Augen meines elf Monate alten Babys. Ich hatte ihn nach Bucharins Verhaftung fotografiert, in der Hoffnung, Nikolaj Iwanowitsch das Bild ins Gefängnis geben zu können.

»Mein Kind«, antwortete ich, Böses ahnend.

»Ach, du Hündin!« brüllte der Aufseher. »Da schleppst du noch Bucharins Brut mit dir herum!«

Vor meinen Augen zerriß er das Foto, spuckte darauf und zertrampelte es mit seinen dreckigen Stiefeln.

So vernichtete er das Bild meines Kindes, verdorben von der ungeheuren Lüge, an die er vorbehaltlos glaubte. Es war die einzige Freude gewesen, die mir geblieben war, dieses Bild anzusehen.

»Was tun Sie!« schrie die Jakir empört.

»Halt's Maul, Jakirsches Miststück, du Beschützerin, du!«

Ich brachte vor Entsetzen kein Wort heraus.

Nach der Durchsuchung ließ man uns nur einen Tag im Karzer und schickte uns dann in die Baracke zurück.

»Da hast du die Schlange! Da hast du deinen Traum!«

Nur noch eine Stunde war ich mit Sarra Lasarewna zusammen, dann erschien der Aufseher wieder.

»Bucharina! Fertig machen, mit Sachen!«

»Wohin?« fragte ich.

»Wohin, wohin ... Wirst schon sehen, wohin!«

Die Nachricht, daß ich weg sollte, verbreitete sich augenblicklich im Lager. Viele kamen in die Zone hinaus, um mich zu begleiten. Von ferne sah ich die traurige Ljudmila Kusminitschna Schaposchnikowa, die riesige Dina, Wiktorija. S. L. Jakir begleitete mich ganz bis ans Tor des Tomsker Gefängnisses. Sie schluchzte, küßte mich, und das Tor, das von unserer Zone ins Gefängnis führte, schloß sich.

So verließ ich das Tomsker Lager für Frauen von »Vaterlandsverrätern«.

Aus dem Tomsker Lager wurde ich mit einem Bewacher, der nicht in Uniform, sondern in Zivil gekleidet war, in einem Passagierabteil dritter Klasse ins Nowosibirsker Untersuchungsgefängnis gebracht. In Nowosibirsk befand sich damals die Abteilung 3 der sibirischen Lagerverwaltung des NKWD (Untersuchungsabteilung). Dort wurde die Untersuchung über Fälle geführt, die während der Lagerhaft neu aufgenommen wurden, oder eine Nachuntersuchung im ersten Fall. Das Ergebnis war meist traurig: Fristverlängerung oder Erschießung. Bevor es aus dem Lager auf Etappe ging, behielt man mich kurz im Tomsker Gefängnis und schärfte mir ein, daß ich nicht mit den anderen Fahrgästen sprechen dürfe. Im Zugabteil merkte ich, daß dieses Verbot mir nicht das geringste ausmachte: Ich hatte sowieso kein Verlangen nach Gesprächen. Zwischen den anderen Passagieren und mir klaffte ein Abgrund, der wohl immer die Welt hinter Gittern von der Welt außerhalb des Gefängnisses trennt. Zumindest empfand ich das so.

Keiner der anderen durchschaute meine Situation. Alle waren in ihre Gespräche vertieft und beachteten mich nicht. Nur ein langbärtiger Alter blickte aufmerksam in meine Richtung, auf mein erschöpftes, blasses Gesicht, auf die Pelzjacke, die neben mir lag (was im Mai ungewöhnlich war) und die in den Desinfektionskammern der Etappengefängnisse halb verbrannt war, und auf den für damalige Verhältnisse sehr schikken Lederkoffer, den N. I. 1931 aus London mitgebracht hatte, als er dort auf einem internationalen Kongreß für Wissenschaft und Technik gewesen war.

Und schließlich verblüffte ihn zweifellos mein Schweigen: Nicht einmal mit meinem Begleiter, der erstaunlicherweise sogar recht intelligent aussah, wechselte ich auf der ganzen langen Fahrt auch nur ein einziges Wort. Und den hätte man gut für meinen Freund oder Verwandten oder Ehemann halten können. Der Begleiter war vollkommen gleichgültig gegenüber meiner Anwesenheit und schwieg ebenfalls. Der Alte sah mich unablässig an, was mich schließlich sogar reizte, aber ich konnte seinen durchdringenden Blick nicht loswerden und sah unwillkürlich auch zu ihm hin. Es schien, als hätte sein riesiger, langer und breiter Bart, der auf dem speckigen Jackett ruhte, zusätzliche Sehkraft, ein besonderes Gespür und helfe ihm zu durchschauen, was ringsum geschah. Der Alte kombinierte seine Beobachtungen und zog für sich tiefgreifende Schlüsse. Er nahm einen günstigen Augenblick wahr, als mein Begleiter kurz hinausgegangen war, und fragte mich, ohne zu zögern, wohin ich führe. Gerade diese Frage mußte seinen Verdacht bestätigen. Ich antwortete ganz unzweideutig: »Wohin man mich bringt, dahin fahre ich.« Als ich im Tomsker Gefängnis diese Frage gestellt hatte, hatte der Gefängniswärter, der alles für meine Etappe abfertigte, so geantwortet: »Wohin man dich bringt, dahin fährst du!« – eine beliebte Methode der Lager- und Gefängnisverwaltung, die Würde der Gefangenen zu demütigen, indem man ihnen selbst das verschwieg, was zu verschweigen vom Verfahren her nicht erforderlich war.

Nachdem der Alte sich überzeugt hatte, daß ich Häftling war, hielt er mir ein Stück Weißbrot, Käse und ein Ei hin. Wegen der nervlichen Anspannung hatte ich überhaupt keinen Hunger. Die lange nicht gesehene Speise bereitete mir

Bucharin als Abgeordneter auf dem Kongreß für Wissenschaft und Technik, London 1931

nur ein gewisses ästhetisches Vergnügen: Das Brot erschien mir so blendend weiß, als hätte ich so etwas nie gesehen; durch die glatte, reine Eierschale hindurch sah ich den Inhalt, das goldene Eigelb, eingehüllt in die feste Masse des Weiß; und wie appetitlich war der löcherige Schweizer Käse mit einem kleinen Tröpfchen, zart cremefarben, wie eine Teerose. Aber ich lehnte die Gabe ab. Die Speise ließ mich ganz gleichgültig, ich sah sie nur wie ein hervorragend gemaltes Stilleben an.

Wenn der Greis wüßte, wer ich bin, dachte ich plötzlich, würde er mir vielleicht nicht einmal ein Stück Brot anbieten, oder auch umgekehrt, er würde noch das Letzte mit mir teilen. In meinem Leben war alles möglich!

Später entschloß sich auch mein merkwürdiger Begleiter, mir etwas zu essen zu geben. Vermutlich war er kein Wachsoldat, sondern eher ein Mitarbeiter der sibirischen Lagerverwaltung, der den Auftrag bekommen hatte, mich von Tomsk nach Nowosibirsk zu bringen. Schweigend legte er auf zerknittertem Zeitungspapier eine Brotration auf den Sitz neben mich, einen gesalzenen Fisch und sogar ein Stück Wurst, das sonst nie zur Gefangenenration gehörte. Genau gesagt: Er setzte es mir vor wie einem Hund. Auch dieses Essen rührte ich nicht an.

Wir hatten Mai 1938. Seit Nikolaj Iwanowitschs Erschießung waren ungefähr zwei Monate vergangen. Auch für mich selbst hatte ich nichts Gutes zu erwarten: Anfangs war es fast unmöglich erschienen, daß man acht Jahre im Lager überleben könnte, und jetzt war mir klar, daß ein noch strengeres Urteil bevorstand. Zuweilen überkam mich der Wunsch, aus dem Leben zu gehen. Es schien der beste Ausweg aus der Sackgasse, in der ich mich befand. Ich wurde das Gefühl nicht los, daß der unheilsschwangere Wirbel der Ereignisse mich immer tiefer in seinen blutigen Schlund reißen würde. Gleichzeitig hatte ich einen bedeutsamen Stimulus zum Überleben: Ich war verpflichtet, Nikolaj Iwanowitschs Willen zu erfüllen und seinen Appellbrief »An eine künftige Generation von Parteiführern« zu übermitteln, den ich sorgsam im Gedächtnis bewahrte. Damals aber konnte ich mir kaum eine Möglichkeit vorstellen, seinen letzten Willen auszuführen, und das brachte mich zur Verzweiflung.

Ich schlief in jenen Tagen gern, um nichts zu empfinden; aber nach dem Aufwachen brach die Katastrophe nur um so heftiger über mich herein.

Es bedrückte mich auch, was ich im Tomsker Lager durch Lomows* Frau, Natalija Grigorjewna, die nach mir dort eingetroffen war, von meiner Mutter gehört hatte. Bei ihr hatte ich vor meiner Abreise nach Astrachan das Kind gelassen. Sie war damals bereits über fünfzig. Sie war schon vor ihrer Verhaftung 1938 kränklich, weil sie eine schwere Lungentuberkulose hinter sich hatte. Seit 1907 war sie in der Revolutionsbewegung engagiert gewesen, was übrigens auch bei vielen anderen so war, die damals unter Repressalien zu leiden hatten. Sie war schon vor der Revolution mehrfach verhaftet worden. In der Butyrka hatte sie bereits 1911 gesessen und fand sich 1938 dort wieder. Dennoch überlebte sie, meine Mutter. Aus der Gefangenschaft kehrte sie physisch so ruiniert zurück, daß die achtzehn Jahre von der Befreiung und Rehabilitation bis zu ihrem Tod 1973 für sie zu einer qualvollen Prüfung wurden, die sie, ans Bett gefesselt, heldenhaft ertrug. Sie wurde im Januar 1938 verhaftet, mein Sohn war damals ein Jahr und acht Monate alt. Er wurde in ein Kinderheim gesteckt. Diese Nachrichten waren durchaus zuverlässig, Natalija Grigorjewna hatte sie von Nikolaj Iwanowitschs Vater, Iwan Gawrilowitsch, dem sie zufällig begegnet war. Er erzählte, daß er den Jungen mit viel Mühe ausfindig gemacht hatte und daß man ihm seinen Enkel trotz mehrfacher Bitten und einem Brief an Stalin nicht überlassen hatte. Zu guter Letzt bekam der Großvater das Kind, aber erst, als es ernsthaft krank war und es

* Lomow, Georgij Ippolitowitsch: Berufsrevolutionär, gehörte als Justizkommissar zum ersten Volkskommissarsrat, war 1917 Mitglied des Revolutionskomitees in Moskau. Literat und Ökonom. In den ersten Nachrevolutionsjahren Präsidiumsmitglied und stellvertretender Vorsitzender des WSNCh. 1937 verhaftet und erschossen. Seine Frau kam wie ich als Familienangehörige eines »Vaterlandsverräters« mit einer Frist von acht Jahren ins Tomsker Lager, wurde dann ebenfalls zum zweiten Mal verhaftet und in die Butyrka geschickt, wo wir uns wiedertrafen. Sie wurde gemeinsam mit der Frau des ehemaligen Volkskommissarsrats-Vorsitzenden Sergej Iwanowitsch Syrzow eines geplanten Terroranschlags auf Stalin beschuldigt. Bei der Untersuchung wurde Natalija Grigorjewna brutal geschlagen, auf die Rippen. Ich habe ihren Rücken voller Wunden und blauer Flecke gesehen. Sie starb nach der Freilassung, wie ich hörte, an Lungenkrebs. Syrzows Frau wurde erschossen.

schon fast aussichtslos schien. Iwan Gawrilowitsch war alt und schwach, er hatte schwer unter dem Tod seines Sohnes gelitten, und mir war klar, daß er nicht imstande sein würde, das Kind zu versorgen, zumal ihm auch die Mittel dazu fehlten: Gleich nach N. I.s Verhaftung, noch vor meiner Verbannung nach Astrachan, hatte man ihm die Pension aberkannt. Ob Iwan Gawrilowitsch noch lebte und wo mein Sohn war, wußte ich nicht.

Nur ein Gedanke brachte mir seelische Erleichterung. Ich war froh, daß mein Vater rechtzeitig gestorben war, dem Alter nach zwar früh, er war erst neunundvierzig, aber dafür nicht durch eine Stalinsche Kugel, wie Nikolaj Iwanowitsch im gleichen Alter.

Nie hätte ich es für möglich gehalten, daß eine Zeit kommen würde, wo ich den frühen Tod meines heißgeliebten Vaters als einen gewissen Segen ansehen und denken würde: Wenigstens damit habe ich Glück gehabt. Solche Grimassen schneidet die Geschichte, und so verändert sie unsere Weltanschauung.

Im Abteil waren viele Kinder, von allen Seiten tönte es: »Mama«, »Papa« ... Mein Kind hatte sich von seinem Vater verabschieden müssen, als es zehneinhalb Monate war. Einen Monat vorher, erstaunlich früh, hatte es angefangen, seinen Vater ganz bewußt »Papa« zu nennen. »Papa« war sein erstes Wort.

»Er beeilt sich«, bemerkte Nikolaj Iwanowitsch einmal, »bald hat er keinen mehr, den er Papa nennen kann.«

Nach Nikolaj Iwanowitschs Verhaftung krabbelte der Kleine herum, suchte seinen Vater, sah unter seinen Schreibtisch und den Schrank und rief: »Papa, Papa.« Die Kinderstimmen im Abteil verstärkten mein Muttergefühl noch, das ich so sehr zu verdrängen bemüht war. »Uns gibt es nicht mehr in diesem Leben, meinen Sohn und mich«, versuchte ich mir einzureden. »Wir sind mit Nikolaj Iwanowitsch zusammen umgekommen.« Und obwohl ich mein Herz klopfen hörte, war von mir nur ein rätselhafter Schatten übriggeblieben, der mich an die Vergangenheit erinnerte und mir leider die Möglichkeit gab zu denken. Aber die Gedanken waren schrecklich. »Ich denke, also bin ich«, lautet der Satz von Descartes, der davon ausgeht, daß gerade das Denken das wesentliche Merkmal

Larin mit seiner Frau Jelena in der Emigration, Genf 1904

Verwandte von N. I. Bucharin. In der Mitte: seine Mutter Ljubow Iwanowna, seine Großmutter Agnija Iwanowna, sein Vater Iwan Gawrilowitsch

menschlichen Lebens ist. Für mich hatten die Begriffe »leben« und »sein« ihre Identität verloren. Ich dachte, aber ich lebte nicht, sondern fristete eine elende Existenz.

Am Morgen näherte sich der Zug Nowosibirsk.

»Machen Sie sich fertig«, sagte mein Begleiter unvermutet. Ich warf meine schäbige Pelzjacke über, der Bewacher trug gegen alle Regeln meinen Koffer. Wir traten auf den Bahnsteig hinaus und gingen durch den kleinen Bahnhof. Es war ein warmer Frühlingsmorgen, aber es goß. Heftiger Donner grollte. Ein greller Blitz zerriß in gebrochener Linie die tiefhängenden Wolken. Wie immer ermutigte mich die Naturerscheinung und flößte mir unerfüllbare Träume ein. »Vielleicht lebt Nikolaj Iwanowitsch doch noch und ist gar nicht erschossen worden«, zuckte mir blitzschnell ein Gedanke durch den Kopf und verlosch wieder.

Wir traten an einen kleinen Pkw von schmutzigem Olivgrün mit Schiebedach. »Weißt du wohin?« fragte mein Begleiter den Chauffeur. »Ja, ja«, antwortete der. »Fahr allein, ich hab zu tun.« Der Chauffeur stieg aus, und jetzt erst sah ich sein Gesicht. Das Treffen war so unerwartet, daß ich fast erschrak: Es war derselbe Chauffeur, der früher für Robert Indrikowitsch Ejche gearbeitet hatte, einen damaligen Sekretär des Nordsibirischen Gebietskomitees. Ejche hatte seinen Wagen zu Nikolaj Iwanowitschs Empfang geschickt.

Da diese unerwartete und unerfreuliche Begegnung mit dem mir gut bekannten Chauffeur auf meinem schweren Weg stattfand, will ich hier kurz das Hauptthema meiner Erzählung verlassen und von einer Sibirienreise ohne Bewachung erzählen, von meiner glücklichen Reise mit Nikolaj Iwanowitsch während seines Urlaubs im August 1935.

Unsere Sibirienreise hatte zwei Ziele: Zum einen stand meine Diplomarbeit am Institut für Wirtschaftsplanung (»Die technisch-ökonomische Begründung für das Kusnezker Hüttenkombinat«) im Zusammenhang mit Sibirien. Nikolaj Iwanowitsch wollte mich mit dem Mitglied der Akademie Iwan Pawlowitsch Bardin bekanntmachen, einem führenden Metallurgen unseres Landes, der Bauleiter und technischer Direktor des Kusnezker Hüttenkombinats war. Bardin zeigte uns das riesige Kombinat und stellte mir umfangreiches Material für die Diplomarbeit zur Verfügung. Dann fuhren wir nach Leninsk und Prokopjewsk, den wichtigsten Bergbauzentren des Kusnezker Kohlenbeckens. Nikolaj Iwanowitsch fuhr mit mir zusammen hinunter in die Schächte und unterhielt sich mit den Grubenarbeitern, die ihn mit Beifall empfingen.

Der zweite Grund für unsere Reise war, daß wir das Altaj-Gebiet sehen wollten, von dessen Schönheit wir viel gehört

Bucharin mit I. I. Skworzow-Stepanow und L. M. Karachan, Moskau 1928

hatten. Und tatsächlich ist diese malerische Gegend mir unvergeßlich. Der ungebärdige Fluß Katun führte sein smaragdenes Wasser über Hindernisse aus bemoosten Steinen der Bija entgegen, um sich mit ihr zu vereinen und den großen Ob zu bilden. Wie treue Wächter säumten steile Felsen die Ufer der Katun und lenkten sie über den Weg, den die Natur ihr bestimmt hatte. Der verschneite Gipfel der doppelköpfigen Belucha funkelte in der Sonne. Daneben bildeten dunkelgrüne, zirbelkieferbewachsene Berge, die aus der Ferne aussahen wie in Samt gehüllt, einen märchenhaften Kontrast zum bläulichen Gletscherweiß der Belucha.

Damals gab es keine gepflasterte Chaussee zum Telezkoje-See. Wie das heute ist, weiß ich nicht. Irgendwie schlugen wir uns mit dem Pkw durch, vorbei an einzelnen Dörfern. Wenn sie das Auto kommen hörten, lief eine Schar lärmender Kinder uns entgegen (die russischen flachsblond, die altajischen blauschwarz wie Dohlenjunge) und schrie: »Fahr uns ein Stück spazieren, Onkelchen!«

Nikolaj Iwanowitsch bat den Chauffeur anzuhalten (das war ein Einheimischer, nicht der Nowosibirsker). Wir stiegen aus, und an unserer Statt stiegen die Kinder ein, lärmend und schreiend und einander wegschubsend, weil der Platz nicht für alle reichte. Wenn sie ihr Vergnügen gehabt hatten, stiegen wir wieder ein und fuhren bis zum nächsten Dorf, wo dasselbe sich wiederholte. Deshalb kamen wir gegen Abend in eine Ortschaft, wo wir zu übernachten gezwungen waren, auf dem Fußboden, auf den schmutzigen Lumpen der Hausherren. Schlafen konnten wir kaum, wegen der Wanzen.

Früh am Morgen ging es auf kleinen, zähen Bergpferden weiter. Die Pferde bahnten sich ihren Weg auf den steilen Bergpfaden, auf und ab, und wir hatten Mühe, uns im Sattel zu halten.

Der riesige Telezkoje-See leuchtete in der Abendsonne lilagolden. Seine steilen, bewaldeten Ufer wurden von zahllosen Schluchten mit niederstürzenden Wasserfällen zerschnitten. Unten bildeten sich kleine Flüßchen, die in den See mündeten. Hier verbrachten wir etwa eine Woche. Wir wohnten bei Leningrader Ornithologen, die dort auf einer wissenschaftlichen Expedition waren. Sie stellten uns eines ihrer zwei Zimmer zur Verfügung, in dem wir auf dem Boden, auf Bärenfellen unser Lager einrichteten (zusammen mit zwei Leibwächtern, die man Nikolaj Iwanowitsch zugeordnet hatte; von ihnen später mehr).

Eines Tages, als Nikolaj Iwanowitsch sich gerade mit den Forschern über Ornithologie unterhielt und sie mit seinem Wissen in Erstaunen versetzte, öffnete sich plötzlich die Tür, und ein alter Altajer kam herein. Er sah sich aufmerksam um und versuchte zu erkennen, wer von den Anwesenden Bucharin sei. Er trug eine Steppjacke mit vielen Flicken und abgetragene Schuhe, in der Hand hielt er ein kleines Säckchen.

»Was wünschen Sie?« fragte einer der Ornithologen.

»Meine ist gekommen, deine zu sehen«, sagte der Altajer und wandte sich dem Ornithologen im schwarzen, breitkrempigen Filzhut zu, in dem er offenbar Bucharin vermutete. In seiner Vorstellung mußte Bucharin unbedingt einen Hut tragen.

»Ja, deine zu sehen«, wiederholte er und sah den Ornithologen an. »Ich hab gehört, sie ist gekommen und wohnt in dieser Hütte.«

Er benutzte nur das Femininum und kannte sich auch in Deklination und Konjugation nicht aus.

»Na, wenn du ›deine‹ sehen wolltest, die bin ich nicht«, sagte der Ornithologe lachend. »Nun rate mal, wo ›sie‹ ist.«

»Nicht sie?« wunderte sich der Altajer. Niemand außer dem Ornithologen trug einen Hut, und das entmutigte ihn völlig. Nachdem er eine Weile überlegt hatte, sah er den anderen Ornithologen an, der Pfeife rauchte, und zeigte auf ihn.

»Wieder nicht ›sie‹«, sagte lachend der mit Hut und beschloß dem Altajer zu helfen. Es standen noch drei Männer zur Auswahl, die beiden Leibwächter mitgerechnet.

»Guck mal, der da!« Und der Ornithologe deutete mit dem Kopf auf Bucharin.

»Das ist sie?« wunderte sich der Altajer. »Sagt deine die Wahrheit?«

N. I. in Stiefeln und Sportjacke, mit Mütze und nicht mit Hut und nicht besonders groß machte auf den Altajer nicht den erwarteten Eindruck.

»Bucharin ist doch eine große, schöne, aber die da...«

Lautes Gelächter ertönte, am längsten lachten die Leibwächter. Schließlich erhob Nikolaj Iwanowitsch die Stimme.

»Warum bist du gekommen, mich zu sehen? Ich bin doch keine Braut und, wie du siehst, weder groß noch schön, eine völlige Enttäuschung ...«

Der Altajer wußte nicht, was »Enttäuschung« hieß, aber das mit der Braut hatte er verstanden.

»Meine braucht keine Braut, meine hat eine Frau. Sie hat dir Fladen gebacken.« Und er hielt Nikolaj Iwanowitsch das Säckchen mit Fladen hin. Sie waren aus erstklassigem Weizenmehl und meisterhaft gemacht. Nikolaj Iwanowitsch bot allen etwas an, was den Altajer kränkte.

»Meine Frau hat nur dir ein Geschenk gebacken. Das Mehl reicht nicht.«

»Aber wozu mir solche Ehre?« fragte Bucharin.

»Was? Meine versteht nicht.«

»Warum, frage ich, hat deine Frau für mich Fladen gebakken?«

»Meine sagt: Back Bucharin ein Geschenk dafür, daß er Leute liebt.«

»Das Volk«, erklärte der Ornithologe.

»Das Volk, das Volk, ja ja ja«, bekräftigte der Altajer.

»Wie geht's euch denn jetzt auf dem Kolchos?« fragte Bucharin.

»Würd ich sagen, aber hier sind zuviel Leute.«

»Sag schon, hab keine Angst.«

»Meine hat alles gesagt, versteh meine so, wie's uns geht! Hier sind zuviel Leute. Geht nicht.«

Nachdem er seine Neugier befriedigt hatte, wandte sich der Altajer zum Gehen. Wir alle begleiteten den Fremden zum See, wo sein selbstgebautes Boot festgemacht war – ein Stück von einem dicken Baumstamm, in das ein Sitz eingehöhlt war. Der Altajer verabschiedete sich von Bucharin (sonst von keinem): »Bleib gesund, meine Gute!« Dann stieß er sein Boot ab.

Es dämmerte schon. Man hörte das Wasser in der Stille plätschern, und noch lange war die sich entfernende Silhouette des Altajers zu sehen.

Wie immer verbrachte Nikolaj Iwanowitsch seinen Urlaub, indem er sich ganz in die Natur versenkte. Dann entfaltete sich seine Lebensfreude ganz. Er badete in den kalten Bergbächen, in denen Eisstückchen schwammen, oder machte

In Kabardino-Balkarija, 1932

von Flößen auf der stromschnellenreichen Katun aus Jagd auf Enten, was keineswegs ungefährlich war. Er zielte sicher, die Enten fielen aufs Floß, und er hüpfte vor Freude. An der mongolischen Grenze, wohin wir mit dem Auto über die Tschujsker Landstraße fuhren, jagte Nikolaj Iwanowitsch Rehe. Dort wohnten wir bei Grenzsoldaten, die das Fleisch gekonnt räucherten. Abends nach der Jagd aßen wir alle zusammen am Feuer Abendbrot, die beiden Leibwächter, der Chauffeur, die Grenzer und wir.

Im Altaj widmete sich N. I. auch ausgiebig der Malerei. Mir gefielen besonders drei der Bilder, die er nach Moskau brachte und die ich deswegen gut erinnere: »Wasserfall in einer Bergschlucht«, »Der Telezkoje-See« und »Der Katun-Fluß«. Diese Bilder wurden auf einer Ausstellung in der Tretjakowskij-Galerie Ende 1935, Anfang 1936 ausgestellt. Als wir über die Ausstellung gingen, traf N. I. vor seinen Leinwänden den Maler Juon. Die Arbeiten gefielen Juon. »Hören Sie auf mit der Politik«, sagte er zu N. I., »dabei kommt nichts Gutes heraus. Befassen Sie sich mit der Malerei. Das ist Ihre Berufung!« Der Rat kam zu spät.

In Tschemal, wo sich damals das Erholungsheim des ZIK befand, hielten wir uns fast überhaupt nicht auf, sondern reisten weiter umher. Aber in den letzten Tagen unseres Altajaufenthalts brachte ein ungewöhnliches Ereignis N.I. in Verbindung mit Tschemal: Er erhielt ein wundervolles Geschenk von dem Wärter eines Tschemaler Hühnerhofs – einen riesigen Uhu. Es waren Hühner verschwunden, und eines Nachts kam der Wärter dem Dieb auf die Spur und fing ihn. Er faszinierte N.I. durch seine überdurchschnittliche Größe, sein schönes Gefieder, seine großen, ziegelfarbenen Augen und sein erstaunlich mächtiges Rufen. N.I. wollte ihn um jeden Preis nach Moskau mitnehmen. Er richtete ihm eine Voliere ein, lernte selbst, seinen Ruf nachzuahmen, und neckte den Uhu. Das Duett reizte den Vogel, woraufhin er noch lauter rief, und N.I. lachte ansteckend. Der Hühnerhofwärter flocht einen großen Korb aus Gerten, in dem wir ihn im Fernzugabteil mitnahmen. Aber in Moskau blieb der Uhu nicht lange bei uns. Wir hatten nicht genug Platz für ihn und keine Zeit, uns mit ihm zu beschäftigen. Schließlich schenkten wir ihn Mikojans Kindern, aber N.I. dachte oft an ihn.

Vor der Reise ins Kusbassbecken und in den Altaj und auch auf dem Rückweg verbrachten wir einige Tage bei Ejche, waren in seiner Datscha in der Umgebung von Nowosibirsk und in seiner Stadtwohnung. Das Schicksal hatte den bekannten lettischen Revolutionär schon in den zwanziger Jahren nach Sibirien verschlagen. Zur Zeit unseres Aufenthalts dort war er Sekretär des Nordsibirischen Gebietskomitees und Anwärter auf die Mitgliedschaft im Politbüro. Robert Indrikowitsch! Heute noch sehe ich diesen hageren, hoch aufgeschossenen Letten vor mir, der an Don Quichotte erinnerte. Auf seinem immer müden und streng wirkenden Gesicht erschien gelegentlich ein erstaunlich gutmütiges, gewinnendes Lächeln. Wie begeistert war er von den Neubauten in Sibirien, und wie beliebt und populär war er dort! Ich will nur an einen Abschnitt aus seiner Biographie am Ende seines Lebens erinnern. In seinem Vortrag auf dem XX. Parteitag verlas N.S. Chrustschow einen Brief, den Ejche im Gefängnis geschrieben hatte und der nach Stalins Tod in dessen Archiv gefunden worden war. Ejche erklärte sich darin als unschuldig an allen Verbrechen, deren er beschuldigt wurde, und berichtete, daß er nur gegen sich selbst ausgesagt hatte, weil man ihn furchtbar gefoltert hatte: Man hatte ihn auf das kranke Rückgrat geschlagen. Und noch etwas aus seinem Brief ist mir unvergeßlich. Zur Begründung seiner Unschuld betonte Ejche besonders, daß er niemals irgendeiner Opposition angehört hatte. Selbst an der Schwelle des Todes hatte Ejche noch nicht verstanden, daß er an seinen Mörder schrieb und daß es kein Beweis für die Mittäterschaft an Verbrechen ist, wenn man einer Opposition angehört.

Leider stand Ejche mit diesem Irrtum nicht allein. Wie viele Menschen glaubten an Stalin und meinten, daß es sie vor ihrem Henker rechtfertigen müsse, daß sie keiner Opposition angehört hatten.

Aber als wir in Nowosibirsk waren, fürchtete Ejche Nikolaj Iwanowitsch, der mehr als einmal zur Opposition gehört hatte, noch nicht. Ejche fuhr mit uns durch die Stadt und zeigte uns Neubauten, zum Beispiel die Hauptstraße der Stadt, den Krasnyj-Prospekt mit modernen Hochhäusern. Er stieg mit uns auf das Flachdach des Operntheaters, das noch nicht fertig war. Von dort konnte man ganz Nowosibirsk sehen. Ejche stellte N. I. einen Extrasalonwagen der Eisenbahn zur Verfügung, was N. I. vergeblich abzulehnen versuchte; er hatte so einen Wagen auch nicht benutzt, als er zum Politbüro gehörte, weil er das für einen überflüssigen Luxus hielt. Aber Ejche überzeugte ihn mit dem Argument, daß wir niemandem zur Last fallen würden, wenn wir in dem Extrawaggon reisten. Die Wohnverhältnisse waren damals sehr schlecht, und solange wir im Kusbass waren, wohnten wir tatsächlich in dem Waggon auf einem Abstellgleis.

Ab Nowosibirsk wurden uns auch die beiden Leibwächter und ein Schäferhund mit auf den Weg gegeben. So sehr N. I. sich auch bemühte, sie loszuwerden, es gelang ihm nicht. In Moskau hatte er in den letzten Jahren keine Bewachung. Nachdem die linken Sozialrevolutionäre 1919 einen Bombenanschlag auf das Gebäude des Moskauer Parteikomitees verübt hatten, während Bucharin dort einen Vortrag halten sollte, hatte er zehn Jahre lang einen Leibwächter gehabt, Rogow, und der war 1929 abberufen worden, als N. I. aus dem Politbüro ausschied.

Ejche erklärte die notwendige Bewachung damit, daß die Leibwächter unterwegs Nikolaj Iwanowitschs Ungestüm bremsen müßten. »Mit der Natur im Altaj ist nicht zu spaßen«, sagte er. »Sie finden nicht wieder aus der Taiga heraus. Ich habe diese Männer extra für Sie ausgesucht. Sie kennen die Gegend und können Ihnen als Führer dienen.« Robert Indrikowitsch hatte das wirklich in bester Absicht getan, weil er N. I.s ungestümen Charakter kannte und um sein Leben fürchtete. Dennoch schloß N. I. es nicht aus, daß diese Bewachung auch dazu da war, ihn und seine Kontakte zu beobachten. Weil er Stalins Argwohn kannte, hielt er so etwas immer für möglich. Ich weiß, daß ein junger Sekretär des Altajer Gebietskomitees, der Bucharin mehrmals besucht hatte, verhaftet wurde. Es ist zu vermuten, daß unsere Sibirienreise und unser Aufenthalt bei Robert Indrikowitsch auch gegen Ejche benutzt wurden.

Der Chauffeur war bei Familie Ejche wie Kind im Hause. Beim Essen saß er mit uns am Tisch, beteiligte sich an den Gesprächen, genoß die Gastfreundlichkeit von Ejches Frau (die später das Schicksal ihres Mannes teilte und ebenfalls erschossen wurde), er ging allein mit N. I. auf Jagd, holte uns vom Bahnhof in Nowosibirsk ab und verabschiedete uns dort. Daß gerade dieser Chauffeur mich im Mai 1938 abholte, läßt mich vermuten, daß er wohl »nebenamtlich« arbeitete, als er Ejches Wagen fuhr.

Wir waren genau ein Jahr vor Beginn des Verfahrens in Sibirien gewesen. Wie erstaunt war ich, als ich die Aussagen gegen N. I. studierte und darin las, das Ziel seiner Sibirienreise sei die Provokation von Kulakenaufständen und die Abspaltung Sibiriens von der Sowjetunion gewesen.

Wie schön war es, in den eigenen Erinnerungen an glückliche Zeiten zu versinken, und wie unheimlich, dann wieder in Nowosibirsk unter Bewachung zu sein und zu wissen, daß Nikolaj Iwanowitsch nicht mehr lebte. Wie fröhlich und glücklich war unsere erste Reise gewesen und wie schrecklich die weiteren sibirischen Qualen; wie viel Wasser war in so kurzer Zeit den Berg hinabgeflossen! Unverändert war nur die Landschaft geblieben. Irgendwo, nach sibirischen Maßstäben nicht allzu weit weg, strömte das smaragdene Wasser der Katun wie immer, wie immer funkelte die stolze Belucha in der Sonne, und bei Sonnenuntergang, in feierlicher Stille, glitzerte und spielte der Telezkoje-See in goldlila Farbtönen (»Märchen, Phantastik, nicht Landschaft!« hatte N. I. immer wieder gesagt). Und irgendwo, in einem abgelegenen Altajdorf, lebte noch immer jener Kolchosbauer, der gekommen war, N. I. »zu sehen«, und ihm zum Abschied gesagt hatte: »Bleib gesund, meine Gute.«

Das heißt, was jenen Altajer betrifft, so stellte ich mir das wohl zu rosig vor. Er lebte wohl kaum noch in jenem Dorf. Man mußte wohl annehmen, daß ihm jener Tag nicht vergessen worden war, als er kam, »deine zu sehen«, und N. I. von Herzen mit Fladen bewirtete. Und ob wohl dasselbe Schicksal auch die beiden Leningrader Ornithologen ereilt hatte, bei denen wir am Ufer gewohnt hatten?

Ich weiß nicht, ob die Leibwächter als Denunzianten angestellt waren. Es schien allerdings so, als ob sie Nikolaj Iwanowitsch in dem Monat, den wir zusammen verlebten, sehr ins Herz geschlossen hätten. Aber Dienst geht vor! Einer von ihnen tat in schweren Tagen für mich etwas sehr Mutiges und Edles, was ich mir nur durch seine auch nach dem Prozeß unveränderte Einstellung zu Bucharin erklären kann. Doch davon später.

Zunächst müssen wir nun zu schweren Erinnerungen zurückkehren.

Mai 1938 also. Wir standen gegenüber dem Nowosibirsker Bahnhof vor dem Auto, ich und jener Chauffeur, der ehemalige Chauffeur von Ejche, und sahen einander in die Augen – ich erregt und voller Befremden, er, wie mir schien, mit einer unverschämten Selbstsicherheit. Sicher, der Platzregen schlug uns ins Gesicht, und es war schwierig, den Ausdruck seines Gesichts genau zu bestimmen. Vielleicht habe ich mich geirrt. Er öffnete schweigend die Tür und deutete mit einer Geste an, daß ich mich neben ihn setzen sollte. Es ging los, der wohl entsetzlichsten »Behausung« meines Lebens entgegen. Nachdem wir ein Stück gefahren waren, fand der Chauffeur wohl, daß er etwas sagen müsse (immerhin waren wir alte Bekannte), und es fiel ihm nichts Besseres ein, als zu fragen:

»Haben Sie den Uhu gut nach Moskau gebracht?«

Ich war verblüfft über diese Frage unter den ungewöhnlichen Umständen, fand aber eine Antwort: »Hingebracht haben wir ihn, aber der Uhu wurde verhaftet.«

Der Chauffeur verzog keine Miene. Da er zuerst gesprochen hatte, beschloß ich, ihm auch eine Frage zu stellen:

»Nun, und wie geht es Robert Indrikowitsch? Ist er gesund, oder lebt er auch nicht mehr?«

Der Chauffeur schwieg weiter. Von Ejches Schicksal wußte ich zu dieser Zeit nichts, aber ich hatte von Frauen, die aus Nowosibirsk ins Tomsker Lager gekommen waren, gehört, daß dort grausame Verhöre durchgeführt wurden, um Aussagen gegen Ejche zu erzwingen. Wie ich später erfuhr, war er 1937 nach Moskau versetzt und anstelle der nacheinander verhafteten Kommissare Jakowlew und Tschernow* zum Volkskommissar für Landwirtschaft ernannt worden. Folglich war Ejche damals schon nicht mehr in Nowosibirsk. Auf eine Dienstversetzung in ein anderes Amt folgte damals Verhaftung. So geschah es auch mit Ejche.

Das Auto hielt vor dem Gebäude der Untersuchungsabteilung der sibirischen Lagerverwaltung. In dem kleinen Gefängnishof befand sich in Kellerlage das Isolationsgefängnis für Untersuchungshäftlinge. Sein grasbewachsenes Flachdach ragte nur zehn bis fünfzehn Zentimeter aus der Erde. Ein älterer Aufseher führte mich über einen asphaltierten Fußweg abwärts in das Isolationsgefängnis. Das ganze Regenwasser ergoß sich in den Korridor und von dort aus in die Zellen.

Der Aufseher trug Gummistiefel, ich Wildlederschuhe, so daß ich nasse Füße bekam.

Das Gefängnis war klein. Es hatte sechs Zellen, drei auf jeder Seite des Korridors.

In meiner Zelle hätte man vier Personen unterbringen können, es standen zwei Doppelbetten darin, mit einem schmalen Gang dazwischen. Aber für mich war es eine Einzelzelle. Die Tür war offen. Das kleine, vergitterte Fenster, das eher einer Glasspalte unter der Decke glich, ließ kein Tageslicht ein. Rund um die Uhr brannte ein trübes elektrisches Lämpchen. Im Zwischenraum zwischen den Fensterscheiben lief eine Ratte herum; eine andere lief durch die Zelle, sprang, als sie unsere Schritte hörte, vom Bett auf den Boden und wieder

* M. A. Tschernow wurde im selben Prozeß wie N. I. verurteilt.

aufs Bett, verschwand und tauchte wieder auf. Ich stand vor der offenen Zelle und konnte mich nicht entschließen, sie zu betreten. Selbst der Aufseher schien ein wenig verlegen zu sein, daß er mich in dieses Loch einsperren sollte. Er brachte einen Eimer, eine rostige Konservendose und sagte:

»Schöpf das Wasser hier weg, sonst kann man nicht eintreten.«

Ich zog die nassen Schuhe aus, stellte sie auf ein Oberbett und machte mich, bis zu den Knöcheln im Wasser stehend, an die Arbeit. Eimer für Eimer schüttete ich in den Gefängnishof, bis nur in den Vertiefungen des Steinbodens noch kleine Pfützen standen. Von meinen Sachen behielt ich nur ein warmes Tuch da, und der Aufseher trug meinen Koffer in den Aufbewahrungsraum. Diesen Koffer von N. I., zerkratzt und glanzlos, mit Spuren von zerdrückten Wanzen innen, habe ich bis zum heutigen Tag behalten, als Erinnerung an alles, was ich durchgemacht habe, und als einzigen erhaltenen Gegenstand, der einmal Nikolaj Iwanowitsch gehört hat.

Nachdem das Wasser ausgeschöpft war, betrat ich die Zelle. Der Aufseher verschloß die Tür, der Riegel polterte, das Schloß schnappte zu, die Schlüssel klirrten. Ich stand wie versteinert und konnte mich nicht rühren, kam dann aber schnell zu mir; zu diesem Zeitpunkt hatte ich endlich gelernt, mich über nichts mehr zu wundern. Ich beschloß, mich auf dem linken Oberbett einzurichten, weil es oben immer trockener ist. Die Zelle war ein Eckraum, die rechte Wand grenzte an die Erde und war feuchter als die linke, die an die Nachbarzelle stieß. Matratzen gab es nicht, nicht einmal strohgefüllte. Den Pelz breitete ich so aus, daß die eine Hälfte als Unterlage, die andere als Decke diente; das Tuch legte ich zusammen und schob es mir unter den Kopf. So machte ich es mir so bequem wie möglich. Die Fensterritze war auch links. Man sah durch sie das hellgrüne Frühlingsgras, das am Rande des Gefängnishofes wuchs, wo niemand hintrat; und wenn die Häftlinge spazierengingen, sah man ihre Schuhsohlen. Die Zellenwände waren mit einer dicken Schicht grünen Schimmels bedeckt; über die rechte Wand liefen kleine Rinnsale, sammelten sich in den Rissen und Gruben der aufgequollenen Wand, lösten sich von ihr und fielen in Tropfen auf den Boden. Und in gleichmäßigen Zeitabständen hörte man: plapp, plapp,

plapp... Ich kletterte auf mein Bett und schlief ein. Als der Aufseher durch das Türauge sah, daß ich schlief, weckte er mich und wies darauf hin, daß es verboten sei, am Tag zu schlafen. Ich brummte irgendwas im Halbschlaf und schlief sofort wieder ein.

Ein zweites Mal störte er mich nicht. Ich wachte auf, weil ich ganz von Flöhen zerbissen war. Der ganze Körper juckte entsetzlich. Also mußte ich wieder aufstehen, mich nackt ausziehen und die Flöhe aus der Kleidung schütteln, die bereits feucht geworden war (trocknen konnte man sie nur mit der eigenen Körperwärme).

Gleich am ersten Abend wurde ich zum Verhör gerufen. Das Verhör führte der Chef der Abteilung 3 der sibirischen Lagerverwaltung des NKWD, Skwirskij, selbst durch. Ich weiß nicht mehr, welchen Dienstgrad er hatte, aber es ging das Gerücht, daß er durch eine Degradierung vom Odessaer NKWD hierhergekommen sei. Dort hätte er zur Leitung gehört. Um sich vor einem weiteren Sturz zu schützen, zeichnete er sich nun durch besondere Grausamkeit aus.

In dem kleinen Dienstzimmer fand ich einen Mann von fünfundvierzig bis siebenundvierzig Jahren vor, der aussah wie ein Raubtier, das sich auf eine lang ersehnte Beute stürzt. Er teilte mir mit, daß er mich auf Moskauer Anweisung verhöre. In seinem selbstzufriedenen, unangenehmen Gesicht stand deutlich zu lesen, daß er sich durch diesen Auftrag von höchster Stelle sehr geschmeichelt fühlte.

»Die Untersuchung weiß aus sicherer Quelle«, verkündete er, »daß Bucharin über Sie mit einer konterrevolutionären Jugendorganisation in Verbindung stand. Sie waren deren Mitglied und der Verbindungsmann zwischen Bucharin und dieser Organisation. Nennen Sie die Mitglieder dieser Organisation. Solange Sie das nicht tun, können Sie im Keller sitzenbleiben und verfaulen.«

Als erstes leugnete ich, daß Bucharin überhaupt Verbindung zu einer konterrevolutionären Jugendorganisation haben konnte, selbst wenn eine solche existierte, weil er Revolutionär und nicht Konterrevolutionär war. Aus demselben Grunde konnte ich auch nicht Verbindungsmann zwischen Bucharin und dieser Organisation gewesen sein.

»Ekel! Konterrevolutionäres Miststück!« brüllte Skwirskij. »Sogar jetzt, nach dem Prozeß, wagen Sie es noch zu behaupten, daß Bucharin kein Konterrevolutionär war.«

»Ja, das wage ich. Aber ich halte es für völlig sinnlos, mich mit Ihnen darüber zu unterhalten.«

»Sie wollen wohl noch behaupten, daß Sie überhaupt keine Beziehung zu Bucharin hatten?«

»Nein, das behaupte ich durchaus nicht. Aber ich war kein Verbindungsmann zwischen einer konterrevolutionären Organisation und Bucharin, sondern seine Frau.«

»Sie waren seine Frau? Wir wissen aus sicherer Quelle, daß Ihre Ehe fiktiv war und Bucharins konterrevolutionäre Kontakte zur Jugend decken sollte.«

Alles hatte ich erwartet. Daß dieser Skwirskij mich beschuldigen würde, Sabotage zu betreiben, Terroristin zu sein oder was auch immer. Daß er aber unsere Ehe für fiktiv erklären und ihr konterrevolutionäre Zwecke unterstellen würde – auf die Idee war ich allerdings nicht gekommen. Diese absurde Beschuldigung überraschte mich dermaßen, daß ich ganz naiv versuchte, sie durch den Hinweis auf unser Kind zu widerlegen.

»Das muß erst untersucht werden, das muß noch bewiesen werden, von wem Sie das Kind haben!«

In diesem Moment war ich von der sinnlosen, absurden Beschuldigung tiefer getroffen als von dem wüsten Geschimpfe des Untersuchers (»Ekel«, »konterrevolutionäres Miststück« und so weiter). Doch schon während des Verhörs wurde mir klar, daß ich es nicht nur mit einem gemeinen, sondern auch mit einem reichlich beschränkten Mann zu tun hatte, und seine gellenden, dummen Beschuldigungen wurden mir gleichgültig.

»So eine Unverschämtheit!« brüllte Skwirskij. »Wagt es hier zu behaupten, daß Bucharin kein Konterrevolutionär war! Sie gehören nicht auf sowjetischen Boden! Erschießen! Erschießen! Erschießen!«

Ich spürte, daß meine Lage aussichtslos war, und das machte mich mutig und entschlossen. Ich brachte es fertig, lauthals voller Verachtung zu schreien:

»Sie sind es, der nicht auf sowjetischen Boden gehört, und nicht ich! Sie gehören hinter Gitter und nicht ich! Erschießen Sie mich doch gleich! Ich will nicht mehr leben!«

Ich dachte, daß dieses Ungeheuer mich jetzt sofort umbringen oder etwas Unvorstellbares mit mir anstellen würde. Aber nichts dergleichen geschah; voller Verwunderung starrte er mich mit seinen bösen Habichtaugen an. Wir hatten mit gleichen Mitteln gekämpft, und ich hatte mir Genugtuung verschafft. Der Untersucher verstummte, und ich meine mich nicht geirrt zu haben, daß ich sogar einen Funken von Achtung mir gegenüber bei ihm erhaschte. Er griff zum Telefonhörer und sagte gleichgültig: »Führen Sie den Häftling ab.«

Bis der Wachsoldat kam, erinnerte Skwirskij mich noch einmal:

»Wenn Sie schweigen, können Sie in dieser Zelle verrotten!«

Und ich antwortete: »Das ist mir egal.«

Es nieselte. Es war spät in der Nacht. Über den Fußboden sickerten wieder langsame Wasserrinnsale, und mir wurde klar, daß es eine Sisyphusarbeit war, die Zelle leerzuschöpfen.

Nach dem Verhör hatte ich weder Kraft noch Verlangen, aufs Oberbett zu klettern, und legte mich aufs untere, auf die bloßen Bretter. Aber mir war, als läge ich in einem Federbett – nur weil ich die Habichtaugen des Untersuchers nicht mehr vor mir hatte und weil ich es geschafft hatte, ihn würdevoll zu verlassen.

Das Glück ist ein erstaunlich relativer Begriff, dachte ich. Auch im Unglück gibt es Minuten des Glücks, das Leben hat mich immer mehr davon überzeugt. So war ich in jenem Augenblick glücklich, als ich in der Zelle im imaginären Federbett lag, weil ich mit meinem Verhalten beim Verhör zufrieden war, mit dem Ausbruch, der Rebellion, durch die ich meine Würde gewahrt hatte.

Die Stille in der Zelle, die nur vom gleichmäßigen Fallen der Tropfen und vom gelegentlichen Rascheln des Aufsehers am Guckloch unterbrochen wurde, versetzte mich plötzlich in einen Zustand überirdischer, märchenhafter Seligkeit. Wie Alice im Wunderland fiel ich immer tiefer in einen Brunnen, aber im Unterschied zu ihr wußte ich, auf welchem Breiten- und Längengrad ich mich befand, daß ich nicht in Australien oder Neuseeland war, sondern in einem Land namens Sowjetunion, im Land der Diktatur des Proletariats, was in jener Zeit bedeutete: im Land von Stalins absoluter Monarchie. Mir brauchte man nicht, wie Alice, zu erklären, daß es ein Unterschied ist, ob man sagt, was man denkt, oder bedenkt, was man sagt. Unser Volk hatte damals gut gelernt, daß es gefährlich war, zu sagen, was man dachte, obwohl das bei mir nicht immer zutraf. Über eine Alice, die nicht im Wunderland und nicht im Spiegelland, sondern im Land der Diktatur des Proletariats war, hatte Lewis Carroll noch nicht schreiben können.

Nach dem Verhör lag ich regungslos auf dem Bett und sagte mir halblaut Bloks Gedicht »Vor Gericht« auf. Einige Zeilen daraus bedeuteten mir viel, weil ich meine eigene Situation darin wiederfand. Im Gefängnis mußte ich oft daran denken. In der Nacht nach dem Verhör murmelte ich, ohne die Stille zu stören:

> Was denn machen, wenn er uns getrogen,
> Dieser Traum, wie jeder Traum es tat,
> Wenn das Leben uns übergezogen,
> Hiebe uns auf Hieb gegeben hat?
>
> Nicht nach uns fragt es, das eil'ge Leben,
> Und der Traum tat recht, daß er entschwand.
> Doch war dir nicht trotzdem einst gegeben
> Jenes Glück, das dich mit mir verband?

Allein mit meinen Gedanken, suchte ich zu entscheiden: Hatte der Traum recht gehabt, der uns trog? Uns – das heißt mich und N. I. Ein so schreckliches Ende hatten schließlich weder er noch gar ich vorausgesehen. Also hatte der Traum getrogen, und, wie ich fand, »... der Traum tat recht, daß er entschwand«. Wir waren glücklich gewesen, wenn auch nur kurze Zeit.

Im August 1936, nach dem Sinowjew-Kamenew-Prozeß, hatte N. I. sich quälende Sorgen gemacht um mein »verdorbenes Leben«, wie er sagte, und um das Schicksal unseres neugeborenen Sohnes. Ich vermochte Nikolaj Iwanowitsch nur damit zu trösten, daß es für mich erheblich leichter war, in den schweren Tagen an seiner Seite zu sein, und daß ich es nicht bereute und niemals bereuen würde, mein Leben mit dem seinen vereinigt zu haben. Auch heute noch, viele Jahre nach seinem Tod, kann ich das nur wiederholen. Möglich, daß ich ihm mit meinen Beteuerungen das Herz damals nur noch schwerer gemacht habe. Er sah mich durch Tränen an und lächelte.

Ich weiß nicht, wohin mich meine Erinnerungen noch entführt hätten, wenn nicht plötzlich die Ratte auf meine Beine gesprungen wäre. Ich zuckte zusammen, zog die Beine weg, die Ratte plumpste auf den Boden und war augenblicklich verschwunden. Da N. I. mich an Tiere gewöhnt hatte, kann ich nicht behaupten, daß ich entsetzliche Angst vor Ratten hatte, aber ihr unerwarteter Sprung auf mein Bein löste im ersten Augenblick Schrecken und Abscheu aus. Doch bald hatte ich meinen Ekel überwunden, und die Ratte machte meine Einsamkeit erträglicher. Täglich fütterte ich sie mit Brot, was den Gefängniswärter überraschte. Das Brot wurde morgens ausgegeben. Meine Ration, fünfhundert Gramm, hatte gewöhnlich noch eine Zuwaage, die mit einem Holzstäbchen darangesteckt war. Diese Zuwaage bekam die Ratte. Das übrige aß ich sofort auf. Das schien mir sättigender zu sein, und wo sollte ich die Ration auch aufbewahren? Die Ratte kam sofort aus ihrer Ecke, wenn sie das Brot roch, setzte sich auf die Hinterpfoten und bettelte. Ich erkannte sie genau und wußte, daß ich immer dieselbe Ratte fütterte. Die andere, die zwischen den Fenstern herumlief, konnte nicht in die Zelle gelangen.

Die erste Nacht nach dem Verhör ist auch noch dadurch unvergeßlich, daß ich plötzlich ein mehrfaches Klopfen an der Wand vernahm. Weder im Astrachaner Gefängnis noch in den Etappengefängnissen hatten die Häftlinge dieses Kommunikationsmittel benutzt. Verwirrt sah ich die Wand an, bemühte mich zu verstehen, was man mir mitteilen wollte und wie ich antworten sollte, und dachte gleichzeitig angestrengt nach, wer mir davon erzählt hatte. Und schließlich tauchte das Vergessene aus dem Unterbewußten wieder auf.

Vor langer Zeit, etwa zehn Jahre, bevor ich mich in dieser Einzelzelle befand, hatte mir der berühmte Narodnik Nikolaj Alexandrowitsch Morosow das Klopfalphabet der Häftlinge beigebracht. Er hatte mehr als zwanzig Jahre in Festungshaft verbracht, zunächst in Schlüsselburg, dann in der Peter-Pauls-Festung, wo gleichzeitig in den letzten Monaten auch mein Vater gewesen war. Im Herbst 1905 hatte die Revolution die beiden Häftlinge befreit.

Fernerhin verband Morosow und Larin ihr gemeinsames Interesse an Astronomie und antiker Geschichte. In der zweiten Hälfte der zwanziger Jahre erschien Morosows viel-

Bucharin (dritte Reihe ganz rechts) mit anderen Verbannten in Onega im Gouvernement Archangelsk, 1911

bändiges Werk »Christus«. Damals besuchte Nikolaj Alexandrowitsch meinen Vater ziemlich oft. Leider kann ich den Inhalt ihrer Gespräche nicht wiedergeben. Ich war nicht immer dabei, und außerdem waren sie für mein kindliches Auffassungsvermögen zu schwierig. Ich erinnere nur, wie Morosow nachwies, daß Italiener und Juden ursprünglich die gleiche Herkunft hätten und, wie er meinte, eine Nation seien; er erklärte einige sprachliche Formen auf seine Weise. Larin bestritt das. Morosow war nicht nur Gelehrter auf astronomischem und historischem Gebiet, sondern auch auf den Gebieten der Physik und der Chemie. Viele seiner wissenschaftlichen Arbeiten sind während der Haft entstanden.

Für mich war Nikolaj Alexandrowitsch eine geradezu legendäre Persönlichkeit, weil er sich trotz zwanzigjähriger Haft moralisch und physisch zu erhalten vermocht hatte. Etwas ungewöhnlich Helles schien mir von seiner faszinierenden Gestalt auszugehen. Damals war er schon über siebzig. Ungeachtet der langen Haft war er kein gebrechlicher Greis. Zwar zerfurchten tiefe Runzeln sein kluges Gesicht und seine hohe, schöne Stirn, aber durch die Brille sahen einen gütige, ausdrucksvolle und unverhältnismäßig junge Augen an. In seiner Anwesenheit war ich verlegen und schüchtern, aber ich wollte zu gern wissen, wie er mehr als zwanzig Jahre Haft hatte überleben können, und sprach ihn schließlich darauf an. Da erzählte mir Morosow von seinem Zeitempfinden während der Gefangenschaft:

»Im Gefängnis vergeht die Zeit erheblich schneller als in Freiheit, weil der Geist sich von ungewöhnlich eintönigen Eindrücken nährt; die Grenzen der Jahre verwischen, alles verschmilzt.«

Er erzählte auch, daß er zeitweilig im Gemüse- oder Blumengarten hatte arbeiten dürfen. Und schließlich verging die Zeit mit wissenschaftlichen Arbeiten, dazu hatte man ihm also offenbar die Möglichkeit gegeben. Mit den Gefangenen in den Nachbarzellen unterhielt sich Morosow durch Klopfen. Das interessierte mich besonders, und ich bat ihn, mir zu erklären, wie man das machte. Nikolaj Alexandrowitsch nahm ein Blatt Papier und unterteilte es in sechs Reihen. In jede Reihe schrieb er sechs Buchstaben in alphabetischer Reihenfolge, in der letzten Reihe blieben nur drei Buchstaben.

»Zuerst«, erklärte Morosow, »muß man die Nummer der Reihe klopfen und dann, nach einer Pause, die Nummer des Buchstabens. Verstehst du?« fragte er.

»Ja«, antwortete ich.

»Machen wir eine Probe«, sagte Morosow, machte eine Faust und klopfte auf den Schreibtisch ein einziges kurzes Wort. Ich konnte nicht gleich entschlüsseln, welches Wort das war. Während ich noch versuchte, den ersten Buchstaben zu verstehen, klopfte Morosow schon den zweiten, dann den dritten, und ich verlor den Zusammenhang. Erst beim dritten oder vierten Mal rief ich fröhlich: »Christus! Christus!«

Auf Vaters Schreibtisch, an dem wir saßen, lag der gerade neu erschienene dicke Band von Morosows vielbändigem Werk. Er war wohl damals in Gedanken so sehr mit Christus beschäftigt, daß deswegen auch das Wort, mit dem er meine Auffassungsgabe überprüfte, ebendieses war – »Christus«.

Nachdem er es mir erklärt hatte, bemerkte Morosow:

»Es ist natürlich interessant zu wissen, wie sich die Gefangenen in der Zarenzeit mit ihren Zellennachbarn unterhielten, und nicht nur mit denen; eine Nachricht konnte als Ketteninformation weitergegeben werden. Aber für die Praxis wirst du das nie brauchen.«

Während ich an all das dachte, versuchte die Wand vergeblich, Kontakt zu mir zu bekommen. Dann verstummte sie. Nun war es an mir, die Initiative zu ergreifen. Um mir das Gefängnisalphabet wieder in Erinnerung zu rufen, löste ich zunächst die Aufgabe, die Morosow mir einst gestellt hatte, und klopfte mit der Faust »Christus« an mein Bett und dann, um mich zu üben, einige Sätze.

Spät in der Nacht, als der Aufseher nicht mehr so wachsam und im Korridor eingenickt war, wagte ich es, an die Nachbarzelle zu klopfen. Morosows Prognose hatte sich als falsch erwiesen: Seine Erklärung war nicht nur von retrospektivem Interesse, sondern auch von praktischem Nutzen. Es gelang mir herauszubekommen, daß in der Nachbarzelle vier Häftlinge saßen – drei Biologen und der vierte, der mir zuklopfte, ein ehemaliger NKWD-Mitarbeiter unter Jagoda. Alle vier hatten schon im Lager gesessen und waren dann wieder in Untersuchungshaft gekommen, und ihr erstes Urteil belief sich auf zehn Jahre Haft. Seinen Nachnamen und früheren Posten nannte mein Nachbar nicht, teilte aber mit, daß er zum zweiten Mal verurteilt sei, die Todesstrafe erwarte und Berufung eingelegt habe, daß er aber keine Hoffnung auf Milderung des Urteils habe, weil er unter Jagoda einen verantwortungsvollen Posten innegehabt hätte. Auch ich erzählte keine Einzelheiten von mir, sondern sagte nur, daß ich nach dem Artikel »TschSIR« verurteilt und ebenfalls zum zweiten Mal in Untersuchungshaft sei.

»Haben Sie vom letzten Prozeß gehört?« fragte der vormals verantwortliche NKWD-Mitarbeiter plötzlich.

»Nur andeutungsweise, Einzelheiten weiß ich nicht«, klopfte ich.

»Die Ekel haben Bucharin umgebracht«, funkte der Nachbar.

Mir wurde schwarz vor Augen, und ich hatte starkes Herzklopfen. »Also ein Spitzel-Klopfer«, dachte ich. Es schien mir verdächtig, daß er nur Bucharin erwähnte. Warum nicht in erster Linie Jagoda, der ihm doch näherstehen mußte? Und die anderen Angeklagten hatte er auch nicht erwähnt. Ich bat ihn, den letzten Satz zu wiederholen.

»Die Ekel haben Bucharin umgebracht«, hörte ich wieder, und meine letzten Zweifel schwanden. Jeder einzelne Buchstabe des Satzes hämmerte mir im Geist. Der Ausdruck »umgebracht« statt »erschossen« schien mir das Flegelhafte dieser Gerichtsfarce noch zu unterstreichen, weil es dem Ganzen die politische Färbung nahm. Ich hätte das Gespräch abbrechen müssen, denn vor Provokationen hatte ich wirklich Angst, aber die Versuchung war zu groß. Das machte auch meine Einsamkeit und der brennende Wunsch, soviel wie möglich zu erfahren.

»Wer sind denn die Ekel, die Bucharin umgebracht haben?« beschloß ich schließlich zu fragen. »Warum tut nur er Ihnen leid, und die andern Verurteilten erwähnen Sie gar nicht, Rykow, Rakowskij, Krestinskij und die anderen? Warum erwähnen Sie nicht einmal Ihren Vorgesetzten Jagoda?«

Da mein Nachbar nun merkte, daß ich mehr von dem Prozeß wußte, als er angenommen hatte, erkundigte er sich zunächst einmal nach dem Namen meines Mannes, bevor er meine Frage beantwortete. Den sagte ich ihm nicht, funkte aber, daß auch mein Mann beim letzten Prozeß verurteilt und erschossen worden sei. Diese Mitteilung machte den Gesprächspartner offener, und ich vernahm:

»Verzeihen Sie, ich habe nur Bucharin erwähnt, weil ich ihn schon seit meiner Komsomolzenzeit liebe und dies für einen unersetzlichen Verlust halte.«

Daß ich Bucharins Frau sei, vermutete mein Nachbar nicht, sondern er glaubte, daß ich beleidigt sei, weil er meinen Mann nicht erwähnt hatte.

»Das heißt durchaus nicht, daß der Tod der anderen mir gleichgültig ist«, fuhr er fort. »Jagodas Schicksal ist tragisch. Er hat versucht, dem Terror zu widerstehen, und hat unter dem Druck des Hauptverbrechers nachgegeben. Ekel sind wir alle, Jagoda und ich und die, die uns abgelöst haben. Wir sind Verbrecher geworden, weil wir den nicht umgebracht haben, der uns zu Verbrechen gezwungen hat und noch jetzt diejenigen zwingt, die uns abgelöst haben. Ich habe noch drei Tage zu leben und fürchte mich nicht davor, es auszusprechen: Dieser Hauptverbrecher ist Stalin!«

Er sagte mir nichts Neues, aber das Gespräch bedrückte mich sehr. Für den Rest der Nacht konnte ich nicht schlafen. Offenbar hatte ich in meinem Nachbarn hinter der Wand zu Unrecht einen Spitzel vermutet.

In den wenigen Tagen unserer Bekanntschaft faßte ich Zuneigung zu diesem zum Tode Verurteilten, der den Preis für die Prozesse kannte und seiner früheren Einstellung zu N. I. treu blieb. Abends lauschte ich seinem deutlichen Klopfen an der Wand und konnte das Todesurteil absolut nicht mit dem gleichmäßigen Klopfen seiner Hand verbinden. Und als ich nach einigen Tagen seine letzten Worte hörte: »Leben Sie wohl, das Urteil ist bestätigt worden!«, da war ich tief erschüttert.

Es schüttelte mich wie im Fieber. »Was soll nur aus mir werden?« dachte ich in dem Moment.

Der NKWD-Mitarbeiter, der seiner Erschießung entgegensah, brachte meine Gedanken auf Jagoda. Sofja Jewsejewna Prokofjewa, die Frau von Jagodas ehemaligem Stellvertreter Prokofjew*, hatte mir schon im Tomsker Lager etwas erzählt, was sie von ihrem Mann wußte. Als Jagoda beim ersten geschlossenen Prozeß 1935 kein Schuldbekenntnis von Kamenew und Sinowjew zu dem Mord an Kirow erzielt hatte**, hatte Stalin ihn wütend zu sich gerufen und gesagt: »Sie leisten schlechte Arbeit, Genrich Grigorjewitsch, ich weiß schon aus sicherer Quelle« (»aus sicherer Quelle« war ein von den Untersuchern viel verwendeter Ausdruck, auch Stalin benutzte ihn), »daß Kirow im Auftrag von Sinowjew und Kamenew ermordet wurde, und Sie können das noch immer nicht beweisen! Man muß sie foltern, damit sie endlich die Wahrheit sagen und all ihre Verbindungen aufdecken.« Als Jagoda Prokofjew davon erzählte, fing er an zu schluchzen.

Sofja Jewsejewna erzählte mir auch, daß Jagoda vergeblich versuchte habe, die Repressalien gegen ehemalige Menschewiki zu verhindern. Eine gewisse Bestätigung dafür fand ich später in den Prozeßprotokollen: Wyschinskij legte Jagoda ein

* Die Frauen von NKWD-Mitarbeitern, die nach Prokofjew verhaftet worden waren, erzählten im Tomsker Lager, daß Jeshow ihm vorgeschlagen hätte, sein Stellvertreter zu werden, aber Prokofjew hätte unter Hinweis auf seine Gesundheit abgelehnt. So wurde er zu Jagodas Stellvertreter im Volkskommissariat für Nachrichtenwesen ernannt. Nach seiner Verhaftung konnte Prokofjew nicht mehr verhört werden: Auf dem Weg ins Zimmer des Untersuchers stieß er mit dem Kopf gegen den Türpfosten und fiel tot um.

** In diesem Prozeß bekannten Sinowjew und Kamenew nur ihre moralische Schuld an Kirows Ermordung, weil man ihnen erklärt hatte, daß Kirow von einem Mann ermordet worden sei, der früher zu Sinowjews Opposition in Leningrad gehört habe.

Dokument aus den Untersuchungsakten gegen ihn vor, das dem Archiv des NKWD entstammte. In dem Dokument wurde von der Existenz eines Menschewikizentrums im Ausland und dessen angeblicher Aktivität in der UdSSR berichtet (von wem, ist nicht angegeben). Auf dem Dokument stand Jagodas Entscheid: »Das ist bei weitem keine Partei, und es lohnt sich nicht, sich damit abzugeben.« Im Prozeß rechtfertigte Jagoda seinen Entscheid so, daß er »den Schlag von den Menschewiki abgewendet und ihr Scheitern verhindert habe, weil sie in Kontakt mit den Rechten standen«.

Da diese Version vermutlich der Phantasie der Untersuchung entsprang, kann man annehmen, daß Jagoda tatsächlich einen gewissen erfolglosen Widerstand gegen die Repressalien gegen ehemalige Menschewiki versucht hat.

Im Zusammenhang mit Jagoda erinnere ich auch noch andere Episoden. Mitte oder Ende der zwanziger Jahre waren Spezialisten aus der alten Intelligenz, die nach der Revolution loyal im WSNCh oder bei der staatlichen Planungskommission gearbeitet hatten, Repressalien ausgesetzt. Larin bezweifelte die Berechtigung ihrer Verhaftung und bat Jagoda telefonisch, ihm die Untersuchungsakten zu schicken, damit er sich damit vertraut machen konnte, um dann selbst in die OGPU zum Volkskommissar zu fahren und gemeinsam Ordnung in die Sache zu bringen. Ich weiß noch, wie der Kurier die Pakete mit fünf Siegeln brachte. Vater studierte die Akten, fuhr in die OGPU zu Jagoda, und die Verhafteten wurden freigelassen.

In den dreißiger Jahren wäre einem so etwas in den kühnsten Träumen nicht eingefallen; nicht einmal die Politbüromitglieder hatten Zugang zum NKWD. Ende 1930 oder Anfang 1931 wandte sich Sergej Wladimirowitsch Groman (der später selbst verhaftet wurde) um Hilfe an Larin. Er war der Sohn des ehemaligen Menschewiken Wladimir Gustawowitsch Groman, der in der staatlichen Planungskommission gearbeitet hatte und im März 1931 im Zusammenhang mit dem Prozeß gegen das »Unionsbüro der Menschewiki« verhaftet worden war. Doch zu jener Zeit hatte Vater schon keine Möglichkeit mehr, ihm zu helfen.

Ein Detail aus Jagodas Biographie brachte mich indirekt zum Nachdenken über mein eigenes Verfahren und rief mir einen schwierigen Vorfall in Erinnerung, der noch gar nicht lange zurücklag. Jagoda stand in verwandtschaftlicher Beziehung zu Ja. M. Swerdlow, er war mit dessen Nichte verheiratet, der Tochter von Swerdlows Schwester. Dennoch mußte er Stalins Befehl zur Verhaftung von Swerdlows Sohn Andrej ausführen und von dessen engstem Freund Dima, dem Sohn des berühmten bolschewistischen Revolutionärs W.W. Ossinskij. So einen Schritt hätte Jagoda von selbst nie unternommen, er konnte in diesem Fall unmöglich der Initiator sein. Die beiden jungen Männer (sie waren damals zwei- oder dreiundzwanzig) studierten an einer Militärakademie und waren mir gut bekannt. Ihre Verhaftung erregte mich sehr; sie war für alle in dem Milieu, zu dem wir gehörten, ein unerklärliches Ereignis. Das geschah 1934 oder Anfang 1935, genau weiß ich es nicht mehr.

Ich erzählte Nikolaj Iwanowitsch von Dimas und Andrejs Verhaftung. Er war äußerst erstaunt und beschloß, Stalin anzurufen, um den Grund zu erfahren. Er erreichte Stalin sofort. »Sollen sie ruhig ein bißchen sitzen«, antwortete er, »diese Freigeister.« Auf N. I.s Frage, worin denn ihre Freigeisterei zum Ausdruck käme, hatte Stalin keine überzeugende Antwort. »Sieht ganz so aus, als ob sie trozkistische Ansichten haben«, sagte er. Die Verhaftung der jungen Männer und die Art von Stalins Gespräch mit N. I. erinnern an eine Episode aus ferner Vergangenheit, aus der Regierungszeit von Zar Pawel I., wovon ein bis heute erhaltenes Dokument der beste Bericht ist:

»An den Herrn Kavalleriegeneral von der Palen. Bei Erhalt dieses Schreibens ist in Festungshaft zu nehmen der Staatsanwalt am Militärkollegium Arsenjew, welcher sich an mich mit der Bitte um eine Stelle als Oberstaatsanwalt beim Senat gewandt hat und welcher, wie zu vermuten steht, Freidenker ist.

Ihnen wohlgeneigt *Pawel.*«

Nikolaj Iwanowitsch bat Stalin, die jungen Männer freizulassen und ihre »Freigeisterei« nicht als Verbrechen zu sehen. Da er annahm, daß W.W. Ossinskij selbst mit Stalin über seinen Sohn sprechen werde, erwähnte N. I. diesen zwar im Gespräch, bat aber vor allem um Andrej Swerdlows Freilassung, dessen Vater, Jakow Michajlowitsch Swerdlow, 1919 gestorben war.

Bucharin mit Studenten der Kommunistischen Universität der Völker des Ostens, in den zwanziger Jahren

»Koba, ich bitte für Jakow Michajlowitsch, im Gedenken an ihn muß man das tun. Es ist schade um die Jungen, die Haft kann sie nur erzürnen und verderben. Sie sind doch beide begabte, hoffnungsvolle junge Männer.«

»Ich habe damit nichts zu tun, ruf Jagoda an«, antwortete Stalin gereizt und legte den Hörer auf.

Jagoda anzurufen, fand N. I. sinnlos.

Und D. Ossinskij und A. Swerdlow wurden bald wieder freigelassen. Leider hatte diese Geschichte noch eine tragische Fortsetzung, von der ich damals nichts wußte. Aber die Erinnerung an Dimas und Andrejs Verhaftung, die mich damals so aufgeregt hatte, brachte mich auf traurige Gedanken über mein Verfahren. Wen konnten die Untersuchungsführer für die sogenannte konterrevolutionäre Jugendorganisation anwerben? Zweifellos, dachte ich, würden gerade diese beiden, D. Ossinskij und A. Swerdlow, zu ihren Hauptpersonen werden.

Wenn die beiden noch 1934 nur »Freidenker« gewesen waren, wozu konnte man sie dann 1938, zur Zeit der Massenverhaftungen machen? Doch wohl zu Terroristen, Schädlingen und Vaterlandsverrätern. Der verhaftete Walerian Walerianowitsch Ossinskij, Dimas Vater, war schon in Bucharins Prozeß als Belastungszeuge und aus unverständlichen Gründen nicht als Angeklagter aufgetreten. Er hatte von entsetzlichen, fürchterlichen Verbrechen erzählt, die angeblich nicht Bucharin allein, sondern auch er selbst begangen hatte. Diese Tatsache bestärkte meinen Verdacht, daß Andrej und Dima wieder verhaftet worden waren.

Mit ihnen zusammen konnten noch viele andere verhaftet worden sein, Kinder von Eltern, die unter Repressalien standen. Nach Alter und Biographie paßte ich durchaus zu dieser Jugend. So konstruierte ich mir meinen sogenannten Fall.

Die Überlegungen zu meinem eigenen Verfahren wechselten mit Gedanken über Jagoda ab. Und das natürlich nicht, weil ich lange Jahre eine Uhr getragen hatte, die Jagoda vor vielen Jahren meiner Mutter geschenkt hatte, 1925, als sie beide in Suchumi zur Kur gewesen waren. Die Uhr war irgendwo in einem Gefängnisverlies verlorengegangen.

Ich kannte Jagoda wenig und erinnerte ihn kaum. Ich hatte ihn wohl nur einmal in der Kindheit gesehen, als plötzlich in unserer Wohnung die feierlichen Akkorde von Beethovens »Egmont«-Ouvertüre erklangen. Jagodas Frau Ida spielte, eine Hagere, Schmächtige mit einem spitzen Gesichtchen. Viele, die Ja. M. Swerdlow kannten, sagten, daß sie ihrem berühmten Onkel ähnelte. Und Jagoda hatte den Ellbogen aufs Klavier gestützt, bedeckte mit der Hand das Gesicht und schien traurig und nachdenklich zu lauschen.

Der Auslöser für die Gedanken an ihn war dort in der Zelle der zum Tode verurteilte NKWD-Mitarbeiter gewesen. Mich beschäftigte nicht so sehr Jagodas Schicksal, als vielmehr die Frage, inwieweit er selbst daran schuld war.

Eine Erinnerung jagte die andere, wie sehr ich mich auch bemühte, sie zu vertreiben, um schlafen zu können. Es war nicht auszuschließen, daß der nächste Tag wieder einen Kampf mit Skwirskij bringen würde; ich mußte meine schwachen Kräfte schonen. Ich war von der muffigen Feuchtigkeit auf dem Unterbett gründlich durchgefroren und kehrte schließlich in die schreckliche Realität zurück, weil ich spürte, daß ich mich nicht in dem imaginären Federbett befand, sondern auf harten Brettern, und daß mir vom Liegen die Hüfte schmerzte. Also mußte ich mich aufraffen und aufs Oberbett klettern, auf meinen rettenden Pelz, und mich zusammenrollen, um meine eiskalten Füße zu wärmen. Aber kaum hatte ich die Augen geschlossen, da sah ich einen kleinen Jungen vor mir, Jagodas Sohn. Er fiel mir nicht nur in dieser Nacht im Nowosibirsker Isolationsgefängnis ein, sondern mehrmals auf meinem langen, qualvollen Weg. Nicht etwa, weil ich mit seinem Vater sympathisierte. Diesem gegenüber empfand ich nur Abneigung. Und trotzdem rührte dieser Junge, der achtjährige Garik, mein Herz und lebte in meiner Vorstellung.

Die ganze Familie Jagoda war mit Stumpf und Stiel ausgerottet worden: Die alte Mutter war verhaftet, die Frau erschossen, seine beiden Schwestern waren mit mir in der Astrachaner Verbannung gewesen und dort verhaftet worden; Jagodas Schwiegermutter schließlich, die Schwester von Ja. M. Swerdlow, hatte ich im Tomsker Lager getroffen, und sie war noch vor meiner Abreise nach Nowosibirsk auf Etappe geschickt worden – Gerüchte besagten, nach Kolyma, möglicherweise war sie auch erschossen worden – es war nicht wenig, was der kenntnisreiche Schwiegersohn hätte mitteilen können. So hatte der Junge nun keine Familie mehr. Allerdings hatte er noch Verwandte von der Swerdlow-Seite. Die unterschieden sich von uns »Sündern« nur dadurch, daß Swerdlow nicht bis 1937 lebte, sonst hätte ihm das höchstwahrscheinlich dasselbe Geschenk eingebracht, das seine engsten Mitstreiter und Freunde bekamen. Man kann um so sicherer davon ausgehen, als derjenige, der später »Vater aller Völker« wurde, schon seit seiner Turuchansker Verbannung genau wußte, was Swerdlow von ihm hielt.

Wie auch immer, die Swerdlowverwandten kümmerten sich nicht um das Kind, wie das etwa meine Tante, die Schwester meiner Mutter, und ihr Mann taten, die meinen Sohn zu sich nahmen und bis 1946, als sie selbst verhaftet wurden, für ihn sorgten. Dann kam mein Jura wieder ins Kinderheim. Im übrigen soll man nicht zu hart urteilen. Andrej, Ja. M. Swerdlows Sohn, war »mal hier, mal da« – mal im Gefängnis, mal frei. Die übrigen Verwandten standen auch auf äußerst schlüpfrigem Boden. Und man darf nicht vergessen, daß Andrej selbst sich vor wenigen Jahren in Jagodas Fängen befunden und »Väterchen Zar« ihn befreit hatte. Stalin gab sich gern als der große Retter. Was sollten also diese Verwandten mit Jagodas Söhnchen?

Sofja Michajlowna Swerdlowa (verheiratete Awerbach), die mit mir im Tomsker Lager war, machte sich Sorgen um ihren kleinen Enkel, der keine Familie mehr hatte. Und sie erhielt die Ausnahmegenehmigung, eine Nachfrage nach dem Kind abzuschicken. Sie bekam seine Adresse und durfte ihm schreiben. Bis sie das Tomsker Lager verließ, erhielt sie zweimal Antwort von dem Enkel. Ich sah die Umschläge mit der Adresse in unsicherer Kinderhandschrift und las die kurzen, herzzerreißenden Zeilen:

»Liebe Großmutter, liebste Omi! Ich bin wieder nicht gestorben! Du bist mir als einzige auf der Welt geblieben und ich als einziger Dir. Wenn ich nicht sterbe und Du ganz alt wirst, werde ich arbeiten und für Dich sorgen, wenn ich groß bin. Dein Garik.«

Der zweite Brief war noch kürzer:

»Liebe Großmutter, ich bin wieder nicht gestorben. Nicht bei dem Mal, von dem ich Dir schon geschrieben habe. Ich sterbe ganz oft. Dein Enkel.«

Wir durften damals nichts von unseren verwaisten Kindern wissen, der Briefwechsel mit Verwandten war verboten. Daher war dieser Brief, von einem Kind ins Lager geschickt, ein Ereignis – aber leider kein erfreuliches. Jede von uns dachte an ihr eigenes Kind. Wir fragten uns: Was geschah mit dem Jungen? Viele, darunter auch ich, meinten, daß man ein Kind nur mit Sondermaßnahmen in einen solchen Zustand brachte. So war auch mein Jura mit zwei Jahren dem Kinderheim halb tot entrissen worden. Die Worte »ich bin wieder nicht gestorben« wurden für mich zu einer Art Symbol. Es gab während der Gefangenschaft, selbst vor dem Hintergrund der alltäglichen Ausweglosigkeit, ganz besonders schwere Momente, wo es unmöglich schien, zu überleben – und dennoch bin ich am Leben geblieben. In solchen Fällen wiederholte ich mir die Worte von Jagodas kleinem Sohn: »Ich bin wieder nicht gestorben!«

Der Eindruck von den kurzen Kinderbriefen, die so erstaunlich treffend das Entsetzliche und die Tragik seiner Situation wiedergaben, ging mir nicht aus dem Sinn. Als ich wieder in Moskau war, versuchte ich, etwas über sein weiteres Schicksal zu erfahren, aber alle meine Bemühungen waren vergeblich.

Und Jagoda selbst? Er ist nicht spurlos verschwunden, sein Ende ist bekannt, an seinen Händen klebte Blut. Doch an den Verbrechen, die ihm beim Prozeß zur Last gelegt wurden, ist er durchaus nicht schuldig. Schuldig ist er vor allem dessen, daß er das Geheimnis von Stalins Verbrechen durch all seine letzten Jahre getragen hat und zu ihrem Teilhaber geworden ist.

Drei Volkskommissare haben die OGPU, später NKWD, geleitet: Jagoda, Jeshow, Berija. Jeshow wurde Berufsbürokrat, ein engstirniger Fanatiker, der Stalin blind vertraute und sich ihm widerspruchslos unterordnete. Er war nicht eng mit den Bolschewiki aus Lenins Generation verbunden, und ihm ging alles schon wie geschmiert von der Hand. Allerdings hat auch er selbst am Ende seiner Tätigkeit der »Jeshowstschina« nicht standgehalten, wie ich hörte.

Berija war ein Mensch mit dunkler Biographie und mit seiner Verräterpsyche genau der Mann für Stalin.

Jagoda unterschied sich dadurch von beiden, daß er Berufsrevolutionär und seit 1907 Mitglied der bolschewistischen Partei war; er war also nicht aus Karrieregründen eingetreten. Aber gerade auf ihn fiel das Los, den Grundstein zur Ausrottung seiner Parteigenossen zu legen. Diese Aktion fiel ihm nicht leicht. Aber Stalins mächtige bürokratische Maschine erfaßte ihn mit unwiderstehlicher Wucht. Darum ist gerade Jagoda ein deutliches Beispiel für den Verfall der Persönlichkeit, für die geistige Entartung.

Und dennoch stimmte ich mit meinem Nachbarn hinter der Wand überein, daß Jagoda eine tragische Persönlichkeit war, die ein seelisches Drama erlitt. Er fiel langsam, innerlich widerstrebend, und wurde für Stalin nicht nur deswegen überflüssig, weil er Zeuge und Teilhaber seiner Verbrechen war (mit Jagodas Vernichtung hätte man noch warten können), sondern auch deswegen, weil er sich als untauglich für die Verwirklichung von Stalins weiteren, großangelegten Verbrecherplänen erwies. Es ist heute schwer zu entscheiden, welche Verbrechen Stalin über Jagoda und welche er hinter dessen Rücken ausgeführt hat. Ganz ohne Zweifel war die Arbeit mit Jeshow und Berija für Stalin bequemer.

Bucharin und Gorkij

Bucharin sah Jagoda in den letzten Jahren als demoralisierten Beamten und Karrieristen an, der seine revolutionäre Vergangenheit vergessen hatte. Sein Haß auf Jagoda hatte auch einen rein psychischen Grund. Jagoda hatte, wie N. I. mir erzählte, eine Zeitlang in ziemlich enger Beziehung zu Rykow gestanden (was Jagoda auch selbst beim Prozeß bestätigte). Beide kamen von der Wolga: Rykow aus Saratow und Jagoda aus Nishnij Nowgorod. Zeitweilig leitete Rykow die Revolutionsarbeit in Nishnij Nowgorod, wo er große Autorität besaß. Damals hatten sie sich angefreundet. Später, als Rykow Lenin im Vorsitz des Volkskommissarsrats ablöste und auf der Höhe seines Ruhmes stand, pflegte Jagoda die Freundschaft besonders. Aber leider gehörte er zu jenen Freunden, von denen schon Nekrassow schrieb:

Ich teilte mit ihnen das Letzte,
Und innige Freundschaft bestand.
Doch als meine Börse sich leerte,
Noch jeder von ihnen verschwand!

Als die ersten Meinungsverschiedenheiten sich abzeichneten, stand Jagoda, der die allgemeine Lage auf dem Lande besser kannte als die meisten, eher auf seiten Bucharins und Rykows als auf Stalins Seite, weil er den Preis für dessen Pläne wohl schon kannte. Aber sowie er spürte, daß die Opposition im Politbüro keinen festen Stand hatte, wandte er sich ab. Seitdem hegte N. I. Abneigung gegen Jagoda, und er erzählte mir in diesem Zusammenhang einen interessanten Vorfall.

Im Sommer 1935 besuchte Nikolaj Iwanowitsch Gorkij in seiner Datscha. Auf der Terrasse beim Tee saßen Alexej Maximowitsch, seine Schwiegertochter Natalija Alexejewna (in der Familie Timoscha genannt), N. I. und ein alter Mann, ein Chiromant, den Gorkij wohl aus Italien mitgebracht hatte und der bei ihnen mit unterhalten wurde. Nach einiger Zeit kam auch Jagoda. Er besuchte Gorkij überhaupt recht oft, weil er für Gorkijs Schwiegertochter, die Witwe seines Sohnes, schwärmte. Außerdem zog es ihn auch zu Gorkij selbst hin, der sein Landsmann war. In Nishnij Nowgorod hatte Gorkij der Familie Swerdlow nahegestanden. Er hatte den Sohn von Ja. M. Swerdlows älterem Bruder Sinowij adoptiert, der die Revolution ablehnte und nicht in die Sowjetunion zurückgekehrt war.

Jagoda setzte sich also mit an den Tisch.

»Zeigen Sie mir Ihre Hand, Genrich Grigorjewitsch«, bat der Chiromant. Jagoda streckte ihm ruhig die Hand hin. Der Alte betrachtete kurz die Linien auf der Handfläche. Dann schob er die Hand angeekelt zurück und sagte: »Wissen Sie, Genrich Grigorjewitsch, Sie haben die Hand eines Verbrechers!« Jagoda wurde aufgeregt, errötete, erwiderte, daß Chiromantie keine Wissenschaft, sondern leerer Wahn sei, und brach bald darauf auf.

Am erstaunlichsten an der ganzen Episode war, wie N. I. fand, daß Gorkij das widerspruchslos im Raum stehen ließ und dem Alten seine Taktlosigkeit gegenüber Jagoda nicht zum Vorwurf machte, weder in dessen Beisein noch hinterher.

Ist er also ein Verbrecher? Ja, natürlich. Ein erbärmlicher Feigling? Zweifellos. Sein moralischer Tod geschah vor dem physischen. Aber selbst von den Tapfersten hätte wohl kaum einer an seiner Stelle sein mögen und es vermocht, die Situation zu ändern. Ende 1931, nach dem Prozeß gegen das »Unionsbüro der Menschewiki«, wollte Stalin wohl die Karten neu verteilen und machte Iwan Alexejewitsch Akulow zu Jagodas Stellvertreter, einen Mann von unbeugsamem Willen, absoluter Ehrlichkeit und großem Mut, der sich unter den Genossen besonderer Achtung und besonderen Vertrauens erfreute. Iwan Alexejewitsch begann Ordnung in der OGPU zu schaffen und fiel schon bald in Ungnade. Kurze Zeit hatte er auch den Posten des Generalstaatsanwalts der UdSSR inne: Er wurde zum Sekretär am ZIK der UdSSR ernannt. 1938 wurde er erschossen.

Die Abrechnung der Geschichte für Stalins Henkermeisterschaft, die ein so wesentlicher Zug seiner Verbrechernatur war, liegt noch nicht vor; noch kaum jemand weiß, mit welchen raffinierten Methoden er es schaffte, jeden Henker von Opfern in ebendie Folterkammern zu schicken, die dieser selbst eingerichtet hatte. So lieferte in schlafloser Nacht im Nowosibirsker Isolationsgefängnis Jagodas dramatische Geschichte meinen Grübeleien Nahrung.

Inzwischen kam schon der Morgen, was sich allerdings an der Beleuchtung in der Zelle nicht ablesen ließ: Das trübe elektrische Lämpchen brannte weiter, und es wurde kein bißchen heller, aber vom Korridor erklang Lärm, die Riegel polterten, man ließ die Häftlinge austreten, das Frühstück wurde gebracht: bläuliche Gerstengrütze, mit widerlichem Fett begossen, die langerwartete Brotration und heißes Wasser. Sofort kam die Ratte, packte ihr Stück Brot und huschte zufrieden unters Bett. Als der ältere Aufseher durchs Guckloch sah, daß ich sie fütterte, kam er herein und brummelte gutmütig:

»Was fütterst du sie, Mädchen? Du wirst allhier so viele heranzüchten, daß es nicht auszuhalten sein wird. Vor dir hat hier eine Frau gesessen, die hat wegen dieser Ratte durchs ganze Gefängnis geschrien, hat keine Ruhe gegeben, und dir macht das gar nichts aus?!«

»Auszuhalten ist es sowieso nicht, ob mit Ratten oder ohne, die ändern daran nichts.«

Der Aufseher schüttelte den Kopf und schloß wieder ab.

So vergingen die Tage, grau, eintönig, hoffnungslos; man mußte sich irgendeine Beschäftigung ausdenken, um die finsteren Gedanken zu vertreiben. Vergeblich versuchte ich, Bücher genehmigt zu bekommen. In einer Ecke hatte ich einen rostigen Nagel gefunden und mir ein Schachbrett aufs Bett gekratzt, um gegen mich selbst zu spielen. Die Figuren hatte ich aus Brot geformt, aber jede Nacht, wenn ich schlief, fraßen die Ratte und das Mäusegetier, das ich nicht in Rechnung stellte, meine Figuren auf, und schließlich zog ich es vor, das Brot lieber selbst zu essen. Wie ein Gebet sagte ich mir jeden Morgen Bucharins »Brief an eine künftige Generation von Parteiführern« auf. Ich durfte kein einziges Wort vergessen, obwohl es in jenen Tagen so aussah, als ob ich den Brief mit ins Grab nehmen würde.

Täglich wurde ich zehn Minuten spazierengeführt. Der Frühling, der schon ungewöhnlich früh Wärme gebracht hatte, machte Mitte Mai plötzlich kehrt. Mehrmals war der kleine Gefängnishof schneebedeckt, und das grüne Gras vor meinem Fenster war morgens weiß von Reif, oder es gab kalte Regengüsse. Erst Mitte Juni kam die langersehnte Wärme.

»So ein schönes Wetter heute«, sagte der Aufseher, als er hereinkam. »Der Chef ist nicht da« (es war Sonntag), »kannst ein bißchen länger spazierengehen.« Draußen war es heiß und ungewöhnlich still. Aus dem Fenster der Untersuchungsabteilung war nicht das ununterbrochene Klappern der Schreibmaschine zu hören wie sonst jeden Tag, der Wind trug von irgendwoher den betäubenden Duft einer verblühenden Faulbeere heran, und im Gras neben meinem Gitterfenster reckten sich auf feinen Stengeln die kleinen Sonnen des Löwenzahns empor. Hoch am wolkenlosen Himmel senkte sich ein Schwarm Uferschwalben mal wirbelnd ab, mal stieg er, mit den eleganten, bogenförmigen Flügeln schlagend, zielstrebig in die Höhe.

»Schau, schau, Anjutka, Uferschwalben!« hätte N. I. in diesem Moment gerufen, aber die vertraute Stimme erklang nicht. Mit Mühe hielt ich meine Tränen zurück und bat den Aufseher, mich wieder in die Zelle zu bringen. Die Dunkelheit entsprach meiner Stimmung in diesem Augenblick besser als der helle Tag im steinernen Sack des Gefängnishofs. In der Zelle verspürte ich das Bedürfnis zu weinen, den angestauten Kummer hinauszuspülen, aber ich konnte es nicht. Um mir die Zeit zu vertreiben und mich abzulenken, sagte ich mir Gedichte auf. Mir fielen die Zeilen von Wera Inber ein: »... wenn es uns durch und durch schlecht geht, gelingen die Verse uns gut.« Mir ging es »durch und durch schlecht«. Mir war unerträglich schwer und einsam zumute. Und obwohl ich nicht ganz mit der Dichterin übereinstimmte, daß Gedichte unter solchen Umständen unbedingt gut werden, beschloß ich, es zu wagen! Sonst würde ich in der Einsamkeit dieses dunklen Kellers, ohne Bücher, mit den schlimmen Gedanken, die mich überkamen, den Verstand verlieren.

So beschloß ich also zu dichten. Da ich Papier und Bleistift nicht bekam, konnte ich die Gedichte nicht aufschreiben und daran arbeiten. Ich mußte sie auswendig behalten. Ich wollte meine Stimmung nach dem Spaziergang im Gefängnishof zum Ausdruck bringen. Fünf Zeilen brachte ich zustande:

Wolkenschwer senkt sich das Leid
Auf meine Seele hernieder,
Ferne, so blau und so weit,
Dünkt mich nur finster; die Lieder
Blühenden Frühlings sind Trug.

Kaum hatte ich angefangen, die Zeilen zu wiederholen, um sie zu behalten und das Gedicht fortzusetzen, als plötzlich die

Tür aufging und zwei Männer hereinkamen: Der eine war Skwirskij, den ich seit dem ersten Verhör nicht mehr gesehen hatte, und der andere war, wie mir der Aufseher hinterher erklärte, der Chef der Nowosibirsker Gebietsverwaltung des NKWD. Weil es in der Zelle wärmer geworden war, lag ich in Unterwäsche und hatte mich mit dem Tuch zugedeckt. Ich wollte den Rock schonen, der anfing, von der Feuchtigkeit zermürbt zu werden.

»Hat man Ihnen im Lager nicht beigebracht, vor Vorgesetzten aufzustehen?!« schrie Skwirskij. »Sofort aufstehen!«

»Doch, hat man, aber ich war keine gute Schülerin«, antwortete ich und blieb liegen.

»Werden Sie noch lange schweigen, Fürstin Tarakanowa?* Ich habe Sie gewarnt, wenn Sie die konterrevolutionäre Jugendorganisation nicht angeben, können Sie in dieser Zelle verfaulen.«

»Ich werde hier sitzen, solange Sie mich hier festhalten. Ich habe leider keine Möglichkeit wegzugehen.«

»Wenn Sie es vorziehen, weiter zu schweigen, bedenken Sie, daß Sie erschossen werden.«

»Dann brauche ich mir ja gar keine Sorgen zu machen, daß ich in dieser Zelle verfaule.«

Der Chef des Nowosibirsker NKWD sah mich neugierig an und sagte kein Wort. Die »Gäste« verließen die Zelle. So blieb mein erster Gedichtversuch unvollendet.

Die Zeit verging, und ich fühlte mich immer schlechter. Die Feuchtigkeit zeitigte bereits Resultate, ich begann stark zu husten. Ich schlief unruhig. Nachts quälten mich Halluzinationen, oder vielleicht war es auch ein sich wiederholender Alptraum: In der oberen Zellenecke sah ich unter der Decke einen Gekreuzigten hängen, wie auf Golgatha, aber nicht Christus, sondern den gemarterten, bleichen Bucharin (vielleicht quälte mich diese Erscheinung infolge der Erinnerungen an den Narodnik Morosow). Ein schwarzer Rabe zerhackte den blutbedeckten, leblosen Körper des Märtyrers. Mehrere Tage lang konnte ich mich von dem wiederholten Alptraum nicht befreien und schrie einmal so, daß es im Korri-

* Tarakanowa, Jelisaweta: Gab sich in Österreich als Tochter der Zarin Jelisaweta aus; wurde mittels einer fiktiven Heirat nach Rußland zurückgelockt und dort verhaftet. (A. d. Ü.)

Anna Larina mit fünfzehn Jahren

dor zu hören war. Der Aufseher kam herein und meinte, die Ratte hätte mich erschreckt.

»Was schreist du, hat dich die Ratte gebissen?«

»Nein, ich habe etwas Schreckliches geträumt.«

Nach Skwirskijs Besuch war mir endgültig klar geworden, daß mein Leben jeden Tag zu Ende sein konnte. Und ich wollte vergessen, wollte in meine glückliche Vergangenheit zurückblicken, zu jenem unvergeßlichen Abend auf der Krim, an dem die Liebe zwischen N. I. und mir ihren Anfang nahm. Den wollte ich in Versen wiedergeben.

Es ist bei weitem kein vollkommenes Gedicht, aber als helle Erinnerung ist es mir bis heute lieb. Es enthielt unter anderem folgende Strophen:

Ich weiß noch den südlichen Abend,
Der uns beiden den Anfang beschied.
Der Wind wollte etwas erzählen,
Und du warst so heiter vergnügt.

Erschöpft von der Hitze des Tages
Trank durstig der Aju-Dag
Und spülte im gischtenden Wasser
Die gierige Schnauze sich ab.

Milliarden von Sternenaugen
Schauten herab aus der Höh',
Als wollte der nächtliche Himmel
Uns beide genauer beseh'n.

Wir trennten uns spät an dem Abend,
Du hast nichts Besond'res gesagt,
Du drücktest mir kräftig die Hände,
Dein Blick hat mir zärtlich gelacht.

Die Wellen am Strande, die sagten,
Daß bald du der Meine sein wirst.
Sie schäumten und tosten und lachten
Mit übermütigem Gischt.

Ich war damals grade erst sechzehn,
Erst sechzehn und reifer noch nicht.
Nun bin ich schon weit über zwanzig,
Doch hell der Vergangenheit Licht.

Vor einiger Zeit las ich dieses Gedicht wieder, und die Zeile »Nun bin ich schon weit über zwanzig« brachte mich auf die Relativität der Empfindung für Alter und Zeit. Von den acht Jahren – von sechzehn bis vierundzwanzig – waren die beiden letzten (August 1936 bis August 1938) voll quälenden Leids, und sie wirkten besonders lang, obwohl für einen jungen Menschen acht Jahre sowieso keine kurze Zeit sind. Wie gerne würde ich heute, wo ich die Siebzig um mehr überschritten habe als damals die Zwanzig, jenes Alter von »weit über zwanzig« zurückholen – allerdings natürlich ohne jene schreckliche Zelle ...

II.

Die Episoden meines Lebens, die mit Nikolaj Iwanowitsch im Zusammenhang stehen, waren nie Zeiträume reiner, unbeschwerter Freude. Immer standen sie auch unter dem Druck der schwierigen gesellschaftlichen Situation jener Zeit mit ihren politischen Diskussionen, Auseinandersetzungen, Zwistigkeiten und schließlich dem Terror. Das gilt sogar auch für die Momente, die zu den hellen Erinnerungen jedes Menschen gehören: der erste Kuß, die Geburt eines Kindes, die erregenden Augenblicke der Jugend.

Ich wuchs im Milieu von Berufsrevolutionären auf, die nach der Revolution an der Spitze des Landes standen. Daher interessierte mich das innerparteiliche Leben schon sehr früh, was zweifellos von meinem Vater gefördert wurde. Durch meine Nähe zu N.I. wurde das Interesse für Politik noch besonders verstärkt. Es war, als zöge mich das Schicksal gerade in seinen schwersten Tagen unausweichlich zu ihm hin.

1930 konnte ich Nikolaj Iwanowitsch auf der Krim sehen, während in Moskau der XVI. Parteitag lief, an dem er nicht teilnahm. Das wurde damals und wird bis heute unterschiedlich beurteilt: Die einen meinten, daß Bucharin den Parteitag stolz boykottierte, die anderen befanden, daß er ihm kleinmütig fernblieb, um sich keiner schweren Prüfung auszusetzen. Ich möchte gern die wahren Umstände erklären. Zunächst einmal war Bucharin nicht zum Parteitagsdelegierten gewählt worden – ein beispielloser Fall für ein ZK-Mitglied. Außerdem war N.I. kurz vor Eröffnung des Parteitags schwer an einer doppelseitigen Lungenentzündung erkrankt, war sehr geschwächt und wurde auf die Krim geschickt.

Er hatte Moskau nicht absichtlich verlassen. Noch im Februar 1929 hatten Rykow, Bucharin und Tomskij, die sogenannte »rechte« Opposition, sich hartnäckig geweigert, ihre Ansichten als Irrtum anzusehen, und die eigene Entlassung verlangt, weil sie keine Verantwortung für Stalins Politik übernehmen wollten. Doch dann wurde verkündet, daß die Ansichten der »rechten« Opposition mit der Parteimitgliedschaft unvereinbar seien, und so waren sie schon am 25. November gezwungen, ihren Irrtum in einer offiziellen Erklärung an das Politbüro und das Präsidium der ZKK einzugestehen. Eine Parteispaltung widersprach Lenins Vermächtnis und hätte in ihren Augen nur die Diktatur des Proletariats geschwächt.

Die vorige Opposition, die trozkistische »Einheitsopposition«, hatte ihre Ansichten nicht gleich abgeleugnet, sondern sie auch noch 1927 auf dem XV. Parteitag vertreten. Bei den »Rechten« verlief dieser Prozeß schneller. Aber es ist ungerechtfertigt, jetzt im Rückblick zu urteilen, wer vor der Geschichte besser dasteht. Letzten Endes haben sich beide ergeben. Es gab ein »Zauberwort«, das ernüchternd wirkte: die Drohung mit dem Parteiausschluß. Sobald die Spitze der »Einheitsopposition« spürte, daß ein Gewitter in der Luft lag und daß es um ihre Existenz in der Partei ging, gaben auch schon alle, die auf dem XV. Parteitag der WKP(B) ausgeschlossen worden waren – hunderteinundzwanzig Personen, darunter auch Trozkij –, ohne Zögern die Auflösung ihrer Fraktion bekannt und versprachen, sich den Parteitagsbeschlüssen zu fügen. Es stimmt zwar, daß die kollektive Erklärung der »Einheitsopposition« nicht so demütigend war wie die Erklärung der »Rechten«. Sie enthielt keine Ableugnung der eigenen Ansichten, sondern nur das Versprechen, dafür im Rahmen der Satzung zu kämpfen. Aber ich würde sagen, daß das weniger durch die menschliche Qualität der Unterzeichner zu erklären ist als vielmehr durch die Qualität der Zeit. Die Zeit arbeitete immer schneller für Stalin. Nachdem die kollektive Erklärung nicht das gewünschte Resultat erzielt hatte, reichten die Mitglieder der »Einheitsopposition« schon sehr bald individuelle Erklärungen ein, in denen sie ihre Ansichten und ihr Verhalten verurteilten, und wurden daraufhin wieder in die Partei aufgenommen. Das berechtigte S. Ordshonikidse, den Vorsitzenden der ZKK, auf dem XVI. Parteitag zu der Feststellung, daß es die trozkistische Opposition nicht mehr gäbe. Außer dem ausgewiesenen Trozkij und zwei, drei Hartnäckigen zählte sich niemand mehr dazu. Die einen wie die anderen, die »Trozkisten« wie die »Rechten«, strebten in die

Bucharin (2. Reihe, dritter von rechts) im Kreise der Abgeordneten beim XV. Parteitag, 1927

Partei, nicht zu Stalin, sondern trotz Stalin, um jeden Preis, unter Hinnahme von Demütigungen und Verletzung der eigenen Würde, um nur ja nicht mit der WKP(B) zu brechen. Die Partei hatte aber inzwischen ihr früheres Gesicht verloren. Sie war Stalins Partei geworden. Und indem die ehemaligen Oppositionellen, Menschen mit schöpferischem Denken, in *seiner* Partei blieben, ordneten sie sich um der Einheit der Partei willen seinem Diktat unter. Darin besteht, wie mir scheint, einer der wesentlichen Gründe für das weitere tragische Schicksal der Altbolschewiki.

Doch zurück zum Sommer 1930 auf der Krim.

Ich war zufällig gleichzeitig mit Nikolaj Iwanowitsch auf der Krim; ich begleitete meinen kranken Vater und wohnte mit ihm in Muchalatka, im Erholungsheim für Politbüromitglieder und andere leitende Persönlichkeiten. N. I. hatte absichtlich einen anderen Ort gewählt und wohnte zurückgezogen in einer Datscha in Gursuf. Bald nach unserer Ankunft in Muchalatka besuchten wir ihn. Er machte einen deprimierenden Eindruck: stark abgemagert, mit eingefallenen Wangen, geschwächt, traurig. Undenkbar, daß er in dieser Verfassung am Parteitag hätte teilnehmen können. Einige Tage später sahen wir ihn wieder; da hatte er sich zwar physisch etwas erholt, war aber ebenso niedergeschlagen, wenn nicht gar noch mehr. Beide Male lag er im Bett.

Der XVI. Parteitag war in seiner Art einzig. Wenn es bei den vorigen Parteitagen um ideologische Meinungsverschiedenheiten gegangen war und die Opponenten miteinander gestritten hatten, so zog man diesmal gegen eine »Truppe« zu Felde, die schon kapituliert hatte. Und es begann der »Kindermord«. Reue und Selbstbezichtigung, Selbstbezichtigung und Reue wurden verlangt. Tomskij bemerkte, daß er nach alledem nur noch das Büßergewand anziehen und in die Wüste Gobi zum Fasten pilgern könne und daß »Reue« ein religiöser und kein bolschewistischer Terminus sei.

Auch von Rykow wurde Widerruf verlangt, aber er verkündete, daß es unrecht wäre, wenn er sich von Bucharins Ansichten lossagte, die er geteilt habe und die sie gemeinsam als Irrtum bekannt hatten. Man machte Rykow auch zum Vorwurf, daß er es vor dem Parteitag auf einer Konferenz im Ural gewagt hatte zu behaupten, daß die »Rechten« die gleichen Ziele anstrebten, nur mit weniger Opfern. (Die Zeit, als sie gezwungen wurden zu lügen, daß sie eine Restauration des Kapitalismus anstrebten, war noch nicht gekommen.)

So war die Atmosphäre auf dem Parteitag. Als N. I. sich so weit erholt hatte, daß er unter großer Kräfteanspannung vielleicht noch auf dem Parteitag hätte erscheinen können, waren es bis zu dessen Ende nur noch drei, vier Tage. Doch die Situation war so, daß es keinen Zweck mehr hatte, von der Krim nach Moskau zu eilen.

N. I. schickte keine schriftliche Erklärung nach Moskau; auch das machte man ihm zum Vorwurf. Und dieses Schweigen war ein stolzes Schweigen. Aber ich erinnere auch gut, daß er sich sehr freute, daß Fortuna ihm wohlgesonnen war und daß er für den Preis einer Lungenentzündung von der Anwesenheit auf dem Parteitag befreit wurde. Man kann wirklich nicht behaupten, daß N. I. die Schläge des Schicksals leicht ertragen hätte.

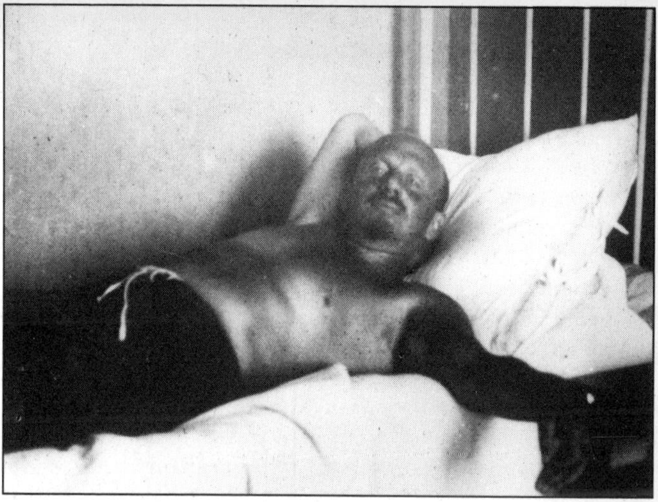

Auf dem Krankenbett, Krim 1930

Die Begegnungen mit N. I. auf der Krim standen in der Zelle erstaunlich deutlich vor mir, mir war, als röche ich die südlichen Düfte und nicht den Modergeruch des Gefängnisses. Ich dachte daran, wie sehr es mich nach Gursuf gezogen hatte. Ich wußte, daß auch N. I. auf mich wartete, ich hatte versprochen, ihn zu besuchen. Mein kranker Vater und ich waren zu zweit auf der Krim, ohne Mutter, die damals keinen Urlaub bekam. Seine Gesundheit erlaubte es ihm nicht, oft nach Gursuf zu fahren, und ich kann auch nicht sagen, daß ich besonders gern zu zweit dorthin wollte. Aber Vater für lange Zeit allein zu lassen war mehr als rücksichtslos: Er konnte sich praktisch nicht einmal allein an- und ausziehen. Ungeachtet dessen ließ er mich gern zu N. I., denn er wollte nicht, daß seine Hilflosigkeit mein Leben belastete. Ich war niemals ganz ruhig, wenn ich wegfuhr, und das überschattete meine so ersehnten Treffen mit N. I. ein wenig.

Eine regelmäßige Verkehrsverbindung von Muchalatka nach Gursuf gab es damals weder zu Wasser noch zu Lande. Wenn Vater dabei war, konnten wir mit dem Pkw des Erholungsheimes fahren, allein fuhr ich mit einem Lastwagen, der nach Gursuf in die Werkstatt wollte.

Als ich das erste Mal allein fuhr, verließ ich Muchalatka schon im Morgengrauen und war am frühen Vormittag in Gursuf.

N. I. freute sich, daß ich kam. »Ich habe schon gespürt, daß du heute auf jeden Fall kommst!« rief er.

Wir frühstückten schnell und kletterten dann einen steilen Pfad zum Meer hinab. N. I. nahm ein Buch mit, das in eine Zeitung eingeschlagen war. Es war ein stiller Morgen. Kleine, sanfte Wellen plätscherten leicht schäumend ans Ufer, und die Kieselsteine, die sie bewegten, machten ein beruhigendes raschelndes Geräusch, wie Seufzer.

Wir setzten uns zwischen die Felsen. Einer davon sprang über unseren Köpfen vor und spendete Schatten. Ich trug ein blaues Kattunkleid mit einer breiten Bordüre aus weißen Blüten, meine schwarzen Zöpfe reichten fast bis zu dieser Bordüre. Jetzt kann ich das erinnern, ohne dabei unbescheiden zu sein; so lange ist es her, und so wenig gleiche ich jener Früheren, daß es ist, als schriebe ich nicht über mich, sondern über einen ganz anderen Menschen. In der Kindheit sagte jemand im Scherz zu mir, daß mein eines Auge wie das Meer sei und das andere wie der Himmel, und ich wiederholte: »Eins wie das Mähr, das andre wie der Himmel.« »Mähr« machte den Erwachsenen Spaß, unter anderen auch N. I., und jetzt erinnerte er sich plötzlich daran.

»Du bist ganz unbemerkt groß geworden«, sagte N. I. »Jetzt bist du schon erwachsen, und deine Augen sind nicht mehr verschieden, sondern beide wie das ›Mähr‹.«

Die alte Geschichte amüsierte uns, aber ich war verlegen. Das Gespräch kam nicht recht in Gang, N. I. war merkbar unruhig. Über das, was uns eigentlich bewegte, den Parteitag, wollten wir nicht sprechen. Und unser Gefühl füreinander war nach innen verdrängt; keiner konnte sich entschließen, es als erster zu zeigen, obwohl es uns beiden damals schon klar war: Es hatte sich aus meiner kindlichen Zuneigung zu N. I. und aus seiner Zuneigung zu dem Kind in Verliebtheit verwandelt.

Er schlug die Zeitung auf, in die das Buch eingeschlagen war. In der Zeitung standen die Reden der Parteitagsdelegierten. Zu Jaroslawskijs Rede bemerkte N. I. ärgerlich: »Jaroslawskij meint, daß es keine Trozkisten mehr gibt und daß wir, die ›Rechten‹, wie uns alle nennen, gegenwärtig die Hauptge-

Mit Molotow (rechts) vor der Kremlmauer auf dem Roten Platz, 1925

fahr darstellen. So ein Unsinn, Blödsinnistik.« (N.I. liebte Wortverrenkungen, wie ich das nannte, und sagte statt »Blödsinn« oft »Blödsinnistik«.) »So eine Opposition wie die trozkistische gab es bei uns überhaupt nicht.« N.I. meinte in diesem Fall nicht so sehr die ideologische Position der Trozkisten (deren leidenschaftlicher Gegner er bekanntlich war; Bucharin und Trozkij waren Antipoden) als vielmehr die Methoden, mit denen sie ihre Ansichten, gegen die Parteidisziplin verstoßend, durchzusetzen versuchten. Ist die Meinung berechtigt, daß Stalin durch Bucharin, Rykow und Tomskij die Opposition unterdrückte – 1925 die »neue« und 1927 die »Einheitsopposition«? Das ist unbestreitbar. Aber für sie war die Durchsetzung ihrer Ansichten gegenüber der trozkistischen Opposition kein Kampf um die Macht. Für Stalin hingegen war es eine glänzend gespielte Schachpartie, in der er siegte und die Alleinherrschaft gewann. Indem er Zwietracht säte und die Bolschewiki gegeneinander aufhetzte, entfernte er alle bedeutenden Gestalten aus der politischen Arena, die unter Lenin eine führende Rolle gespielt hatten. Leider begriffen die Bolschewiki diese Eigenschaft Stalins (Zwietracht zu säen) nicht gleichzeitig, sondern nacheinander; und einige verstanden es wohl, versuchten aber, das für ihre eigenen politischen Spiele zu nutzen. Rückblickend läßt sich heute sagen: Über ihren Kämpfen übersahen sie den Henker!

N.I. warf die Zeitung beiseite und nahm das Buch. Es war »Victoria« von Knut Hamsun.

»Kaum jemand hat ein so feines Werk über die Liebe geschrieben«, sagte er. »›Victoria‹ ist eine Hymne auf die Liebe!«

Ich vermute, daß N.I. dieses Buch nicht zufällig mitgenommen hatte. Er las mir einzelne Ausschnitte vor:

»Ja, was war die Liebe? Ein Wind, der in den Rosen rauscht, nein, ein gelbes Irrlicht im Blut. Die Liebe war eine höllenheiße Musik, die selbst die Herzen der Greise tanzen macht. Sie war wie die Margerite, die sich dem Kommen der Nacht weit öffnet, und sie war wie die Anemone, die sich vor einem Atemhauch verschließt und bei Berührung stirbt. So war die Liebe.«*

* Knut Hamsun: Victoria. Übersetzt von J. Sandmeier u.a. München 1951. S. 31.

Er unterbrach und blickte nachdenklich in die Ferne. Dann sah er mich an und wieder hinaus aufs Meer. Woran dachte er?

Er fuhr fort:

»Die Liebe ist Gottes erstes Wort, der erste Gedanke, der durch sein Gehirn glitt. Als er sagte: Es werde Licht! ward es Liebe. Und alles, was er geschaffen hatte, war sehr gut, und er wollte nichts davon wieder ungeschehen machen. Und die Liebe ward der Ursprung der Welt und die Beherrscherin der Welt; aber alle ihre Wege sind voll von Blumen und Blut, Blumen und Blut.«*

»Wieso denn Blut?« fragte ich.

»Du möchtest, daß es nur Blumen wären? Das gibt es nicht im Leben. Das Leben vergeht nicht ohne Schicksalsschläge, und die Liebe muß sie überwinden, sie besiegen. Und wenn sie die Prüfungen des Lebens nicht überwindet und besiegt, dann war es auch nicht jene wahre Liebe, von der Knut Hamsun schreibt.«

Weiter las N. I. vor, wie der alte Mönch Vendt von der ewigen Liebe erzählt, einer Liebe bis zum Tode; davon, wie die Krankheit den Ehemann ans Bett fesselte und ihn entstellte und seine geliebte Frau, die diese schwere Prüfung zu bestehen hatte, sich die Locken abschnitt, um ihrem Mann ähnlich zu sein, dem von der Krankheit alle Haare ausfielen. Dann wurde die Frau gelähmt und konnte nicht mehr gehen und mußte im Rollstuhl gefahren werden, und das tat ihr Mann, der seine Frau immer mehr liebte. Um ihre Situationen einander anzugleichen, spritzte er sich Schwefelsäure ins Gesicht, so daß die Verbrennungen ihn entstellten.

»Nun, was meinst du zu so einer Liebe?« fragte N. I.

»Dein Knut Hamsun erzählt Märchen! Warum soll man sich extra entstellen und verstümmeln und sich das Gesicht mit Schwefelsäure bespritzen? Kann man nicht ohne das lieben? So ein Unsinn!«

Meine Antwort amüsierte N. I., und er erklärte mir, daß »sein« Knut Hamsun mit solchen Mitteln die Kraft der Liebe darstellen wollte, ihre bedingungslose Opferbereitschaft. Und plötzlich sah er mich an und fragte traurig und bewegt:

»Könntest du denn einen Aussätzigen lieben?«

* Ebd. S. 32.

Ich zögerte und antwortete nicht gleich, weil ich einen verborgenen Sinn in seiner Frage spürte.

»Was schweigst du? Warum antwortest du nicht?« fragte N. I. nach.

Verlegen und kindlich naiv fragte ich:

»Wen lieben – dich?«

»Mich, ja, natürlich mich«, bestätigte er freudig und lächelnd und gerührt darüber, wie kindlich direkt ich meine Gefühle aussprach.

Ich wollte gerade antworten, daß ich ihn lieben könnte (obwohl es überflüssig war, den Konjunktiv zu verwenden, wo doch alles schon Realität war), da bat er: »Nein, laß nur, laß nur, antworte nicht! Ich habe Angst davor!«

Zu dieser Zeit wollte er noch nicht den Punkt aufs i setzen. Weil der Altersunterschied so groß war, hatte er Sorge, unserer Beziehung freien Lauf zu lassen. Jedenfalls hatte uns Knut Hamsun geholfen, uns unsere Gefühle einzugestehen, die wir beide verheimlicht hatten.

In den langen schweren Jahren habe ich oft an N. I.s schicksalhafte Frage gedacht: »Könntest du denn einen Aussätzigen lieben?«

Ich war nur einige Stunden in Gursuf. Der Chauffeur Jegorow, ein gutmütiger Albino mit langen, büscheligen, weißen Wimpern, drängte mich. Ach, wie ungern trennte ich mich von N. I.! Aber ich mußte zurück zu Vater nach Muchalatka.

Meine zweite Fahrt nach Gursuf brachte viel Aufregung und Freude.

Als ich bei der Datscha ankam, in der N. I. wohnte, sagte man mir, daß er am Morgen ins Meer hinausgeschwommen und seitdem verschwunden sei. Aufgeregt lief ich ans Ufer. Dort hatte sich schon eine Menge versammelt; sie suchten das Meer durchs Fernglas ab. Am Strand lagen N. I. s Sachen – seine helle Leinenhose, sein altes, blaues, sonnenverblichenes Russenhemd aus Satin, und, ungeachtet der Hitze, die Stiefel: sein ganzer »Reichtum«. Er hatte die Sachen mit einem großen Stein beschwert, damit der Wind sie nicht wegbliese. Es war schon Nachmittag; selbst ich, die ich wußte, wie weit N. I. hinausschwimmen konnte, fing an, mir ernstlich Sorgen zu machen. Schließlich wurde beschlossen, ein Motorboot auf Suche zu schicken. Die lange Suche des Bootes endete bei

Anna Larina mit siebzehn Jahren

einem Grenzschiff, auf dem man N. I. sichtete, der dort festgehalten wurde. Er war in die verbotene Zone geschwommen. Dort hatte man ihn gezwungen, an Bord des Schiffes zu klettern, um seine Personalien zu klären, und als N. I. erklärte, wer er war, wollte man ihm nicht glauben. Einer von der Schiffsbesatzung wollte die Papiere sehen. Das war in der gegebenen Situation mehr als lächerlich. Ein besonders »Wachsamer« schrie ihn an: »Lügen Sie doch nicht, daß Sie Bucharin sind, warum sollte der so weit hinausschwimmen. Sagen Sie lieber die Wahrheit, wer Sie sind und zu welchem Zweck sie hierher geschwommen sind!« (Wenn Wyschinskij von dieser Episode gewußt hätte, hätte er den Zweck im Prozeß sofort festgesetzt.)

Schließlich entschied der Kapitän sehr vernünftig, daß man Bucharin sicherlich irgendwann suchen würde, wenn es sich wirklich um ihn handelte. So geschah es dann ja auch, und abends wurde N. I. wieder wohlbehalten am Ufer abgeliefert. Die Menge, die auf den Ausgang der Suche wartete, war inzwischen noch größer geworden; aus dem benachbarten Erholungsheim Suuk-su waren Parteipolitiker und Abgeordnete gekommen, die nach dem Abschluß des Parteitags eingetroffen waren.

Aus der Menge rief jemand:

»Nikolaj Iwanowitsch, wann hören Sie endlich auf, Unsinn zu machen?«

Beflügelt von seinem neuen sportlichen Rekord und aufgeregt vom »ersten Arrest« unter der Sowjetmacht konnte er nicht an sich halten und rief so laut, daß alle es hörten: »Dann, wenn ihr aufhört, mich einen rechten Opportunisten zu nennen!« Irgendwer wagte es sogar zu lachen. Nach Abschluß des Parteitags konnte man lachen und scherzen und sich aufrichtig freuen, daß N. I. gefunden worden war und daß er heil und unversehrt war; aber gleichzeitig verstärkte sich der Verdacht, daß seine Krankheit doch vielleicht eine diplomatische gewesen war, wenn er zu so etwas noch in der Lage war...

Wir stiegen den Berg hinauf zur Datscha. Auf dem Tisch im Zimmer lag ein Umschlag, auf dem in Rykows Handschrift stand: »An Nikolaj Iwanowitsch« – der Brief war jemandem mitgegeben worden. Aufgeregt öffnete N. I. den Umschlag, darin lag eine Postkarte. Den letzten Satz auf dieser Karte habe ich fast wörtlich behalten: »Komm gesund zurück, wir« (gemeint war auch Tomskij) »haben uns auf dem Parteitag hinsichtlich Deiner würdevoll benommen. Wisse, daß ich Dich so liebe, wie nicht einmal eine Frau Dich lieben könnte. Dein Alexej.«

Alexej Iwanowitsch schrieb, daß es für alle drei ein großes Glück gewesen sei, daß N. I. nicht dabei war. Es hätte ihre Position nur erschwert. N. I. hätte wohl kaum auch nur äußerlich die notwendige Ruhe in der schwierigen Situation zu wahren gewußt, wie es auch ihm selbst und Tomskij nur mit äußerster Anstrengung gelungen sei. Auch aus einem anderen bekannten Grunde sei es gut gewesen, daß N. I. nicht da war, schrieb Rykow.

Damit meinte Rykow die Folgen eines Gesprächs zwischen Bucharin und Kamenew vom Juli 1928, ein Ereignis, das damals zwei Jahre zurücklag. Diese Episode vergaß Stalin nicht. Damals, 1928, legte Stalin das Fundament für den legendären rechtstrozkistischen Block, dessen drohendes Gebäude, errichtet von einem »akribischen Bauherrn«, zehn Jahre später über dem Bucharinprozeß aufragte. Danach wurde das Verfahren auch benannt: »Der Fall des antisowjetischen rechtstrozkistischen Blocks«.

Krim 1930 (rechts im Bild Pantelejmon Nikolajewitsch Lepeschinskij, der fast alle Fotografien aufbewahrt hat)

In N. I.s Darstellung sahen die Umstände seines Treffens mit Kamenew wie folgt aus. Bucharin ging zusammen mit Sokolnikow* von der Juli-Plenarsitzung des ZK nach Haus (beide wohnten damals im Kreml). Unterwegs begegnete ihnen Kamenew. Sie blieben stehen und unterhielten sich. N. I. war erregt, nicht nur wegen der aufkommenden Meinungsverschiedenheiten, sondern auch wegen des unfairen, hinterlistigen Verhaltens des Generalsekretärs während der Diskussion und der Sitzungen von Politbüro und Plenum. Er sprach äußerst gereizt und enttäuscht über Stalin und verurteilte nicht nur seine politische Linie, sondern auch seine moralischen Eigenschaften. Von dem, was ich noch von Bucharins Erzählung weiß, kann ich folgendes wiedergeben: Kamenew gegenüber bekannte N. I., daß Kamenew und Sokolnikow 1925 vollkommen recht gehabt hätten, als sie auf dem XIV. Parteitag davon abgeraten hatten, Stalin erneut zum Generalsekretär zu wählen; Stalin sei ein prinzipienloser Intrigant, der machtbesessen seine Politik jeweils danach richte, wen er gerade loswerden wolle; Stalin säe bewußt Zwietracht, anstatt die Parteiführung zu einigen; Stalins Politik würde zu Bürgerkrieg und Hungersnot führen. Ebenso äußerte sich N. I. mißbilligend über Molotow: Stalin umgebe sich mit charakterlosen Personen, die sich ihm völlig unterordneten, wie dieser stumpfsinnige Molotow, dieser »Steinhintern«, und er werde ihn noch Marxismus lehren. (Über Molotow äußerte N. I. sich noch derber, das kann ich hier nicht wiedergeben. Er war aufbrausend von Natur und schreckte vor kräftigen Ausdrücken nicht zurück.)

* Sokolnikow, Grigorij Jakowlewitsch: Bucharins Freund aus der Gymnasialzeit, ein Mann von glänzenden Fähigkeiten. Seit dem VI. Parteitag ZK-Mitglied der RSDRP(B), Volkskommissar für Finanzen, Botschafter in England, stellvertretender Volkskommissar für Außenpolitik. Schloß sich der »neuen« Opposition an. Bei einer Diskussion sagte er 1925: »Mir scheint, daß es ganz überflüssig ist, die Frage, wer Generalsekretär unserer Partei sein soll, und ob wir überhaupt den Posten des Generalsekretärs brauchen, zu einem Problem aufzubauschen, das uns entzweien könnte ... Wir hatten Genosse Lenin. Lenin war weder Politbürovorsitzender noch Generalsekretär und hatte dennoch das politisch entscheidende Wort in unserer Partei. Wenn wir ihm widersprachen, dann erst nachdem wir dreimal nachgedacht hatten. Und ich behaupte: Wenn Genosse Stalin sich solches Vertrauen erringen möchte wie Genosse Lenin, dann möge er sich das erkämpfen.«
1936 wurde Sokolnikow verhaftet und im Januar 1937, im gleichen Prozeß wie Radek, Pjatakow und andere, verurteilt.

Wenn ich nicht irre, hat mir N. I. keine weiteren Einzelheiten aus seinem Gespräch mit Kamenew erzählt, oder ich habe sie vergessen. Aber ich erinnere genau, daß N. I. zufolge im Gespräch mit Kamenew nicht die geringste Andeutung über die Organisation eines Blockes zwischen Bucharin und den anderen Oppositionsmitgliedern einerseits und Kamenew, Sinowjew und den Trozkisten andererseits gemacht worden war. Solche Verhandlungen hätten zu der Zeit auch keinen Sinn mehr gehabt, weil die Gelegenheit, die Macht zu erlangen, bereits verpaßt war. Stalin war schon der *uneingeschränkte Herr* der Partei und wurde auch so genannt: »Der Herr«.

Das Gespräch mit Kamenew hatte rein emotionalen Charakter, es war ein offener, unmittelbarer Ausbruch dessen, was N. I. auf dem Herzen lag, was ihn an den hitzigen Debatten auf den Politbürositzungen und der Juli-Plenarsitzung, die hinter ihm lagen, aufgeregt hatte.

Was veranlaßte Bucharin zu dieser Offenheit gegenüber Kamenew, wo sie doch hinsichtlich der NEP-Frage diametral entgegengesetzt standen? Schon 1925, auf dem XIV. Parteitag, zur Zeit von Kamenews Opposition gegen Stalin, hatte Kamenew Bucharin gegenüber geäußert, daß Stalin nicht der Mann sei, der die Parteiführung fest zusammenfügen könne. Nachdem er Stalins Charakter am eigenen Leib zu spüren bekommen hatte, kam Bucharin 1928 zu demselben Schluß. Dieser Umstand war wohl zusammen mit der starken inneren Erregung der Auslöser für Bucharins Offenheit gegenüber Kamenew. Psychologisch läßt sich das nicht anders erklären. Immerhin hatte Bucharin auf dem XIV. Parteitag gerade von Sinowjew und Kamenew gesagt, daß eine »unerhörte Hetze« gegen ihn liefe; immerhin war es Sinowjew gewesen, der als erster Bucharins Anhänger verächtlich eine »Clique« genannt hatte, was Stalin dann übernahm. Und gerade Bucharin war 1925 die Hauptzielscheibe für Kamenews und Sinowjews Angriffe gewesen, und das um derselben Ideen willen, die 1928 von Stalin verfolgt wurden.

Bemerkenswert sind Stalins Äußerungen vom XIV. Parteitag. Sie machen verständlich, warum Bucharin damals Stalins Politik unterstützte. Das geschah durchaus nicht aus herrschsüchtigen Motiven, wie einige meinen; seine folgende Opposition gegen Stalin ist ein deutlicher Beweis dafür. »Sonderbar«, sagte Stalin, »man hat die NEP eingeführt, obwohl man wußte, daß sie eine Wiederbelebung des Kapitalismus bedeutet, eine Wiederbelebung des Kulaken (Großbauern), daß der Kulak unbedingt sein Haupt erheben würde. Und kaum zeigte sich der Kulak, da schrie man um Hilfe und verlor den Kopf. Und die Aufregung ging so weit, daß man den Mittelbauern ganz vergaß.« »Wenn man die Kommunisten vor die Wahl stellt, ob die Partei lieber dem Kulaken das Hemd vom Leib reißen soll oder ob sie das nicht tun und sich mit dem Mittelbauern verbünden soll, so glaube ich, daß neunundneunzig von hundert Kommunisten sagen werden, daß die Partei am ehesten zu der Losung ›Gib's dem Kulaken tüchtig‹ bereit ist ... Wenn es aber darum geht, den Kulaken nicht zu enteignen, sondern eine kompliziertere Politik zu verfolgen und ihn zu isolieren, indem man sich mit dem Mittelbauern verbündet, dann ist das viel schwerer verdaulich.«

Durch eine Laune des Schicksals wurde ich als Kind Zeugin einer Szene, die beweist, daß Rykow und Tomskij von Bucharins Gespräch mit Kamenew nichts wußten, und die damit auch die Verhandlung über einen Block ausschließt. Schon damals war ich häufig bei N. I. Einmal traf ich ihn auf dem Sofa liegend in der kleinen Stube neben seinem Arbeitszimmer an. Er war mager und erregt und hatte eingefallene Wangen.

»Wie schön, daß du kommst, Larotschka« (in der Kindheit leitete er meinen Rufnamen vom Nachnamen ab; später nannte er mich Anjutka), »es geht mir gar nicht gut, mir ist schwer ums Herz, und ich komme nicht zur Ruhe, verstehst du?« Und er antwortete sich selbst: »Nein, das verstehst du nicht, du bist noch zu klein; wie gut, daß du noch nicht alles begreifst.«

»Ich bin gar nicht zu klein«, widersprach ich beleidigt, »ich verstehe eine ganze Menge.«

Damals hatte ich die Protokolle der Juli-Plenarsitzung schon gelesen, die ich mir aus Vaters Schreibtischschublade geklaut hatte. Die Protokolle wurden immer in einem zarten rosa Umschlag verteilt, auf dem geschrieben stand »Streng geheim«, was es besonders verlockend machte, sie zu lesen. Überhaupt war ich damals auf dem laufenden, soweit das in meinem Alter möglich war.

L. B. Kamenew auf dem Roten Platz, Anfang der zwanziger Jahre (zweiter rechts neben Kamenew: Bucharin)

Ich sah N. I. ins Gesicht, er war ganz anders, als ich ihn kannte, nicht fröhlich, mit leuchtend blauen Augen wie sonst; in diesem Augenblick erschien er mir grau, mit mattem Blick. Und schon damals begriff ich, daß schwere Wolken über seinem Haupt hingen; aber was für ein Gewitter sich da zusammenbraute, das wußte ich nicht.

Ich hielt die Anspannung nicht aus und fing an zu weinen. Um meine Verfassung zu erklären, sagte ich:

»Du tust mir so leid, aber ich kann dir doch nicht helfen!«

(Später erinnerte sich N. I. oft an diesen schweren Augenblick, und wie ich darauf reagierte.)

Es entstand eine kurze und traurige Pause, dann sagte N. I.:

»Ich brauche dir nicht leid zu tun, Larotschka, aber die Bauern.«

Er sagte das sehr leise, so als habe er Zweifel, ob es sich lohne, so ein Gespräch mit einem zwar nahen, aber doch noch sehr jungen Menschen zu führen.

Ich weiß nicht, wie sich dieses Gespräch zwischen dem vierzigjährigen Bucharin, der sich besonders herzlich mir gegenüber verhielt, und dem vierzehnjährigen Mädchen, das sich zu ihm hingezogen fühlte wie eine Pflanze zur Sonne, weiterentwickelt hätte. Ich hatte den letzten Satz noch gar nicht ganz verstanden, da stürmte Rykow ungewöhnlich aufgeregt ins Zimmer. Er berichtete, daß er von Stalin erfahren habe, Bucharin hätte mit Kamenew über die Bildung eines Blocks gegen Stalin gesprochen und diese Verhandlungen hätte er angeblich vorher mit ihm, Rykow, und mit Tomskij abgesprochen. Rykow habe Stalin gesagt, daß das nicht sein könne und daß es sich hier eindeutig um eine Provokation handeln müsse. Daraufhin hätte Stalin Einzelheiten aus N. I.s Gespräch mit Kamenew erzählt: die Ausfälle gegen Stalin und seine Einschätzung Molotows.

N. I. erbleichte, seine Hände und Lippen zitterten. »Dann hat Kamenew denunziert, dieser Schurke und Verräter!« rief Bucharin erschüttert. »Anders kann das nicht bekanntgeworden sein. Es war eine zufällige Begegnung unter freiem Himmel, im Kreml, als Sokolnikow und ich von der Plenarsitzung kamen. Das Gespräch kann unmöglich abgehört worden sein.«

Bucharin bekannte sein Gespräch mit Kamenew und gab auch den Inhalt weitgehend zu. Rykow war dermaßen wütend, daß er nicht mehr ruhig sprechen konnte. Er schrie und stotterte* mehr als gewöhnlich.

»Du b-b-bist ein Tratschweib und kein Politiker! W-w-wem vertraust du dich da an? Da hast du den Rechten gefunden, um dein Herz auszuschütten! Haben sie dich nicht genug zerrissen? D-d-dummer Junge!«

Rykow äußerte den Verdacht, daß die Denunziation auch von Sokolnikow kommen könne und daß der möglicherweise sogar dieses »zufällige« Treffen inszeniert habe. N. I. widersprach dem damals kategorisch. Aber Rykow mißtraute in der gegebenen Situation Kamenew und Sokolnikow gleichermaßen.

* Wenn er ruhig war, stotterte Rykow nur wenig. Als Rykow als Vorsitzender des Volkskommissarsrats abgesetzt wurde, löste Molotow ihn ab. Er unterschrieb die Beschlüsse des Rats: Molotow (Skrjabin). Die Ablösung von Rykow durch Molotow erschien sowohl Bucharin als auch Larin als Abstieg. Einmal bemerkte Larin gegenüber N. I. im Scherz: »Wir haben unrecht, Nikolaj Iwanowitsch, die Wahl ist sehr passend: Molotow unterschreibt mit zwei Nachnamen wie Lenin und stottert noch stärker als Rykow. Alles andere ergibt sich von selbst.«

»Ich möchte dich im Politbüro sehen«, sagte er, »wie du Molotow sagst, daß er stumpfsinnig und ein ›Steinhintern‹ ist.«

N. I. war völlig verzweifelt.

Meine Aussage, daß Rykow und Tomskij über das Gespräch nicht unterrichtet waren, ist auch dokumentarisch belegt, was für mich von großer Bedeutung ist, weil der Vorfall in meine Kindheit fällt und ich daher unglaubwürdig erscheinen könnte.

Auf dem XVI. Parteitag im Jahre 1930 antwortete Rykow in seiner Rede auf Zwischenrufe zum Fraktionsgeist und zu Bucharins »Verhandlungen« mit Kamenew: »Sie wissen ganz genau: Als hier über Bucharins Gespräch mit Kamenew debattiert wurde« (wohlgemerkt: *Gespräch,* nicht Verhandlungen, A. L.) »da habe ich sofort meinen scharfen Tadel an diesem Gespräch geäußert.«

Tomskij bemerkte in seiner Rede auf diesem Parteitag, daß das Gespräch, mit seinen schroffen Charakteristiken und Angriffen, zwar ein Privatgespräch, aber doch auch politischer Art war.

Beim Prozeß schließlich sagte Rykow in seiner letzten Äußerung, in der Sprache, die das Gerichtsverfahren ihm aufzwang: »Von Anfang an kommt Bucharin die ganze Initiative bei der Organisation des Blockes zu, und in einigen Fällen hat er mich vor vollendete Tatsachen gestellt.« Mit dieser »vollendeten Tatsache« ist Bucharins Gespräch mit Kamenew gemeint.

Es ist wichtig zu klären, wann die Szene stattfand, deren zufälliger Zeuge ich war. Das genaue Datum erinnere ich natürlich nicht. Dafür weiß ich aber, daß es noch warm war; Rykow kam in Gabardinemantel und Schirmmütze. Also kann es nicht später als Anfang Herbst gewesen sein, als Stalin schon von dem Gespräch und seinem Inhalt wußte.

Am 20. Januar 1929 erschien in einem trozkistischen Bulletin im Ausland eine sogenannte »Aufzeichnung von Bucharins Gespräch mit Kamenew«. Erst nach meiner Rückkehr aus der Verbannung nach Moskau hatte ich Gelegenheit, mich mit dieser »Aufzeichnung« vertraut zu machen. Darin fand ich alles, was N. I. mir erzählt hatte, und noch zahlreiche Einzelheiten, von denen ich nichts gewußt hatte. Ich halte mich nicht für kompetent genug, um das alles beurteilen zu können.

Zweifellos gibt die »Aufzeichnung« Bucharins politische Ansichten, seine damalige Einstellung zu Stalin und die Atmosphäre im Politbüro zu jener Zeit richtig wieder.

In diesem Dokument fand ich auch eine Episode wieder, die zu meinen Kindheitserinnerungen gehört und die später in Gesprächen zwischen Bucharin und Larin oft erwähnt wurde. Sie nannten den Vorfall »die Himalajageschichte«. Er zeigt deutlich Stalins Grobheit und Unzuverlässigkeit. Vor der Juli-Plenarsitzung von 1928 herrschte im Politbüro eine gespannte Atmosphäre wegen der Unstimmigkeiten in innenpolitischen Fragen und der fälligen Abfassung einer ZK-Deklaration für den 6. Komintern-Kongreß, in der alle diese Unstimmigkeiten geleugnet werden sollten. Stalin war sich seines Sieges zu diesem Zeitpunkt noch nicht ganz sicher und versuchte Bucharin günstig zu stimmen, indem er unter vier Augen zu ihm sagte: »Du und ich, Nikolaj, sind der Himalaja, alle anderen (Politbüromitglieder, A. L.) sind Nichtse.« Auf einer Politbürositzung mit endlosen Debatten war N. I. wütend auf Stalin und zitierte diese Worte, um dessen Heuchelei zu zeigen. Stalin schrie Bucharin empört an: »Du lügst, du lügst, du lügst! Du willst nur das Politbüro gegen mich aufbringen.«

»Na, und wem glaubten sie?« bemerkte Larin, als N. I. ihm die Geschichte erzählte. »Doch bestimmt Stalin? Wer möchte schon ein Nichts sein?«

»Ich denke, daß sie mir glaubten, aber sie taten so, als glaubten sie Stalin«, antwortete N. I.

»Der Himalaja« wurde ziemlich häufig erwähnt; das Wort erhielt die Bedeutung: keine politischen Fehler und Dummheiten machen.

»Machen Sie keinen Himalaja mehr«, warnte Larin N. I.

»Bloß ohne Himalaja«, gab N. I. Larin vor einer Rede mit auf den Weg.

Die »Aufzeichnung« notiert keinen Vorschlag Bucharins für einen Block; N. I. bittet darin um etwas anderes: »Sie sollen Ihre Linie natürlich selbst bestimmen, aber ich möchte darum bitten, daß Sie Stalin nicht durch Ihre Zustimmung dabei helfen, uns zu unterdrücken.« Wie deutlich spiegelt sich in diesen Worten Bucharins Natur wider, seine geradezu kindliche Direktheit und politische Naivität, unter der er oft zu leiden hatte, die aber gleichzeitig aufrichtige Freunde, die ihn liebten, zu ihm hinzog.

Noch vieles andere erscheint mir in der »Aufzeichnung« durchaus realistisch, zum Beispiel: »Was tun, wenn man es mit so einem Gegner zu tun hat, einem Dschingis Khan, bei dem niedrigen Niveau des ZK« und so weiter.

Gleichzeitig gibt es in der »Aufzeichnung« aber auch eindeutig gefälschte Stellen. Wie sieht zum Beispiel folgende »Mitteilung« von Bucharin an Kamenew vor dem Hintergrund dessen, was ich schon erzählt habe, aus: »Von dem, was ich mit dir besprochen habe, wissen nur Rykow und Tomskij ...«? (Übrigens duzten N. I. und Kamenew sich nicht.) Offenkundig erlogen und gefälscht sind auch die Umstände des Treffens – in Kamenews Wohnung. Indirekt widerlegt die »Aufzeichnung« selbst diese Lüge. »Es braucht niemand von unserem Treffen zu wissen«, sagt Bucharin. »Sprich nicht telefonisch mit mir, mein Telefon wird abgehört. Die GPU verfolgt mich, und bei dir steht sie auch.« Wenn N. I. nicht ohne Grund vermutete, daß die GPU bei Kamenew »stehe« und ihn selbst »verfolge« und daß ihre Telefone abgehört würden, dann sollte man annehmen, daß er auch selbst vorsichtig war, wenn er schon Kamenew warnte, und daß er auch bei dringendstem Wunsch, einen Block mit Kamenew zu bilden, einen anderen Ort für die Begegnung gewählt hätte.

N. I. wußte tatsächlich, daß die Gespräche in den Wohnungen führender Parteifunktionäre abgehört wurden. Stalin, der gewöhnlich sehr zurückhaltend war und kein überflüssiges Wort verlor, wurde gesprächig, wenn er nicht mehr nüchtern war, und einmal, ich meine, das war 1927, zeigte er N. I. in solchem Zustand die Aufzeichnung von einem Gespräch zwischen Sinowjew und seiner Frau. Politische Themen wechselten mit ausgesprochen privaten, sogar intimen. Die letzteren amüsierten den »Herrn« besonders. Es war offenbar kein abgehörtes Telefongespräch, sondern ein über das Telefon abgehörtes Gespräch im Zimmer. Ich weiß nicht, wie das gemacht wurde, aber es war alles zu hören, was in Sinowjews Wohnung gesagt wurde. N. I. konnte sich nie wieder von dem entsetzlichen Eindruck frei machen, den diese Erzählung Stalins hinterließ.

Intrigen, gefälschte Dokumente, Betrug – das waren die wichtigsten Mittel, die Stalin benutzte, um die Bolschewiki gegeneinander aufzuhetzen.* Damit das für Stalin erwünschte Dokument seinen Zweck erreichte, wurde in die Aufzeichnung von Bucharins und Kamenews Gespräch noch eine dritte handelnde Person eingeführt, nämlich Sokolnikow. Sokolnikow war ungewöhnlich passend für so eine Verleumdung: Zum einen gehörte er zu Kamenews politischer Richtung, zum anderen war er seit der Gymnasialzeit mit Bucharin verbunden. Kolja Bucharin und Grischa Brilliant (Sokolnikow) waren schon als Kinder befreundet, schon als sie noch bei ihren Eltern wohnten, was immer eine besondere Spur im Herzen hinterläßt und der Beziehung zwischen Freunden die größte Vertraulichkeit verleiht. Sokolnikow begleitet Bucharin nicht einfach, er führt auch die Vorverhandlungen über den Block und organisiert die Begegnung in Kamenews Wohnung. So sieht die Verleumdung wahrscheinlicher aus, eindrucksvoller, das Dokument schafft die notwendige Illusion und bestätigt Bucharins Bemühung um die Organisation des Blocks.

Laut der »Aufzeichnung« bildete ein Brief von Sokolnikow an Kamenew und ein kurzes Gespräch zwischen ihnen den Auftakt zu den »Verhandlungen« von Bucharin und Kamenew. Den Brief, in dem Sokolnikow Kamenew drängt, nach Moskau zu kommen, schickt er nach Kaluga, dem Verbannungsort von Kamenew und Sinowjew, wo beide ohnehin die letzten Tage vor ihrer Rückkehr nach Moskau verbringen, da sie wieder in die Partei aufgenommen worden sind. Auf den ersten Blick erweckt nichts Zweifel daran, daß Sokolnikow der Absender ist, der Brief ist im Stil eines Intellektuellen geschrieben: »Seien Sie so bald als möglich hier, ich würde

* So wurde zum Beispiel im Sommer 1935 dem ZK-Plenum eine dicke Mappe mit Materialien vorgelegt, die A. S. Jenukidse kompromittierten. Auf der Plenarsitzung wurde er aus der Partei ausgeschlossen wegen liederlicher Lebensweise, Veruntreuung von öffentlichen Geldern, Schädigung des ZIK-Apparats und so weiter. Andere Beschuldigungen gegen Jenukidse standen noch bevor. N. I. kam bedrückt von der Sitzung nach Haus. Er glaubte diesen Dokumenten und sagte zu mir: »Sogar die Bürokratie kann noch zerfallen!« Bucharin kannte Jenukidse, einen alten Revolutionär und gutherzigen Menschen, und litt sehr unter dem Vorgefallenen. Jenukidse stand Stalin nah und machte keine Politik, darum erschien eine Fälschung damals sinnlos.

mich gern mit Ihnen beraten und mit Ihnen sprechen, wäre es nicht möglich, daß Sie schon in diesen Tagen hier eintreffen.« Es macht nur stutzig, daß Sokolnikow, ein alter Revolutionär und erfahrener Konspirant, Kamenew in so wichtiger Angelegenheit postalisch nach Moskau ruft, obwohl die Post an einen solchen Adressaten in der Verbannung höchstwahrscheinlich kontrolliert wird. Und selbst wenn er den Brief durch eine Vertrauensperson schickte – diese Vertrauenspersonen kennt man... Sokolnikows Brief ist vom 9. Juli 1928 datiert, er wäre also während der Plenarsitzung geschrieben. Und bereits am 11. Juli um neun Uhr morgens spricht Sokolnikow mit Kamenew. Er legt die Situation auf der Sitzung dar und kommt zu unwahrscheinlichen, höchst verdächtigen Schlüssen: »... Stalins Linie wird geschlagen werden. Bucharin befindet sich in einer tragischen Situation.« (Wieso in diesem Fall tragisch? – A. L.) »Loben Sie Stalin nicht. Wir werden gemeinsam ein positives Programm entwerfen. Einen Block, um Stalin zu stürzen – warum haben Sie nichts unternommen?« (Was sollten Kamenew und Sinowjew, die nach Kaluga verbannt waren, denn unternehmen? – A. L.) »Sie sind für ihn X, Y, Z. Stalin verbreitet das Gerücht, daß er Sie schon in der Tasche hätte.« Durchaus möglich, daß der Brief in Sokolnikows Namen nichts anderes ist als eine Provokation gegen ihn. Die folgenden Jahre zeigten deutlich genug, wozu Stalin fähig war.

Es ist auch ganz klar, daß Sokolnikow genauso gut wie Bucharin wußte, daß der Gedanke an einen Block zwischen Bucharin, der seine Position in der Partei verloren hatte, und dem gestürzten Kamenew, der 1928 eher Stalins als Bucharins Politik vertrat, eine Illusion war.

Dennoch wage ich es nicht, mit Sicherheit zu behaupten, daß zwischen Kamenew und Sokolnikow kein Treffen stattgefunden haben kann. Was sich hinter den Kulissen dieser für Bucharin tragischen Geschichte verbirgt, ist unbekannt. Schwer zu sagen, welche meiner Vermutungen zutrifft. Fest steht für mich nur, daß nicht Bucharin Sokolnikow beauftragt hat, mit Kamenew Vorverhandlungen zu führen, daß er vor Rykow nicht geheuchelt hätte und daß es keinen Grund gegeben hätte, mir fast ein Jahrzehnt später genau dasselbe über diesen weit zurückliegenden Vorfall zu erzählen.

Nach ausführlicher Beschäftigung mit der »Aufzeichnung« habe ich den Eindruck gewonnen, daß dieses Dokument keine eigene »Aufzeichnung von Kamenew« sein kann. Es enthält extra einen Satz, der bei Außenstehenden den Eindruck erwecken muß, daß die »Aufzeichnung« nichts anderes ist als ein abgefangener Brief, vermutlich an Sinowjew, welchen Kamenew bittet, mit seiner Fahrt nach Moskau noch etwas zu warten. Aber die unklare, zusammenhanglose Darstellung paßt durchaus nicht zu Kamenew, dessen literarische Fähigkeiten allgemein bekannt sind.

Besonders bemerkenswert ist es, daß Kamenew die »Aufzeichnung« vor der ZKK als »mit Vorbehalt« richtig bezeichnete (welchen Vorbehalt kann es gegenüber der eigenen Aufzeichnung geben?!), und Bucharin nannte sie »im wesentlichen« richtig.

Wer hat Bucharins und Kamenews Gespräch aufgeschrieben? Das läßt sich heute nur noch vermuten. Kamenews, Sokolnikows und Bucharins Begegnung und ihr vermutlich lebhaftes Gespräch im Kreml während der Juli-Plenarsitzung 1928 konnte der GPU wohl kaum unbemerkt bleiben. Die Wände haben bekanntlich Ohren. Und von jedem der Gesprächsteilnehmer war es denkbar, daß er sich »im vertrauten Kreis« aussprach. So daß es für Geübte nur noch ein technisches Problem war, das Gespräch zu rekonstruieren.

Es ist nicht auszuschließen, daß Stalin selbst Kamenew vorlud, daß er unter Folterungen verhört wurde und die Mitschrift seiner Aussagen als Grundlage für die »Aufzeichnung« benutzt wurde. Doch all das ist bloße Vermutung.

Am 30. Januar 1929 schickte Bucharin eine offizielle Erklärung zu seinen schroffen Äußerungen über Stalin ans ZK. Darin bezeichnete er Stalins Politik als militärisch-feudale Ausbeutung der Bauernschaft, als Zerspaltung der Komintern und als Einführung von Bürokratie in die Partei. Diese Erklärung wurde als »Bucharins Programm« bekannt.

Auf einer gemeinsamen Sitzung von Politbüro und ZKK-Präsidium wurde eine Sonderkommission zur Überprüfung dieser Angelegenheit gegründet, das heißt von Bucharins Gespräch mit Kamenew und seiner Erklärung vom 30. Januar. Vorsitzender der Kommission war Ordshonikidse. Er tat alles Erdenkliche, um Bucharin, Rykow und Tomskij im Politbüro zu behalten. Das war aber nur unter der Bedingung möglich, daß Bucharin sein Gespräch mit Kamenew als politischen Fehler bekannte und öffentlich erklärte, daß seine Äußerung über eine militärisch-feudale Ausbeutung der Bauernschaft unbedacht und im Eifer der Polemik gefallen war. Anders konnte Ordshonikidse die Situation zu jenem Zeitpunkt nicht retten. Er schlug folgenden Beschluß vor:

»Die Kommission ... empfiehlt der gemeinsamen Sitzung von Politbüro und ZKK-Präsidium, alle vorhandenen Dokumente aus dem Gebrauch zu ziehen (die Stenogramme der Reden und so weiter) ... und dem Genossen Bucharin die notwendigen Voraussetzungen für seine gewöhnliche Arbeit als verantwortlicher Redakteur der ›Prawda‹ und als Sekretär des IKKI zu gewährleisten.«

Im übrigen waren die Arbeitsbedingungen für Bucharin und Tomskij schon vor der Juli-Plenarsitzung von 1928 unerträglich geworden: Man hatte Bucharin einen »Politkommissar« (wie er es nannte) in die »Prawda«-Redaktion geschickt, G. I. Krumin, den ehemaligen Redakteur von »Wirtschaftsleben«, und Tomskij war im WZSPS Kaganowitsch aufgedrängt worden. Im November 1928 traten Bucharin und Tomskij zum ersten Mal zurück.

Bucharin, Rykow und Tomskij lehnten die Bedingungen, die die Kommission gestellt hatte, ab und verkündeten, daß sie ihre Ansichten, zu denen sie ständen, nicht ändern könnten, daß sie den Kampf aufgeben und zurücktreten würden.

Am 9. Februar 1929 brachte die gemeinsame Sitzung von ZK-Politbüro und ZKK-Präsidium schließlich eine Resolution hervor, deren erster Teil den Titel trug: »Bucharins heimliche Versuche zur Gründung eines Fraktionsblocks gegen das ZK«:

»1. Ohne Wissen und Einwilligung von ZK und ZKK hat Genosse Bucharin in Begleitung von Genosse Sokolnikow während der Juli-Plenarsitzung des ZK 1928 heimliche Fraktionsverhandlungen mit dem Genossen Kamenew über eine Änderung der ZK-Politik und der Besetzung des Politbüros geführt.

2. Genosse Bucharin führte diese Verhandlungen mit Wissen, wenn nicht sogar mit Zustimmung der Genossen Rykow

und Tomskij. Letztere verschwiegen diese Tatsache gegenüber dem ZK und ZKK, obwohl sie von den Verhandlungen und deren Unzulässigkeit wußten.«

Wie aus dem Gesagten ersichtlich, entspricht die Resolution in keiner Weise der wirklichen Lage der Dinge. Bucharin hat nicht über eine Änderung der ZK-Politik, über einen Fraktionsblock oder über eine Änderung der Politbürobesetzung gesprochen, und zwar nicht deswegen, weil er derartige Änderungen damals nicht gewünscht hätte, sondern weil es für ihn völlig sinnlos war, sich über dieses Thema mit Kamenew zu unterhalten, der gerade erst wieder in die Partei aufgenommen worden war und (wie auch Sinowjew) Arbeit beim Zentralverband der Konsumgenossenschaften bekommen hatte. Beide waren nicht Mitglieder des Politbüros und des ZK und teilten eher Stalins Politik. Über eine Kursänderung im Politbüro oder Stalins Absetzung als Generalsekretär hätte N. I. sinnvollerweise nur mit solchen Politbüromitgliedern sprechen können, bei denen er wenigstens potentiell Unterstützungsbereitschaft erwarten konnte, das heißt mit Kalinin oder Ordshonikidse. Als eindeutige Anhänger, die sich offen gegen Stalins Politik wandten, hatte Bucharin im Politbüro nur Rykow und Tomskij. Um sich zu einem solchen Schritt zu entschließen, hätte N. I. sicher sein müssen, daß die Verhandlungen auch zu dem gewünschten Resultat führten und nicht die Verhältnisse im Politbüro noch mehr erschütterten und die Niederlage der Opposition beschleunigten (ich gebe hier N. I.s Gedankengang wieder). Die von mir angeführten Tatsachen widerlegen auch die Behauptung, daß die Verhandlungen »mit Wissen, wenn nicht sogar mit Zustimmung« von Rykow und Tomskij stattfanden.

Infolge der vernichtenden Resolution von Politbüro und ZKK-Präsidium, die die Offenlegung aller Dokumente verlangte, die Bucharin und die anderen betrafen, wurde seine, Rykows und Tomskijs Situation immer hoffnungsloser und katastrophaler, obwohl ihr Rücktritt in derselben Resolution abgelehnt wurde. Warum sollte man sie entfernen? Stalin übereilte nichts, er ließ sich von seiner verräterischen Taktik leiten und wartete, wie immer, ab. Über den Rücktritt konnte er zunächst noch nicht entscheiden, nicht einmal in »Übereinstimmung« mit dem Politbüro. Eine solche Aktion könnte, wie es in der Resolution vom Februar heißt, von Feinden ausgenutzt werden, die dann sagen würden: »Wir haben unser Ziel erreicht.«

Die Antwort auf die Frage, wie »Kamenews Aufzeichnung« ins Ausland gelangt war, stand für N. I. fest: Die GPU hatte sie auf Stalins Anweisung dort hingeschickt, um dann, in ebenjener Resolution von der gemeinsamen Sitzung, feststellen zu können:

»Die Tatsache, daß die Trozkisten Kamenews ›Aufzeichnung‹ veröffentlicht haben, ist inzwischen der ganzen Welt bekannt. Vermutlich wird die ›Aufzeichnung‹ in Kürze auch in der ausländischen bourgeoisen Presse erscheinen. Zweifellos haben die Trozkisten, den Weißgardisten vergleichbar, die ›Aufzeichnung‹ in der Absicht veröffentlicht, das Politbüro zu spalten.«

Welch komplizierte und doch zutreffende Prognose! Welche Spitzfindigkeit! Es war ja gerade der »Sozialistitscheskij westnik«, der nach Meinung Stalins und anderer Bolschewiki die Interessen der Bourgeoisie vertrat.

Und plötzlich entlud sich das Gewitter! Es war wie der ersehnte Regen auf Stalins politische Saat. Am 29. März 1929, also vor der April-Plenarsitzung, erschien die berühmte »Aufzeichnung von Kamenew« in Paris in dem menschewistischen Emigrantenorgan »Sozialistitscheskij westnik« (Sozialistischer Bote), angeblich als Abdruck aus einem deutschen Trozkistenorgan, und das genau im richtigen Augenblick. Möglich, daß es ein Glücksfall für Stalin war, aber er hatte eben immer Glück. Denkbar ist aber auch etwas anderes, und zwar vor allem, weil es nicht einfach eine Kopie des Originaldokuments ist, sondern ein gut redigierter Text, der durchaus als Kamenews persönlicher Bericht gelten kann. So sind zum Beispiel die Worte »wir stimmten ab« aus der ersten Variante im »Sozialistitscheskij westnik« umgeändert in »wir wählten«. Der erste Absatz, in dem es um Sokolnikow ging, ist weggelassen. Gerade in diesem Absatz, der direkt von Sokolnikow berichtet zu sein schien, kam der angebliche Zweck der »Verhandlungen« besonders deutlich zum Ausdruck. Aber Sokolnikow spielt keine Rolle, er »begleitet« Bucharin nur. Seine wirkliche Rolle kenne ich nicht, meine Vermutungen habe ich schon gesagt und lasse deshalb die Frage offen.

Und so platzte also eine Bombe von gewaltiger Tragweite. Die »Aufzeichnung« aus dem »Sozialistitscheskij westnik« wurde vervielfältigt und zur Aprilsitzung an die ZK-Mitglieder verteilt. Die Absetzung Bucharins von seinen Posten war gut vorbereitet. Im April dachte man nicht mehr daran, daß die Feinde sagen könnten: »Wir haben unser Ziel erreicht«, wie es noch zwei Monate vorher, im Februar geheißen hatte; jetzt hatten die Freunde ihr Ziel erreicht.

»Wie tief ist Bucharin gefallen, selbst der ›Sozialistitscheskij westnik‹ triumphiert und druckt seine verleumderischen Erfindungen über Stalin«; »Westnik, Westnik« – so tönte es bei der Sitzung von allen Seiten (ich schildere alles nach Bucharins Worten). Da gab es kein Entrinnen mehr. Bucharins und Tomskijs Absetzung war vom Aufruf zur Aprilsitzung an vorbereitet. Rykow hielt sich als Vorsitzender des Volkskommissarsrats etwas länger.

Wie führten sich die Helden des vorgeführten Dramas – Sokolnikow, Bucharin und Kamenew – danach auf? Sokolnikow verstummte. Obwohl er weiterhin ZK-Mitglied blieb und als Delegierter auf die folgenden Parteitage geschickt wurde, sprach er weder auf dem XVI. noch auf dem XVII. Parteitag. Obwohl er von Natur aus sehr aktiv war und ungewöhnliches Rednertalent besaß, bereute er nichts, prangerte niemanden an und jubelte niemandem zu. Bucharin erwähnte diese Episode in seinen Reden und Artikeln nie. Kamenew hingegen war nun endgültig gebrochen und veröffentlichte als erster nach der Zerschlagung der sogenannten rechten Opposition einen Artikel in der »Prawda« (möglicherweise auf Befehl von oben), in dem er seine »Fraktionsverhandlungen« mit Bucharin verurteilte. In seiner Rede auf dem XVII. Parteitag verwendete er eine Terminologie, die der späteren Prozesse würdig war. »Die zweite konterrevolutionäre Welle«, sagte er (die erste war die trozkistische), »bahnte sich eine Bresche, die wir selbst eröffnet haben; es ist die Welle der Kulakenideologie.« Und an dieser Stelle erwähnte er ohne jeden logischen Zusammenhang die »Fraktionsverhandlungen« mit Bucharin. Überhaupt ist der Eindruck, den wir heute vom XVII. Parteitag haben, sehr deprimierend. Die Abgeordneten, die »Sieger« und künftigen Opfer Stalins, sangen ihm begeisterte Hymnen. Gerade diese Abgeordneten, die Arbeiterklasse (oder das Proletariat, wie man damals sagte) und die Bauern hatten die ganze Last der Industrialisierung und Kollektivierung getragen. Es schien, als wäre die Zeit der Entbehrungen vorbei und eine helle Zukunft stünde bevor. Sie würde frei, gleichberechtigt und reich sein, diese Gesellschaft, mit neuen Produktionskräften und anderen Produktionsverhältnissen und einem neuen, sozialistischen Menschen. Sie glaubten, daß sich nun erfüllen würde, was ihnen vorgeschwebt hatte, wovon sie in den zaristischen Gefängnissen und bei der Zwangsarbeit geträumt hatten, in der Emigration, dem nachrevolutionären Zerfall und unter dem Kugelregen des Bürgerkriegs. Das Pathos war echt und aufrichtig, wer das nicht merkte, hatte kein Empfinden für die Geschichte. Aus ebendiesem Grunde nannte Bucharin Stalin den »Feldmarschall der Proletarierstreitmacht«. Vor allem aber machte er in seiner Rede auf die industrielle Entwicklung und den Faschismus aufmerksam, auf dessen Wesen und die Gefahr, die er für die Welt darstellte.

Nikolaj Iwanowitschs Verbitterung über Kamenew, die von 1928 herrührte, ließ nicht nach. An einem Sommersonntag im Jahre 1934 fuhren wir nach Ostafjewo, dem ehemaligen Gut der Fürsten Wjasemskij außerhalb Moskaus, in dem sich nach

Bucharin (rechts, im weißen Hemd) unter Delegierten des XIII. Parteitages der RKP(B) auf dem Roten Platz, 1924

der Revolution das Erholungsheim des ZIK befand. Wir waren nur für einige Stunden dorthin gefahren, um den alten Park und das Puschkindenkmal zu sehen. Wir wurden zum Essen eingeladen. Der Speisesaal befand sich in einer großen Veranda. Kaum war das Essen aufgetragen, da setzte sich Kamenew, der dort gerade Urlaub machte, an unseren Tisch. Die »Freunde« begrüßten sich: Kamenew, wie ich sagen würde, freundschaftlich, N.I. ziemlich kühl. Plötzlich »fiel ihm ein«, daß er eine Redaktionssitzung hatte. Er ließ das Essen stehen und brach sofort auf. »Ich bin weggelaufen, um Kamenew kein Thema für eine ›Aufzeichnung‹ zu liefern«, sagte er zu mir, »und keinen Anlaß für eine Rede beim nächsten Parteitag.«

Überhaupt ist die Episode von 1928 ein Meilenstein in N.I.s Biographie, nicht nur weil Stalin sie für seine eigenen Zwecke benutzte, sondern auch weil sie Bucharins Charakter entscheidend veränderte. Der vierzigjährige Bucharin hatte in vollem Maße zu spüren bekommen, was Stalins Politik bedeutete. Er fühlte sich verraten und war durch den Vorfall ganz entmutigt. Von da an wurde er selbst seinen Parteifreunden gegenüber verschlossener und weniger vertraulich, in vielen seiner Mitarbeiter vermutete er jemanden, der ihm extra zugeordnet worden war; manchmal kam hinter seiner leidenschaftlichen Lebensfreude Schwermut zum Vorschein. Er wurde empfindlich und litt an Nervosität.

Das Finale zu dieser Geschichte kam beim Prozeß. Der letzte Akt wurde inszeniert. Heute wissen wir, daß Stalin schon lange vor dem »Schauspiel« wie ein Maulwurf unterirdische Gänge zum künftigen Prozeß gegen den »antisowjetischen rechtstrozkistischen Block« angelegt und dabei Fälschungsspuren in den Akten hinterlassen hatte. Vielleicht hatte die Idee zu den künftigen Schauprozessen 1928 noch keine feste Gestalt in der Vorstellung des Führers (obwohl auch das nicht auszuschließen ist), aber er vergaß nie, daß man vielleicht alles eines Tages noch gebrauchen konnte, das war sein Stil.

Beim Prozeß betonte Bucharin zweimal, daß die Begegnung mit Kamenew in dessen Wohnung stattgefunden hatte, in ebenjener Wohnung, in der »die GPU stand«, wie Bucharin Kamenew (der »Aufzeichnung« zufolge) erklärt hatte. Er bekannte, was er vorher kategorisch verneint hatte. Heute scheint es uns gleichgültig, wo das Treffen stattfand, wichtig ist nur, worüber sie sprachen. Aber 1928 hatte Bucharin sein Alibi bewiesen, indem er gerade auf den wahren Umständen des Treffens beharrte. Beim Prozeß wertete er sein Gespräch mit Kamenew schon selbst als Verleumdung der Parteiführung. Nicht genug damit: Er blieb beim Prozeß nicht bei dem einen Gespräch, das tatsächlich stattgefunden hatte, sondern bestätigte noch weitere Treffen mit Kamenew, die in den Aussagen gegen ihn erfunden worden waren: eine Begegnung bei Pjatakow im Krankenhaus, bei der auch Kamenew anwesend war, und eine andere mit Kamenew in Schmidts Datscha. Von der letzteren hatte Bucharin zuerst vor seiner Verhaftung aus einer Anklageaussage erfahren, die ihm zugeschickt worden war, wie ich meine, von Jefim Zetlin. Diese Aussagen habe auch ich gelesen. Damals leugnete N. I. dieses Treffen strikt ab.

Was Bucharins Zusammenkunft mit Pjatakow und Kamenew im Krankenhaus betrifft, so hatte vor seiner Verhaftung niemand davon gesprochen. In persönlichen Gesprächen und auf dem XVI. Parteitag war es immer nur um ein einziges Gespräch (wie Rykow es nannte) gegangen, nicht um mehrere.

Ich bezweifle diese Version auch deswegen, weil Bucharin beim Prozeß angeblich bewies, daß er Kamenew und Pjatakow 1928 mit dem ökonomischen Teil seines Programms vertraut gemacht habe. Paradoxerweise hatte er aber in Kamenew und Pjatakow gerade die entschiedensten Gegner seines Programms vor sich, und das wußte er. Dieses fragwürdige Detail macht die Aussage selbst zweifelhaft. Endgültig verwarf ich die Version, als ich im »Sozialistitscheskij westnik« von 1929 las, daß die Begegnung auf Dezember 1928/Januar 1929 datiert wird.

Nur wer nicht wissen konnte, daß Stalin bereits im Frühherbst 1928 von Bucharins und Kamenews Gespräch wußte, wer nicht beobachtet hatte, wie Rykow auf die Begegnung der beiden im Juli reagiert hatte (und hier war ich der einzige Zeuge), und wer schließlich nicht gesehen und miterlebt hatte, in welchen Zustand es N. I. versetzte, als er von der Denunziation bei Stalin erfuhr, – nur der konnte annehmen, daß Bucharin danach noch weiteren Kontakt zu Kamenew hatte.

Beim Prozeß wurde der erfundene »rechtstrozkistische Block« zur Zentralachse, zu jenem Grundstock, an den die angeblichen Verbrechen angeklebt wurden, wie bei einem Wespennest. Die Angeklagten wurden mit schweren Ketten an den »rechtstrozkistischen Block« geschmiedet wie Galeerensklaven.

Einer so langen Abschweifung bedurfte es, um zu erklären, worauf Rykow sich auf seiner Postkarte mit dem Satz bezog, daß Bucharins Abwesenheit beim XVI. Parteitag aus einem »bekannten Grund« günstig gewesen sei.

... Nikolaj Iwanowitsch freute sich sehr über Rykows Karte und war sehr erleichtert. Wenn er unter seiner Abwesenheit beim Parteitag gelitten hatte, so nur aus Sorge, daß seine Gesinnungsgenossen Rykow und Tomskij gekränkt sein könnten, weil sie dem Beschluß, oder, wie N.I. es nannte, dem Hohn ausgesetzt waren (denn die Opposition hatte sich, wie gesagt, schon vor dem Parteitag ergeben) und nicht nur die Schläge für sich selbst, sondern auch noch die für ihn einzustecken hatten. Das hatte in gequält, obwohl Rykow und Tomskij ihn beide besucht hatten und wußten, wie krank er war. Und er hatte ja nicht voraussagen können, ob er es mit großer Anstrengung noch schaffen würde, wenigstens gegen Ende des Parteitags noch zu erscheinen, um seine Pflicht gegenüber den Freunden zu erfüllen, wie er es sah. Intuitiv hatte er dann davon Abstand genommen. Nach Alexej Iwanowitschs Karte war er sicher, daß er auch für seine Freunde das Richtige getan hatte. Nun machte er sich keine Sorgen mehr.

Rykows Befürchtung, daß Bucharins Anwesenheit ihre Situation nur erschwert hätte, war nicht nur durch die Lage der Dinge infolge des Gesprächs mit Kamenew zu erklären, sondern auch dadurch, daß Rykow Nikolaj Iwanowitschs schwierigen Charakter kannte wie kaum ein anderer. Ebendeswegen vermutete er, daß N.I. kaum die Ruhe und Zurückhaltung zu wahren vermocht hätte, die auch ihm und Tomskij nur mit Mühe gelang. N.I., der sich selbst dem »Willen der Partei« (wie man damals meinte) nur unter Schmerzen gebeugt hatte, hätte »explodieren« können, wenn er merkte, daß die Delegierten ihm und seinen Freunden Rykow und Tomskij kein Mitleid entgegenbrachten. Nicht selten gewannen bei N.I. die Gefühle die Oberhand über die Vernunft.

Einen solchen Ausbruch, der keinen Sinn mehr hatte, befürchtete Rykow. Alexej Iwanowitsch war ein Mann von praktischer Veranlagung, er war nüchterner und gelassener. Die beiden mochten einander sehr gern, obwohl N. I. von seinem älteren Freund manchmal Vorwürfe zu hören bekam, weil sich nie mit Sicherheit voraussagen ließ, was von N. I. zu erwarten war, denn politische Berechnung war ihm im Grunde ganz fremd. Er hätte unbedacht reagieren können, denn er hatte seine Ansichten am 25. November 1929 nur deswegen als Irrtum bekannt, weil er Angst vor dem Parteiausschluß hatte und weil er nichts mehr fürchtete als eine Parteispaltung. Bei unbegründeten Angriffen konnte Bucharin sehr schroff und böse werden. Er konnte sich in seine Gegner mit dem ganzen Ingrimm seines politischen Temperaments verbeißen. Gleichzeitig war er ungewöhnlich sensibel, manchmal geradezu überempfindlich. Selbst im Alltag jener stürmischen Epoche, in der er dazu ausersehen war, eine führende Rolle zu spielen, machte die emotionale Überlastung seiner aktiven und leicht beeindruckbaren Natur schwer zu schaffen, weil seine »Schmerzgrenze« äußerst niedrig lag und die seelischen Saiten leicht rissen.

Dieser Charakterzug hatte große Nachteile für einen Politiker: Obwohl er sich in öffentlichen Auseinandersetzungen kühn äußerte, vermochte er nicht immer zu siegen, nicht einmal da, wo er im Recht war. So gab er 1937 bei der Februar-März-Sitzung auf Stalins Rat hin nach und entschuldigte sich für seinen Hungerstreik, den er auf die unerhörte Beschuldigung des Vaterlandsverrats hin angetreten hatte. (Für diesen Schritt gab es allerdings noch eine andere Erklärung, doch dazu später.) Auch bei privateren Anlässen konnte er kapitulieren. Er entschuldigte sich vor den Dichtern, die wegen seiner Kritik beim ersten Schriftstellerkongreß (im Sommer 1934) beleidigt waren, obwohl er völlig zu Recht und in bester Absicht von der Notwendigkeit gesprochen hatte, das Niveau der Dichtung zu heben.

Dieser Charakterzug – emotionale Sensibilität und Empfindlichkeit – führte dazu, daß er gelegentlich in Hysterie verfiel. Er weinte leicht. Ich will nicht behaupten, bei jeder Gelegenheit, der Anlaß war immer ein ernster. Als Bucharin erfuhr, daß der Oktoberaufstand in Moskau nicht so friedlich verlaufen war wie in Leningrad und daß einige hundert Menschen umgekommen waren, fing er an zu weinen. Als Lenin starb, sah ich Tränen in den Augen vieler seiner Mitkämpfer, aber niemand weinte so sehr wie Bucharin. Als N. I. während der Kollektivierung durch die Ukraine fuhr, standen an den Bahnstationen viele Kinder mit vom Hunger aufgeblähten Bäuchen. Sie bettelten um Almosen. N. I. verteilte sein ganzes Geld an sie. Das war im Sommer 1930. Als er wieder in Moskau war, besuchte er meinen Vater und erzählte ihm davon. Verzweifelt rief er aus: »Wenn es so etwas mehr als zehn Jahre nach der Revolution gibt, warum haben wir sie dann gemacht?!« Und er warf sich aufs Sofa und weinte hysterisch. Mutter beruhigte ihn mit Baldriantropfen.

Schwere Erlebnisse konnten bei N. I. auch körperliche Unpäßlichkeit verursachen. So wurde er nach der Julisitzung 1928 krank, ebenso nach dem 25. November 1929, als er seine Kapitulation geschrieben hatte, und schließlich erkrankte er unmittelbar vor dem XVI. Parteitag. Dieser kräftige, erstaunlich starke Mann, der Sportler mit den Muskeln eines Ringkämpfers, welkte bei Nervenanspannung dahin. Dann schien sein Organismus die Widerstandskraft zu verlieren.

Mit alledem möchte ich nicht den Eindruck erwecken, daß Nikolaj Iwanowitsch eine »Heulsuse« war. Das war durchaus nicht der Fall. Emotionale Überspanntheit war nur eine Seite seines schwierigen, vielschichtigen Charakters. Bucharin war ein Revolutionär von großer Leidenschaft und unbezähmbarem Temperament. Sein revolutionäres Potential war gewaltig und forderte Bewegung, Handlung. N. I. war besessen von der Idee der revolutionären Umgestaltung der Gesellschaft, ihrer Humanisierung. Er meinte, daß ein echter, humaner Sozialismus ohne eine Veränderung der menschlichen Natur nicht möglich sei, ohne eine Verbesserung der Kultur der Unterschicht, all jener, die vor der Revolution als »primitives Volk« gegolten hatten, der Arbeiterklasse und der Bauernschaft. Dieser sein Wunsch mag etwas banal erscheinen, er war vielen Bolschewiki eigen. Doch für Bucharin wurde diese Vorstellung zum leidenschaftlichen, unvergänglichen Traum, der ihn immer mehr erfaßte, er wurde zum einzigen Ziel seines politischen Lebens, das so deutlichen Ausdruck in seinen flammenden Reden fand.

»So laßt uns denn die alte Welt vergessen und streifen ihren Staub von unserm Schuh« – diese Zeile aus einem bekannten Revolutionslied, das N. I. liebte, war bis zuletzt seine Devise. Dabei beziehe ich die Katastrophe der Jahre 1936 bis 1938, als sein ganzes Streben gelähmt war, nicht mit ein.

I. G. Erenburg hat ganz richtig geschrieben: »Es gibt sehr schwermütige Menschen mit optimistischen Vorstellungen, es gibt auch fröhliche Pessimisten. Bucharin war ungewöhnlich unverdorben; er wollte das Leben ändern, weil er es liebte.«

Die neue Welt, so wie Bucharin sie erhoffte, sollte unbedingt verwirklicht werden, aber das bedeutete für ihn nicht etwa »um jeden Preis«. Bucharin war immer von moralischen Konflikten geplagt, er sah auch die tragische Seite der menschenfreundlichsten Ideale. Während des Bürgerkriegs, in den ersten Nachrevolutionsjahren, als die zwei Welten aufeinanderprallten, hatte N. I. keine Möglichkeit gesehen, ausschließlich mit »geistiger Waffe« für seine Ideale zu kämpfen, und hatte sogar »ein Wort des Genossen Mauser« gutgeheißen. Doch später war er überzeugt, daß sich das Ziel auch mit niedrigen Kosten erreichen ließ. Darauf waren seine Gedanken, sein theoretisches Suchen und seine politische Tätigkeit gerichtet.

Inzwischen war es schon Zeit, nach Muchalatka zurückzufahren. N. I. begleitete mich zur Autowerkstatt. Dort erfuhren wir, daß die Reparatur bald fertig wäre und daß der Chauffeur Jegorow beschlossen hatte, nicht mehr hin und her zu fahren, sondern in Gursuf zu übernachten. Ich war unruhig, Vaters wegen, aber es gelang mir, ihn telefonisch zu erreichen und ihm zu sagen, daß ich am nächsten Tag zurückkäme.

So blieb ich dank ganz prosaischer Umstände in Gursuf und erlebte jenen romantischen Abend, den ich in den Versen in jener schrecklichen Einzelzelle im Keller in Nowosibirsk beschrieb.

Es war also nicht nur südliche Wärme, sondern ebenso der Hauch der Zeit, die gewitterschwangere politische Atmosphäre, die meine glücklichen – trotz alledem glücklichen – Gursufer Begegnungen mit N. I. umgaben.

Anna Larina mit siebzehn Jahren in Serebrjanyj Bor

Es ist nicht gut, von einem heimlichen Gefühl zu sprechen. Wer viel darüber spricht, der schätzt es meist nicht sehr hoch. Doch wenn ich mich in die Vergangenheit versenke, in die Erinnerungen an ein fernes Leben, wie es nicht jedem zu tragen gegeben ist, so bin ich doch überzeugt, daß es – leider nicht immer – Momente gibt, in denen die schönen Seiten des Lebens seine dunklen ausgleichen oder, sagen wir, sie erleichtern. Für N.I. wurde damals unsere Liebe zur Quelle der Freude. Und vor dem Hintergrund der schweren Tage, die er durchgemacht hatte, erschien sie noch heller und schöner.

In Muchalatka bekam ich am nächsten Tag einen Rüffel von Sergo Ordshonikidse, weil ich meinen kranken Vater allein gelassen hatte. Er war nach dem Parteitag zusammen mit Molotow und Kaganowitsch nach Muchalatka gefahren. Und es ergab sich, daß Ordshonikidse durch unser Zimmerfenster, das zur gemeinsamen, langen Terrasse hinausging, sah, wie Larin vor dem Schlafengehen versuchte, sich das Oberhemd auszuziehen. Sergo eilte ihm zu Hilfe. Von Vater hörte er, daß ich bei N.I. in Gursuf war. Als Sergo mir begegnete, kehrte er sein ganzes östliches Temperament hervor.

»Du hast wohl überhaupt kein Gewissen!« schrie er. »Daß du dich nicht schämst, deinen kranken Vater allein zu lassen! Zum Parteitag zu kommen, hatte der liebe Bucharin nicht nötig. Statt dessen amüsiert er sich mit jungen Mädchen!«

Vielleicht war Ordshonikidse im Grunde nur wütend, weil er den Verdacht hatte, daß N.I. gar nicht krank war, den Parteitag ignorierte und sich auf der Krim die Zeit vertrieb. Dann verwandelte sich sein Zorn in Wohlwollen. Er drängte mich aufs Sofa, setzte sich selbst daneben und fragte mich genau darüber aus, wie N.I. sich während des Parteitags gefühlt habe. Verlegen und verwirrt erklärte ich ihm, warum ich in Gursuf geblieben war. Ich erzählte ihm, wie Vater und ich N.I. bei unseren ersten Besuchen angetroffen hatten. Erzählte ihm auch von dem Schwimmausflug.

»Ich hätte mich auch nicht gewundert, wenn er in die Türkei geschwommen wäre«, bemerkte Sergo.

Ich verstand nicht ganz, was Ordshonikidse damit sagen wollte. Wollte er scherzend zu verstehen geben, daß man vor diesem Parteitag auch in die Türkei fliehen könnte? Möglicherweise dachte er auch an N. I.s tollkühnen, unbesonnenen Charakter und seine körperliche Kraft.

Wenn man eingesperrt und mit sich selbst allein ist, irrt man unwillkürlich durch das Labyrinth der Erinnerung, und wenn außerdem vor einem nur ein gähnender Abgrund liegt und man mit vierundzwanzig Jahren die Bilanz seines Lebens zieht und zu dem Schluß kommt, daß eine Katastrophe geschehen ist, an der nichts mehr zu ändern ist, dann steigert sich das Bedürfnis nach Erinnerung noch erheblich.

Unvermutet polterte der Riegel, die Zellentür öffnete sich, und der Aufseher sagte die bekannten Worte: »Machen Sie sich zum Verhör fertig!« Außer bei dem einzigen Verhör Anfang Mai und bei seinem Besuch in meiner Zelle hatte ich Skwirskij nicht zu sehen bekommen. Aber auch ohne das verlosch ich langsam, schmolz dahin wie Wachs, hustete immer stärker und erwartete so oder so mein Ende.

In demselben Arbeitszimmer sah ich dieselben Habichtaugen und hörte dieselben Worte.

»Möchten Sie die konterrevolutionäre Jugendorganisation nach wie vor nicht aufdecken und weiterhin leugnen, daß Sie die Verbindungsperson zwischen dieser Organisation und Bucharin waren?«

Ich konnte ihm nichts Neues antworten.

»Es ist doch ganz unglaublich, daß Sie diesen alten kahlen Teufel geliebt haben sollen.«

Dieser letzte Ausspruch von Skwirskij beinhaltete immerhin eine gewisse »Neuheit«, und darauf konzentrierte ich mich, um seiner Unflätigkeit die gehörige Abfuhr zu erteilen.

Skwirskijs Kopf war mit dichten Locken bedeckt, und damit war er sehr zufrieden – sonst hatte er ja nichts, worauf er stolz sein konnte. Und ich dachte mir etwas aus, womit ich ihn treffen konnte: »Liebt Ihre Frau Sie nur wegen Ihres üppigen Schopfes? Sie haben noch alles vor sich; Sie könnten eine Glatze bekommen«, sagte ich und unterdrückte meine Aufregung. »Aber was bleibt dann von Ihnen? In diesem Fall wird Ihre Frau Sie sofort verlassen!«

Mir schien, daß ich es ihm heimgezahlt hatte. Skwirskij wurde rot und brüllte: »Du bist ja eine ganz Freche! Na warte nur, du Bucharinbrut! Das ist eine Unverschämtheit!«

»Ich bin nicht unverschämter als Sie. Ich will Ihnen nur nicht nachstehen!«

»Erschießen, erschießen, erschießen! Sie gehören nicht auf sowjetischen Boden!«

Aber seine Drohungen beeindruckten mich nicht mehr so wie beim ersten Mal. Wütend schickte er mich in die Zelle zurück.

Es war August. Den ganzen Juli über hatte es nicht geregnet, und die Zelle war etwas trockener; an der linken Wand tropfte es seltener auf den Boden, und es bildeten sich nur dünne Rinnsaale, die langsam zur Tür flossen. Beim Spaziergang erlaubte mir der Aufseher, von dem Wermut zu pflücken, der am Zaun wuchs. Ich riß drei große Armvoll ab und breitete das Kraut auf dem Bett aus. Es überdeckte den Modergeruch, ich schlief weicher, und vor allem befreite mich der Wermut von den Flöhen.

Die Ungewißheit meiner Situation und die Verhältnisse, in denen ich mich befand, wurden unerträglich. Mir wurde klar, daß mein weiteres Schicksal nicht von Skwirskij abhing, sofern ich nicht von selbst umkam und in diesem Keller verfaulte. Ich beschloß, mich in Erinnerung zu bringen und nach Moskau zu schreiben, zunächst nicht an Stalin, sondern an Jeshow. Papier für Gesuche bekam man meist ohne Schwierigkeiten. Millionen unschuldiger Häftlinge schrieben Gesuche und erhielten die stereotype Antwort: »Keine Veranlassung zur Überprüfung des Falles.« Mit unseren Gesuchen hätte man ein gewaltiges Feuer entzünden können. Da aber mein Gesuch etwas anderes betraf, bestand die Möglichkeit, daß auch das Ergebnis ein anderes war. Ich klopfte an die Zellentür und bat den diensthabenden Aufseher um Papier für ein Gesuch. Er antwortete: »Ich werde es melden.« Ziemlich bald führte man mich aus der Zelle in den Korridor. In der Ecke stand auf einem kleinen Tischchen ein Schultintenfaß mit schmutziger, halb eingetrockneter violetter Tinte, ein Federhalter und ein Blatt Papier lagen dabei.

Den Text meines Gesuches erinnere ich fast wörtlich.

An N. I. Jeshow
Volkskommissar beim NKWD der UdSSR
von A. M. Larina (Bucharina)
Nowosibirsk, Nowosibirsker
Isolationsgefängnis

Gesuch

Seit vier Monaten befinde ich mich in einer Einzelzelle im feuchten Keller des Isolationsgefängnisses Nowosibirsk, wohin ich aus dem Tomsker Lager geschickt wurde. Ich wurde bereits vor dem Prozeß gegen Bucharin als »Familienangehörige eines Vaterlandsverräters« zu acht Jahren Lagerhaft verurteilt.

Gegenwärtig werde ich beschuldigt, Mitglied einer konterrevolutionären Jugendorganisation und Verbindungsperson zwischen Bucharin und dieser Organisation gewesen zu sein. Gefordert wird von mir die Preisgabe dieser Organisation.

Da ich keiner derartigen Organisation angehört habe, was ich Ihnen wohl nicht zu beweisen brauche, ist es mir auch nicht möglich, sie preiszugeben. Mehrfach wurde mir mit Erschießung gedroht. In dem feuchten Keller, in dem ich mich befinde, bin ich zu langsamem Sterben verurteilt. Ich bitte darum, meine Qualen zu erleichtern: Es ist einfacher, in einem Augenblick zu sterben als langsam dahinzusiechen. Erschießen Sie mich, ich will nicht mehr leben!

Larina, A. M. (Bucharina)
August 1938

Im Gefühl von Erleichterung und gleichzeitig unüberwindlicher Schwere ging ich in meine Zelle zurück. Aus Gründen der Selbsterhaltung bemühte ich mich gewöhnlich, die bitteren Gedanken an mein Kind zu verdrängen. Aber an jenem Tag, als ich innerlich vom Leben Abschied nahm, mußte ich an meinen Sohn denken und mich von ihm verabschieden.

Wieder fiel mir ein, wie oft er mit seiner hellen Kinderstimme seinen Vater gerufen hatte: »Papa, Papa, Ljulja ge« (komm zu Jura), und es schien erstaunlich, daß er den Vater auch dreieinhalb Monate nach dessen Verhaftung noch nicht vergessen hatte. Der Großvater, N. I.s Vater Iwan Gawrilowitsch, konnte diesen Ruf nicht mit anhören, ohne in Tränen auszubrechen, und wenn der Kleine das sah, fing auch er an zu weinen. Ich lief dann ins Nebenzimmer, damit das Kind meine Tränen nicht sah.

Ich dachte auch an den Abschied von meinem Sohn: Es war an einem Junitag 1937, als der NKWD-Beamte kam, um mich nach Astrachan in Verbannung zu schicken. Das Kind war damals dreizehn Monate alt. Er konnte noch nicht gehen. Der »liebe Onkel« hielt ihn auf dem Arm, und Jura spielte mit den glitzernden Spielzeugen – den Abzeichen an seiner Brust. Danach saß er auf dem Arm meiner alten Großmutter, die schon über achtzig war, und sah mich so traurig an, als ob er spürte, daß er nun auch seine Mutter verlor. Wie schwer war der Abschied! Als Kind habe ich meinen Sohn nicht wieder gesehen.

Ich muß es unbedingt schaffen, ihm einen Brief zu schreiben, dachte ich, mein Gesuch kann die Entscheidung über meinen »Fall« beschleunigen. Ich mußte den Brief unbedingt schreiben, einen Brief, den er nie bekommen würde. Aber das war egal, ich mußte es, um mir das Herz zu erleichtern, es war mir ein Bedürfnis. Er stand nun schon im dritten Lebensjahr, vielleicht würde er schon etwas verstehen? Nein, das würde er nicht. Und wie sollte ich ihm schreiben, wo es nur für Gesuche Papier gab? Vielleicht wieder in Versen, wieder in gereimten Zeilen? Das wäre gut, die Zeit würde schneller verstreichen. Wovon konnte man ihm aus dieser Zelle schreiben? Natürlich von seinem Vater, dachte ich, und zwar so, daß das Kind alles verstünde, falls sich plötzlich eine Möglichkeit ergeben sollte, daß ich ihm das Gedicht aufsagen könnte. Ich wollte N. I.s lebensfrohen Charakter zum Ausdruck bringen, seine Liebe zur Natur, und alle politischen Aspekte, die dem Kind unverständlich waren, beiseite lassen. Aber dann schlich sich doch eine Strophe ein, die mir später, beim Verhör, wieder in Erinnerung gerufen wurde.

Leider habe ich dieses Gedicht für meinen Sohn über seinen Vater nicht ganz behalten. Ich verließ mich zu sehr auf mein Gedächtnis und habe das Gedicht auch dann nicht aufgeschrieben, als ich es gekonnt hätte. Einen großen Teil habe ich vergessen, der Anfang fehlt, und die Reihenfolge der Strophen ist nicht mehr sicher.

Und er liebte weite Felder,
Wasserfall am Bergeshang,
Und er ging so gern auf Pfaden,
Die noch niemand ging entlang.

Vögel konnte er erkennen
Schon am Flug und am Gesang.
Schnell wie flüchtige Gedanken
Seine Gesten und sein Gang.

Und im Schnee des Pamir fand sich
Seine kühne, kräft'ge Spur.
Er war jung in seiner Seele,
Als wär er grad zwanzig nur.

Seines Pinsels sich're Bögen
Ließen auf der Leinwand seh'n
Eisig blaue Gletscherdecken
In den fernen, grauen Höh'n.

Viele gab es, die ihn liebten,
Viele, die er Feinde hieß,
Weil der oft und schwer Verfolgte
Seinen Geist nicht fesseln ließ.

Du, mein Kind, bist nun erwachsen,
Und Dein Gang und Dein Gesicht
Ähneln ihm, den Du nicht kanntest,
Und Du selber weißt es nicht.

Man gewöhnt sich nicht leicht an das Gefühl, zum Untergang verurteilt zu sein, an das Wissen, daß das Leben jeden Augenblick abbrechen kann, aber ich habe es niemals bedauert, N. I.s kurzes Leben und seine schwersten Tage mit ihm verbracht zu haben.

Mich quälte nur das Bewußtsein eigener Schuld an einem unsinnigen Vorfall, der dazu führte, daß unsere Beziehung vorübergehend abbrach.

Nach seiner Rückkehr von der Krim besuchte Nikolaj Iwanowitsch uns fast täglich in unserer Datscha in Serebrjanyj Bor. Mutter neckte uns ein wenig mit unserer Verliebtheit und nahm sie nicht ganz ernst; Vater mischte sich nicht ein und schwieg. N. I. und er unterhielten sich oft, hauptsächlich über politische und ökonomische Themen, und ich saugte alles wie ein Schwamm auf und bemühte mich, über alle Einzelheiten des politischen Lebens auf dem laufenden zu sein.

Im Herbst und Winter 1930/31 verbrachten wir möglichst viel von unserer Freizeit gemeinsam, wir gingen ins Theater oder besuchten Kunstausstellungen. Besonders gern war ich in N. I. s Arbeitszimmer im Kreml. Die Wände waren vollgehängt mit seinen Bildern. Über dem Sofa hing mein kleines Lieblingsaquarell: »Sonnenuntergang am Elbrus«. Es gab da ausgestopfte Vögel, N. I.s Jagdtrophäen; riesige Adler mit ausgebreiteten Flügeln, eine Blauracke, einen schwarz-rötlichen Rotschwanz, einen graublauen Rotfußfalken und umfangreiche Schmetterlingssammlungen. Und auf dem großen Schreibtisch saß auf einem Zweig, wie lebendig, eine hübsche gelbbraune Schwalbe mit einem kleinen Köpfchen und hellem Bauch.

Vor das Fenster mit der breiten Fensterbank war ein Netz gespannt, so daß eine Voliere entstand. Darin wucherte ein krauser Efeu, den N. I. gepflanzt hatte, und im Grün zwitscherten und tummelten sich zwei kleine, bunte, unzertrennliche Sittiche.

N. I. las mir gern vor. Ich weiß noch, wie wir »Salammbô« von Flaubert lasen. N. I. war begeistert von den leidenschaftlichen und tapferen Helden des Romans. Ebenso faszinierte ihn »Colas Breugnon« von Romain Rolland, und er war überrascht, daß dieses Werk Rollands Feder entstammte. Es war auch für den Autor selbst unerwartet gekommen, wie dieser in seinem Vorwort zu dem Roman berichtet. Nachdem er zehn Jahre an seinen »Jean-Christophe« gefesselt gewesen war, hatte er plötzlich »ein unwiderstehliches Bedürfnis nach gallischer Fröhlichkeit, ja sogar nach Übermut«* empfunden. Weil auch N. I. dieses Bedürfnis nach Fröhlichkeit, wenn auch

* Romain Rolland: Meister Breugnon. Übersetzt von Erna Grautoff u. a. Berlin o.J. S. 9.

Bilder von Bucharin: »Bei Moskau« (oben) und »Auf der Krim« (1930)

russischer, »ja sogar nach Übermut« hatte, war ihm der »Breugnon« so vertraut; deswegen war er so begeistert von diesem Buch.

Ich erinnere noch sein ansteckendes Lachen, als wir lasen, wie der Spaßvogel und Witzbold Breugnon mit seinem Freund, dem Notar Paillard, dessen »liebste Verlustierung« es war, »euch mit gestrenger Mien etwelche ungeheuerlichen Flausen an den Kopf zu werfen«*, einer gefangenen Amsel ein Hugenottenlied beibrachte und sie dann im Garten des Pfarrers von Bréves freiließ.

Auch N. I. selbst war zu Streichen fähig. Er erzählte, wie er einmal Lenin dazu verführt hatte, mit ihm auf Jagd zu gehen. Wladimir Iljitsch hatte viel zu tun und verschob das geplante Vergnügen ein ums andere Mal. Daraufhin schickte N. I. ihm während einer Sitzung des Volkskommissarsrats, bei der Lenin im Präsidium saß, in einem Karton eine Wachtel, die er am Tag zuvor geschossen hatte. Der Schelm war leicht zu erraten. Lenin konnte ein Schmunzeln nicht unterdrücken und drohte ihm streng mit dem Finger. Doch der Zweck war erreicht.

Unser Leben schien durch nichts getrübt zu sein. Sonntags fuhren wir möglichst oft ins Grüne. Ich liebte es, mit N. I. auf Jagd zu gehen und zu beobachten, wie er in Hitze geriet, wie er »Topp!« rief, wenn er getroffen hatte und loslief, um die Beute zu suchen (er jagte ohne Hunde), und wie enttäuscht er bei einem Mißerfolg war. Oft streiften wir durch den Wald oder liefen zusammen Ski. Alles war wunderschön, ja, wirklich wunderschön!

Unsere Freundschaft dauerte an, aber es kam zu keiner Entscheidung. N. I. liebte mich zu sehr und behütete mich, und unser großer Altersunterschied machte ihm Sorgen.

Eines abends gingen wir lange in Sokolniki spazieren. Damals war das der Stadtrand von Moskau, und wir fuhren mit der Straßenbahn hin. N. I. benutzte die öffentlichen Verkehrsmittel ziemlich oft. Es kam vor, daß Passagiere ihn erkannten und zueinander sagten: »Seht mal, da ist Bucharin!« Oder jemand sagte: »Guten Tag, Nikolaj Iwanowitsch!« Einige kamen auch heran und drückten ihm wohlwollend die Hand. N. I. mußte sich ständig verbeugen; die Achtung, die ihm entgegengebracht wurde, machte ihn verlegen.

Ich weiß nicht mehr, wie wir auf dem Rückweg aus Sokolniki zum Twerskoj-Boulevard kamen. Wir setzten uns auf eine Bank hinter dem Puschkindenkmal, das damals an der ande-

* Romain Rolland: Meister Breugnon. Übersetzt von Erna Grautoff u. a. Berlin o.J. S. 58.

ren Seite des Platzes stand, und N. I. begann ein ernstes Gespräch mit mir. Er sagte, daß unsere Beziehung in eine Sackgasse geraten sei und daß er nur die Wahl zwischen zwei Möglichkeiten hätte: Entweder er vereine sein Leben mit dem meinen, oder er zöge sich zurück und dürfe mich dann für lange Zeit nicht sehen, um mir die Möglichkeit zu geben, mein eigenes Leben unabhängig von ihm aufzubauen. »Es gibt noch eine Möglichkeit«, sagte er halb im Scherz, »das ist, den Verstand zu verlieren.« Aber diese dritte Möglichkeit lehne er selbst ab, und von den beiden anderen werde er diejenige wählen, die mir lieber sei. Es schien, als hätte es dieser Worte nicht bedurft und das Problem hätte sich in allernächster Zeit von selbst gelöst. Aber so konnte Bucharin nicht handeln! Er war ja Theoretiker. Er brauchte eine »theoretische Begründung«: Er werde den Verstand verlieren! ... (Heute verstehe ich, daß die Situation für N. I. besonders schwierig war, weil er hinter meinen siebzehn Jahren noch das kleine Mädchen Larotschka vor sich sah und dazu noch die Tochter seines großen Freundes.)

Von mir kam keine Antwort. Er bekam nur Tränen zu sehen. Es ist heute schwer, meinen Zustand zu erklären. Die Tränen kam wohl aus Freude und tiefer Erschütterung, aus Unentschlossenheit, die mir in jungen Jahren eigen war, und davon, daß neben mir auf der Bank am Twerskoj-Boulevard nicht irgendein gleichaltriger Junge saß, sondern Bucharin – wie dem auch sei, die Tränen strömten nur so. N. I. sah mich verwundert an; diese Reaktion hatte er nicht erwartet. Er war sicher, daß ich meine Wahl schon getroffen hätte, sonst hätte er gar nicht davon angefangen. Lange Zeit schwiegen wir. Die Tränen kullerten über meine kalten Wangen. N. I. versuchte vergeblich herauszubekommen, warum ich weinte. Ich zitterte vor Kälte, N. I. wärmte meine kalten Hände in seinen warmen. Wir mußten nach Hause.

Aber er wollte nicht, daß ich in solchem Zustand – aufgeregt und mit rotgeweinten Augen – vor meinen Eltern stünde, und schlug mir vor, zu Marezkij* zu gehen, der in der Nähe

* Marezkij, Dmitrij Petrowitsch: Einer der begabtesten und liebsten Schüler von Bucharin. Er wurde 1932 im Zusammenhang mit dem Erscheinen von Rjutins Programm verhaftet.

des Twerskoj-Boulevards in der Gerzenstraße wohnte, dicht beim Konservatorium. Das taten wir. Dmitrij Petrowitsch selbst war zu jener Zeit schon aus Moskau an die Akademie der Wissenschaften versetzt, die damals in Leningrad war. Seine liebenswürdige Frau empfing uns freundlich, im Kinderbett schlief ihr kleiner Sohn. Wir wärmten uns mit Tee, ruhten uns aus und gingen nach Haus ins Hotel Metropol, das damals das Zweite Haus der Räte war. Ich war wieder fröhlich, fühlte mich als der glücklichste Mensch der Welt und sagte N. I., daß ich mir meine Tränen selbst nicht erklären könnte. Als er merkte, daß meine Stimmung wieder besser war, schlug er mir vor, am nächsten Abend gemeinsam Mussorgskijs Oper »Chowanstschina« im Bolschoj-Theater zu besuchen. Darauf ging ich mit Freuden ein.

Erst nach Mitternacht waren wir wieder im »Metropol«. Mutter schlief schon. Vater saß an seinem Schreibtisch und arbeitete an einem seiner Artikel. Er bemerkte meine verweinten Augen und N. I.s Verlegenheit trotz allem und bot ihm an, bei uns zu übernachten, was N. I. auch tat. Er legte sich auf das Sofa im Arbeitszimmer. Ich schlief schlecht und wachte erst spät auf, als N. I. schon zur Arbeit gegangen war.

Am Morgen sprach Vater, der sich, wie gesagt, nie in unsere Beziehung eingemischt hatte, mich plötzlich darauf an.

»Du mußt dir darüber klar werden«, sagte er, »wie ernsthaft dein Gefühl ist. N. I. liebt dich sehr; er ist ein sensibler, emotionaler Mensch, und wenn dein Gefühl für ihn nicht ernst ist, mußt du Abstand nehmen, sonst könnte es für ihn schlimm enden.«

Seine Worte ließen mich aufhorchen und erschreckten mich sogar.

»Was soll das heißen – es kann schlimm für ihn enden? Doch nicht etwa mit Selbstmord?!«

»Nicht unbedingt mit Selbstmord, aber überflüssige Qualen kann er auch nicht gebrauchen.«

Später erfuhr ich von N. I., daß er meinem Vater morgens von unserem Gespräch am Twerskoj-Boulevard erzählt hatte.

Abends sollte N. I. mich zum Theater abholen. Ohne Zweifel hätte sich nach der »Chowanstschina« alles so entschieden, wie es sich dann drei Jahre später entschied. Das Gespräch mit Vater hatte mir vieles erklärt, und ich war entschlossener.

Vierundzwanzig Stunden reichten aus für die Erkenntnis, daß für N.I. die Entscheidung von mir ausgehen mußte. Doch durch meine Schuld fand das Treffen mit N.I. nicht statt. Einer meiner Kommilitonen (ich studierte an der Arbeiterfakultät, die auf das Institut für Wirtschaftsplanung vorbereitete) rief unerwartet an und teilte mir mit, daß ich abends unbedingt zur Brigadeveranstaltung für die Examensvorbereitung in Politökonomie kommen müßte. Damals waren solche Brigadeveranstaltungen üblich, besonders bei der Examensvorbereitung. Wir hatten eine Komsomolzenbrigade, die sich verpflichtet hatte, alle Prüfungen mit »gut« und »sehr gut« abzulegen. Heute mag man darüber spotten, aber damals nahm ich das sehr ernst. In derselben Brigade war mein Altersgenosse, der Sokolnikow-Sohn Shenja, der auch mit mir an der gleichen Fakultät und später am gleichen Institut studierte. Er wohnte auch im »Metropol« und kam ziemlich oft zu mir. N.I. hatte gemerkt, daß Shenja für mich schwärmte, während er mir damals völlig gleichgültig war. Trotzdem reizte Shenjas Anwesenheit N.I., was er mir auch offen gesagt hatte.

So gern ich auch mit N.I. ins Theater gegangen wäre und hinterher mit ihm gesprochen hätte, beschloß ich nun doch, zu der Veranstaltung zu gehen, um meine Komsomolzenpflicht nicht zu vernachlässigen. Telefonisch konnte ich N.I. nicht mehr benachrichtigen, er war weder bei der Arbeit noch in seiner Wohnung zu erreichen. Meine Eltern waren an dem Abend nicht zu Hause. So ließ ich N.I. einen Zettel da, auf dem ich erklärte, warum ich nicht mit ihm ins Theater konnte. Ich bat ihn, am übernächsten Tag, nach dem Examen zu kommen. Ich steckte den Zettel in die Türritze und ging zur Veranstaltung. Doch zwei Tage später kam N.I. nicht, und er ließ sich auch in den folgenden Tagen nicht sehen. Da beschloß ich, selbst die Initiative zu ergreifen, und rief ihn von mir aus an.

Er antwortete mir kühl und einsilbig, nicht so wie sonst. Zunächst glaubte er mir den Grund nicht, aus dem ich abgesagt hatte, doch gelang es mir immerhin, ihn davon zu überzeugen. Dann fragte er schroff: »Hast du denn nur ein Kollektivhirn? Wozu diese Brigade? Und außerdem darf ich wohl annehmen, daß ich dich in Politökonomie nicht schlechter hätte vorbereiten können als Shenja Sokolnikow mit seiner Brigade.«

Ich wollte ihm gerade erklären, daß ich selbst eine Verpflichtung gegenüber der Brigade hatte, da legte er den Hörer auf. N. I. war damals zweiundvierzig, aber er war jungenhaft aufbrausend und eifersüchtig.

Ich war erschüttert und konnte nicht verstehen, warum N. I. auf den, wie mir schien, belanglosen Zwischenfall so wütend reagierte und warum dieser zum Abbruch unserer Beziehung führte. Auch weiterhin ließ N. I. sich nicht sehen. Ich rief ihn bei der Arbeit an, beim NIS (wie der wissenschaftliche Forschungsbereich des WSNCh damals genannt wurde, das spätere Volkskommissariat für Schwerindustrie, das N. I. leitete). Seine gute, liebenswürdige Sekretärin A. P. Korotkowa*, die N. I. nach dem Vogel »Fitis« nannte – sie war klein und zierlich –, antwortete immer mit sanfter, freundlicher Stimme: »N. I. hat zu tun«, »N. I. ist nicht da« und schließlich: »N. I. ist krank.« Ich rief in seiner Wohnung an – er war wirklich krank.

Ich wollte ihn besuchen, aber er bat mich, das nicht zu tun und auf einen Brief zu warten. Der kam bald. N. I. schrieb, daß ihm nach meiner Notiz in der Türritze klargeworden sei, daß er zurücktreten müsse. Er überschüttete mich mit endlosen Komplimenten, so daß ich ganz eingebildet hätte werden müssen, und schrieb, ungeachtet des traurigen Inhalts, viele schöne Worte. Der Satz »Mein lieber, zarter, rosa Marmor, zerbrich nicht« ließ mich unter Tränen lachen. N. I. schrieb, wie schwer ihm unsere Trennung falle, er sei sogar krank geworden, aber daß er beschlossen habe, der Jugend Platz zu machen, und daß er nicht die Rolle eines König Lear spielen wolle, auch nicht bei der schönen Cordelia.

Ach, diese »Chowanstschina«! Und dieser Notizzettel! ... Was hatte ich da angerichtet! Noch heute, wenn ich in Theater-

* Awgusta Petrowna Korotkowa arbeitete seit langem mit N. I. zusammen, ich erinnere sie seit N. I. s Arbeit bei der Komintern. Sie war auch beim NIS und dann bei der »Iswestija« seine Sekretärin. Sie verehrte ihn und war einer der Menschen, denen er ganz vertraute. Als die Untersuchung gegen N. I. schon lief und er nicht mehr in die Redaktion kam, war sie die einzige Mitarbeiterin von »Iswestija«, die zu ihm in die Kreml-Wohnung kam, um sich von ihm zu verabschieden. Ich weiß noch, wie sie weinte. Damals war so ein Besuch sehr mutig. Später wurde sie verhaftet.

ankündigungen sehe, daß im Bolschoj-Theater die »Chowanstschina« läuft, steht dieser Notizzettel vor meinen Augen, den ich sorgsam viermal gefaltet in die Türritze geklemmt hatte, samt den Folgen, die das hatte.

Übrigens war N. I. bis ans Ende seines Lebens der festen Meinung, daß das eine Taktlosigkeit ihm gegenüber war, besonders weil ich die Begegnung abgesagt hatte, nachdem er sich am Vortag zu dem ernsten Gespräch mit mir durchgerungen hatte.

Als N. I. später auf diese Episode zu sprechen kam, scherzte er wie jemand, der seinen Wert zu schätzen weiß: »Ich bin schließlich nicht Shenja Sokolnikow oder Wanka Petrow für dich« (der unbekannte Wanka Petrow brachte uns beide zum Lachen), »daß du mir solche Notizen in die Tür stecken kannst!«

Drei Jahre später sind wir natürlich auch in die »Chowanstschina«, N. I.s Lieblingsoper, gegangen.

Nach unserer Trennung besuchte N. I. manchmal noch Vater, aber er verabredete sich vorher mit ihm und kam in meiner Abwesenheit.

Im Januar 1932 wurde Vater ernsthaft krank. Durch ein Telegramm von mir, das ich nach Naltschik schickte, wo N. I. damals Urlaub machte, erfuhr er, daß Vater im Sterben lag. Er brach seinen Urlaub ab und fuhr nach Moskau, aber er kam erst einen Tag nach der Beerdigung an.

Nach Vaters Tod kam N. I. wieder öfter zu uns, vor allem, weil er sich verpflichtet fühlte, Mutter und mir seine Anteilnahme in unseren schweren Tagen zu zeigen. Ich kann nicht sagen, daß N. I.s Anwesenheit mich nicht bewegte, aber diese Erregung wurde damals durch meinen Kummer übertönt. Ich hatte Vater unendlich geliebt und litt sehr unter seinem Tod. Außerdem gab es auch noch andere Gründe, die uns beide zur Zurückhaltung veranlaßten. Ich verbarg es in meinem Herzen, daß ich über N. I. beleidigt war, und sah unsere frühere Beziehung als einen hellen, aber unwiederholbaren Abschnitt meines Lebens. Ich versuchte, meinen tiefen Schmerz um ihn zu vergessen, und jetzt, erst jetzt, spann sich wirklich eine Affäre mit dem Sokolnikow-Sohn an. Die Eifersucht, die N. I. gequält hatte, war seiner krankhaften Einbildung entsprungen, zur damaligen Zeit hatte es keinen Grund dafür gegeben. Meine Affäre mit Shenja Sokolnikow fing nach der Trennung von N. I. an und begann zu zerfallen, als N. I. wieder auftauchte. Die Zeit zeigte, daß die Liebe zu N. I. tief in mir verwurzelt war. Vermutlich ging es auch N. I. so, obwohl die Dinge bei ihm komplizierter lagen.

Daß er nicht allein war, erfuhr ich zufällig. Im Februar 1932, einen Monat nach Vaters Tod, schickte N. I. mich ins Erholungsheim »Molodenowo« bei Moskau. Dort besuchte er mich ab und zu; es waren traurige Treffen. Wir beide standen unter einer Last, über die wir nicht sprachen. Ich weiß noch, wie er einmal Tragödien von Sophokles mitbrachte und sie mir vorlas, »Antigone« und »König Ödipus«. Ich war unruhig, weil ich nichts aufnahm, aber ich merkte, daß auch N. I. beim Lesen nicht bei der Sache war, sondern an etwas anderes dachte. Er hörte auch bald auf. Ich mußte immerfort an Vater denken. Wie sehr N. I. auch versuchte mich abzulenken, auch er fing immer wieder an, von ihm zu reden.

Einmal hatte ich N. I. aus Molodenowo hinausbegleitet und schlenderte allein über einen Waldpfad im Park. In der Ferne bemerkte ich Jan Ernestowitsch Sten*, einen damals bekannten Philosophen, der sich durch einen sehr unabhängigen Charakter auszeichnete. Auf Stalin sah er immer von der Höhe seines Intellekts herab, wofür er eher als die meisten zu büßen hatte. Die stolze Gestalt dieses Letten mit dem ausdrucksvollen, klugen Gesicht, der sokratischen Stirn und dem dichten, hellen Haar hatte etwas Majestätisches. Jan Ernestowitsch und seine Frau Walerija Lwowna kamen mir entgegen. Beide jung, schön, glücklich, verliebt – nur so konnte man sie sehen. Ich beneidete sie, und mir ging sogar der Gedanke durch den Kopf: Bei denen ist alles so einfach, und bei mir ist alles so schwierig. Möglich, daß mir das nur so vorkam, jeder

* Sten, Jan Ernestowitsch (1899–1937) – seit seinem 15. Lebensjahr in der sozialdemokratischen Bewegung, Parteimitglied seit 1917, Teilnahme an der Oktoberrevolution und dem Bürgerkrieg. Verantwortungsvolle Aufgaben in der Parteiarbeit: Leiter der Propagandaabteilung der Komintern, stellvertretender Leiter der Propagandaabteilung des ZK der WKP(B). Mitglied der zentralen Kontrollkommission. Stellvertretender Direktor des Marx-Engels-Instituts. Seine Unabhängigkeit zeigte sich auch darin, daß er öffentlich mit Stalin stritt und Bucharin verteidigte. Parteiausschluß im Zusammenhang mit Rjutins Programm (wegen »Nichtmeldung«) 1932, 1934 wieder in die Partei aufgenommen. 1936 verhaftet. 1937 erschossen. Posthum rehabilitiert.

Bucharin (dritter von links) 1924 in Kislowodsk

hat sein Päckchen zu tragen ... Wir begegneten uns und blieben stehen. Sten machte mich auf eine kleine Datscha hinten im Wald aufmerksam.

»Sehen Sie, wer dort vor der Datscha sitzt?« fragte er.

Umgeben von Kissen, in einen Pelz und eine Decke gehüllt, saß in einem Korbsessel vor dem Vorbau, wie mir schien, eine alte Frau. Ich erkannte sie nicht.

»Das ist Nadeshda Michajlowna Lukina, Bucharins frühere Frau«, sagte Sten.

N. I. war vor der Revolution in erster Ehe mit seiner Kusine verheiratet gewesen. Nadeshda Michajlowna war etwas älter als er. Ihre Ehe wurde Anfang der zwanziger Jahre geschieden. Nadeshda Michajlowna war schwer krank, eine Grippe hatte fortschreitende Komplikationen an der Wirbelsäule zur Folge gehabt. Zunächst hatte sie ein halb liegendes Leben führen müssen, später war sie zunehmend ans Bett gefesselt. Nach unserer Hochzeit lebte sie bei uns. In der schweren Zeit schenkte sie unserer Familie ihre ganze Herzlichkeit und war rührend und liebevoll zu dem Kind.

Sie blieb immer eine treue Freundin für N. I. Während der Gerichtsuntersuchung, noch vor seiner Verhaftung, schickte sie Stalin ihren Parteiausweis zurück und schrieb dazu einen

Brief des Inhalts, daß sie die Beschuldigungen gegen Bucharin studiert habe und es danach vorziehe, aus der Partei auszutreten. Nadeshda Michajlowna wurde Ende April 1938 verhaftet. Sie hatte die Verhaftung erwartet und mir gesagt, daß sie sich vergiften werde, wenn man sie abholen käme. Während der Verhaftung nahm sie Gift, wurde aber sofort ins Gefängniskrankenhaus gebracht, wo es gelang, sie zu retten. Allerdings war es völlig unverständlich, wozu das gemacht wurde. Sie lag halb tot in der Zelle und wurde dann, wie ich hörte, erschossen. Sie ist mir in warmer Erinnerung.

Mir war bekannt, daß N. I. sich von seiner zweiten Frau, Esfirja Issajewna Gurwitsch, vor langer Zeit getrennt hatte (1928 oder 1929, ich weiß es nicht mehr genau), wie N. I. sagte, auf ihre Initiative hin.

»Ein heiliger Ort bleibt nicht leer«, bemerkte Sten im Scherz und nannte mir den Namen der Frau, der N. I. nun nahestand. Sten gehörte nicht zu denen, die billige Gerüchte verbreiten, und ich mußte ihm glauben.

Jan Ernestowitsch konnte nicht ahnen, in welchen Zustand mich seine Nachricht versetzte. Der Boden schwand mir unter den Füßen, ich nahm nichts mehr wahr, konnte mich gerade noch in mein Zimmer schleppen und heulte los. Gerade eben hatte ich N. I. doch noch begleitet. Ich verstand überhaupt nichts mehr.

Im Grunde wäre diese unschöne Geschichte gar nicht erwähnenswert, wenn sie nicht von besonderem Interesse wäre.

Später erzählte N. I. mir folgendes. Jedesmal, wenn er nach Leningrad fuhr, zur Präsidiumssitzung der Akademie der Wissenschaften (er war Präsidiumsmitglied) oder in einer anderen Angelegenheit, setzte sich eine Unbekannte ins Schlafwagenabteil des Zuges »Pfeil«. N. I. traute kaum jemandem und hielt viele für Personen, die ihm extra zugeschickt wurden, daß man ihm aber eine Frau als Agenten schicken könnte, vermutete er nicht. Es machte ihn auch nicht stutzig, daß diese Person angeblich immer am gleichen Tag wie er selbst, im gleichen Zug und im gleichen Abteil auf Dienstreise ging. Später bedurfte es der Dienstreisen nach Leningrad nicht mehr, die Zeit in Moskau reichte. Im Laufe von eineinhalb Jahren erhielt Bucharin die Erklärung für die Dienstreisen von der

Bucharin im Urlaub in Kislowodsk, 1924

Dame, der er vertraute, selbst. Die »Unbekannte«, die inzwischen nur allzu gut bekannt war, rechtfertigte sich damit, daß sie ihre verwerfliche Mission dem NKWD gegenüber abgelehnt habe, weil sie N.I. liebe. Zu melden hatte sie nichts, wenn sie nicht lügen wollte. Allerdings konnte Stalin an jeder Äußerung von N.I. und jedem unbequemen Wort von ihm Anstoß nehmen. Offenbar wurde zu der Zeit alles festgelegt. Im übrigen war es nicht so einfach, sich von einem derartigen Auftrag zu befreien. Möglich, daß es trotzdem so geschah. Es ist aber auch nicht auszuschließen, daß ihre Offenheit nur der Angst entsprang, N.I. könnte alles von anderer Seite erfahren. Eine fürchterliche Geschichte!

Wie dem auch sei, ich gab trotz Stens Bericht die Hoffnung nicht auf, daß unsere Beziehung wieder aufgenommen würde.

Einige Tage später kam N. I. wieder nach Molodenowo. Er erschien genau in dem Moment, als ich mit Shenja Sokolnikow vor dem Erholungsheim spazierenging, und diesmal ohne schlechtes Gewissen. Als Shenja N. I. bemerkte, geriet er in Verlegenheit und verschwand. Als wir das Zimmer betraten, sagte N. I. laut:

»Der ist auch hier?! Der kann froh sein, daß es keine Duelle mehr gibt.«

»Kann dir das nicht inzwischen ganz egal sein?« entfuhr es mir.

Er sah mir in die Augen und versuchte herauszubekommen, ob ich erfahren hatte, was er mir verschweigen wollte. Wir blieben ziemlich lange in meinem Zimmer. Er erzählte mir von der Arbeit beim NIS und von seiner erfolgreichen Jagd mit Sergej Mironowitsch Kirow in der Umgebung von Leningrad. Gegen Abend fuhr er wieder nach Moskau.

1932 besuchte N. I. uns auch weiterhin ziemlich oft. Ich spürte, daß er auf eine Aussprache wartete, aber unter den gegebenen Umständen wahrte ich zunächst Schweigen. Eines Tages im November, als ich vom Institut nach Haus kam, traf ich ihn blaß und aufgeregt bei uns an. Er kam von der Beerdigung von Nadeshda Sergejewna Allilujewa, Stalins Frau. Sie und er hatten sich gut verstanden. Nadeshda Sergejewna teilte heimlich N. I.s Meinung über die Kollektivierung und hatte einmal einen günstigen Augenblick abgepaßt, um ihm das zu sagen. Sie war ein bescheidener, guter Mensch mit einer zerbrechlichen Seele und von gewinnendem Aussehen. Sie hatte immer unter Stalins hartem, despotischem Charakter gelitten. Gerade eben noch, am 8. November, hatte N. I. sie bei einem Bankett anläßlich des fünfzehnten Jahrestags der Oktoberrevolution gesehen. Er erzählte, daß der halbbetrunkene Stalin ihr Zigarettenstummel und Apfelsinenschalen ins Gesicht geworfen habe. Das hatte sie nicht ausgehalten und war vor dem Ende des Banketts gegangen. Stalin und Nadeshda Sergejewna hatten einander gegenübergesessen und N. I. neben ihr oder zwei Plätze weiter. Am Morgen wurde Nadeshda Sergejewna tot aufgefunden. N. I. war auch an ihrem offenen Sarg. Bei dieser Gelegenheit hielt Stalin es für angebracht, zu N. I.

zu treten und ihm zu sagen, daß er nach dem Bankett in seine Datscha gefahren sei und am Morgen telefonisch von dem Ereignis erfahren habe. Das widerspricht dem, was Swetlana, Nadeshda Sergejewnas und Stalins Tochter, in ihren Memoiren berichtet: Viele Jahre nach dem Tod ihrer Mutter (die laut Presse an Bauchfellentzündung gestorben war) hatte sie von Molotows Frau erfahren, daß Stalin im Nebenzimmer in der Kremlwohnung geschlafen und den Schuß nicht gehört habe. Wollte er durch das Gespräch mit N. I. den Mordverdacht von sich wenden? Ich weiß nicht, ob es Mord oder Selbstmord war. N. I. schloß Mord nicht aus. Er erzählte, daß als erster nach der Kinderfrau Jenukidse die tote Nadeshda Sergejewna gesehen habe. Swetlanas Kinderfrau hatte Nadeshda Sergejewna wecken wollen* und dann beschlossen, Jenukidse anzurufen, weil sie Angst hatte, es Stalin als erstem zu sagen. War das vielleicht der Grund dafür, daß A. S. Jenukidse vor allen anderen ZK-Mitgliedern beseitigt wurde?

N. I. erzählte, daß Stalin vor dem Schließen des Sarges mit einer Geste gebeten hatte, noch zu warten. Er hatte Nadeshda Sergejewnas Kopf gehoben und sie geküßt.

»Was sind diese Küsse wert«, sagte N. I. bitter, »er hat sie umgebracht.«

An dem traurigen Beerdigungstag erinnerte sich N. I., wie er einmal zufällig in Stalins Abwesenheit zu dessen Datscha in Subalowo gekommen war. Er war mit Nadeshda Sergejewna vor der Datscha auf und ab gegangen und hatte sich mit ihr unterhalten. Dann war Stalin gekommen, hatte sich leise herangeschlichen, N. I. ins Gesicht gesehen und gesagt: »Ich bringe euch um!«

N. I. hatte das als derben Witz verstanden, aber Nadeshda Sergejewna war zusammengezuckt und erbleicht.

Im Dezember 1932 lud N. I. mich in den Säulensaal des Unionshauses ein. Darwins fünfzigster Todestag wurde begangen. Lunatscharskij und Bucharin hielten Vorträge. Ich saß in der ersten Reihe, zwischen Akademiemitgliedern und Koryphäen der Naturwissenschaft. Sie waren erstaunt über die Kenntnisse der Redner, teilten sich untereinander ihre Ein-

* Nach Swetlana Allilujewas Darstellung hatte die Haushälterin Karolina Wassiljewna Til die Mutter wecken wollen. Meine Information stammt von Nikolaj Iwanowitsch.

Zehnjähriges Jubiläum der »Prawda«, 1922 (Mitte: Marija Iljinitschna Uljanowa, rechts neben ihr Bucharin)

drücke mit und applaudierten laut. Nach den Vorträgen winkte N. I. mich zu sich und führte mich in ein Zimmer hinter der Bühne, wo auch Anatolij Wassiljewitsch Lunatscharskij war. Ich hatte ihn vorher schon zu Beginn des Jahres auf dem Roten Platz gesehen, als er die Trauerrede über Larins Urne hielt, und als er aus dem Mausoleum kam, hatte er Mutter und mir warm die Hand gedrückt.

Als wir uns im Unionshaus begegneten, konnte niemand ahnen, daß Anatolij Wassiljewitsch gerade noch ein Jahr zu leben hatte und daß Bucharin schon im Dezember 1933 auf derselben Mausoleumstribüne die Abschiedsworte für ihn sprechen würde.

Wir begrüßten uns, und Lunatscharskij sagte zu N. I.:

»Die Zeit rennt, Nikolaj Iwanowitsch, wir werden alt, aber Anna Michajlowna blüht und wird immer hübscher. Das ist das Gesetz der Natur, da kann man nichts machen!«

Er war der erste, der mich mit Namen und Vatersnamen ansprach; ich fühlte mich sehr geschmeichelt und erwachsen. Dann bat er mich plötzlich, ihm meine Hand zu zeigen, er beschäftigte sich mit Chiromantie. Ich streckte die Hand aus. Er betrachtete kurz aber aufmerksam die Linien in meiner Handfläche. Dann sah ich, wie sein Gesicht sich verfinsterte, und er sagte halblaut zu N. I.:

»Anna Michajlowna steht ein schreckliches Schicksal bevor!«

Ich verstand die Worte trotzdem. Das merkte Lunatscharskij und sagte, um seine Prognose zu mildern:

»Vielleicht täuschen mich die Linien auch, das kommt vor.«

»Sie irren sich, Anatolij Wassiljewitsch«, antwortete ihm N. I., den die Prophezeiung kaum zu bekümmern schien. »Anjutka wird ganz bestimmt glücklich werden. Wir werden uns Mühe geben!«

»Ja, geben Sie sich Mühe, Nikolaj Iwanowitsch«, sagte Lunatscharskij sanft lächelnd.

Ich will nicht sagen, daß ich fest an Lunatscharskijs Prognose glaubte, aber sie bedrückte mich doch, wenn auch nicht für lange. (Mutter, der ich am gleichen Tag noch davon erzählte, hat nach meiner Entlassung aus dem Lager mehrmals an Lunatscharskijs Prophezeiung erinnert.)

Die Vorträge waren ziemlich früh zu Ende, und um mich von traurigen Grübeleien über mein Schicksal abzulenken, schlug N. I. mir vor, mit ihm auf die Leninhügel zu fahren. Er hoffte dort Marija Iljinitschna Uljanowa zu treffen. Er war eng mit ihr befreundet, seit sie gemeinsam in der »Prawda«-Redaktion gearbeitet hatten, und diese Freundschaft pflegte er auch weiterhin.

Wir fuhren gegen Abend zu den Hügeln. Dort war alles öde und traurig, Marija Iljinitschna war nicht zu Hause. Der Weg zum Haus war von Schnee verweht. Der Hausmeister, der hier schon zu Lenins Zeiten gearbeitet hatte, schob mit einem breiten Schneeschieber Schnee. Er begrüßte N. I. wie einen alten Bekannten und nahm seine Ohrenklappenmütze ab. Er bewirtete uns mit heißem Tee und Keksen. Wir blieben nicht lange. Auf dem Rückweg erzählte N. I. mir, wie er im Sommer 1928 oder 1929 (vielleicht auch schon eher) einmal in die Hügel gefahren war und diesen Hausmeister mit einer Katze getroffen hatte, die schon zu Lenins Zeiten dort gelebt hatte. Da hatte er gesagt:

»Die Katze lebt ja immer noch!«

Bucharin und M. I. Uljanowa in der »Prawda«-Redaktion, Mitte der zwanziger Jahre

»Ich passe ja auch auf sie auf«, hatte der Hausmeister geantwortet. »Aber ihr könnt nicht mal auf euch selbst aufpassen. Kaum ist Iljitsch tot, da gibt es bei euch nur noch Zank.«

»Dieser Hausmeister ist sehr weise«, bemerkte N. I.

Die Zeit verging – mit und ohne N. I. Wir waren allzu schüchtern. Manchmal besuchte N. I. meine Mutter, wenn ich nicht da war. Dann hinterließ er mir jedesmal eine kurze Notiz in meiner Schreibtischschublade: »Ich war da, Dein N. B.«, »Ich war da, Dein Kola«, »War da, war da, war da, Dein Nikolascha«.

Ach, wie sie mich rührten, diese Notizzettel! Und doch konnte ich mich nicht entschließen, N. I. anzurufen und zu mir einzuladen oder selbst zu ihm zu gehen.

Erst gegen Ende des Jahres, im Dezember 1933, veranlaßte mich ein trauriges Ereignis – die Nachricht von Lunatscharskijs Tod –, mich von mir aus an N. I. zu wenden und ihn zu bitten, daß er mir Eintritt in den Säulensaal verschaffte. Wir gingen zusammen hin, standen am Sarg des großen Wahrsagers meines furchtbaren Schicksals, und keiner von uns beiden ahnte, daß Anatolij Wassiljewitschs Prophezeiungen sich erfüllen sollten.

Am nächsten Tag sah ich N. I. bei der Trauerversammlung auf dem Roten Platz. Nach der Beerdigung drängte ich mich durch die Menge vor dem Mausoleum und ging zu ihm. Er war traurig, müde von seiner Rede und, wie mir an jenem Tag schien, gealtert.

Wir gingen über den Roten Platz, vorbei am Historischen Museum und zum Alexandergarten. Traurig sagte N. I. zu mir: »Ich habe noch nie an meinen Tod gedacht, habe eher meine Unsterblichkeit als meinen Tod gespürt. Und erst jetzt, bei Lunatscharskijs Beerdigung, habe ich auf einmal gemerkt, daß mir dasselbe bevorsteht. Ganz deutlich habe ich mir meine eigene Beerdigung vorgestellt: den Säulensaal im Unionshaus, den Roten Platz, die Urne mit meiner Asche, umkränzt von Blumen, und dich, wie du über meinem Sarg und meiner Urne weinst, und irgend jemandes Rede, ich kann mir nicht vorstellen, wessen ... ›Mehr als einmal irrte er‹, wird der Redner sagen, ›doch, doch ... Lenin hat ihn geliebt.‹ Und noch etwas wird er sagen ...«

Er sprach bedrückt davon, gleichgültig gegenüber der Ehre und Pracht solch einer Beerdigung, wie von etwas Selbstverständlichem, das deshalb klar vorstellbar ist.

»Von solchen Dummheiten will ich nichts hören«, sagte ich aufgeregt.

»Aber so wird es bestimmt sein, und du wirst das ertragen müssen!«

So stellte sich N. I. Ende 1933 seinen Tod vor und entsprechend auch sein Leben. Daß er des Betrugs und des Vaterlandsverrats angeklagt werden würde, konnte Bucharin natürlich nicht voraussehen.

Wir trennten uns. Er ging nach links in den Alexandergarten, zum Troizkijtor des Kreml. Ich ging nach rechts zum »Metropol«. Seine Notizzettel hätten mir das Recht gegeben, auch über ein anderes Thema zu sprechen: über das Leben und nicht über den Tod; aber ich fand es unpassend, in so einem traurigen Augenblick davon anzufangen.

Wir machten uns den Weg zu unserem Ziel – der Vereinigung unserer beiden Schicksale – nicht leicht. Mühsam überwanden wir Hindernisse, die wir uns selbst geschaffen hatten. »Von Parteitag zu Parteitag«, sagte ich einmal im Scherz zu N. I., als wir schon gemeinsam darüber lachen konnten. Vom XVI. bis zum XVII. Parteitag, dem letzten, an dem Bucharin teilnahm, dem letzten für die meisten ZK-Mitglieder.

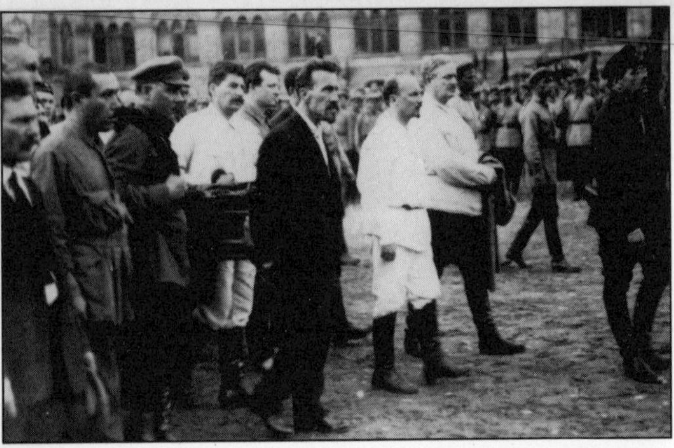

Bucharin, Rykow, Stalin, Woroschilow u. a. tragen Dsershinskijs Sarg über den Roten Platz, 1926

Am 27. Januar 1934, meinem zwanzigsten Geburtstag, trafen wir uns zufällig. Das war etwa einen Monat, nachdem wir uns auf Lunatscharskijs Beerdigung gesehen hatten, zu Beginn jenes Jahres, an dessen Ende ein verhängnisvoller Schuß ertönen sollte ...* Inzwischen hatte ich in meiner Schreibtischschublade noch einen Zettel gefunden: »Ich war da, Dein N. B.« Das machte mich endlich entschlußkräftig.

N. I. kam aus dem Bolschoj-Theater von einer Sitzung des XVII. Parteitags und wollte nach Haus in den Kreml. Ich kam von einer Vorlesung aus der Universität: »Stalin, der Lenin von heute«.

Wir blieben vor dem Unionshaus stehen, einem Gebäude, das ich noch heute nicht ruhig ansehen kann und das ich mich zu umgehen bemühe. Aber manchmal zieht der Ort meine Blicke auf sich, an dem wir nach so langer Unentschlossenheit in einem kurzen Augenblick begriffen, daß es keinen Schritt zurück mehr gab und daß wir auch nicht mehr ausweichen konnten.

Wir standen direkt vor jener Tür, aus der genau vor zehn Jahren, am 27. Januar 1924, Bucharin und andere enge Freunde und Mitkämpfer in tiefem Kummer den verstummten,

* Gemeint ist der tödliche Schuß auf Kirow. (A. d. Ü.)

toten Lenin hinausgetragen hatten; in langsamer Trauerprozession waren sie bei bitterer Kälte mit dem roten Sarg auf den Schultern zum Roten Platz geschritten. Dabei hatten die meisten von ihnen auch ihr eigenes Ende auf den Schultern getragen – ihren nahen politischen Tod und die spätere physische Vernichtung...

Freudig überrascht von der unerwarteten Begegnung und ahnend, wozu sie führen würde, befanden wir uns also vor dem Unionshaus, in dessen Oktobersaal N. I. vier Jahre später, im März 1938, in einem fürchterlichen Prozeß, der mittelalterlichen Gerichtsverfahren in nichts nachstand, die letzten, qualvollen Tage seines Lebens erleiden sollte und aus dem er nach dem Todesurteil hinausgeführt wurde, um zum letzten Mal irdische, freie Luft zu atmen (falls er sie atmete).

Im Januar 1934 kam unser Gefühl gerade vor diesem Gebäude, das mir heute so finster erscheint, endlich zum Ausbruch – so spitzfindig ist das Schicksal!

Wir verschwendeten nicht viele Worte:

»Wirst du mir noch lange deine Notizzettel hinterlassen? Denkst du, sie lassen mich kalt?«

Aufgeregt und errötend stand N. I. in seiner Lederjacke und den Stiefeln vor mir und zupfte an seinem Bärtchen, das damals noch deutlich rot war. Das war der entscheidende Augenblick.

»Willst du, daß ich jetzt gleich zu dir komme?« fragte er.

»Das will ich«, sagte ich fest.

»Aber dann verlasse ich dich nie mehr!«

»Das sollst du auch nicht.«

Vom Unionshaus zum »Metropol« ist es ein Katzensprung...

Dann haben wir uns bis zum Tag seiner Verhaftung, dem 27. Februar 1937 (wieder die 27 – meine Schicksalszahl) nie mehr getrennt. Das war der Tag, an dem er zur letzten, entscheidenden Sitzung der Februar-März-Tagung des ZK ging. Er wußte, daß er verhaftet werden würde, fiel vor mir auf die Knie und bat mich, kein einziges Wort von seinem Brief »An eine künftige Generation von Parteiführern« zu vergessen, bat mich um Verzeihung für mein zerstörtes Leben und bat mich, unseren Sohn als Bolschewiken zu erziehen. »Unbedingt als Bolschewiken!« wiederholte er zweimal.

So tat es mir dort in der Zelle, bei dem Blick aus der Vergangenheit in die finstere Gegenwart und die hoffnungslose Zukunft, jene schwarze Ausweglosigkeit, bitter leid um die verlorenen Jahre, die ich nicht mit N. I. verlebt hatte und die verhältnismäßig ruhig gewesen waren. Und dennoch: Als ich die Bilanz ziehen mußte, wie kurz unser gemeinsames Leben gewesen war, hatte ich doch nicht das Gefühl, daß das ganz der Wahrheit entsprach, denn unsere Nähe erschien und erscheint mir viel länger.

Ich ließ den Blick durch die Zelle schweifen und fixierte die böse, obere Ecke. Ich hatte so verzweifelte Sehnsucht danach, N. I. zu sehen, daß ich sogar nach jener gekreuzigten, blaßblauen Erscheinung suchte, aber die Vision kam nicht wieder. Finsternis, Stille, deprimierende Einsamkeit...

Mitte August ertönte das bekannte Poltern des Türriegels. Der Aufseher öffnete, und eine Frau wurde hereingeführt. So war plötzlich ein lebendiger Mensch bei mir. Meine Zellengenossin Nina Lebedewa war erheblich älter als ich, sie war schon über vierzig. Ihren Worten zufolge war auch sie im Lager, wo sie eine Frist von fünf Jahren gemäß Artikel KRD (Konterrevolutionäre Tätigkeit) absaß, zum zweiten Mal verhaftet worden, das gab es damals sehr häufig. Beim zweiten Mal war sie der Sabotage angeklagt, im Zusammenhang mit einem Feuer im Lager. Auch solche Anklagen waren üblich. In der ersten Zeit wurde die Lebedewa oft von Skwirskij verhört. Von den Verhören kam sie weinend zurück. Sie als die Ältere verhielt sich mir gegenüber gönnerhaft, sogar herzlich. Nach der langen Einsamkeit hatte ich das Bedürfnis nach lebendiger menschlicher Sprache und vertraute der Lebedewa völlig. Doch das war ein Fehler!

Ich eröffnete ihr, wer ich sei, erzählte, wessen ich beschuldigt wurde, teilte ihr meine Überlegungen darüber mit, wie die mir unbekannte konterrevolutionäre Jugendorgansation wohl geschaffen worden war, nannte die Namen von Swerdlows, Ossinskijs, Ganezkijs, Sokolnikows Söhnen. Außer Swerdlow waren das alles Kinder von bolschewistischen Revolutionären, die unter Repressalien zu leiden hatten. Kurz, über diese Lebedewa lieferte ich selbst Skwirskij das Thema für ein Szenarium. Oft sagte ich mir meine Gedichte laut auf, um sie nicht zu vergessen; vielleicht schrieb sie sie unbemerkt auf oder lernte sie selbst auswendig, jedenfalls befanden auch die sich später in meiner Akte.

Ich sprach viel über den Prozeß und erklärte die Bekenntnisse der Angeklagten mit Folterungen. Mit allen Einzelheiten erzählte ich von Nikolaj Iwanowitschs Parisreise 1936. Er war angeblich dorthin geschickt worden, um das Marxarchiv aufzukaufen. Wie der Prozeß zeigte, war der wahre Grund eine Provokation gewesen: Bucharin sollte mit den emigrierten Menschewiki »verbunden« werden, den Politikern der II. Internationale.

Nicht einmal Lebedewas Interesse für N.I.s Beziehungen zu Ausländern machte mich stutzig, das erklärte ich mir mit gewöhnlicher weiblicher Neugier. Ich verdeutlichte meiner Zellengenossin, daß Bucharin sowohl als Leiter der Komintern als auch bei politischen Empfängen und während seiner Auslandsaufenthalte unweigerlich mit Ausländern zusammentreffen mußte. Ich war so dumm, ihr zu erzählen, wie N.I. auf dem Weg nach Leningrad einmal das Abteil mit dem ersten amerikanischen Botschafter in der Sowjetunion, Bullit, geteilt und sich mit ihm unterhalten hatte, worüber wußte ich nicht mehr. Auch diese Mitteilung wurde gegen mich benutzt. Kurz, meine Offenheit war selbstmörderisch und bauschte meinen »Fall« auf.

Gegen Mitte September wurde Lebedewa weggebracht. Sie hatte sich wohl bessere Haftbedingungen verdient. Bald darauf nahm auch ich Abschied von dem schrecklichen Keller. Einer der Aufseher erzählte mir von der bevorstehenden Abreise aus Nowosibirsk. Sein Kollege war jünger, unfreundlich und boshaft, er aber war nachsichtiger, gesprächiger und gutmütiger. Er erlaubte es, daß man auch tagsüber schlief, verbot mir nicht, im Gefängnishof Wermut zu pflücken, drängte einen beim Spaziergang nicht in die Zelle zurück, und nie schnauzte er einen an: »Los, los, in die Zelle, der Ausgang ist zu Ende!«

»Weißt du, Mädchen«, sagte er einmal (er nannte mich nicht beleidigend »Mädchen«, sondern im Gegenteil, um seine wohlwollende Einstellung mir gegenüber auszudrücken), »bald fahren alle von hier weg an einen anderen Ort, ihr und wir, die ganze Untersuchungsabteilung zieht um.«

»Wohin denn?« wollte ich wissen.

»Nach Mariinsk, näher zur Produktion«, antwortete der Aufseher ernst und sagte, daß der bevorstehende Umzug auf der allgemeinen Mitarbeiterversammlung der Untersuchungsabteilung so erklärt worden wäre.

Um Mariinsk, ein Städtchen unweit von Kemerowo, waren damals viele Lager konzentriert: Tschistjunka, Orlowo-Rosowo, Jurga, Jaja, Antibes, Nowo-Iwanowskij und so weiter. In einigen von ihnen hatte auch ich später die »Freude« zu verweilen. Und das Ganze hieß »das Mariinsker Lagersystem«. Das System hatte ein eigenes Zentrum, eine »Hauptstadt« namens »Marraspred«, von wo aus die Häftlinge in dieses oder jenes Lager eingewiesen wurden, je nach dem Bedarf an Arbeitskräften.

In das Mariinsker Verteilungslager kam ich mehr als einmal. Einmal geriet ich in ebendie Baracke und auf ebendas Bett, wo früher der spätere Marschall Rokossowskij gesessen hatte. Die Lagerleitung kam und betrachtete mich wie ein exotisches Wesen, eine Sehenswürdigkeit. In meinem Beisein erinnerten sie sich: »Hier, an diesem Platz hat Rokossowskij gesessen, und jetzt sitzt hier Bucharins Frau!« In ihren Augen entweihte ich offenbar das Bett. »Unschuldige werden bei uns nicht eingesperrt. Das mit Rokossowskij war ein Versehen, aber das haben sie ja dann gemerkt und ihn befreit«, fügte einer hinzu, der es wohl unangebracht fand, diese Episode in meinem Beisein zu erwähnen. In mir sah er nur eine Verbrecherin.

Der Beschluß vom September 1938, die Untersuchungsabteilung der sibirischen Lagerverwaltung von Nowosibirsk nach Mariinsk zu verlegen, entsprang dem Bemühen, die Kosten pro Tag und Häftling zu verringern. Auch die Transportkosten mußten mit einkalkuliert werden, und diese Unkosten stiegen und stiegen. Es gab immer mehr Häftlinge, die nicht erschossen wurden, sondern ihre Strafe mit »zu kleinen Fristen« absaßen, das heißt mit weniger als zehn Jahren, und viele mußten zu Nachuntersuchungen gefahren werden. 1938 war die Höchstfrist bereits auf fünfundzwanzig Jahre erhöht worden, was der Untersuchungsabteilung breiten Spielraum verschaffte. Sarra Lasarewna Jakir bekam zum Beispiel zu ihren acht Jahren noch zehn zusätzlich, weil sie im Lager erzählt hatte, daß das Mittelmeer dem Schwarzen Meer an Schönheit nicht nachstände und daß in Italien hübsche gestickte Jacken gemacht würden. Wegen solcher »Verschwörerreden« wurde Jakirs Frau beschuldigt, einen kapitalistischen Staat gerühmt zu haben (ich übertreibe nicht, es war wirklich so). Die Untersuchung wurde direkt im Tomsker Lager vorgenommen und dort wurde sie auch nach Artikel KRA (Konterrevolutionäre Agitation) verurteilt. Das hatten die »Weisen« der sibirischen Lagerverwaltung so organisiert, damit die achtzehn Jahre Haft, zu denen I. E. Jakirs Frau verurteilt war, für den Staat »günstig« kamen.

Wenige Tage nach dem Verschwinden der Lebedewa begann die »große Umsiedlung der Völker«. Im selben Auto und von demselben Chauffeur, dem früheren Chauffeur von Ejche, wurde ich zum Bahnhof gebracht. Diesmal riskierte er kein einziges Wort mit mir. Am Bahnhof erblickte ich eine graue Masse erschöpfter Häftlinge. Natürlich hatte nicht der Isolationskeller, in dem ich gesessen hatte, all diese Gefangenen beherbergt, sie kamen aus den anderen Nowosibirsker Gefängnissen. Erst als sie, die unter Bewachung um den Bahnhof herumgeführt wurden, den Blicken entschwunden waren, trat ein Wachsoldat ans Auto und führte auch mich zum Zug. Für unseren Umzug war ein Sonderzug bereitgestellt, der hauptsächlich aus dunkelroten Güterwagen bestand, die zu anderen Zeiten dem Viehtransport dienten. Den Anfang des Zuges bildeten drei, vier Personenwaggons für die Mitarbeiter der Untersuchungsabteilung mit Skwirskij an der Spitze. Es war verboten, mich in einem Waggon mit anderen gefangenen Frauen zu transportieren, ebenso fand man es unmöglich, mir ein Einzelabteil im Personenwaggon zu geben – solchen Luxus gab es für Häftlinge nicht. Deshalb hatte man beschlossen, mich in dem »Viehwaggon« unterzubringen, in dem die Wachsoldaten mit ihren Familien fuhren. Wir gingen zu dem Waggon. Unruhige Frauen, die aus ihrer vertrauten Umgebung gerissen worden waren, hasteten hin und her, aufgeregte Kinder lärmten. Hektisch und mit unglaublichem Gedränge kletterten alle in den Waggon, um möglichst schnell einen Platz auf den flüchtig zusammengezimmerten Pritschen zu bekommen und nur ja nicht auf dem schmutzigen, kalten Fußboden bleiben zu müssen. Sie schleppten ihre dürftigen Habseligkeiten in Bündeln, Koffern, Kisten und Körben mit. Sie stopften den Waggon voll mit Hausgerät, mit Töpfen, Tonkrügen, Topfgabeln, Bratpfannen und Samowaren. Sie hatten Katzen, Hunde und Zimmerpflanzen dabei: Geranien, Aloen und Gummibäume. »Vorsicht, Vorsicht, du zerreißt meine Pflanze!« tönte eine schrille Frauenstimme. Sie beluden den Waggon mit Ziehharmonikas. Das russische Dorf kann ohne sie nicht leben. Die Wachsoldaten hatten gerade das Dorf gegen ein »besseres« Leben eingetauscht, aber von der Ziehharmonika konnten sie sich nicht trennen.

Die Männer waren eifrig damit beschäftigt, ihren Familien beim Verladen und Einsteigen zu helfen. Nur die »verwaiste« Frau meines Bewachers mit ihren zwei kleinen Kindern bekam keine Hilfe vom Familienoberhaupt. Er war der einzige, der Dienst hatte. Einer der anderen warf ihre Sachen im Vorbeigehen in den Waggon, aber die Frau mit einem Kind auf dem Arm und dem anderen an der Hand wurde immer wieder beiseite gedrängt, so daß sie nicht einsteigen konnte. Wir standen einige Schritte seitab. Aufgeregt und erschöpft verlor die Frau meines Bewachers schließlich die Geduld und schrie:

»Jegor! Was stehst du da wie eine Salzsäule, hilf mir doch mal, sie läuft schon nicht weg, dein Mädchen!«

Aber ihr Jegor war ein ganz gewissenhafter Angestellter und rührte sich nicht vom Fleck.

»Helfen Sie Ihrer Frau, wohin sollte ich weglaufen?« riet ich ihm.

»Wohin? Und dann läufst du doch weg, das kennen wir!«

Nach meinem guten Rat paßte Jegor noch mehr auf.

»Waska!« rief er. »Sei so gut, hilf meiner Frau, ich bin im Dienst...«

Aber Jegors Stimme ging in der lauten, hektischen Menge unter. Als alle in den Waggon geklettert waren und das Gedränge aufhörte, stiegen als letzte wir ein, Jegor mit Frau und Kindern und ich. Die Pritschenplätze reichten wirklich nicht für alle, viele saßen auf dem Fußboden auf ihren Säcken mit Matratzen, Kissen und Decken. Der Aufseher im Waggon befahl zusammenzurücken, und wir bekamen auf den Oberbetten Platz. Ich am Fenster, neben mir der Wachsoldat und auf der anderen Seite seine Familie. Müde von den Vorbereitungen und dem mühsamen Einsteigen hörte Jegors Frau nicht auf zu schimpfen:

»Hol dich der Teufel! Welches Arschloch hat dich in dies verdammte Mariinsk gejagt, hättste nicht bleiben können?! In Nowosibirsk haste Arbeit genug gehabt, aber nein, du mußt natürlich wer weiß wohin, in irgend so'n Kaff!«

»Nu reg dich ab, gnädiges Fräulein, da geht's dir nicht schlechter: Da gibt's einen großen Gemüsegarten, kannst du Kartoffeln pflanzen, soviel du willst, hältst dir zwei Schweine, wirst schon sehen, und Pinke gibts, und die hast du ja schrecklich gern, aber recht machen kann man's dir nie.«

Schließlich waren alle irgendwie untergebracht und beruhigten sich etwas. So befand ich mich auf einmal in freier und fröhlicher Gesellschaft. »Freilinge« nannten die Gefangenen die freien Lagermitarbeiter. Sie fühlten sich bei dieser Arbeit wirklich frei und ohne jeden Druck. Denn Freiheit ist erkannte Notwendigkeit. Besonders erschütterten mich nach all den erschöpften, leidvollen hungrigen Gesichtern der gefangenen Frauen von »Vaterlandsverrätern« im Tomsker Lager die strahlend rotwangigen Gesichter ihrer Frauen. Vor dem Krieg waren die Wachsoldaten meist recht jung. Aber es gab unter ihnen auch einen älteren und weisen. Er saß nicht weit von mir, und ich hörte, wie er den jungen seine Gedanken mitteilte:

»Als kleiner Junge habe ich Vieh gehütet und den Bauern geholfen. Heute hüte ich Menschen, und es werden so viele Menschen, die man hüten muß, daß es bald nicht mehr genug Hirten gibt, und zum Viehhüten gibt es dann überhaupt niemanden mehr und auch niemanden, der Korn sät. Es wird einem angst und bange, wenn man daran denkt. Das ist kein Leben, sondern der reinste Weltuntergang!«

Er war der einzige im Waggon, den die Ereignisse aufregten. Alle anderen blieben mehr als gleichgültig.

Endlich ertönte ein ohrenbetäubendes Pfeifen, die Lok schnaufte, die Räder fingen an zu quietschen und zu rattern – es ging los. Die Fahrt in dem Käfigwaggon verstärkte noch das bedrückende Gefühl von Unfreiheit und ließ die Hoffnung darauf, daß man dem Gefängnis irgendwann einmal entrinnen würde, noch weiter schwinden. Ich empfand sie wie eine Fahrt dem Tod entgegen.

Auf den Stationen, an denen wir vorbeifuhren, prangten Porträts von Jeshow und Plakate mit Lobeshymnen auf »Jeshows feste Hände«, die die »Nester der Volksfeinde« erbarmungslos aushöben.

Und plötzlich wurde mir beklommen zumute ... Warum hatte ich an Jeshow schreiben müssen: »Erschießen Sie mich, ich will nicht mehr leben«? Das wäre ja auch ohne meine Bitte gekommen. Vielleicht stimmte es gar nicht, daß ich »nicht mehr wollte«? Ich wollte doch meinen Sohn noch wiedersehen. Dabei wußte ich nicht einmal, ob er überhaupt noch lebte. Ich hatte dieses Gesuch an Jeshow aus Verzweiflung geschrieben, weil meine Lage so aussichtslos und die Verhältnisse, in denen ich mich befand, so schlimm waren. Und gleichzeitig war es eine Herausforderung gewesen: »Ihr habt alle umgebracht, die mir lieb waren, ihr habt den mir teuersten Menschen ermordet, habt ihn von oben bis unten besudelt – dann bringt mich doch auch um!«

Um mich herum brauste das Leben: Die Frauen der Wachsoldaten bereiteten fröhlich schwatzend und herzlich lachend das Abendessen vor, sie breiteten auf den Kisten Handtücher oder Lappen oder Zeitungen aus. In dicken Scheiben schnitten sie Brot und Speck und taten aus den Töpfen gekochte Kartoffeln und Eier auf. Für die Kinder hatten sie Milch, für die Männer Wodka mitgenommen. Diese tranken nur wenig, ein oder zwei Gläschen, um sich nicht zu berauschen. Es konnte jeden Augenblick geschehen, daß der Zug anhielt und unverhofft Vorgesetzte hereinsahen. Die Frauen versuchten, auch mir etwas zu geben, aber mein Jegor protestierte: »Streng verboten.«

Sie aßen, tranken und waren vergnügt. Die Quetschen fingen an zu spielen, und sie sangen klingend und harmonisch »Es rauscht das Schilf«, ein trauriges, schwermütiges Lied von einem Landstreicher: »Ein Vagabund von Sachalin her, zieht weit, zieht weit der Ferne zu. Verstecke mich, du tiefe Taiga, Der Vagabund sucht endlich Ruh ...« Und dann fingen sie zu Harmonika und Volksliedern sogar an zu tanzen: »Ach, im Garten, ganz am Ende, ist das Gras so sehr zerdrückt. Nicht das Wetter, nicht die Winde – schlimme Liebe hat's geknickt!«

Sie tanzten hockend, so und so, was das Zeug hielt. Die Frauen schwenkten Tücher und bewegten sich mit unglaublicher Leichtigkeit, wie schwerelos, obwohl sie wahrhaftig keine zierlichen Figuren hatten. Und ich sah, daß unsere Welt hinter Gittern, die Welt der Erniedrigten und Beleidigten und Erschossenen, nur ein winziger Tropfen im Meer des Lebens war, nur eine ganz kleine Welt. Und daß das Leben weiterging, ungeachtet aller Greuel, die das Schicksal uns vorbehalten hatte. Das Leben ist allmächtig! Es bahnt sich seinen Weg wie das dünne Kraut, das die dicke Asphaltdecke durchbricht. Und der Anblick dieser Fröhlichkeit lenkte mich für kurze Zeit von den schweren Gedanken an die Zukunft ab.

Nach drei bis vier Stunden im Zug ohne Halt und ohne Toilette fragte ich meinen Bewacher, was ich tun sollte. Auf dem Fußboden an der Waggonwand war ein Brett zerbrochen, so daß da eine Ritze war. Die benutzten die anderen als Toilette, entweder, indem sie sich gegenseitig schützten, oder einige, ohne sich zu schämen, ganz offen. Jegor schlug mir vor, es ihnen gleichzutun – was sonst hätte er mir raten sollen? Aber ich lehnte es ab, diesem Rat zu folgen. »Dann warte bis der Zug hält, und wenn es gar nicht anders geht, nimm die Schüssel«, das heißt die, die für Suppe ausgegeben wurde. Gegen Abend hielt der Zug, und alle – Menschen wie Hunde – stürzten in die Büsche. Auch ich stürzte mit meinem unvermeidlichen Begleiter los und konnte ihn kaum dazu überreden, sich abzuwenden. Auch er selbst mußte sich aus dem gleichen Grund entfernen. Dienstbeflissen wie er war, ließ er sich von einem anderen ablösen. Die Natur hatte ihn überdurchschnittlich gut mit Sturheit versehen, und außerdem war der Befehl zu meiner Überwachung und Isolation wohl sehr streng.

Am nächsten Tag erreichten wir Mariinsk. Das Isolationsgefängnis war neu und unweit der Stadt gelegen. Gerade erst hatte man, wie es sich gehört, den erfolgreichen Bauabschluß dieses Schwerpunktgebäudes gemeldet.

In der Zelle, wieder einer Einzelzelle, roch es nach frischer Farbe, auf dem Boden lagen Hobelspäne und Sägemehl. Es gab ein Eisenbett mit Matratze – ein schwarzer Überzug, der mit Stroh gefüllt war. Hier war es trockener als in dem Nowosibirsker Keller. Doch es stellte sich heraus, daß das Gefängnis für die Verwahrung von Gefangenen untauglich war. Wie immer bei Schwerpunktbauten war nicht alles ganz fertig geworden. In diesem Fall bestand die »Kleinigkeit« darin, daß die Häftlingsküche nicht fertig war. Wir waren alle dermaßen erschöpft, daß nicht mehr viel gefehlt hätte, und die Untersuchungsführer hätten für jeden von uns den Artikel 206 des Strafgesetzes ausstellen können (Numerierung nach dem Strafgesetz der RSFSR aus jener Zeit): Untersuchungsabschluß aus einem Grund, der keiner Erklärung bedarf. Im Korridor tobte Skwirskij herum und schlug Krach. Vierundzwanzig Stunden bekamen wir nichts zu essen. Schließlich wurde beschlossen, die Untersuchungsgefangenen aus dem neuen Gefängnis zu evakuieren. Wir kamen alle in die Strafgefängnisse der nahegelegenen Lager. Ich wurde in das Lager gebracht, das Mariinsk am nächsten lag und den amüsanten Namen »Antibes«* hatte. Dieser Name entlockte den Häftlingen ein ironisches Schmunzeln. Das Lager schien dazu bestimmt zu sein, uns den Teufel auszutreiben, unser konterrevolutionäres Wesen.

Der Wachsoldat, der mich abholte, ein achtzehnjähriger, rothaariger Junge mit Sommersprossen, war freundlich, gesprächig und ungewöhnlich wohlwollend. Ich beschloß, ihn nach seinem Namen zu fragen. Und er antwortete sofort, ganz kindlich: »Ich heiße Wanek.« Er schien sich gar nicht über meine Frage zu wundern, als ginge nicht eine Gefangene neben ihm, sondern ein junges Mädchen, mit dem er gern Bekanntschaft schloß. Trotzdem teilte er mir vor Beginn unseres gemeinsamen Weges dienstgemäß mit, in welchem Fall er verpflichtet sei, Waffen anzuwenden. Wanek war das genaue Gegenteil von Jegor.

Als ich aus der Kellerfinsternis in den klaren, hellen Herbsttag hinaustrat, war mir, als würfe ich die Fesseln der Unfreiheit ab. Es war eine wundervolle Illusion! Ich fing sogar an, über mein Äußeres nachzudenken: »Wie sehe ich jetzt aus?« Das war ein Rätsel, weil wir keine Spiegel bekamen. Meine Gesichtsfarbe ähnelte wohl der von Katjuscha Maslowa. Auch mein Gesicht war vermutlich »von jenem besonderen Weiß, das im Gesicht von Menschen steht, die lange Zeit eingesperrt waren, und das an Kartoffelkeime im Keller erinnert«. So hatte Tolstoj sich die Maslowa vorgestellt, als sie aus dem

* »Antibes« wörtlich = Antiteufel. (A. d. Ü.)

Gefängnis vor Gericht kam. Aber im Gegensatz zu der vollbusigen Katjuscha war ich vollkommen abgemagert.

Wir gingen an den soliden Dorfhäusern am Rande von Mariinsk vorbei. Die Entgegenkommenden sahen uns gleichgültig an. Sie hatten sich an den Anblick der gehorsamen Prozession von Gefangenen unter Bewachung schon gewöhnt ... Hundegebell und Hühnergackern waren zu hören, hinter den niedrigen Zäunen sah man in den Gemüsegärten Kartoffelkraut, das sorgsam zu Haufen aufgeschichtet war, irgendwo ragten leicht vergilbte, aber immer noch feste Stengel von abgeschnittenen Sonnenblumen auf. Ganz in der Nähe rief eine Frau einem kleinen Mädchen nach: »Maruska, lauf nicht so weit weg, sonst verirrst du dich, Maruska-a, lauf nicht so weit we-e-eg!« ...

Ich fand den Weg unglaublich schön. Links – fröhliche Birkenwäldchen mit kleinen Einsprengseln von roten Espen. In ihrem prächtigen Herbstkleid rauschten die Bäume im Wind und ließen ihre Blätter fallen. Sie wirbelten in der Luft und fielen als purpur-goldener Regen auf die Erde, die die letzte Wärme verströmte, welche sich im kurzen aber heißen sibirischen Sommer angestaut hatte. Rechts erstreckte sich die unabsehbare sibirische Weite: abgemähte Wiesen, ein Weizenfeld, das noch nicht ganz abgeerntet war. Man hörte das Rascheln der geneigten, reifen, schweren Ähren. In der Ferne ragten riesige Pyramiden von Weizenstroh auf und davor, wie eine Bürste, die welken Stoppeln.

Hätte mir in diesem Moment jemand ins Herz sehen können, so hätte ich mich sehr geschämt, daß die zauberhafte Schönheit der Natur mich ein halbes Jahr nach N. I.s Tod so in Begeisterung zu versetzen vermochte. Ilja Erenburg hatte recht, als er schrieb: »Oft vermag eine Kleinigkeit den Menschen zu trösten, das Rauschen von Blättern oder im Sommer ein heller Regenguß.« Jener Tag ist mir als ein besonderer und in der ganzen Gefangenenzeit einzigartiger in Erinnerung. Nicht nur die Natur, die mir nach der tiefen Kellerfinsternis märchenhaft schön erschien, versetzte mich in gute Stimmung, sondern auch mein junger Bewacher, der mir die Möglichkeit gab, mich über die Natur zu freuen, und der mir bewies, daß es noch Menschen gab, die sich ihre Sensibilität trotz unangenehmer Verpflichtungen bewahrt hatten.

Als ich bald darauf in der Einzelzelle von Antibes saß, dichtete ich Verse, die meine damalige Stimmung wohl besser wiedergeben als Prosa:

Der Wachsoldat

Man hat mir als Wachsoldaten
Einen jungen Mann bestellt.
Er war schlicht, ihn dünkte einfach
Diese komplizierte Welt.

Früh vom Morgen bis zum Abend
Führt' er, wen man »Feinde« hieß,
Und die Finster'n gingen friedlich,
Ohne Hunde, zum Verlies.

Mal führt' er nur einen einzeln,
Mal führt' er 'ne ganze Schar,
Treulich seine Arbeit leistend,
Die so herzlich sinnlos war.

Wieviel Stiefel abgetragen,
Hat er selbst sich nicht gefragt.
Kriegte manche gute Speise –
Kurz, er lebte unverzagt.

»Was hast du denn ausgefressen?
Du wirst doch wohl kaum was klau'n?
Oder ist's dein Mann gewesen?
Führte oft schon solche Frau'n.

Na, was wollten sie schon haben ...
Laß euch wie 'ne Herde traben,
Jederzeit in Frost und Glut.
Und dann war dein lieber Junge
Wohl sehr jung auch und sehr gut?« ...

Und dann stieg der Rauch vom Feuer
Aus den Reisern, die er brach.
Welcher Augenblick wär besser? –
Doch die Zeit war nicht danach.

Nach dem dunklen Kellerloche,
Wo ich lebend schon verfault;

Die Erscheinung in der Ecke
Nur allein mich reizt und grault.

Dort erschien er mir am Kreuze,
Doch es war nicht Jesus Christ!
Wollt' in seine Arme stürzen,
An den Mund, der Blut nur ist.

Klar war's ohne Untersuchung,
Jeder Zug mir ganz vertraut;
Hat man wohl für mich zur Strafe
Dieses Kreuz dort aufgebaut?

Schwarzer Rabe, böse, schändlich
Hackt ihm Herz und Hirn heraus.
Blut versickert, rote Tropfen.
Rabe lebt in Saus und Braus.

Rabe nährt sich nur von Leichen,
Ist gemästet, doch nicht satt;
Und er trägt durchs ganze Rußland
Knechtschaft, Angst und Missetat.

Herbst. Der Wald ist schon gekleidet
In den gold'nen Sarafan,
Wie so gern ihn einstmals malte
Der berühmte Lewitan.

Und der Wald rauscht, stöhnt vom Winde,
Trunken macht die frische Luft,
Hell und kühl der Strahl der Sonne,
Und vom Feld kommt Herbstesduft.

Denn der Weizen wogt erregt noch,
Gold'ne Flut, die lautlos schreit,
Daß sie noch nicht abgeerntet
Zu so vorgerückter Zeit.

Abend kommt heraufgezogen,
Färbt den Wald, so seltsam schön.
In der Ferne kann man deutlich
Antibés, das Lager, seh'n.

Das Isolationsgefängnis befand sich in der Lagerzone und war darum nur von einem unsicheren Flechtzaun umgeben. Die Zelle war größer und heller und hatte ein recht breites Gitterfenster. Und obwohl das Gefängnis halb unter der Erde lag, waren die Oberbetten doch auf Erdbodenhöhe. Aus dem Fenster konnte man einen Teil des Gefängnishofs sehen, und hinter dem Flechtzaun, in der Lagerzone, sah man die Häftlinge unter Bewachung zur Arbeit gehen. Es war ein landwirtschaftliches Lager.

Das Gefängnis war von einem Straf- in ein Untersuchungsgefängnis umgewandelt worden. In der gegenüberliegenden Zelle befanden sich die drei Biologen, die im Nowosibirsker Keller zusammen mit dem erschossenen NKWD-Mitarbeiter Wand an Wand mit mir gesessen hatten. Und in meiner Nachbarzelle saß ein Bandit mit dem Spitznamen Shigan. Im Vorgefühl nahender Freiheit hatte er es einen Monat vor Ablauf seiner zehnjährigen Haftstrafe nicht mehr ausgehalten und war aus dem Lager geflohen und gefangen worden. Während der vierundzwanzig Stunden, die er mein Nachbar war, schaffte er es, zuerst eine Ritze in die Wand zu machen, durch die er mich sehen konnte, und dann eine Öffnung, die so groß war, daß er den ganzen Kopf in meine Zelle stecken konnte. Ich war entsetzt, als ich das Gesicht mit den glühenden schwarzen Augen sah. Ich mußte es dem Aufseher melden, woraufhin er in eine andere Zelle gebracht wurde.

Zu jener Zeit war ich schon ein erfahrener Häftling. Hinter mir lagen schon viele Gefängnisse: das Astrachaner, das Saratower, das Swerdlowsker, das Tomsker und das Nowosibirsker. Ich begann, mich an eine Existenz in Einsamkeit zu gewöhnen, ohne Bücher, Papier und Bleistift, wo man nur Verse dichten und sie sich wiederholen konnte, um sie zu behalten, oder die Gedichte von Lieblingsdichtern auswendig aufsagen und unbedingt jeden Morgen Bucharins Briefvermächtnis. Und immer wieder und wieder die eigene Vergangenheit erinnern, die so ungewöhnlich glücklich und so unglaublich qualvoll gewesen war.

Nach der Kellerfeuchtigkeit wirkte das Gefängnis Antibes erträglich, beinah sogar gemütlich. Abends heizten sie im Korridor den Ofen, und die trockenen Birkenscheite knisterten anheimelnd. Die Verpflegung war wesentlich besser als in den anderen Gefängnissen. Es gab reichlich Gemüse, das noch nicht gefroren war, und in der Suppe schwamm sogar etwas Schweinefleisch. Das war nicht schlecht für jene schlimmen Zeiten.

Auch Skwirskij störte mich nicht. So verging der September ohne Aufruf vom Untersuchungsführer, dann der Oktober, und schließlich brach der November an. Der Winter hatte die sibirische Erde gefrieren lassen, und vor dem Fenster sah man blendend weiße Schneewehen. Die Erwartung wurde unerträglich.

In den ersten Novembertagen tauchte ein neuer Aufseher im Gefängnis auf – zu meiner Freude war es Wanek, der Wachsoldat, der mich von Mariinsk nach Antibes gebracht hatte. Einmal entdeckte ich beim Spaziergang ein Kätzchen im Schnee, das sehr mager war und in seinem flaumigen sibirischen Fell vor Kälte zitterte. Ich bat darum, es mitnehmen zu dürfen. »Na, nimm nur«, erlaubte Wanek. Ich nannte es Antibes. Und gleich gab es noch eine freudige Überraschung: Ich erhielt Geld von Mutter, zum ersten und einzigen Mal während der Haft. Es war fast ein ganzes Jahr unterwegs gewesen. Zu dieser Zeit war Mutter schon selbst hinter Gittern.

Wanek kaufte beim Kiosk für mich eine Dose Pflaumenwarenje*, ein Weißbrot, eine Tüte Bonbons, ein Päckchen Tee, Kekse und eine Dose Kondensmilch. So feierte ich mit dem Kätzchen den einundzwanzigsten Jahrestag der Oktoberrevolution. Zur Feier des Tages breitete ich ein sauberes Tuch aufs Bett, und »mein Tisch brach vor Speisen«: Kekse, Marmelade, und das Kätzchen schleckte schmatzend die Milch aus der Konservendose. Ich nahm es auf den Arm und sagte laut:

»Laß uns auf Stalin trinken, Antibesik« (Milch, versteht sich), »auf unser ›glückliches‹ Leben! Er lebe hoch! Sonst wärst du im Schnee erfroren!«

Doch da geschah ein Unglück. Die Tür tat sich auf, und der Chef der Untersuchungsabteilung des Lagers Antibes trat herein und schlug fürchterlichen Krach:

»Was ist denn hier los?! Wollen Sie hier einen Zoo einrichten? Und dann haben Sie noch die Unverschämtheit, mit

* Warenje: eine Art süßer, dünnflüssiger Marmelade, die man auch zum Tee essen kann. (A. d. Ü.)

einer Katze auf Stalin zu trinken! Wollen Sie etwa den Führer verspotten?! Wer hat Ihnen die Katze gebracht?«

»Die hat mir niemand gebracht, ich habe sie selbst beim Spaziergang gefunden, sie war halb erfroren. Der Aufseher hat es nicht gesehen«, versuchte ich Wanek zu schützen.

»Iwan, nimm die Katze weg! Wenn das noch mal passiert, entlasse ich dich!«

Und Wanek warf die Katze in den Frost hinaus. Ich blieb ganz allein. Aber in der zweiten Novemberhälfte brachte man die Lebedewa wieder in meine Zelle. Welche Freude, eine alte Bekannte, fast eine Freundin, wiederzusehen. Die Erklärung für unsere vorübergehende Trennung fand die Lebedewa schnell: Ihre Untersuchung war angeblich abgebrochen und sie ins Lager geschickt worden, aber im Zusammenhang mit neueröffneten Umständen und zusätzlichen Aussagen gegen sie befand sie sich nun wieder in Untersuchungshaft. Sie fragte, ob ich immer noch dichtete, und ich sagte ihr sofort meine Verse über den Wachsoldaten auf. In diesem Gedicht erwähnte ich auch die schreckliche Erscheinung, die mich im Nowosibirsker Gefängnis verfolgt hatte, den gekreuzigten N. I. und den schwarzen Raben, der »ihm Herz und Hirn zerhackt«.

»Was für ein langes Gedicht, ein richtiges Poem, erstaunlich, wie Sie das behalten. Das mit dem Raben ist ausgezeichnet. Sagen Sie es noch einmal!«

Und ich wiederholte es noch mehrmals.

»Wirklich, ausgezeichnet! Der Rabe ist natürlich Stalin?«

»Nehmen Sie es, wie Sie wollen.«

»Natürlich Stalin, wer soll es sonst sein!«

Ich schwieg, aber mir kam plötzlich die Idee, ob sie nicht vielleicht eine »Glucke« sei. Im Augenblick war das noch nicht mehr als ein flüchtiger Verdacht.

Dann sagte ich ihr ein Gedicht auf die Oktoberrevolution auf. Darin drückte ich meinen Kummer und Schmerz aus, daß ich am Jahrestag der Oktoberrevolution hinter Gittern saß, und sagte: »Ich feiere dennoch mit meinem geliebten und glücklichen Land.« Der Revolutionsidee konnte ich nicht untreu werden. Darum war es für mich so tragisch, daß Menschen, die der Revolution ihr ganzes Leben gewidmet hatten, als ihre Feinde gebrandmarkt wurden und umkamen. Mir war klar, daß all ihre Bekenntnisse erzwungen und gefälscht waren, und ich haßte Stalin, den Initiator des Terrors, inbrünstig! Die Bolschewiki hatten meine Weltanschauung geprägt. Nur deswegen konnte ich solche Verse dichten:

Doch heute, da glaube ich anders:
Das Leben bald wiederzuseh'n,
In den Reihen der Komsomolzen
Am Kreml vorüberzugeh'n.

Heute wirken diese Zeilen wie die wirren Reden einer Wahnsinnigen. Der Glaube, in die Reihen der Komsomolzen zurückzukehren, war nur flüchtig und entsprang den Emotionen, die der Jahrestag der Revolution erweckt hatte. Die Verse haben keinen poetischen Wert, sie sind nur von psychologischem Interesse. Sie sind ein Spiegel der Zeit. Als ich das Gedicht den gefangenen Frauen der Altbolschewiki aufsagte, fand es bei ihnen Zustimmung und Applaus und rührte sie sogar zu Tränen, eben weil es nicht nur meinen, sondern auch ihren psychischen Zustand wiedergab.

Als ich später die Prozeßakten studierte, fand ich bei vielen Angeklagten ähnliche Gedanken. So beschloß A. P. Rosengolz, der im selben Prozeß wie Bucharin verurteilt wurde, seine unwahrscheinlichen Geständnisse mit den Worten: »Und ich sage: Es lebe, blühe und gedeihe die große, mächtige, schöne Union der sozialistischen Sowjetrepubliken, die von einem Sieg zum nächsten schreitet!... Es lebe die bolschewistische Partei mit ihrer großen Tradition des Enthusiasmus, des Heldentums und der Selbstaufopferung, die nur unter Stalins Führung existieren können!«

Das sagte Rosengolz, als das Rad der Geschichte bereits die Guillotine bewegte und der Angeklagte selbst an der Schwelle des Todes stand. In einer Hinsicht irrte er sich allerdings nicht: nämlich darin, daß in der modernen Welt eine solche »Selbstaufopferung«, bei der die Angeklagten Verbrechen bekannten, die sie nicht begangen hatten, nur unter Stalin möglich war. Das faschistische Deutschland konnte Dimitrow beim Leipziger Prozeß von 1933 nicht zu dem Bekenntnis zwingen, daß er den Reichstag in Brand gesteckt hätte, wie ihm provokativ zur Last gelegt wurde.

Und auch Bucharin sagte in seiner letzten Ansprache an die Menschen: »Stalins weise Führung des Landes ist allen sichtbar. Mit dieser Erkenntnis erwarte ich das Urteil. Es geht nicht um die persönlichen Erlebnisse eines reuigen Feindes, sondern um das Gedeihen der UdSSR, um ihre internationale Bedeutung.«

Dasselbe hatte N. I. mir beim Abschied gesagt, als wir uns für immer trennten: »Sieh zu, daß du nicht verbitterst, Anjutka, in der Geschichte gibt es bedauerliche Druckfehler.«

Und N. S. Chrustschow berichtete in seiner Schlußrede auf dem XXII. Parteitag, daß unser gefeierter Oberbefehlshaber I. E. Jakir bei seiner Erschießung ausgerufen habe: »Es lebe die Partei, es lebe Stalin!«

Meine Zellengenossin Nina Lebedewa war von anderer Art. Sie hörte mein Gedicht auf die Oktoberrevolution mehrmals, weil ich es oft wiederholte, um es zu behalten. Es versetzte sie nicht in Begeisterung, aber sie erhob auch keinen Einspruch. Im Antibes war sie nur zwei Wochen mit mir zusammen.

An dem Tag, als wir uns trennten, war sie zum Verhör gerufen worden. Als sie zurückkam, sah sie mich nicht wie sonst an, sondern kalt und feindselig und zischelte plötzlich: »Ich weiß jedenfalls, wofür ich sitze. Mein Vater war ein reicher Kaufmann« (oder Fabrikant, das weiß ich nicht mehr), »der war Konterrevolutionär und nicht Revolutionär, und ich hasse eure Revolution genauso. Ich kann mich nur darüber freuen, daß euer Führer alle bedeutenden Bolschewiki umgebracht hat. Stalin und Bucharin – das ist für mich alles ein und dasselbe. Ich hasse euch alle miteinander!« Sie holte zum Schlag gegen mich aus, schlug aber nicht zu, sondern ließ die Hand sinken und wurde sofort aus der Zelle geführt. Es war ein unheimlicher Augenblick! Ich konnte gerade noch rufen, daß Stalin und Bucharin nicht dasselbe seien. Im übrigen bestand für sie da wirklich kein Unterschied.

Ich war so entsetzt, daß ich zu weinen anfing. Das Herz tat mir ohnehin unerträglich weh. Nur das kurze Vergessen im Schlaf war eine Rettung. Sowie man aufwachte, war es wieder wie ein Hammerschlag auf den Kopf.

Und nun noch diese Lebedewa... Es war nicht nur deswegen so schlimm, weil ich endlich begriff, daß es sich garantiert um Denunziation handelte, sondern ich litt auch wegen meiner Offenheit gegenüber jemandem, der meinen Schmerz nicht teilte, sondern allem, was mir teuer war, feindlich gesonnen war.

Und wieder begannen die schwarzen Tage der Einsamkeit. Schwere Wolken türmten sich über meinem Kopf. Wanek erzählte, daß die drei Biologen, die mit mir aus dem Nowosibirsker Keller gekommen waren, zum Tode verurteilt und direkt dort, in Antibes, an einer Schlucht, erschossen worden waren.

In den ersten Dezembertagen wurde ich nach Mariinsk zu Skwirskij gebracht. Ich merkte seinem Ton gleich große Sicherheit an.

»Wenn das gegen Sie vorhandene Material früher noch geringfügig war«, sagte er, »so habe ich jetzt genügend Beweise, um Sie der Zugehörigkeit zu der konterrevolutionären Jugendorganisation zu überführen. Wer gehörte außer Swerdlow, Ossinskij, Sokolnikow und Ganezkij noch dazu?«

Es war völlig klar, auf wessen Denunziation hin er gerade diese Namen nannte. Weil er aber keine weiteren Bekenntnisse aus mir herausbekam, schickte Skwirskij mich wieder nach Antibes zurück. Ein Mitarbeiter der Untersuchungsabteilung führte mich am Gefängnis vorbei auf den Weg zur Schlucht und teilte mir mit, daß ich nun erschossen werden würde und daß mich nur noch die Aufdeckung der konterrevolutionären Jugendorganisation retten könne. Das war eindeutig eine Inszenierung, die mich einschüchtern sollte. Wir gingen nicht mehr weit, dann kehrte er um und brachte mich in die Zelle zurück.

Kurze Zeit später, noch immer im Dezember 1938, schlug schließlich meine »Sternstunde«. Ich wurde in die Untersuchungsabteilung des Lagers gerufen, wo auch ein Mitarbeiter der Lagerverwaltung in Mariinsk angekommen war. »Es trifft sich gut«, sagte er. »Ihr Wunsch fällt mit Moskaus Entscheid zusammen. Das konterrevolutionäre Gesindel muß von der Erdoberfläche verschwinden!« Er legte mir eine Anordnung mit einer Unterschrift vor, wessen, weiß ich nicht mehr. Mir wurde schwarz vor Augen. Außer dem Wort »Höchststrafe« konnte ich nichts lesen.

Ich wurde viele Male verurteilt, immer in meiner Abwesenheit. Meine Richter bekam ich nie zu sehen.

Als ich schon in Astrachan war, hatte das NKWD dorthin seinen Beschluß von einer Sondersitzung geschickt, in dem ich zu fünf Jahren Verbannung verurteilt wurde. Dann, als ich gerade drei Monate dort war, wurde der Beschluß geändert, und ich wurde verhaftet. Als ich in Astrachan im Gefängnis saß, kam aus Moskau die Anordnung über acht Jahre Lagerhaft für mich. Ich saß diese Frist ab, dann kam die nächste Anordnung: Ich sollte entsprechend der Direktive Nr. 185 (oder einer anderen Nummer) beim Lager außerhalb der Zone bleiben und durfte ein bestimmtes Territorium nicht verlassen. Die nächste Anordnung: Administrativverbannung für fünf Jahre ins Nowosibirsker Gebiet. Nach fünf Jahren überreichte man mir die nächste Anordnung: weitere zehn Jahre Verbannung im gleichen Gebiet. Diese letzten zehn Jahre saß ich nicht ganz ab, weil der Tyrann vorher starb. So verlor ich durch diese Anordnungen mehr als zwanzig Jahre meines Lebens.

Die Anordnung vom Dezember 1938 war für mich keine schockierende Überraschung, ich war psychisch darauf vorbereitet. Der Tod ist nicht schlimm. Ein Toter denkt nicht mehr. Furchtbar sind die Stunde und der Augenblick vor dem Tod. Und das wohl nicht nur für Feiglinge, sondern auch für Mutige, von denen es heißt: »Er sieht dem Tod kühn in die Augen.«

Ich glaube, daß der zum Tode Verurteilte eine besondere Weltempfindung hat – die Losgelöstheit von allem Irdischen. Sie entsteht von selbst, der Selbsterhaltungstrieb führt dazu.

Zwei Männer mit gefüllten Revolvertaschen führten mich. Die Sonne war schon zu drei Vierteln gesunken. In der dunstigen Ferne der Abenddämmerung sah man die unheilvolle Schlucht mit ihrem spärlichen Birkenbewuchs. Und plötzlich kam ein Augenblick, in dem ich mich völlig vom Leben löste. Es war das Ende, das Ende der Wahrnehmung der Realität. Erstarrung erfaßte mich und lähmte das Denken. Als fiele ich in den Abgrund wie ein gefühlloser Klumpen nach einem Erdrutsch. Plötzlich hörte ich Lärm, der mir zunächst wie Sirenengeheul vorkam. Dann erkannte ich eine Menschenstimme und schließlich Worte. Die beiden mit den Revolvern und ich blieben direkt an der Schlucht stehen. Ich drehte mich um: Etwa dreißig, vierzig Meter hinter uns ging Wanek, und ganz hinten kam ein Mann in heller Pelzjacke gelaufen. Der Laufende rief:

»Wanek, bring sie zurück, bring sie zurück!«

»Zurück, zurück, zurück!« schrie Wanek und winkte mit den Armen, daß wir umkehren sollten. Ein Wunder war geschehen – wir kehrten um.

Es herrschte bittere Dezemberkälte. Ich zitterte. Ich ging in meinem abgewetzten Pelz und Nikolaj Iwanowitschs hohen Filzstiefeln mit umgekrempelten Schäften. Die waren auch schon alt und abgetragen, so daß ich nasse Füße hatte. Auf dem Kopf trug ich eine warme Rentierfellmütze, die früher einmal Stalin gehört hatte – ein zufälliges Erbstück. Ende 1929 hatte Vater (oder vielleicht auch Stalin) nach einer Konferenz marxistischer Agrarier von zwei Rentierfellmützen, die nebeneinander an der Garderobe hingen, aus Versehen die falsche aufgesetzt. Die Mützen unterschieden sich nur durch die Farbe des Futters. In beiderseitigem Einverständnis wurden sie nicht wieder umgetauscht. Mutter hatte in das einzige Päckchen, das sie mir vor ihrer eigenen Verhaftung schickte, auch diese Mütze gepackt. So trug ich – Ironie des Schicksals! – während meiner ganzen Gefangenschaft Stalins Mütze. Als ich später Freunden erzählte, wie ich an der Schlucht in Antibes überlebt hatte, sagten sie scherzhaft, daß Stalins Mütze mich in einen Achilles ohne Achillesferse verwandelt habe.

Allmählich erwachte ich aus dem Schock. Die Beine, die wie aus Blei und nicht mehr meine eigenen zu sein schienen, wurden gehorsamer. Ich unterschied wieder verschiedene Geräusche: das Knirschen des Schnees, das Summen in den Leitungen, ferne Menschenstimmen und das Rauschen der Bäume. Es war ein frostiger und windiger Abend, darum spürte man die Kälte besonders beißend. Meine Wimpern waren reifbedeckt, und ich konnte nur mühsam die Augen öffnen. Das erstarrte Gehirn belebte sich wieder und fing an, nachzudenken und mir angestrengt das Vorgefallene bewußtzumachen. Auf dem Weg zur Schlucht hatte mich zunächst nur Angst vor dem Nichts gepackt, jener naturgegebene Lebenstrieb, der sich im Menschen sofort nach der Geburt regt und der auch so oft zu den größten Gemeinheiten führt. Aber was

Anna Larina mit Sohn

hatte ich zu verlieren? Doch nur die heimliche Hoffnung, irgendwann meinen Sohn wiederzusehen, und die Liebe zu N. I., den es nicht mehr gab, der aber ganz nah und hell in mir weiterlebte. Dieses Gefühl wäre mit mir gestorben, ebenso wie N. I.s Brief »An eine künftige Generation von Parteiführern«.

Wir erreichten den Mann in der hellen Lagerverwaltungspelzjacke, der meine Erschießung verhindert hatte. Er war gelaufen, um rechtzeitig zu kommen, und stand nun mit rotem Gesicht da, wischte sich mit dem Ärmel den Schweiß von der Stirn und wartete auf uns. »Führt sie sofort zum Chef«, sagte er. Als wir am Isolationsgefängnis vorbeikamen, sah ich, daß der Aufseher meinen Koffer hinaustrug. Wir bogen in die Straße ein, die nach Mariinsk führte. Das Wäldchen, in dem Wanek im Herbst ein Feuer gemacht hatte, erschien mir klein und trostlos, und das Feld unter tiefem Schnee mit eingesunkenen Heuhaufen, die nicht abgetragen worden waren, war wie tot.

In Mariinsk brachte man mich in das neue Büro des »Chefs«, das heißt Skwirskijs. Der Chef der Untersuchungsabteilung der sibirischen Lagerverwaltung war diesmal nicht so, wie ich ihn kannte, sondern ausgeglichener, gleichsam gezähmt. Der giftige Eifer, mit dem er sich früher an die Arbeit gemacht hatte, war verschwunden. Einen Augenblick sah er mich, die ich noch lebte, schweigend und nicht ohne Neugierde an. Er hatte vorschnell gehandelt und war nun erleichtert, daß er nicht nach Moskau melden muße, daß er die nächste Anordnung nicht mehr ausführen konnte. Die ganze Ausführung war überstürzt worden, man hatte mir nicht einmal angeboten, das Urteil vor dem Obersten Sowjet anzufechten, obwohl ich das wohl auch kaum getan hätte. Wozu die sinnlose Verzögerung? Und vor welchem Gericht hätte ich Einspruch erheben sollen? Es gab ja kein Gerichtsverfahren. So daß auch diese Formalität – die Anfechtung des Urteils – nicht gewahrt war. Was geschah nicht alles unter Umgehung des Gesetzes!

Schließlich sagte Skwirskij ruhig und mit gespielter Gleichgültigkeit:

»Bei uns haben Sie also geschwiegen und die konterrevolutionäre Jugendorganisation gedeckt, aber *dort* wird man schon Mittel zu finden wissen, um Sie zum Reden zu bringen, *dort* ist man nicht zimperlich.«

»Wo ist dieses ›dort‹?« fragte ich. »Ist denn das Todesurteil aufgehoben? Es fehlte ja nur noch ein Augenblick, und ich wäre nicht mehr unter den Lebenden gewesen!«

»Wo das ›dort‹ ist, werden Sie selbst sehen, und das Urteil läuft Ihnen schon nicht weg.«

Ich fragte noch, von wem das Urteil gefällt worden sei, weil ich das vor Aufregung nicht hatte lesen können, aber Skwirskij gab keine Antwort.

»Bringt sie in die Zelle«, rief er dem Wachsoldaten, der hinter der Tür wartete, zu.

Während ich in Antibes gewesen war, war die Küche im Mariinsker Isolationsgefängnis endlich fertiggestellt worden, und ich konnte dort Abendbrot essen und frühstücken. Am nächsten Tag brachte man mich zum Zug. Ich hätte gern gewußt, wohin es ging. Aber nach bitterer Erfahrung war mir klar, daß der Bewacher auf eine direkte Frage nicht antworten würde, und so griff ich zu einer List. Ich vermutete, daß ich nach Moskau sollte. Um mich davon zu überzeugen, fragte ich, ob ich meinen Koffer selbst mitnehmen dürfte, oder ob er als Gepäck nach Moskau geschickt werden würde. Soviel ich wußte, wurden die Sachen von Häftlingen niemals als Gepäck aufgegeben. Der Bewacher fiel auf meinen Trick herein und antwortete, daß der Koffer mit mir nach Moskau geschickt würde.

Mir stockte der Atem vor Aufregung. Ich wußte, daß Moskau, das heißt ein Moskauer Gefängnis, nichts Gutes für mich bedeutete. Und daß mein Urteil mir offenbar wirklich nicht weglief.

Der Zug, zu dem ich gebracht wurde, kam aus dem Fernen Osten. Der Häftlingswaggon war ziemlich am Ende des Zuges. Der Bewacher übergab mich und das Paket mit meinen Papieren dem Wagenaufseher und ordnete an, daß ich nicht mit anderen Häftlingen zusammenkommen dürfte. Die Vorschrift war schwer ausführbar. Ich kletterte die Stufen hinauf und wurde am Anfang eines schmalen Ganges zwischen dreistökkigen Zellenabteilen, die von oben bis unten mit einem dichten Gitternetz geschlossen waren, und den ebenfalls vergitterten Waggonfenstern angehalten. Die Häftlinge ähnelten in ihrer Lage Tieren im Zoo. Es herrschten unbeschreibliche Hitze und Gestank. Der abgetretene, schmutzige Korridor, in dem immer Schneewasserpfützen von den Stiefeln der Wachsoldaten standen, die an den Bahnhöfen ausstiegen; die stikkige Luft von der schmutzigen, verschwitzten Wäsche der Häftlinge; das »Aroma« von ekelhaftem Salzfisch und süßem Schwarzbrot (den Häftlingsrationen); ein grauenhafter Gestank, der den Waggon von der niemals gesäuberten Toilette aus durchzog – all das machte die besondere Atmosphäre der Stolypinwagen aus, die Menschen in nur noch entfernt menschenähnliche Geschöpfe verwandelte. Der Waggon war voll Krimineller: Räuber, Diebe und rückfällige Banditen. Das ging deutlich aus ihren Gesprächen und ihrem Benehmen hervor. Andauernd hörte man die wildesten Flüche, wobei die Frauen die Männer an wüster Phantasie noch übertrafen. Und durch die unablässigen Zoten drangen die Klänge eines Liedes. Eine Frau sang wehmütig mit heiserer, verrauchter Stimme: »Nicht für mich erblühen Bäume, nicht für mich fließt breit der Don, und ein Herz schlägt voller Sehnen – nicht für mich, ach, nicht für mich« . . .

Ich stand unter der Aufsicht der diensthabenden Wachsoldaten am Anfang des Korridors neben der Toilette und wartete, daß man mir ein »Abteil« freimachte, indem man das benachbarte noch voller stopfte. Irgendwo bat zur Unzeit hartnäckig jemand, zur Toilette zu dürfen, aber das wurde abgelehnt. Einen Augenblick später, als ich mit meinem Bewacher zu meinem persönlichen »Abteil« ging, pinkelte der erboste Knastbruder in seine Mütze und schüttete sie über dem Wachsoldaten aus. Da ich ein wenig vorausging, bekam auch ich etwas von diesem »Vergnügen« ab. Meine Kleidung, die im Keller halb verfault war, in Fetzen hing und nach Feuchtigkeit roch, sog nun auch noch den Uringestank auf. Als ich an den Frauen mit ihren schmutzigen, stumpfsinnigen Gesichtern und halbnackten, tätowierten Körpern vorbeikam, die sich »meinetwegen« nun in noch größerer Enge hinter dem Gitter drängten, rief eine von ihnen:

»Da, guckt mal, sie bringen die Bljuchersche!«

»Sie bringen die Bljuchersche!« stimmten die anderen ein. »Früher haben die Autos gekriegt, und jetzt fahren sie auch noch mit Extrakomfort!«

Wie gesagt, der Zug kam aus dem Fernen Osten, wo Wassilij Bljucher, der vor kurzem erschossen worden war, viele Jahre Befehlshaber gewesen war. Darum hielten sie mich wohl für seine Frau.

Wir bewegten uns langsam gen Westen. Zwischendurch wurde unser Wagen abgehängt und an einen anderen Zug angekoppelt. Endlich erreichten wir Nowosibirsk. Und dort ereignete sich ein unglaublicher Zwischenfall, den ich nicht unerwähnt lassen kann.

Plötzlich wurde die Tür zu meinem »Haus« aufgeschlossen, und vor mir stand ein Mann, den ich sofort erkannte. Es war einer der beiden Leibwächter, die N. I. 1935 auf unserer Sibirienreise begleitet hatten, von der ich schon erzählte. Schwer zu erklären, wie er in den Wagen gelangt war. Vielleicht hatte seine NKWD-Uniform ihm das ermöglicht, oder er hatte unter irgendeinem Vorwand eine Sondergenehmigung erreicht. Aufgeregt, völlig verblüfft und wohl ziemlich feindselig sah ich in das bekannte Gesicht, weil ich absolut sicher war, daß ich unter den veränderten Umständen nichts Gutes von diesem Mann zu erwarten hatte. Ich wollte ihn gerade fragen, zu welchem Zweck er gekommen war und welche Mission er diesmal zu erfüllen habe, als er einen Finger an die Lippen legte und mir andeutete, daß ich schweigen sollte. Er legte ein großes, in Papier gewickeltes Paket neben mich, das mit einem Bindfaden verschnürt war, und verschwand sofort wieder. Ich meine, er hieß Michail Iwanowitsch, seinen Nachnamen habe ich vergessen. Zu der Zeit, als wir durch Sibirien reisten, mag er um die Fünfzig gewesen sein. Als der Zug wieder anfuhr, öffnete ich das Paket. Es war eine üppige Lebensmittelgabe, sorgsam, wie von einem Verwandten, zusammengestellt. Ich fand gekochtes Fleisch, Butter, Wurst, Weißbrot, ich habe nicht alles behalten. Noch überraschter war ich, als ich Schokolade, Bonbons und Apfelsinen fand. Es war wie im Märchen. Unter den gegebenen Umständen hätte man das alles für eine Täuschung halten können, aber es waren echte Lebensmittel. Ich riß ein Stück Apfelsinenschale ab, hielt sie mir unter die Nase und roch den vergessenen Duft, der den ekelhaften Wagengestank übertönte. Ich verschlang die Gaben mit gierigen Blicken, aber vor Aufregung, die an Erschütterung grenzte, konnte ich sie erst am nächsten Tag anrühren. Der Inhalt des Päckchens und die besondere Vorsicht von Michail Iwanowitsch zeigten mir, daß er das Geschenk aus eigener Initiative gemacht hatte. Die Moskauer Anordnung, mich aus Mariinsk zu holen, war natürlich über die Nowosibirsker NKWD-Verwaltung gegangen. Als Michail Iwanowitsch davon erfuhr (sei es zufällig oder nicht), hatte er sich offenbar erkundigt, wann der Zug Nowosibirsk passierte, und sich zu einem Schritt entschlossen, der in jener Zeit als Heldentat zu werten war. Dazu war wohl nur jemand fähig, der seine frühere Einstellung zu N. I. nicht geändert hatte und es für seine Pflicht hielt, mir in seinem Andenken zu helfen. Jedenfalls würde ich das gern glauben.

Je näher wir dem Westen kamen, desto peinlicher wurde mir der »endlose« Raum meiner Zelle, endlos im Vergleich mit den Nachbarzellen, wo die Häftlinge nachts abwechselnd schliefen, halb sitzend oder liegend, und diejenigen, die ihnen Platz gemacht hatten, aneinandergelehnt standen. Es war mir unangenehm vor den anderen Häftlingen, das waren doch auch Menschen. Obwohl das der Abschaum der menschlichen Gesellschaft war, genossen sie bei der Lagerleitung Privilegien. Die einen wie die anderen – Kriminelle wie Lagerleitung – nannten uns verächtlich »Konters«. Wenn die anderen von ihm erfahren hätten, hätte mir das ungewöhnliche

Bucharin mit Bruder Wladimir und Vater Iwan Gawrilowitsch, Mitte der zwanziger Jahre

Geschenk noch mehr Haß von ihrer Seite eingebracht, aber meine Isolation war durch nichts gestört. Mein »Abteil« war das äußerste, hinter der Wand war die Wache untergebracht. Nur der Diensthabende, der vor den Häftlingen auf und ab, auf und ab ging, blieb etwas länger bei mir stehen und sah mich aufmerksam an. Ihn ärgerte wohl meine Einsamkeit bei dem übrigen Gedränge im Wagen, und dann noch dieses unerhörte Paket – von den Vorgesetzten! Und mir fiel angesichts des Wachsoldaten, der mir da undeutlich vor Augen stand, ein Lieblingslied von Vater ein, das aus seiner vorrevolutionären Gefängnisvergangenheit stammte:

Auf und unter geht die Sonne,
Hier im Kerker ist es Nacht.
Und die Posten vor dem Fenster
Halten immer bei mir Wacht.

Wir fuhren nun schon durch den europäischen Teil der Sowjetunion. Es war Ende Dezember, die Wintertage waren kurz, mir aber schienen sie unendlich lang. Ich wartete ungeduldig auf die Finsternis, aber es wollte und wollte nicht dunkel werden. Nachts wurde es ruhiger, es verstummte das abscheuliche Gefluche, das tagsüber ununterbrochen ertönte wie Maschinengewehrfeuer. Ich wollte zu mir kommen, mich konzentrieren und überlegen, wie ich den Beschuldigungen bei den künftigen Verhören entgegentreten sollte, jetzt, wo Lebedewas Denunziationen meine Waagschale noch zusätzlich belasteten. Aber ich konnte mich absolut nicht darauf konzentrieren. Wir näherten uns Moskau, und ich dachte daran, wie qualvoll der Abschied im Juni 1937 gewesen war. Wie ich die Stadt verlassen hatte, in der N. I. im Gefängnis zurückblieb, noch nicht verurteilt und doch schon des Todes sicher, nicht nur vor dem Prozeß, sondern sogar schon vor seiner Verhaftung; und wie ich mich mit Schmerzen von meinem einjährigen Kind losgerissen hatte ...

Das kam ganz unerwartet. Gegen mich selbst hatte ich, wohl aus Naivität, keinerlei Repressalien erwartet. Sorgen hatte ich mir hauptsächlich darum gemacht, daß ich keine Arbeit bekam und das Kind nicht ernähren konnte. Und plötzlich klingelte es an der Tür! ... Wir wohnten im Haus der

Regierung am Kamennyj Most, einem großen, düsteren Gebäude, das mit seinem trüben Licht dem Moskauer Krematorium glich. Zu jener Zeit stand das Haus, das heute nach Ju. Trifonows treffender Darstellung »Das Haus an der Moskwa« heißt, infolge der vielen Verhaftungen schon halb leer. Wir mußten zwei Monate nach N. I.s Verhaftung aus dem Kreml in eine der aus gleichem Grund freigewordenen Wohnungen umziehen. Die erste Miete konnten wir nicht zahlen. N. I. hatte nie irgendwelche Ersparnisse gehabt. Das Honorar für seine literarischen Arbeiten überschrieb er dem Parteifonds, die Entlohnung für seine Arbeit als Chefredakteur der »Iswestija« lehnte er ab. Nur in der Akademie der Wissenschaften, deren ordentliches Mitglied er war, bekam er Geld. Das Haus der Regierung wurde von der Haushaltsabteilung des ZIK verwaltet, und so schrieb ich eine kurze Notiz an Kalinin: »Michail Iwanowitsch! Der faschistische Spionagedienst hat seinen Söldling Nikolaj Iwanowitsch Bucharin finanziell nicht abgesichert. Ich bin außerstande, für die Wohnung zu zahlen, und sende Ihnen die unbezahlte Rechnung zurück.« Weitere Rechnungen erhielten wir nicht.

Wir wohnten alle zusammen: N. I.s erste Frau Nadeshda Michajlowna, sein Vater Iwan Gawrilowitsch, das Kind und ich. Nadeshda Michajlowna mußte fast immer liegen und hatte neben sich, in der Nachttischschublade das Gift für den Fall ihrer Verhaftung. Wie schon erwähnt, hatte sie Stalin ihren Parteiausweis zurückgeschickt und ihm geschrieben, daß sie nicht mehr Parteimitglied sein wollte, wenn Bucharin ganz unbegründeten und ungeheuerlichen Beschuldigungen ausgesetzt werde. Jetzt erwartete sie die Rache.

Der alte Vater, ein Mathematiker (vor der Revolution hatte er an einem Mädchengymnasium unterrichtet), war schwer getroffen von der Verhaftung seines Sohnes, machte sich große Sorgen um sein weiteres Schicksal und wiederholte in jenen Tagen immer wieder ein und dieselben Worte: »Nikolaj, du mein Stolz! Wie konnte das denn nur geschehen?! Mein Kolka soll ein Verräter sein?! Das ist doch Wahnsinn!« Um sich abzulenken, saß er stundenlang am Schreibtisch und löste mathematische Aufgaben. Ein Blatt Papier nach dem anderen füllte sich mit algebraischen Formeln. Als wollte er die »Wurzel des Bösen« ziehen und seinen Sohn retten. Aber die Formel der Geschichte blieb jenseits seines Verständnisses. Iwan Gawrilowitsch hatte vor, Stalin über seinen Sohn zu schreiben. Vielleicht hat er es auch getan. Und hin und wieder flammte in dem alten Mann die Hoffnung auf, daß Nikolaj doch zurückkäme. Hatte nicht Stalin selbst ihn hoch geschätzt? »Das wird schon in Ordnung kommen. Es kann nicht sein, daß er nicht wiederkommt«, versuchte er sich zu trösten und mir Mut zu machen.

In den schweren Monaten seit dem Anfang der Untersuchung lebte auch die Kinderfrau Pascha bei uns, Praskowja Iwanowna Iwanowa. Ich war fast unablässig bei N. I., und Praskowja Iwanowna kümmerte sich um das Kind. Sie kannte mich von Kindheit an und hatte meinen Cousin großgezogen, den Sohn meiner Tante, die später acht Jahre lang meinen Jura erzog. Praskowja Iwanowna gehörte für uns zur Familie. Als das Unglück geschah, gab sie auf meine Bitte hin sofort ihre Arbeit auf und half uns unentgeltlich, bezahlen konnten wir sie nicht. Nach meiner Verbannung wohnte sie mit Jura bei meiner Mutter bis zu deren Verhaftung im Januar 1938, als der Junge ins Kinderheim gebracht wurde, ungeachtet der Bitten der Kinderfrau, ihr das Kind zu lassen, an das sie sich gewöhnt hatte. Praskowja Iwanowna beteiligte sich an der Suche nach Jura und war die erste, die ihn halb tot im Kinderhort zu sehen bekam. Sie war es, die Iwan Gawrilowitschs Brief vorzeigte und das Kind dem Heim buchstäblich entriß.

Doch das war später. Im Juni 1937, drei Monate nach N. I.s Verhaftung, saß ich einmal bei Nadeshda Michajlowna am Bett, und Iwan Gawrilowitsch löste, wie immer, seine Aufgaben, als es plötzlich an der Tür klingelte. »Jetzt holen sie mich«, sagte Nadeshda Michajlowna und griff zur Nachttischschublade, um ihr Gift zu nehmen. Ich ging öffnen. Schon lange war niemand mehr zu uns gekommen außer meiner alten Großmutter, und die rief immer vorher an. Mutter unterstützte uns finanziell, aber wir besuchten einander nach gemeinsamer Übereinkunft nicht. Ich wollte sie nicht gefährden. Und plötzlich – das Klingeln. Ein Mann in Uniform mit einer Ledertasche in der Hand trat ein.

»Ich hätte gern Anna Michajlowna gesprochen«, sagte er betont höflich. »Sie sind es offenbar selbst?«

Ich bejahte.

»Zeigen Sie mir Ihren Ausweis«, sagte er und trat ins Zimmer.

»Wozu der Ausweis, glauben Sie mir nicht?« fragte ich, noch nichts ahnend.

»Selbstverständlich glaube ich Ihnen. Es ist eine reine Formalität, ich muß es dokumentarisch überprüfen.«

Ich geriet in Aufregung, weil ich annahm, daß es um eine schlimme Nachricht von N. I. ging. Vermutlich hatte er die Qual nicht ausgehalten und war gestorben. Mir zitterten die Hände, als ich dem NKWD-Mitarbeiter den Paß reichte. Er steckte ihn in die Tasche (ich bekam ihn nicht wieder zu sehen) und zog ein kleines Blatt Papier heraus – die erste Anordnung über mich mit Jeshows Unterschrift.

Es wurde verlangt, daß ich, nach eigener Wahl, in eine der fünf Städte Aktjubinsk, Akmolinsk, Astrachan, Semipalatinsk oder Orenburg fahren sollte. Die Dauer war nicht angegeben (der Beschluß über die fünfjährige Verbannung wurde später geschickt).

»Fahren Sie nach Astrachan«, riet mir der NKWD-Mann. »Das ist an der Wolga, da gibt es Fisch, Obst, Melonen; es ist eine wunderbare Stadt.«

»Ich fahre überhaupt nicht weg«, sagte ich mit fester Stimme, »weder nach Semipalatinsk noch nach Astrachan. Das Verfahren gegen Bucharin ist noch nicht abgeschlossen, und Sie haben kein Recht, repressive Maßnahmen gegen mich anzuwenden.«

Außerdem begründete ich meine Ablehnung damit, daß ich durch das lange Verfahren gegen N. I. so gequält und erschöpft sei, daß ich den einjährigen Sohn nicht mitnehmen könnte. Der Mann riet mir, den Jungen in Moskau zu lassen. Ich wollte mich aber durchaus nicht von dem Kind trennen. Wer hätte denn auch so ein »räudiges« Kind wie Bucharins Sohn zu sich genommen!

»Nein, da irren Sie sich, das Kind hat damit nichts zu tun!«

Doch in Wirklichkeit war das Kind dann auch immer schuldig.

Während ich mich weigerte, war mir natürlich völlig klar, daß der Kampf ungleich und für mich aussichtslos war, aber ich wollte mich nicht kampflos ergeben.

»Die Anordnung ist von Jeshow unterschrieben«, bemerkte der NKWD-Mann.

»Das ist mir egal, von wem sie unterschrieben ist. Sie können mich nur mit Gewalt von hier wegbringen.«

Ich mußte unterschreiben, daß mir der Beschluß über meine Verbannung bekannt war. Das tat ich, schrieb aber auf die Rückseite, daß ich mich weigerte wegzufahren, und legte die Gründe dar.

Zwei Tage ließ man mich in Ruhe, aber ich bereitete mich schon auf die Abreise vor, allerdings mehr psychisch, denn mitzunehmen hatte ich so wenig, daß es keiner besonderen Vorbereitung bedurfte. Unsere große, wertvolle Bibliothek hatte ich nicht einmal vom Kreml mit ins Haus der Regierung nehmen können, geschweige denn in die Verbannung, und zwar nicht nur, weil sie nicht in diese Wohnung paßte, sondern auch, weil sie versiegelt war. Ein zufälliges Eigentum war die Einrichtung von N. I.s Arbeitszimmer. Eine Möbelfabrik hatte ihm einmal eine Garnitur geschickt. Empört über ein so teures Geschenk fuhr N. I. in die Fabrik und bezahlte die Einrichtung. So gab es im Haus an der Moskwa nichts Wertvolles außer N. I.s Bildern, die ich aus dem Kreml mitgenommen hatte.

Am übernächsten Tag gegen zehn Uhr abends holte mich ein elegantes schwarzes Auto ab, und der NKWD-Mann forderte mich freundlich auf, in die Lubjanka mitzukommen. »Nicht für lange, nicht für lange«, wiederholte er zweimal. Ich kam auch gar nicht auf die Idee, daß ich nicht zurückkehren könnte. Im Büro saßen zwei Personen: Matussow (der offenbar der Chef einer NKWD-Abteilung war) und Frinowskij, Jeshows Stellvertreter.

»Was sträuben Sie sich, Anna Michajlowna? Wissen Sie nicht, daß mit uns nicht zu spaßen ist?« sagte Matussow. »In der Verbannung sind Ihnen Fürsorge, Arbeit und Wohnung sicher. In Ihrem Fall ist das eine kurzfristige Maßnahme. Sie werden bald zurückkehren können.«

»Und wenn Sie die Verbannung vermeiden möchten«, fügte Frinowskij hinzu, »müssen Sie die Zelte hinter sich abbrechen.«

»Was wollen Sie damit sagen?« Ich spitzte die Ohren.

»Das bedeutet«, erklärte Frinowskij, »daß Sie sich in der Presse öffentlich von Bucharin als einem Volksfeind lossagen.«

»Das ist ein unverschämter Vorschlag, eine Beleidigung!« schrie ich. »Dann lieber Astrachan!«

Und Frinowskijs empörender Vorschlag wurde nicht weiter erwähnt. Ich bat darum, mir vor der Abreise ein Treffen mit N. I. zu bewilligen. Ich wußte, daß ich ihn nie wiedersehen würde, und wollte mich von ihm verabschieden. Doch unter Hinweis darauf, daß N. I. Untersuchungshäftling sei, verweigerten meine Gesprächspartner mir das.

»Wenn er sich aber in Untersuchungshaft befindet«, bemerkte ich, »dann hat niemand vor Abschluß der Untersuchung und des Prozesses das Recht, ihn als Volksfeind zu bezeichnen.«

Darauf schwiegen beide, versprachen mir aber, daß man mich nach Untersuchungsabschluß zu einem Treffen mit N. I. aus der Verbannung holen würde. Mir war natürlich klar, daß sie logen.

Einige Tage später kam der NKWD-Mann, um mich auf den Weg nach Astrachan zu bringen. Nicht nur ein Personenwagen wurde geschickt, sondern auch ein Lastwagen, wie man mir sagte, zur Beförderung des Besitzes. Mein »Besitz« paßte in einen Koffer und zwei Rucksäcke. Da der Lastwagen nun aber da war, beschloß ich, noch etwas mitzunehmen. Von jeher hatte im Vorzimmer zu N. I.s Wohnung im »Metropol« und später im Kreml eine große Holztruhe gestanden, in die er die Zeitungen legte, deren Chefredakteur er war – früher die »Prawda«, später die »Iswestija«. Kurzerhand warf ich die Zeitungen aus der Truhe und packte sie mit Winterkleidung voll, die man mir als Paket aufzugeben empfohlen hatte, und mit Sachen, die N. I. gehörten. Ich packte seine Staffelei, seine Ölfarben und Pinsel und mein Lieblingsaquarell »Sonnenuntergang im Elbrus« ein. Die Truhe war groß genug, um noch mehr Bilder zu fassen, aber ich fand, daß diese eher N. I.s Vater zustanden als mir. Um ihn nicht zu verletzen, ließ ich die Bilder in Moskau; er liebte die Bilder seines Sohnes. Ich packte N. I.s alten Anzug ein, den Stalin vor seiner Parisreise für Ausschuß erklärt hatte, seine Filzstiefel, in denen er im Winter auf Jagd ging, seinen Trainingsanzug, die alte Lederjacke und schließlich zwei Paar sehr abgetragener Stiefel. Ich liebte alles, was an ihn erinnerte. Und ich hoffte damals, daß die Zeit kommen würde, in der ich unserem Sohn die Sachen zeigen würde, die N. I. gehört hatten. Der NKWD-Mann sah mir schweigend zu, aber die alten Stiefel ließen seinen Geduldsfaden reißen. Er fragte mich, wozu ich all den Plunder mitnähme, und empfahl mir, ihn lieber wegzuwerfen. Aber ich fand eine Antwort:

»Damit es mehr Besitz ist, und damit Sie sehen und behalten, was der Faschistensöldling Bucharin besaß, der ›sich für dreißig Silberlinge verkaufte‹.«

Damals hatte ich im Radio bereits eine Rede gehört, in der es hieß, daß Bucharin sich den Faschisten für dreißig Silberlinge verkauft habe (den Redner erinnere ich nicht genau, deswegen nenne ich keinen Namen).

Ich weiß nicht, was der NKWD-Mitarbeiter davon verstand, möglich, daß auch sein Leben bald abbrach. Wie dem auch sei, die große Truhe wurde auf den Lastwagen geladen und als Gepäck aufgegeben.

Und dann – Astrachan. Wie deutlich stand es mir vor Augen! Ich kam dort genau einen Tag nach dem Prozeß gegen die oberste Heeresleitung an, gegen Tuchatschewskij, Jakir, Uborewitsch, Kork und die anderen.

Astrachan – lebhaft und erstaunt, erschüttert und gleichgültig allem Vorgefallenen gegenüber; Astrachan – schwül und staubig, ganz in weißen Akazienblüten. Wir waren die Sensation des Ortes, auf uns zeigte man mit dem Finger. Die Nachricht, daß die Angehörigen von Radek, Bucharin und den früher gerühmten Heeresführern, die nun als Vaterlandsverräter gebrandmarkt waren, angekommen waren, war von den NKWD-Mitarbeitern und ihren Frauen selbst verbreitet worden, ebenso von den Ortsansässigen, bei denen wir untergebracht wurden. Die Hauptstraße, die Leninstraße hieß – hügelig und ansteigend, mit grauen Lautsprechern, die an den Masten angebracht waren... Man mußte sich die Ohren zuhalten, um nicht zu hören: »Von der Erdoberfläche gefegt sind Spione und Verräter, die beabsichtigten ...« und so weiter. In Abständen wiederholten die Lautsprecher immer ein und dasselbe. Eine Menge Volk stand darum herum. Die Zeitungen waren schon früh am Morgen mit blitzartiger Geschwindigkeit ausverkauft, sie reichten nicht, weil der Leserkreis in jenen Tagen stark zunahm. Bucharin war damals kein »Renner«, ich wartete noch. Statt dessen wurden die Namen der Militärs durchdekliniert, die im geschlossenen Prozeß verurteilt worden waren. Ihre Frauen und Kinder gingen niedergeschlagen und halb wahnsinnig die Hauptstraße entlang (in der Leninstraße befand sich auch das Astrachaner NKWD-Gebäude). Sie gingen wie Abgebrannte, lauschten verzagt dem, was der seelenlose Lautsprecher verkündete, und bemühten sich, die Kinder von der Menschenmenge möglichst fernzuhalten.

Es gab in Astrachan weder Arbeit noch Fürsorge, noch Wohnung – die sämtlich in Moskau versprochen worden waren. Das Schicksal führte uns alle unter einem Dach in einer »Herberge« zusammen, wo wir in zwei benachbarten Zimmern, die dicht voller Pritschen standen, die ersten Tage der Verbannung verbrachten. Das Astrachaner NKWD empfahl uns, selbst Unterkunft in Privatwohnungen zu suchen. Das war nicht einfach, nicht nur aus finanziellen Gründen (ich konnte in Astrachan nur dank der Unterstützung durch meine Mutter existieren), sondern auch weil selbst diejenigen, die zusammenrücken konnten und Geld brauchten, wegen unserer verpönten Namen und des Verbanntenstatus Angst hatten, uns einzulassen. Es bedurfte erst einer Extraanweisung des NKWD, damit wir schließlich in Wohnungen von Einheimischen Platz fanden. Der Reedereiarbeiter, bei dem ich ein Zimmer mietete, dachte so: »Bei denen da oben geht es ständig hin und her. Heute verlangen sie, daß wir Ihnen Wohnung geben, und morgen werden sie mich beschuldigen, weil Bucharins Frau bei mir gewohnt hat.«

In der »Herberge« erschütterte mich besonders eine alte, verbannte Lettin, kaum des Lesens und Schreibens kundig, die früher Haushilfe bei Jan Ernestowitsch Rudsutak gewesen war. Er war nicht verheiratet, und diese Frau hatte sich viele Jahre um ihn gekümmert. Sie liebte ihn wie ihren eigenen Sohn. Ihr Gesicht trocknete nicht von all den Tränen. Nicht nur uns allen, sondern sogar Passanten auf der Straße erzählte die Alte schluchzend, daß Rudsutak einer armen Familie entstammte und als Knecht auf einem Bauernhof gearbeitet hatte und daß sie ihn schon als Kind erinnerte, wie er von Haus zu Haus ging und um Almosen bat. Sie dachte ganz logisch: »Nachdem er solcher Armut entkommen und dank der Sowjetmacht Regierungsmitglied geworden war, konnte er ja gar kein Verbrechen gegen diese Macht begehen.« In völliger Verzweiflung saß die arme Frau in Tränen aufgelöst auf ihrer Pritsche, faßte sich an den Kopf und schrie hysterisch: »Ungeheuer! Ungeheuer! Nur Unmenschen konnten Rudsutak verhaften, sie werden ihn noch umbringen!« (Wer diese Ungeheuer waren, verstand sie nicht.)

Als ich aus Nowosibirsk nach Moskau zurückkehrte, vermutete ich, daß Ja. E. Rudsutak schon nicht mehr lebte, und ich irrte mich nicht. Er wurde beim Bucharinprozeß zu den »rechten Verschwörern« gezählt, aller Wahrscheinlichkeit nach, weil er nicht nur unter Molotow stellvertretender Vorsitzender des Volkskommissarsrats gewesen war (als er verhaftet wurde), sondern auch schon unter Alexej Iwanowitsch Rykow. Rudsutak wurde im Juli 1938 erschossen.

Damals, in Astrachan, tat mir der Anblick der schluchzenden Alten doppelt weh, denn sie erweckte meine Erinnerungen an denjenigen, den sie beweinte, wenn es auch nur flüchtige, unbedeutende Erinnerungen waren, die hauptsächlich mit meiner Kindheit zusammenhingen.

Jan Ernestowitsch Rudsutak verkehrte bei uns zu Hause. Ich erinnerte mich an sein liebes, gutmütiges Gesicht mit den müden, ausdrucksvollen Augen hinter der Brille. Er hatte zehn Jahre in zaristischer Lagerhaft verbracht und hinkte leicht: Sein Bein war durch die Ketten beschädigt. Er erschien mir allzu nüchtern und schweigsam. Aber einmal nach einer Sitzung wurde er plötzlich fröhlich und spielte mit mir Blindekuh, die Augen mit einem Tuch verbunden und voll anstekkenden Gelächters, wie ein Kind unter Kindern, und ich quietschte übermütig, weil er mich jeden Augenblick fangen konnte. Jan Ernestowitsch liebte die Natur, er begeisterte sich für Farbfotografie, die damals bei uns noch in den Kinderschuhen steckte. Er brachte uns massenhaft Fotografien von russischen und kaukasischen Landschaften, die ausgesprochen meisterhaft und mit feinem künstlerischen Geschmack gemacht waren. Er erzählte gern von den Wundern der amerikanischen Technik, ich meine, er hatte eine Dienstreise nach Amerika gemacht. In seiner Datscha zeigte er mir einmal ein Radiogerät, das alle Sender der Welt empfangen konnte und außerdem einen eingebauten Plattenspieler hatte. Damals war das ein Wunder. Er lächelte schüchtern, wenn Vater ihn

Auf der Mausoleumstribüne während eines Umzugs, 1926 (v. l. n. r.: Bucharin, L. M. Kaganowitsch, A. I. Mikojan, A. I. Rykow, W. W. Kujbyschew, I. W. Stalin, K. E. Woroschilow, Ja. E. Rudsutak)

statt Rudsutak »Genosse Rudsuetak«* nannte (sofern er ihn nicht mit Namen und Vatersnamen anredete). Für mich war Jan Ernestowitsch in der Kindheit der Onkel Jan.

Ich bemühte mich vergeblich, die Alte zu beruhigen. Sie weinte sogar nachts schluchzend vor sich hin. Man konnte sie durch nichts trösten, und wenn ich sie ansah, flossen auch mir die Tränen über die Wangen.

Die Frau und der vierzehnjährige Sohn von I. E. Jakir waren doppelt geschlagen: Nicht genug damit, daß zwischen Jakirs Verhaftung und seiner Erschießung nur wenige Tage vergangen waren – ein Zeitraum, in dem der menschliche Verstand außerstande ist, derartige Vorfälle zu begreifen –, bei den Jakirs kam noch eine zweite Tragödie hinzu. Wenige Tage vor ihrer Ankunft in Astrachan war in einer Zeitung (ich meine, in der »Prawda«) eine öffentliche Lossagung der Frau von I. E. Jakir als einem Volksfeind erschienen, mit der sie, wie sie sagte, nicht das geringste zu tun hatte, und das berei-

* Ein Wortspiel mit der Namensendung. Tak = so; etak = entgegengesetztes »so«; tak i etak = so und so. (A. d. Ü.)

tete Mutter und Sohn unerträglichen Schmerz. Mit mir hatten sie sich diesen bösen Scherz nicht erlaubt. Aber daß auch mir ein solches Vorgehen gegenüber N. I. vorgeschlagen wurde, beweist, daß bei den NKWD-Organen diese Art der Lossagung der Ehefrauen von ehemals bedeutenden, populären Politikern vorgesehen war. Ich vermute, daß jener Frinowskij, wenn nicht auf eigene Initiative, so doch auf Stalins Anweisung diese Lossagung ohne die Einwilligung von Jakirs Frau verfassen konnte. Denkbar wäre auch, daß sie durch die Lossagung versuchte, ihren Sohn zu retten. Aber angesichts von Sarra Lasarewnas Leiden zweifelte ich damals keinen Augenblick daran, daß ihre »Lossagung« eine Fälschung war.

Jetzt, wo ich diese Zeilen schreibe, fällt mir noch eine andere für Sarra Lasarewna demütigende Episode ein, nach der sie lange nicht zu sich kommen konnte. Während des Krieges, im Winter 1942, wurden wir aus dem Lager Jajskij ins Straflager Iskitim verlegt. Das Lager betrieb auf vorsintflutliche Weise Kalkförderung, die so gesundheitsschädlich war, daß die meisten Männer daran starben. Einer der Wachsoldaten, ein Ukrainer, trat zu Jakirs Frau und sagte: »Siehst du, Jakir, deine Lossagung hat dir nichts genützt, du sitzt trotzdem. Eine Hündin bist du, und keine Frau!«

Vielleicht hatte der Soldat seine Hochachtung vor Iona Emmanuilowitsch von seinem Vater übernommen, der unter Jakir gekämpft hatte, oder er dachte an die frühere Einstellung zu Jakir und konnte sich nicht vorstellen, daß dieser an Verbrechen beteiligt war, oder er verurteilte aus moralischen Gründen die Lossagung einer Frau von ihrem Ehemann prinzipiell – das ist schwer zu entscheiden.

Ich bin etwas von den Astrachaner Erinnerungen abgewichen. Gerade diese für Jakirs Frau so schwere Episode, unter der sie sehr litt, konnte ich auf dem Weg nach Moskau nicht erinnern, weil sie sich erst viel später ereignete. Damals stand mir Jakirs Sohn vor Augen, ein Junge, den ich sehr gern mochte. Petja kam zusammen mit seiner Mutter in die Herberge, sie hielten sich an den Händen, Sarra Lasarewna ging mühsam. Das Gesicht des Jungen war totenbleich, und es wirkte noch blasser, weil es von dichtem, tiefschwarzem Haar umrahmt war. In den zehn schrecklichen Tagen, die seit der Verhaftung des Vaters vergangen sein mochten, hatte er sehr

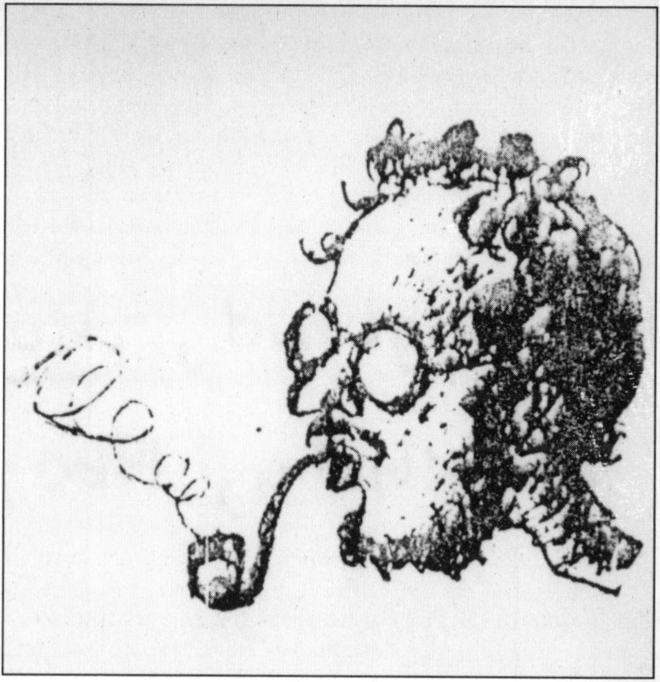

Karikatur auf Karl Radek von Bucharin

abgenommen und zog sich immer wieder seine rutschende helle Hose hoch. Petja war ein schöner Junge. In seinen dunklen, noch ganz kindlichen Augen stand Leid. Er sah sich um und suchte nach anderen Kindern, die er kannte und die das gleiche Schicksal und Alter hatten wie er. Er entdeckte die Töchter von Uborewitsch, Gamarnik und Tuchatschewskij. Dann setzte er sich auf eine freie Pritsche und sagte laut:

»Mein Papa ist überhaupt nicht schuldig, und das ist sowieso alles Erfindung, Unsinn, Quatsch.«

»Petja, hör doch auf, sei still!« unterbrach seine Mutter ihn erschrocken. Er warf einen prüfenden Blick auf die Umsitzenden, es herrschte Schweigen. Nur bei Nina Wladimirowna Uborewitsch, der Frau des Befehlshabers, die neben mir saß, blitzte es in den Augen, und sie sagte: »Bravo, Junge!« Ihrer Tochter Mirotschka verschwieg die Mutter, um sie zu schonen, daß der Vater erschossen worden war. Es war Petja, der es Mirotschka sagte; vor diesem Jungen konnte man nichts verbergen. Er war das einzige Kind, das laut darüber sprach, daß sein Vater kein Verbrecher war, und ich glaube, wohl auch das einzige, das das wirklich verstand und von der Unschuld aller Angeklagten, nicht nur der Militärs, überzeugt war.

Und wenn es wirklich stimmt, daß Iona Emmanuilowitsch vor seiner Erschießung gerufen hat: »Es lebe Stalin!«, so hielt sein vierzehnjähriger Sohn doch schon damals Stalin für den Hauptterroristen.

In Astrachan lebte ich ziemlich zurückgezogen und besuchte nur etwa zweimal Nina Wladimirowna Uborewitsch. Sie hatte mich nachdrücklich zu sich eingeladen, uns verbanden die Erinnerungen an Ieronim Petrowitsch, den ich gekannt hatte. Dank ihrer unermüdlichen Energie erreichte sie die Bewilligung einer staatlichen Wohnung – zwei Zimmer in einem alten, halbverfallenen Holzhaus – und schaffte es, diese Wohnung zu renovieren. Sie hatte sich einige Möbel mitgebracht, und es war bei ihr anheimelnd gemütlich. Die übrigen Verbannten traf ich nur zufällig, ungefähr einmal alle zehn Tage, wenn wir die Papiere stempeln ließen, die wir statt des Passes bekommen hatten. Außer Karl Radeks Frau Rosa Mawrikijewna hatte ich keine der anderen Frauen vorher gekannt. Ich traf sie einmal, als ich auf vergeblicher Arbeitssuche durch Astrachan streifte. Sie blieb stehen, um mit mir zu sprechen, aber ich lehnte das demonstrativ ab. Sie war erschüttert über mein Verhalten und rief mir nach, daß sie ein Treffen mit Karl gehabt hätte und daß es für mich sicher interessant wäre, mit ihr zu sprechen, aber ich drehte mich nicht einmal um. Das war natürlich noch vor dem Prozeß gegen den sogenannten »rechtstrozkistischen Block«. Ich hatte Radeks Aussagen in der Voruntersuchung und in seinem eigenen Prozeß gelesen und konnte ihm seine Verleumdungen gegen Nikolaj Iwanowitsch nicht verzeihen. Es gab noch einen anderen Grund für mein Verhalten, doch davon später. Wie dem auch sei, wenn ich heute zurückblicke, halte ich mein damaliges Verhalten nicht mehr für gerechtfertigt.

Täglich fuhr ich zum Bahnhof, um Zeitungen zu kaufen und auf dem laufenden zu sein. Der Wohnungseigentümer hatte kein Radio, und in der Stadt waren die Zeitungen schon frühmorgens ausverkauft. Am Zeitungskiosk auf dem Bahnhof traf ich eines Tages Petja Jakir.

»Sie sind wohl Bucharins Frau?« fragte er mich. Obwohl er das vermutlich wußte, wollte er meine Bestätigung. Nachdem er sich vergewissert hatte, ging er gleich zum Du über:

»Bist du Komsomolzin?«

Ich antwortete ihm, daß ich Komsomolzin *war*, aber den Unterton in meiner Antwort bemerkte er nicht.

»Mich haben sie auch kürzlich in den Komsomol aufgenommen«, sagte der Junge voller Freude. »Was meinst du, wohin wir uns hier zur Anmeldung wenden müssen? Sonst scheiden wir ja aus dem Komsomol aus.«

Ich mußte Petja enttäuschen und ihm erklären, daß wir schon automatisch ausgeschieden seien, weil wir Verbannte seien. Er sah mich bestürzt an, weil ihm die Situation plötzlich bewußt wurde. Später erwähnte er den Komsomol nie mehr.

Der 5. September ist ein unheilvolles Datum im Leben der Astrachaner Verbannten. Daß alle Frauen verhaftet seien, erzählte mir der Wohnungseigentümer, als er von der Arbeit kam. Er forderte mich sofort auf, ein anderes Zimmer zu suchen. Er hatte keinerlei Verlangen danach, daß diese »Enkawedisten«, wie er sich ausdrückte, in sein Haus eindrängen und es durchsuchten. Seine schlimme Nachricht erregte mich sehr, und ich lief sofort zu Nina Wladimirowna Uborewitsch, um zu überprüfen, ob das nicht nur ein falsches Gerücht war. Ihre Adresse war die einzige, die ich kannte. Ein unbekannter junger Mann öffnete die Tür. Wie sich herausstellte, war das Nina Wladimirownas Bruder Slawa, der nach Astrachan gekommen war, um seiner Schwester zu helfen. Das Gerücht bestätigte sich, Uborewitschs Frau war bereits verhaftet. Und tatsächlich befand sich von allen verbannten Frauen außer mir nur noch Jakirs Frau in Freiheit. Voller Bitterkeit erzählte Slawa, daß man ihm Uborewitschs Tochter, die zwölfjährige Mirotschka, ungeachtet seiner dringenden Bitten nicht gelassen hatte. Sie war, wie die Kinder aller anderen Verhafteten, in den Astrachaner Kinderhort geschickt worden. Später kamen sie in ein Kinderheim, irgendwo im Ural. Und dann, als sie herangewachsen waren, wurden auch sie verhaftet.

Nach dem 5. September war ich jeden Tag bei den Jakirs. Dort war die ganze große Familie versammelt. Aus Swerdlowsk war Sarra Lasarewnas Schwester Milja mit zwei halbwüchsigen Jungen gekommen. Ihr Mann Garkawyj, der den Militärbezirk Ural befehligt hatte, war Anfang 1937 verhaftet worden und hatte im Gefängnis Selbstmord begangen (er hatte sich den Kopf an der Zellenwand zerschlagen). Garkawyjs Frau war nicht verbannt, kam aber später ins Gefängnis. Aus Odessa war auch der Vater gekommen, der wunderbare, gute und kluge Geiger Lasar Ortenberg. Er war damals schon über siebzig. Als wir aus Astrachan auf Etappe ins Lager geschickt wurden, machte er unseren Zug und unseren Waggon ausfindig. Wir sahen ihn durchs Fenster. Der alte Mann ging nur mühevoll, auf seinen Stock gestützt, und sah uns mit traurigen Augen an. Als der Zug sich in Bewegung setzte, warf er den Stock beiseite, lief so lange er konnte hinter dem Zug her (woher nahm er nur die Kraft?!) und winkte uns ungeachtet des Frosts mit der Mütze nach.

Ich schloß mich dieser Familie an. Gemeinsam war unser großer Kummer leichter zu ertragen. Die beiden Schwestern versuchten, mir Mut zu machen. Sie waren sicher, daß N. I. nicht erschossen werden würde: »Die werden ihn nicht anrühren!« Nur der weise und nüchtern denkende alte Ortenberg meinte, daß man auf das Schlimmste gefaßt sein müßte.

In jenen Tagen lernte ich Petja Jakir noch besser kennen. Der Junge war furchtlos und unbezähmbar, aufrichtig und begabt, das hatte er von seinem Vater geerbt. Die aufwühlenden Ereignisse prägten seine rastlose, rebellische Natur für das ganze Leben. Aufgeregt durch die tragische Zeit, bemühte sich Petja, all seine Energie ins Handeln, in gute Taten zu legen. Mit List schaffte er es, die geliebten Fotografien seines Vaters aufzubewahren: Er schlich sich auf den Dachboden des Hauses und versteckte die Bilder an einem sicheren Ort. Ständig trieb er sich in der Nähe des Gefängnisses herum und versuchte, den verhafteten Müttern Nachricht von ihren Kindern zu bringen. Immer wieder wurde Petja vom Zaun des Gefängnishofs verjagt, wo er die Verhafteten beim Spaziergang durch eine Ritze sehen konnte. Er stand stundenlang beim Gefängnis herum, und das hatten die Gefängniswärter gemerkt. Schließlich schaffte er es, in ein Wohnhaus zu gelangen, das dem Gefängnis gegenüberlag, und mit Genehmigung der Bewohner eine Wohnung zu betreten. Er hatte es genau berechnet: Er hatte vorher herausgefunden, wo die Zellen lagen, in denen die verhafteten Mütter saßen. Nachdem er in die Wohnung gelangt war, stand er lange am offenen Fenster (oder vielleicht auf dem Balkon, das weiß ich nicht mehr), mit einem Papier auf der Brust, auf das er in großen Buchstaben geschrieben hatte: »Mütter, Euren Kindern geht es gut, sie sind im Astrachaner Kinderhort«... Der »Schirm« oder, wie es auch hieß, der »Maulkorb« – die Holzlatten vor dem Gefängnisfenster – reichte nicht ganz bis oben, und die Mütter waren zu Tränen gerührt, als sie Petja sahen, und verblüfft über seine Findigkeit.

Jeden Tag lief er zum Kinderhort, um die Töchter von Uborewitsch, Gamarnik, Tuchatschewskij und den anderen zu sehen, und bemühte sich, ihnen etwas Leckeres mitzubringen. Sarra Lasarewna erzählte, daß er das ganze Warenje, das der Großvater aus Odessa mitgebracht hatte, dort hingeschleppt hatte. Man ließ Petja nicht zu den anderen Kindern, und er unterhielt sich mit ihnen durchs Fenster. Seinen Altersgenossen hatte man nicht nur die Väter, sondern auch noch die Mütter genommen, und sie selbst hielt man im Kinderheim eingeschlossen wie im Gefängnis. Der Junge fand nicht allein diese Grausamkeit ungerecht, sondern auch, daß er selbst bei seiner Familie und mit seiner Mutter lebte und frei durch Astrachan laufen konnte, während die anderen Kinder nicht einmal das durften. »Wie ist das ungerecht!« sagte Petja einmal zu mir, als wir zusammen zum Kinderhort gingen. »Ich wohne bei Mama, und meinen Freunden hat man ihre Mütter weggenommen!« Der arme Kerl, damals wußte er noch nicht, was ihm in nächster Zukunft bevorstand.

Seit dem 1. September ging Petja in Astrachan zur Schule, und ungeachtet seiner für damalige Verhältnisse schlimmen Biographie hatte er bald Autorität unter den anderen gewonnen. Einmal ging er mit seinen Mitschülern zum Kinderhort. Ein voreiliger Schüler warf einen Stein oder einen Erdklumpen ans Fenster, damit die Kinder merkten, daß Petja da war. Die Scheibe ging kaputt, und die erschrockenen Jungen liefen weg, Petja blieb allein zurück. Eine Erzieherin kam zu ihm und wollte wissen, wer das Fenster zerworfen hätte. Um seine neuen Freunde nicht hineinzuziehen, nahm er die Schuld auf sich. Als die Frau Petjas Nachnamen erfuhr, sagte sie gleich:

»Dann ist alles klar. Wenn du ein Jakir bist, bist du ein Terrorist. Ich stand hinter dem Fenster, und du wolltest mich ermorden.«

Und Petja wurde zum NKWD geschickt.

Als ich gegen Abend zu den Jakirs kam, fand ich Sarra Lasarewna in schrecklicher Aufregung vor: Der Junge war noch immer nicht aus der Schule gekommen. Großvater und Tante waren nicht weniger alarmiert, bemühten sich aber, die Mutter zu beruhigen. Slawa, den ich bei den Jakirs antraf, und ich suchten Petja in der ganzen Stadt, aber leider ohne Erfolg. Wir kehrten gegen zwölf Uhr nachts zurück, und nach uns erschien auch Petja. Er erzählte, daß man ihn bei der Polizei aufgehalten und von ihm verlangt hatte, ein Protokoll zu unterschreiben, in dem stand, daß er gegen die Sowjetmacht sei. »Ich habe ihnen gesagt«, erzählte Petja, »daß ich durchaus nicht gegen die Sowjetmacht bin, aber daß ich mit einigen ihrer Maßnahmen nicht einverstanden bin, zum Beispiel damit, daß den Kindern die Mütter weggenommen werden.« Von den übrigen »Maßnahmen« sagte er nichts, oder er wollte vor seiner Mutter nicht wiederholen, was er gesagt hatte, um sie nicht aufzuregen. Mit kindlichem Stolz erzählte er, daß er das Verhörsprotokoll unterschrieben hatte. Damals verstand er noch nicht, daß mit diesem Verhör der Grundstein zu endlosen Gefängnisqualen gelegt war. Und zu seinem ganzen weiteren dramatischen, leidvollen Leben. So war der vierzehnjährige Petja Jakir.

Der Wohnungseigentümer erinnerte mich immer wieder daran, daß ich ausziehen sollte, aber ich konnte absolut kein Zimmer finden. Schließlich entschloß ich mich, Slawas Vorschlag anzunehmen und zu ihm in die kleine Zweizimmerwohnung zu ziehen, die Nina Wladimirowna bekommen hatte und in der er jetzt allein war. Ich hatte das mehrmals abgelehnt, weil ich den Eindruck hatte, daß Slawa nicht nur deswegen an meinem Umzug lag, weil er mir helfen wollte, und ich war bestrebt, ihm nicht allzu nah zu sein. Aber es blieb mir nichts anderes übrig. Auch hinsichtlich der Arbeit gab es einen Hoffnungsschimmer: Der Direktor einer Fischkonservenfabrik hatte versprochen, mich als Sekretärin einzustellen. Das war mit dem Astrachaner NKWD abgesprochen, und am 21. September sollte ich anfangen. Am 20. September kam

Slawa, um mir beim Umzug zu helfen. Ich beschloß, meine Holztruhe zunächst dazulassen, bis wir einen Wagen dafür gefunden hätten. Und so traurig die Umstände auch waren, setzten wir uns doch an den Tisch und aßen eine wunderbare, süße, saftige Wassermelone. Wir erhoben uns gerade, um zu gehen, da klopfte es an die Tür... Ein Durchsuchungs- und Verhaftungsbefehl wurde uns vorgelegt. Die Melone hatte uns am rechtzeitigen Aufbruch gehindert, und der arme Eigentümer mußte nun meiner Durchsuchung und Verhaftung beiwohnen. Sie wühlten auch in seinen Sachen.

Es gelang mir, während der Durchsuchung eine Fotografie von N. I. unter der Schuhsohle zu verstecken und sie mit ins Gefängnis zu nehmen. Ich wäre kaum auf diesen Trick verfallen, wenn Slawa mir nicht erzählt hätte, daß Nina Wladimirowna bei ihrer Verhaftung ein Bild von Ieronim Petrowitsch auf diese Weise versteckt hatte. Das zweite Foto, das ich nach Astrachan mitgenommen hatte (beide waren zufällig nach der Durchsuchung in der Kremlwohnung geblieben), wurde mir weggenommen. Darauf war N. I. in Umarmung mit Kirow zu sehen, beide fröhlich und lachend. Der Durchsuchende war völlig überrascht, Bucharin mit Kirow in freundschaftlicher Pose zu sehen. Seiner Vorstellung hätte wohl eher ein Foto von Bucharin entsprochen, auf dem dieser einen Revolver auf Kirow richtete...

Im Flur des Astrachaner Gefängnisses stieß ich auf Jakirs Frau – wir waren gleichzeitig verhaftet worden. Wir kamen beide in die Zelle, in der seit dem 5. September die Frauen von Gamarnik, Tuchatschewskij und Uborewitsch saßen sowie die alte Lettin, die bei Rudsutak gearbeitet hatte und von Tränen ganz aufgequollen war, und noch zwei Frauen von NKWD-Mitarbeitern, die unter Jagoda gearbeitet hatten. Sie empfingen uns mit Tränen und erzählten, wie es sie bewegt hatte, als sie im Haus gegenüber Petja Jakir gesehen und sein Schild »Mütter! Euren Kindern geht es gut...« gelesen hatten. Einige Tage später kam der alten Ortenberg während unseres Spaziergangs an den Gefängniszaun und berichtete seiner Tochter, daß Petja gleich nach ihrer Verhaftung weggebracht worden sei; zuerst in den Kinderhort (nun hatte der Junge seine »Gerechtigkeit«)

und drei, vier Tage später ins Gefängnis. Er hatte seinen Enkel durch die Ritze des Gefängniszauns gesehen. Uns erzählte er laut: »Petja hält sich für einen großen Verbrecher. Er geht mit den Händen auf dem Rücken und wackelt mit dem Hintern.«

Das Astrachaner Gefängnis hat sich mir nicht nur deswegen eingeprägt, weil es das erste auf meiner Höllenfahrt war, sondern auch, weil es in seiner Art einzig war. Wenn man dieses Gefängnis als nicht sehr streng bezeichnet, so ist das noch wenig. Als wir von dort auf Etappe geschickt wurden, wünschte uns die Aufseherin alles Gute, und mich, als die Jüngste, küßte sie sogar. Weil es ein Frauengefängnis war, waren dort nur Frauen als Aufseherinnen, und sie nannten ihre Häftlinge mit Vor- und Vatersnamen, das war dort Tradition und zum Brauch geworden...

Die Aufseherin Jefimija Iwanowna war eine Frau mittleren Alters, hager, krumm, flachbrüstig und runzlig, mit einer Männerfrisur. Sie trug ein Militärhemd in Tarnfarbe, das hinten gerafft war und von einem breiten Ledergürtel zusammengehalten wurde, an dem das Schlüsselbund mit den klirrenden Zellenschlüsseln hing. Sie war eine leidenschaftliche Raucherin und zog oft aus einem schwarzen Tabaksbeutel eine Prise Machorka, die sie prall in Zeitungspapier drehte. Dann befeuchtete sie ihre »Zigarette« mit der Zunge und qualmte endlos, wovon ihre Finger und Zähne schon ganz gelb waren.

Sie platzte vor Neugierde: Solche Häftlinge, mit Namen, die sogar ihr bekannt waren, hatte das Astrachaner Gefängnis noch nicht gesehen. Oft trat Jefimija Iwanowna zu uns in die Zelle, sah uns scheinbar böse an, zerfloß aber plötzlich in ein Lächeln und brachte kopfschüttelnd ein ironisches »Hi!« hervor.

Sie schimpfte, wenn wir uns zu lange wuschen. In die Sauna ließ man uns nicht, also mußten wir uns gründlich waschen. Außerdem machte es uns Spaß, aus der stickigen, engen Zelle herauszukommen und im Wasser zu planschen. Das ärgerte Jefimija Iwanowna. Sie trieb uns immer zur Eile an und rief: »Ihr sollt da nicht jedes Dings einzeln waschen! Eine scheußliche Angewohnheit ist das! Stundenlang kann man auf euch warten!«

Wenn sie die Zelle aufschloß, um uns Essen zu bringen, und die dünne Plörre in die Kummen schüttete, meldete sie jedesmal in schuldbewußtem Ton: »Ümmer das Erbszeug!« oder »Ümmer das Nudelzeug!«

Im Astrachaner Gefängnis wurde im wesentlichen mein Geburtsname benutzt. Der Ehename tauchte mal auf, mal verschwand er unerklärlicherweise wieder. Manchmal wurden beide Namen erwähnt, dann wieder nur Bucharina. Der Untersuchungsführer, der mich auf Moskaus Anweisung hin nur ein einziges Mal zu sich kommen ließ (was auch bei allen anderen Frauen so war), wußte nicht, wen er vor sich hatte, als er das Formular ausfüllen wollte. Auf die Frage nach dem Arbeitsplatz meines Mannes antwortete ich: »In der ›Iswestija‹-Redaktion.«

»Nennen Sie das Amt«, sagte er. »In der ›Iswestija‹-Redaktion kann ebenso ein Kurier wie Bucharin arbeiten.« Ich präzisierte. »Witze sind hier fehl am Platz«, bemerkte der Untersuchungsführer. »Ich kann Ihnen Bucharina in die Akte schreiben, aber besser wird es Ihnen davon nicht gehen.« Ich mußte ihn mühsam davon überzeugen, daß es kein Scherz war. Das nächste Mal rief man mich erst zur Verkündigung des Urteils: acht Jahre Arbeitslager.

Jefimija Iwanowna hatte hingegen ziemlich schnell heraus, daß ich N. I.s Frau war. Einmal gegen Abend, als sie Nachtdienst hatte, kam sie in die Zelle und sagte im Befehlston: »Los, Bucharkina, ab zu mir in Kollidor!« Einige lachten leise – es war komisch, daß sie nicht einmal Bucharins Namen richtig wußte, sondern nur ungefähr: Bucharkin. Heute wundere ich mich, daß wir damals lachen konnten, aber das kam in der Zelle gar nicht so selten vor. Vermutlich war es ein Gelächter aus völliger Verzweiflung und nervlicher Anspannung: Uns waren nicht nur die Männer umgebracht, sondern auch noch die Kinder weggenommen worden. Außerdem waren wir in jener Zelle Gleiche unter Gleichen – die Tuchatschewskijs und Jakirs, die Bucharins und Radeks, die Uborewitschs und Gamarniks: »In Gesellschaft verliert selbst der Tod seinen Schrecken!« Und wir dachten, daß die Kinder es unter den gegebenen Umständen ohne uns vermutlich leichter haben würden, wenn sie »staatliche« Heimkinder waren .. Die komische Aufseherin brachte uns durch ihr absurdes Aussehen, ihre ungeschickte Strenge und ihre erstaunliche Beschränktheit zum Lachen.

»Bucharkina! Ich sag dir doch – ab zu mir in Kollidor!« wiederholte Jefimija Iwanowna, weil ich etwas zögerte. Ich war verdutzt und wunderte mich: Warum ruft sie mich allein auf? Es hatte sich schon ein Herdengefühl gebildet: Wir waren alle zusammen aus Moskau geschickt worden, alle zu fünf Jahren Verbannung verurteilt, wurden alle zusammen auf Etappe geschickt, und zuletzt wurden Gamarniks, Tuchatschewskijs und Uborewitschs Frauen, die mit mir im Gefängnis gesessen hatten, zusammen erschossen.

Die Aufseherin hieß mich an ihren kleinen »Arbeitstisch« setzen, auf dem der schwarze Tabaksbeutel lag, und paffte ihren Machorka. »Laß uns ein bißchen klönen, Bucharkina«, sagte sie. »Erzähl mir doch mal, wie du mit deinem Spion gelebt hast. Was sagst du, du hast nicht gewußt, daß er ein Spion war? Aber dein Hemd ist aus Seide« (ich trug ein ganz gewöhnliches Trikotagenhemd), »von was für Geld hat er das denn gekauft? Weißt du nicht, sagst du? Klar weißte das, darum sitzt du ja, meine Liebe. Und wer hätte das gedacht, daß Bucharkin Spion ist! Meine Schwester hat ihn doll geschätzt...«

Das Gespräch deprimierte mich, ich fand es sinnlos, der Aufseherin zu widersprechen. Ich lehnte es ab, mich mit ihr zu unterhalten, und Jefimija Iwanowna brachte mich in die Zelle zurück.

Auch die andere Aufseherin (ihren Namen und Vatersnamen erinnere ich nicht), die Jefimija Iwanowna ablöste, war ungewöhnlich. Zu ihren Aufgaben gehörte es, die Verbindung zwischen den Zellen zu verhindern. Aber gerade sie stellte diese Verbindung mit Begeisterung her. Einmal brachte sie mir aus der Nachbarzelle von Radeks Frau Rosa Mawrikijewna ein leckeres halbes Astrachaner Weißbrot. Rosa Mawrikijewna konnte von ihrer Tochter Sonja, die damals noch nicht verhaftet war, Päckchen bekommen. In dem Brot war ein Zettelchen versteckt, und die Aufseherin kündigte mir das an, damit ich es nicht verschluckte. Auf dem Zettel stand: »Wisse, daß es mit N.I. ebenso kommen wird – Prozeß und falsche Bekenntnisse.« An dieses Zettelchen, das ich im Oktober 1937 bekommen hatte, mußte ich beim Bucharinprozeß im März 1938 denken. Radeks und Bucharins Auftreten beim Prozeß war zweifellos nicht identisch, aber um die Unterschiede festzustellen, mußte man die Prozeßunterlagen genau studieren, und dazu hatte ich im Lager keine Möglichkeit. Doch auch heute, wenn ich die Protokolle wieder lese, bin ich sicher, daß Rosa Mawrikijewna, wenn nicht in allem, so doch im Wesentlichen, recht hatte.

Inzwischen näherte sich der Zug in den letzten Dezembertagen des Jahres 1938 Moskau. Ich stellte mich näher ans Gitter, um bekannte Orte zu sehen. Bykowo, Tomilino, Ljuberzy flogen vorbei. Und dann war Moskau da.

Der Waggon hielt auf einem Abstellgleis auf dem Kasaner Bahnhof. Der Gefängniswärter, der mich abholte, führte mich in den dunklen Käfig eines »schwarzen Raben«, aus dem Moskau nicht zu sehen war, dabei hätte ich so gern wenigstens einen Blick auf die Stadt geworfen. Ich vermutete, daß man mich in die Lubjanka, das Gefängnis beim NKWD, bringen würde, und irrte mich nicht. Nach einer demütigenden Durchsuchung schickte man mich unter die Dusche. Wie weiträumig und sauber wirkte der Duschraum mit seinen blendend weißen Kacheln nach all den schmutzigen, engen Gefängnissaunas mit den schweren Holzkübeln. Und das ganze Gefängnis – ein ehemaliges Versicherungsgebäude mit Parkettfußböden und Betten mit Kissen, Decke und Bettwäsche in den Zellen – wäre mir nach den Astrachaner und Etappengefängnissen und dem Nowosibirsker Keller wie ein Schloß vorgekommen, wenn man es nicht als eine Todesfabrik hätte ansehen müssen. In diesem Gefängnis hatte N. I. sein letztes, qualvolles Lebensjahr verbracht, hinter diesen Mauern, so schien es mir, würde auch ich mein Leben beenden.

Frisch gebadet legte ich meine zerrissene Kleidung ab – die mit Feuchtigkeit und Uringestank getränkten Lumpen. Viel Auswahl hatte ich nicht. Im Koffer war noch ein Kostüm aus Paris, schlicht aber hübsch. Der Rock rutschte, weil ich so abgemagert war. Ich mußte ihn mit einem Stück von einem abgetragenen Hemd festbinden und mit der Wolljacke bedecken.

Ich wurde in eine Kellerzelle gebracht, wieder in eine Einzelzelle. Die grelle elektrische Lampe blendete. Müde von dem langen, schweren Weg zog ich mich aus, sank ins Bett und zog mir die Decke über den Kopf – das verbot der Aufseher. Daraufhin drehte ich mich zur Wand – auch das verbot er. Das grelle Licht und die Aufregung hinderten mich einzuschlafen. Mal stand ich auf und ging in der Zelle auf und ab, dann legte ich mich wieder hin. Schließlich schaffte ich es, mir einzureden, daß man mich am Ankunftstag wohl kaum gleich zum Verhör rufen würde. Endlich fiel ich in tiefen Schlaf. Ich wachte davon auf, daß der Aufseher mich an der Schulter faßte.

»Mit B?« fragte er leise.

Ich verstand nicht, wovon er redete. »Mit B« hatte ich als ein unverständliches Wort »Mitbe« verstanden und bat um eine Erklärung.

»Fängt Ihr Nachname mit B an – Bucharina?« flüsterte er, als trüge schon der Name eine Explosionsgefahr in sich.

Die Frage schien um so merkwürdiger, als ich allein in der Zelle war. Nachdem er meine Bestätigung hatte, sagte er:

»Kommen Sie mit zum Volkskommissar.«

Ich erschrak, nicht nur weil es den tiefen Ernst meiner Lage verriet, daß der Volkskommissar selbst mich vorlud, sondern auch aus Abscheu davor, ihn sehen zu müssen. Unsere flüchtige Bekanntschaft ging mir durch den Kopf: ein Telefongespräch mit Jeshow vor der Abreise nach Paris und zwei zufällige Begegnungen im Kreml, als ich Nikolaj Iwanowitsch begleitete.

Wie würde mir N. I.s Namensvetter jetzt in die Augen sehen! Das Leid hatte meine Willenskräfte gestärkt und mich endlich von der jugendlichen Naivität befreit, aber gelegentlich kam sie doch noch zum Vorschein. Ich machte mich betont langsam fertig, um meine Kräfte so gut wie möglich zu mobilisieren und meiner Aufregung Herr zu werden. Einen Augenblick lang war es mir unangenehm, daß ich zu gut gekleidet war – das paßte nicht zu meiner Wanderschaft durch die Gefängnisse. Doch schließlich fand ich, daß ich mit den schmutzigen Fetzen das Gefühl der Erniedrigung abgelegt hatte. Ich zog feine Pariser Strümpfe und Halbschuhe an (die Walenki waren endgültig abgetragen) – es fehlte nur noch an französischem Parfum. Dann erklärte ich, daß ich fertig sei.

Wir durchschritten den Innenhof, gingen ins Obergeschoß hinauf und durch einen langen Korridor, der mit weichen Läufern ausgelegt war. In den Büros der Untersuchungsführer wurde eifrig gearbeitet. Viele der Häftlinge, die bald meine Zellengenossen wurden, erzählten mir von den Schrecken der Untersuchung. Auf mich wurden diese Methoden nicht angewendet.

Im Korridor schnalzten die Gefängniswärter mit den Fingern oder klopften mit dem Schlüssel an die Gürtelschnalle, um eine Begegnung von Untersuchungshäftlingen zu verhindern. Sobald mein Bewacher das verabredete Signal hörte, befahl er mir, mich zur Wand zu drehen, oder führte mich in eine Box – einen kleinen Anbau an der Wand. Endlich wurde ich in ein Zimmer geführt, wo ich einen dicken, großen Kaukasier mit trüben, braunen Stieraugen erblickte und keineswegs den kleinen, helläugigen Jeshow.

Als ich mich für das Verhör fertigmachte und in der Erwartung, gleich Jeshow zu sehen, durch den langen, geheimnisvollen, lautlosen Korridor ging, hatte ich mich auf seine Gestalt eingestellt und nicht daran gedacht, daß ich jemand anderem begegnen könnte. Nicht jenem Volkskommissar, unter dessen aktiver Beteiligung die Repressalien unerhörte Ausmaße angenommen hatten und unter dem N. I. ermordet worden war; nicht dem, dem ich jene Worte geschrieben hatte, die ich mein ganzes Leben lang nicht wieder vergessen sollte: »Erschießen Sie mich, ich will nicht mehr leben!«

»Jeshow ist nicht Skwirskij«, hatte ich gedacht, war in Kampfstimmung und verspürte das Bedürfnis, gerade ihm, Jeshow, gegenüberzutreten. Nicht nur, um die Beschuldigungen gegen mich zurückzuweisen, das hätte ich auch vor einem Untersuchungsführer tun können. Ich hielt es für meine moralische Pflicht, Bucharins Teilnahme an jeglicher konterrevolutionären Tätigkeit zu widerlegen, stolz zu verkünden, daß der Prozeß gefälscht war, und entsprechende Beweise zu bringen. Jetzt, nach N. I.s Tod, war das zwar sinnlos, ebenso wie es leider auch vorher sinnlos gewesen wäre – dafür aber stolz!

In dem Zimmer sah mir nun statt Jeshow ein müder, gleichgültiger unbekannter Mann entgegen. Später erfuhr ich nach der Beschreibung seines Aussehens, daß es der Leiter der Sonderabteilung des NKWD, Berijas Stellvertreter Kobulow war. Für einen Augenblick spiegelte sich unerklärliche Überraschung in seinem Gesicht. Er zuckte sogar zurück. Unverständlich, was ihn so erstaunte – war es meine Pariser Kleidung, die den Umständen nicht entsprach, oder mein unterernährtes, erschöpftes Aussehen – ein wandelndes Skelett – oder vielleicht mein Alter... Aber das staunende Aufblitzen in seinen Augen erlosch schnell wieder, und sie nahmen erneut den früheren schläfrig-gleichgültigen Ausdruck an.

»Mit wem haben Sie im Lager gesprochen?« fragte er mich.

»Solange ich noch nicht tot bin, spreche ich mit vielen und führe darüber nicht Buch. Man hat mich doch zum Volkskommissar gerufen!« entfuhr es mir vor Ungeduld, möglichst schnell Jeshow zu sehen.

»Sie möchten unbedingt mit dem Volkskommissar sprechen? Haben Sie ihm etwas mitzuteilen?«

»Da er mich gerufen hat, liegt ihm offenbar an einem Gespräch mit mir. Und außerdem habe ich ihm etwas zu sagen«, fügte ich nach kurzer Überlegung hinzu.

Kobulow griff zum Telefon.

»Sie ist jetzt bei mir. Dürfen wir kommen?« Und wir gingen sofort zum Volkskommissar.

In dem geräumigen Vorzimmer waren eine Sekretärin, dem Aussehen nach Georgierin, und zwei Männer, ebenfalls Georgier, die ihr Gespräch unterbrachen. Alle starrten mich an. Kobulow öffnete die Tür zum Arbeitszimmer und ließ mich vorgehen.

Das Zimmer des Volkskommissars, ganz mit einem Teppich ausgelegt, erschien mir riesig. An der gegenüberliegenden Wand stand ein massiver Schreibtisch, darauf befand sich eine Aktenmappe von ebenfalls riesigen Ausmaßen, und die Akten, in denen wohl die einzelnen Untersuchungsfälle lagen, türmten sich zu Bergen. Am Tisch saß ein Mann, aber nicht derjenige, den ich so dringend hatte sehen wollen. Vor Aufregung und Überraschung sah ich doppelt, wie durch einen Fotoapparat, der noch nicht scharf eingestellt ist: Berijas Augen bewegten sich auf Jeshows Augen zu, bis beide schließlich zur Deckung kamen und ich erkannte, daß erstere es waren, die mich aufmerksam ansahen. Ich trat auf Berijas Tisch zu, schlug die Hände zusammen und rief aus:

»Lawrentij Pawlowitsch! Wo ist denn der ›gerühmte Volkskommissar‹ geblieben? Ist er samt seinen ›festen Händen‹ in der Versenkung verschwunden?!«

So unverhohlen ist die Jugend! Ich vermochte mein Staunen und meine Freude über die Vermutung, daß Jeshow aller Wahrscheinlichkeit nach verhaftet war, nicht zu verbergen (und hielt es auch für überflüssig).

Das Schicksal bahnt unseren Lebensweg, ohne daß wir es wissen, und bestimmt uns unverhoffte Begegnungen. Darum sagen wir oft: »Das ist Schicksal!...«

Berija kannte ich, obwohl er nicht zu meiner unmittelbaren Umgebung, den altbolschewistischen Kreisen, gehörte. Unsere Bekanntschaft war ein reiner Zufall, wenn auch – wie wohl jeder Zufall – nicht ganz grundlos.

Zum ersten Mal sah ich ihn im August 1928. Der älteste georgische Bolschewik, der Vorsitzende des ZIK Transkaukasien, Micha Zchakaja, hatte Larin nach Tiflis zur Besprechung des Finanzhaushalts von Transkaukasien – oder auch nur von Georgien, das weiß ich nicht mehr genau – gebeten, weil Larin zur Haushaltskommission des ZIK der UdSSR gehörte. Mutter und ich begleiteten Vater, weil wir nach den Sitzungen unseren Urlaub in Likany in der Nähe von Borshomi verbringen wollten. (Übrigens mußte ich später noch oft an Likany denken. Auf einer Bank im Park von Likany hatte sich einmal der damals in Georgien bekannte bolschewistische Schriftsteller Todrija mit Vater unterhalten und in meinem Beisein zu ihm gesagt: »Ihr Russen kennt Stalin nicht so wie wir Georgier. Der wird uns allen noch etwas vorführen, was ihr euch überhaupt nicht vorstellen könnt!«)

Auch Berija, der Leiter der GPU Georgiens, nahm an den Haushaltsbesprechungen teil. Eine Sitzung fand in seiner Datscha in der malerischen Umgebung von Tiflis bei Kodshory statt. Den Namen des Ortes habe ich wohl deswegen behalten, weil Vater wegen der Klangähnlichkeit von Kodshory und Ishory Puschkins Vers zitierte:

Als wir nach Ishory fuhren,
Sah ich auf ins Himmelsblau.
Ihrer Augen blaue Blicke
Sah ich vor mir ganz genau.

Ich war zum ersten Mal in Georgien und begeistert von diesem Land. Damals konnte ich natürlich nicht ahnen, daß der Name des Mannes, der uns gastfreundlich empfing, einmal zum Symbol für Henkerei werden sollte.

Nach der langen Besprechung gab es ein Essen, das nach georgischer Sitte zubereitet war, und duftenden georgischen Tee. Bei Tisch sagte Berija zu Vater:

»Ich wußte gar nicht, daß Sie eine so bezaubernde Tochter haben!«

Ich war damals vierzehn. Verlegen errötete ich, und Vater antwortete: »Ich sehe nichts besonders Bezauberndes an ihr.«

»Micha!« wandte Berija sich an Zchakaja. »Laß uns auf dieses Mädchen anstoßen! Möge sie lange und glücklich leben!«

Zum zweiten Mal traf ich Berija in Larins Todesjahr, im Sommer 1932. A. I. Rykow, der von Mutter gehört hatte, wie sehr ich unter Vaters Tod litt, hatte mich eingeladen, mit ihm auf die Krim zu fahren, wo er seinen Urlaub verbringen wollte. Auch W.W. Kujbyschew mit seinen Verwandten fuhr dorthin, mit Tochter, Sohn und Bruder Nikolaj Wladimirowitsch, der auch ein bolschewistischer Revolutionär war, sowie dessen Frau (beide wurden später erschossen) und seinem Privatsekretär M. F. Feldman.

Walerian Wladimirowitsch blieb nicht lange auf der Krim. Er fuhr von dort per Schiff nach Batumi und dann nach Tiflis und Likany. Um mich von meinem Kummer abzulenken, schlug Kujbyschew mir vor, mich ihrer großen und fröhlichen Gesellschaft anzuschließen.

Berija traf Walerian Wladimirowitsch in Batumi. Er und ich waren ja schon »alte Bekannte«. »Oh, wen sehe ich denn da!« rief Berija aus, als er mich erblickte. »Das ist ja eine junge Dame geworden!« Er begleitete Kujbyschew aus Batumi nach Tiflis, wir fuhren zu ihm in die Datscha und dann gemeinsam nach Likany.

Diesmal hatte ich für eine Woche oder länger täglich Kontakt mit dem künftigen NKWD-Oberhaupt. Mehrmals unterhielt er sich mit mir, hauptsächlich über die Schönheit Georgiens. Und er brachte sein Mitgefühl hinsichtlich Vaters Tod zum Ausdruck.

Würde man mich heute fragen, welchen Eindruck Berija damals, 1932, auf mich gemacht hat, so könnte ich selbst im

Wissen um die Schandtaten, die er begangen hat, nichts Verwerfliches nennen, was damals zu bemerken gewesen wäre. Er machte den Eindruck eines intelligenten und engagierten Mannes. (Bei den Gesprächen mit Kujbyschew, der damals Vorsitzender der staatlichen Planungskommission war, machte er vor allem auf die Wirtschaftsprobleme Transkaukasiens aufmerksam.) Und natürlich wirkte er gastfreundlich wie alle Kaukasier. Man kann sich leicht vorstellen, wie er den Ehrengast, das Politbüromitglied, bei sich in Georgien empfing. Doch man kann nur froh sein, daß Walerian Wladimirowitsch sich wenige Jahre später nicht in Berijas »Appartements« befand, sondern anders aus dem Leben schied, als zweiter der großen Politiker nach Kirow. Wäre er in der schlimmsten Terrorzeit Berija in die Hände geraten, so hätte der auch ihn »zurechtgestutzt«.*

Das ist, kurzgefaßt, der Prolog zu meiner Begegnung mit Berija in den Verliesen des NKWD.

Der Volkskommissar forderte mich auf, ihm gegenüber am Schreibtisch Platz zu nehmen. Ich wiederholte meine Frage nach Jeshow.

»Interessiert Sie das so sehr?« fragte Berija, ohne meine Frage zu beantworten. Und um meine Aufmerksamkeit abzulenken, machte er eine Bemerkung, die überhaupt nicht zur Sache gehörte:

»Warum hinken Sie, Anna Jurjewna?«

Eine merkwürdige Frage. Ich hinkte keineswegs und erklärte ihm, daß es ihm wohl so vorgekommen wäre, weil mir die Beine vor Überraschung über die Ablösung des so »gerühmten Volkskommissars« den Dienst versagt hätten.

»Sie hinken nicht? Das ist sehr gut, gut, daß es mir nur so vorkam« (als wäre dies das größte Leid meines Lebens).

»Nicht Anna Jurjewna, sondern Anna Michajlowna«, verbesserte Kobulow den Volkskommissar.

* W.W. Kujbyschew starb sehr plötzlich am 25. Januar 1935; weniger als zwei Monate nach dem Mord an Kirow, dem er von jeher nahegestanden hatte. Es besteht der Verdacht, daß er auf Stalins Anweisung hin ermordet wurde. Vielleicht wurden deswegen Bucharin und Rykow beim Prozeß dieser Untat beschuldigt.

Berija sah in meine Akte, die vor ihm auf dem Tisch lag. Die Mappe war so dick, daß man sich kaum vorstellen konnte, was alles darin war. Auf dem Umschlag stand: »Bucharina-Larina, Anna Michajlowna«. (Vielleicht auch »Larina-Bucharina«, das erinnere ich nicht genau.)

»Das ist in diesem Fall egal«, erklärte Berija Kobulow. »Sie ist auch eine Jurjewna.« (Der Deckname Jurij war wirklich zu Larins zweitem Namen geworden.) Kobulow zuckte erstaunt die Achseln, weil er nichts verstand, schwieg aber. »Ich muß Ihnen sagen, Anna Jurjewna, daß Sie erstaunlich hübsch geworden sind, seit ich Sie das letzte Mal gesehen habe.«

Der Kommissar sah durch sein Pincenez in mein blasses, erschöpftes Gesicht und log unverschämt. Die Unaufrichtigkeit war ihm offenbar zur Gewohnheit geworden. Dieses, gelinde gesagt, falsche Kompliment war mir unangenehm. Es machte mich wütend, und ich antwortete böse: »Paradox, Lawrentij Pawlowitsch! Ich soll sogar hübscher geworden sein? Dann können Sie mich ja nach weiteren zehn Jahren Gefängnis zum Schönheitswettbewerb nach Paris schicken.«

Berija zerfloß in einem Lächeln.

»Was haben Sie im Lager gemacht, welche Arbeit hat man Ihnen gegeben?«

»Ich war Sanitärarbeiter«, antwortete ich, ohne zu überlegen. Ich hätte sagen können, daß es im Tomsker Lager, dem einzigen, in dem ich bis zur Begegnung mit dem Kommissar gewesen war, keine Produktion gab. Aber ich hatte Lust, Berija genau dies »ich war Sanitärarbeiter« zu antworten. Vermutlich wollte ich damit betonen, daß von Schönheit nicht die Rede sein konnte und Komplimente fehl am Platz waren. Im übrigen war in meiner Antwort ein wahrer Kern: Nach dem Prozeß hatte die Barackenälteste mich dazu verpflichtet, mit einer Brechstange den Schmutz in der kalten Toilette loszuschlagen, damit man ihn wegfahren konnte. Es bereitete ihr wahres Vergnügen, diese Arbeit gerade mir, Bucharins Frau, zu geben. Zu ihrem großen Bedauern war ich für diese Arbeit zu schwach, und nach drei, vier Tagen mußte man mich von diesem »Amt« befreien. Aber wenn man den Kraftaufwand berücksichtigt, den ich daransetzte, diese Toilette benutzbar zu halten, dann kann man die Dauer meiner Sanitärarbeit getrost um das Hundertfache erhöhen.

»Als Sanitärarbeiter?!« wunderte sich Berija. »Ja, hat man denn für Sie keine andere Arbeit gefunden?«

»Warum sollte man die suchen? Für die Frau eines Oberspions und Oberverräters nimmt man eben die passende Arbeit... Warum erschreckt Sie das so, Lawrentij Pawlowitsch; wenn das ganze Leben schon eine einzige, große Scheiße ist, dann ist es im Kleinen auch nicht mehr so furchtbar, darin herumzuwühlen!«

»Was?!« rief Berija, und ich wiederholte, was ich gesagt hatte.

Das Epitheton, mit dem ich das Leben bedachte, war so derb, daß ich in Versuchung war, diese Episode wegzulassen, aber dann wäre ich unehrlich in meinen Erinnerungen. Nach den unanständigen Flüchen, die ich im Stolypinwagen auf dem Weg nach Moskau mit angehört hatte, verletzte meine eigene Derbheit mein Ohr nicht mehr, und was Berija darüber dachte, war mir völlig egal. Ebenso egal war es mir, daß man mich der konterrevolutionären Verleumdung unserer schönen Wirklichkeit hätte beschuldigen können. Mich interessierte etwas ganz anderes: Wie reagierte der neue Volkskommissar darauf, daß ich Bucharin ironisch einen Oberverräter und Oberspion genannt hatte? Doch Berija hatte die Ellenbogen aufgestützt, durchleuchtete mich mit Blicken wie mit Röntgenstrahlen und schwieg einige Zeit lang. Dann wechselte er auf georgisch einige Sätze mit Kobulow, und der rief:

»Sie drücken sich aber unfein aus! Schämen Sie sich nicht?«

»Ich schäme mich nachgerade für gar nichts mehr!« antwortete ich, obwohl ich nicht behaupten kann, daß ich nicht verlegen war.

Wegen der langen Isolation wußte ich nicht, was inzwischen im Lande vorging, was der neue Volkskommissar darstellte und wie seine Einstellung zu den Prozessen war. Berija ließ nicht lange auf sich warten, obwohl er vorsichtig und Schritt für Schritt vorging. Nach einer kurzen Pause fragte er unerwartet und ohne jeden Zusammenhang:

»Sagen Sie, Anna Jurjewna, warum haben Sie Nikolaj Iwanowitsch geliebt?«

Die Frage überraschte mich. Der friedliche Ton, in dem der Volkskommissar sie stellte, und die Tatsache, daß er Bucharin mit Vor- und Vatersnamen nannte, machten mir Hoffnung. Ich vermutete, daß »der Herr« Berija mit der Mission betraut hatte, seinen Vorgänger zu entlarven, und die ganze Schuld an dem Massenterror – und damit auch an N. I.s Tod – tückischerweise auf Jeshow abwälzen wollte. Wenn auch Bucharins Leben nicht mehr zu retten war, so wären in diesem Fall doch wenigstens die schrecklichen Beschuldigungen zurückgenommen worden.

Ich beantwortete die Frage nicht, sondern erklärte, daß Liebe eine so intim persönliche Angelegenheit sei, daß niemand verpflichtet werden könne, darüber Rechenschaft abzulegen.

»Trotzdem, trotzdem«, beharrte Berija. »Wir wissen, daß Sie Nikolaj Iwanowitsch sehr geliebt haben.«

In diesem Fall benutzte er nicht die stereotype Floskel aller Untersuchungsleiter »aus sicherer Quelle«, aber ich antwortete:

»Das wissen Sie bestimmt ›aus sicherer Quelle‹.«

Berija lächelte. Plötzlich fiel mir etwas ein, und ich stellte dem Volkskommissar eine Gegenfrage:

»Warum haben denn Sie N. I. geliebt?«

Berija verzog vor Erstaunen das Gesicht.

»Ich soll ihn geliebt haben?! Wie meinen Sie das? Ich konnte ihn nicht ausstehen.«

Berija schien den geheimen Sinn meiner listigen Frage nicht verstanden zu haben.

»Lenin hat doch in seinem ›Brief an den Parteitag‹ Bucharin als den ›rechtmäßigen Liebling der Partei‹ bezeichnet. Wenn Sie ihn nicht geliebt haben, dann waren Sie also eine Ausnahme in der Partei.«

»Wie? Hat Bucharin Ihnen das erzählt?«

»Nein. Ich habe den ›Brief an den Parteitag‹ gelesen.«

Ob ich ihn wirklich gelesen hatte, weiß ich nicht mehr; aber ich kannte den Inhalt. Berija antwortete ich genau so: »Ich habe ihn gelesen.«

»Das hat Lenin vor langer Zeit geschrieben«, bemerkte Berija. »Das gehört nicht hierher.«

Ich hatte noch immer die Hoffnung, daß der neue Kommissar N. I. wenigstens nicht als Verbrecher bezeichnen würde, zumal er selbst nichts mit seinem Tod zu tun hatte. Doch Berija wechselte das Thema, weil das Gespräch für ihn eine unerwünschte Wendung genommen hatte.

Nachdem er sich erkundigt hatte, was ich an jenem Tag gegessen hätte (worauf ich erwiderte, daß man nichts extra für mich machte), bat Berija Kobulow, Anweisung zu geben, daß man mir belegte Brote und Obst bringen sollte. Dann nahm er die Dokumente aus der Mappe. An der Schrift erkannte ich mein Gesuch, das ich an Jeshow geschickt hatte.

»Wollen Sie wirklich nicht mehr leben, Anna Jurjewna?« fragte der Kommissar. »Es fällt schwer, das zu glauben. Sie sind so jung und haben das ganze Leben noch vor sich!...«

»Ich habe Jeshow in völliger Verzweiflung geschrieben, als ich nichts anderes mehr vor mir sah als langsames Dahinsiechen. Wenn alles nur noch ein einziger Alptraum ist, wenn man wie in einem blutigen Nebel lebt, wenn man N. I. und alle, die ich geschätzt habe, tötet, mir mein Kind nimmt und mich selbst in einem nassen Keller zum Sterben verurteilt und noch obendrein mehrmals erschießt« (genau so drückte ich mich aus und meinte damit, daß man mir mehrfach mit Erschießung gedroht und mich schließlich zur Vollstreckung geführt hatte, nachdem mir das Todesurteil vorgelegt worden war), »dann bleibt nichts, als um den Tod zu bitten.«

Berija hörte mit gesenktem Kopf zu und sah mich finster an; in seinem Gesicht schien sich eine flüchtige Bewegung widerzuspiegeln. Möglich, daß sich in seinem Herzen für einen Augenblick etwas Menschliches regte.

»Erschießen kann man nicht mehrmals, sondern nur einmal. Jeshow hätte sie erschossen«, sagte der neue Kommissar.

Noch einmal versuchte ich herauszubekommen, was aus Jeshow geworden war. Aber Berija gab mir zu verstehen, daß nur er berechtigt sei, Fragen zu stellen.

»Aber auch Sie werden mich doch erschießen?«

»Das hängt alles von Ihrem weiteren Benehmen ab.«

Wie oft und wie vielen Häftlingen gegenüber haben die Untersuchungsleiter diese abgedroschene Phrase wiederholt! Klar war, daß mein Benehmen Berija nicht paßte. Schließlich zog er die Akte mit meinem »Fall« näher zu sich heran. Es war deutlich, daß er sich schon vorher damit vertraut gemacht hatte. Er blätterte die Seiten flüchtig durch und sagte dann:

»Die konterrevolutionäre Jugendorganisation, die über Sie in Verbindung zu Bucharin stehen sollte, ist Unsinn. Und auch, daß Bullit Sie nach Bucharins Verhaftung nach Amerika schicken wollte, ist Phantasie. Wissen Sie eigentlich, mit wem Sie in der Zelle geredet haben? Bevor man vertrauensselig wird, sollte man sich darüber im klaren sein, wer der Gesprächspartner ist! Ganz besonders in einer Lage wie der Ihren...«

Das mutete fast wie väterliche Fürsorge an. Ich mußte zugeben, daß ich erst im letzten Augenblick verstanden hatte, wer meine Zellengenossin war, kurz bevor sie abgeholt wurde. Und ich erzählte, wie sie mir fast eine Ohrfeige zum Dank gegeben hätte. Und das keineswegs, weil sie mich für die Frau eines Volksfeinds und Konterrevolutionärs hielt, so betonte ich, sondern sie haßte mich, weil sie in mir die Frau eines bolschewistischen Revolutionärs sah. Deswegen hatte sie mich so gründlich verleumdet.

»Sie hat nicht nur gelogen«, bemerkte Berija. »Kannten Sie Andrej Jakowlewitsch Swerdlow?«

Ich wußte, daß Andrej Swerdlow aufgrund der Denunziation meiner Zellengenossin in dem »Fall« als Mitglied der konterrevolutionären Jugendorganisation fungierte.

»Ja, den kannte ich«, beeilte ich mich zu sagen, »aber das bedeutet noch lange nicht, daß Swerdlow zu einer konterrevolutionären Jugendorganisation gehörte. Sie haben ja selbst gesagt, daß diese Organisation Unsinn ist!«

»Das habe ich nur im Hinblick auf Sie gesagt. Das bedeutet nicht, daß es überhaupt keine konterrevolutionären Jugendorganisationen gäbe. Warum nehmen Sie Swerdlow so in Schutz? War er vielleicht verliebt in Sie?«

»Ich verteidige ihn, weil ich sicher bin, daß er keinerlei Verbindung zur Konterrevolution hat. Was die Liebe betrifft, so fragen Sie Swerdlow selbst, wenn es Sie so sehr interessiert. Mir hat er keine Liebeserklärung gemacht.«

Berija nahm die Gedichte, die in einer fremden Handschrift geschrieben waren, aus der Akte. Der einzige Mensch, der sie gehört hatte, war wiederum meine Zellengenossin.

»Wie ich sehe, Anna Jurjewna, dichten Sie, und ich möchte sogar sagen, gar nicht schlecht. Wer hat Ihnen das beigebracht, Bucharin oder Larin?« Und ohne meine Antwort abzuwarten, zitierte er:

»Viele gab es, die ihn liebten,
Viele, die er Feinde hieß,

Weil der oft und schwer Verfolgte
Seinen Geist nicht fesseln ließ.

Und was wollten Sie mit diesen Zeilen sagen?«

»Das, was Sie zitiert haben. Es hat keinen geheimen Sinn.«

»Bucharins schädliche Ideen haben wir immer durchkreuzt.«

»Bucharins schädliche Ideen«, dachte ich, »das könnte schlimmer sein.« Meine Stimmung stieg. Das hieß ja noch nicht Sabotage oder Spionage oder Terror oder Verbindung zum faschistischen Spionagedienst.

»Und der Rabe, Ihr schwarzer Rabe, wer ist das?« fragte der Kommissar mit erhobener Stimme und zitierte aus meinem anderen Gedicht:

Schwarzer Rabe, böse, schändlich,
Hackt ihm Herz und Hirn heraus;
Blut versickert, rote Tropfen,
Rabe lebt in Saus und Braus!
Rabe nährt sich nur von Leichen,
Ist gemästet, doch nicht satt.
Und er trägt durchs ganze Rußland
Knechtschaft, Angst und Missetat!

»Wer ist dieser Rabe?« fragte Berija noch einmal.

»Ein Rabe ist ein Rabe!« rief ich, weil ich beschlossen hatte, mich auf keinerlei Erklärungen einzulassen. »Das ist eine schreckliche Erscheinung, die sich immer wiederholte und mich in der Zelle quälte, wie doch aus dem Gedicht hervorgeht.«

»Nicht nur das geht daraus hervor«, bemerkte Berija.

Meine Aufregung wuchs. Doch von weiteren Erklärungen zu den zitierten Gedichten befreite mich Kobulow. Und auch Berija selbst war offenbar nicht daran gelegen, den Punkt aufs i zu setzen.

Kobulow trat mit belegten Broten und Obst herein, und Berija wechselte unerwartet den Ton. Selbst in dieser Situation gewann wohl die kaukasische Gastfreundschaft die Oberhand, oder es waren andere Überlegungen – ich weiß es nicht.

»Unterbrechen wir unser Gespräch, Anna Jurjewna.« Und er schob mir Brote, Tee und die Schale mit Apfelsinen und Weintrauben hin. Ich lehnte ab.

»Sie wollen nichts essen? Warum nicht? Ich wollte doch mit Ihnen Tee trinken. Wenn Sie nichts essen wollen, unterhalte ich mich nicht mehr mit Ihnen ...«

Die letzten Worte erstaunten mich ganz unbeschreiblich.

»Dann ist das Gespräch mit mir also nicht sehr wichtig. Sie haben Kujbyschew prächtig empfangen, Lawrentij Pawlowitsch. Damals habe ich mit Ihnen an einem Tisch gesessen, und wir haben zusammen gegessen, aber jetzt herrschen andere Umstände ...«

»Wieso denn nur Kujbyschew? Habe ich Larin etwa schlecht empfangen? Das haben Sie wohl vergessen?«

»Nein, ich habe nichts vergessen, obwohl das zehn Jahre zurückliegt. Ich erinnere sogar noch den Trinkspruch, den Sie damals am Mittagstisch ausbrachten: ›Laßt uns auf die Gesundheit dieses Mädchens trinken. Möge sie lange und glücklich leben!‹ Das waren gute Wünsche, aber sie sind leider nicht in Erfüllung gegangen!«

»Ist sie denn auch noch Larins Tochter?« fragte Kobulow, überrascht von meiner frappierenden Verwandtschaft, plötzlich verächtlich.

»Das ist doch nicht *der* Larin*, das ist Jurij Larin. Der war ein sehr origineller Mann, begabt und voller Phantasie! ...« (Nachdem Lenin beim XI. Parteitag seine Meinung über Larins Phantasie geäußert hatte, erwähnten fast alle, wenn sie von Larin sprachen, dessen, wie Lenin meinte, überdurchschnittliche Phantasie.) »Ich habe ihn sehr geschätzt. Wir haben ihn ehrenvoll auf dem Roten Platz beigesetzt.« (Als ob Berija irgend etwas mit Larins Beerdigung zu tun gehabt hätte.)

Vielleicht wollte Berija mich mit seinem Urteil über Larin günstig stimmen, damit seine feindselige Einstellung zu Bucharin überzeugender wirkte.

»Es ist nur gut, daß Larin rechtzeitig gestorben ist. Sonst wäre er genauso umgekommen wie seine Genossen, und Sie hätten nicht mehr die Möglichkeit, seiner warm zu gedenken.«

* Kobulow meinte wohl Witalij Larin, einen Sekretär des Rostower Gebietskomitees, der Ende 1937 zusammen mit Jenukidse und Karachan in einem geschlossenen Prozeß verurteilt und erschossen worden war. Karachan war der stellvertretende Volkskommissar für auswärtige Angelegenheiten unter Litwinow.

»Warum denken Sie so schlecht von Ihrem Vater? Genosse Larin war ein außergewöhnlich treues Parteimitglied...«

»Waren die anderen Bolschewiki, die umgekommen sind, und N.I. etwa schlechtere Parteimitglieder als Larin?«

Das war ein entscheidender Augenblick.

»Meinen Sie jetzt, nach dem Prozeß, noch immer, daß Bucharin der Partei ergeben war?« sagte Berija mit erhobener Stimme. »Er war ein Volksfeind! Ein Verräter! Ein Anführer des rechtstrozkistischen Blocks! Und was dieser Block darstellte, wissen Sie. Sie hatten ja im Lager die Möglichkeit, den Prozeß in der Presse zu verfolgen.«

Das also verbarg sich hinter der Maske falscher Freundlichkeit – Lüge und Heuchelei! Der Boden schwand mir unter den Füßen, mir wurde schwarz vor Augen, und statt Berijas Gesicht sah ich eine graue, gestaltlose Maske vor mir. Von diesem Augenblick an haßte ich den »neuen Volkskommissar« ebenso wie seinen Vorgänger. Berija fixierte mich und schätzte offenbar die Wirkung ein, die seine widerlichen Worte auf mich hatten.

Ich wandte mich ab, um den durchdringenden Blick loszuwerden. Links von mir war hinter vorgezogenen Vorhängen das Fenster. Von dort war der Lärm der Stadt zu hören – Autohupen und ratternde Straßenbahnen – oder vielleicht kam es mir nur so vor. Ich stellte mir den Theaterplatz vor, der Swerdlowplatz heißt. Und das »Metropol« mit dem Mosaik von Wrubel an der Fassade, mit seinen kleinen, Masten ähnlichen Türmchen auf dem Dach. Das »Metropol« ähnelte einem großen Schiff, das für immer an diesem Platz vor Anker gegangen war; jenes Haus, in dem ich aufgewachsen und glücklich gewesen war. Es war ganz nah, dieses Gebäude, das mir nun unerreichbar war. Ich hätte nur hinunterzugehen brauchen, vorbei an der Kitajgorod-Mauer und dem Denkmal für den Begründer der Buchdruckerkunst, Iwan Fjodorow, dann den schmalen Steig entlang, wo man Anfang der zwanziger Jahre Chinesen mit langen blauschwarzen Zöpfen und blauen Kitteln über der Hose sehen konnte, die mit selbstgemachtem Spielzeug handelten, mit wabenartigen Papierkugeln oder kleinen Bällchen, die an einem dünnen Gummiband hüpften. Schräg gegenüber vom »Metropol« stand das unheilvolle Gebäude mit den Säulen, in dem die schändlichen, ungerechten Prozesse durchgeführt wurden.

Während des Verhörs (wenn man mein Gespräch mit Berija als Verhör bezeichnen kann) war meine Spannung gestiegen. Und schließlich kam der Augenblick, wo ich laut zu schluchzen begann.

»Waren Sie immer so eine Heulsuse?« fragte Berija und schob das Teeglas noch weiter zu mir herüber. Ich schob es demonstrativ beiseite. »Das ist ausgezeichneter Tee, Anna Jurjewna, Sie sollten ihn nicht ablehnen. Genosse Larin hat viel Anstrengung darauf verwendet, die Teeproduktion bei uns im Kaukasus zu organisieren. Und daher kommt dieser Tee...«

Nach Berijas schrecklicher Äußerung über N. I. vermochte ich nichts mehr zu sagen. Was war es, das mich so traf? Man hätte meinen sollen, daß Epitheta wie »Volksfeind«, »Vaterlandsverräter« und ähnliche schon so oft und laut auf die bekannten Politiker und Kämpfer für die Oktoberrevolution, und etwas leiser auf Millionen unbekannter Verhafteter, angewendet worden waren und so fest in den Wortschatz unseres Landes eingegangen waren, daß die Empfindlichkeit dafür inzwischen etwas abgestumpft war. Dennoch packte mich Entrüstung, als Berija sie aussprach. Vielleicht, weil einige seiner Äußerungen durchaus vernünftig und sogar menschlich gewesen waren. So hatte er viele unbegründete Beschuldigungen, die in Nowosibirsk gegen mich erhoben worden waren, verworfen. Seine Bemerkung »Bevor man sich mit jemandem unterhält, sollte man wissen, wer der Gesprächspartner ist« verstand ich so, daß Berija das, wovon ich gesprochen hatte, als ganz natürliche Reaktion auf die Ereignisse sah, aber kritisierte, mit wem ich darüber gesprochen hatte, weil das meine Situation verschlechterte. Und schließlich hatte wohl unsere längere Bekanntschaft in mir die Hoffnung erweckt, daß Berija mich wenigstens damit verschonen würde, N. I. in meiner Gegenwart als Verräter zu bezeichnen.

Alles, was ich Jeshow hatte sagen wollen, bekam nun Berija von mir zu hören.

Ich sagte, daß er nicht von mir verlangen könne, etwas zu glauben, was er selbst nicht glaubte. Daß ich es für ganz unwahrscheinlich hielte, daß die überwiegende Mehrheit der Bolschewiki ihre Ideale verraten haben und die Wiedereinführung des Kapitalismus in die Sowjetunion betreiben sollte –

des Kapitalismus, gegen den sie während ihres ganzen bewußten Lebens gekämpft hatten. *Das war das Wichtigste.*

Das hätte ich auch sagen können, wenn ich nicht Bucharins Frau gewesen wäre. Da ich aber viele Ereignisse selbst miterlebt hatte und die Angeklagten kannte, konnte ich in ihren Aussagen auch Erfindung und Fälschung erkennen.

»Interessant, interessant, was haben Sie da bemerkt?« fragte der Volkskommissar.

Ich brachte einige Beispiele, die mir aufgefallen waren, als ich im Lager die Zeitungsberichte über den Prozeß hörte. Akmal Ikramow, ein ehemaliger ZK-Sekretär Usbekistans, hatte beim Verhör ausgesagt, daß er 1935 in einer mir unbekannten Wohnung am Subowskij-Boulevard mit Bucharin konterrevolutionäre Gespräche geführt habe. Und daß außer ihnen, Bucharin und Ikramow, auch ihre Frauen anwesend gewesen wären. Ich war indessen nie in dieser Wohnung gewesen.

Das zweite Beispiel hatte mich noch mehr davon überzeugt, daß der Prozeß nichts anderes als eine Inszenierung war. Ikramow hatte beim Prozeß gesagt, daß er Bucharin beim 8. Kongreß der Räte getroffen habe, auf dem die sogenannte Stalinsche Verfassung verabschiedet wurde, und dort in Abwesenheit anderer, *im Treppenhaus* konspirative Gespräche mit ihm geführt habe (damit es ganz überzeugend klänge, hatten die Regisseure dem armen Ikramow sogar den Ort der Begegnung souffliert). Dabei habe Bucharin zu Ikramow gesagt, daß sie, die Schädlinge und Saboteure, allesamt gefangen werden würden, wenn nicht in kürzester Zeit die Intervention erfolgte (natürlich von seiten des faschistischen Deutschland, A. L.).

Es war hier nicht meine Aufgabe, Berija zu beweisen, daß weder Ikramow noch Bucharin überhaupt solche Gespräche führen konnten – *das gehörte zu meinem Hauptargument.* Es verhielt sich aber so, daß N. I. am 8. Kongreß der Räte überhaupt nicht teilgenommen hatte. Obwohl er zur Verfassungskommission gehörte, war es ihm nicht möglich, diesem Kongreß beizuwohnen, weil damals, im Dezember 1936, schon das Untersuchungsverfahren gegen ihn lief und er ein geächteter Mann war, der seine Wohnung nicht mehr verließ. Wir hatten zu Hause zusammen Stalins Rede im Radio gehört.

Ferner erzählte ich Berija von Paris. Er hörte mir aufmerksam zu. Ich erklärte den Zweck von N. I.s Geschäftsreise und berichtete, daß ich den Verhandlungen Bucharins und der übrigen Mitglieder der Kommission, die das Marxarchiv aufkaufen sollte, mit dem emigrierten Menschewiken B. I. Nikolajewskij selbst beigewohnt hatte. Ich erzählte, wie mich die unwahre Behauptung Bucharins entsetzt hatte, daß Nikolajewskij in die Untergrundpläne des rechtstrozkistischen Blockes eingeweiht worden wäre und daß N. I. unter dem Vorwand einer Geschäftsreise Verschwörungsgespräche geführt und sogar um die Unterstützung der II. Internationale im Falle eines Scheiterns gebeten habe. Schließlich war ich selbst Zeugin dessen, daß die Verhandlungen mit Nikolajewskij rein geschäftlicher Art gewesen waren. Nur ein einziges Gespräch hatte eine politische Note gehabt, doch dabei hatte Bucharin sich mit Nikolajewskij als seinem ideologischen Gegner unterhalten.

Bucharin hatte beim Prozeß behauptet, daß Rykow über Nikolajewskij die Verbindung zwischen dem rechtstrozkistischen Block und dem Menschewikizentrum im Ausland hergestellt habe. Notgedrungen hatte Rykow das bestätigt, wie auch Jagoda erwähnte. Da ich aber in Paris dabeigewesen war, wußte ich, daß es keine Verbindung zwischen Nikolajewskij und Rykow gab. Nikolajewskij hatte selbst davon gesprochen und deswegen versucht, von Bucharin etwas über seinen Bruder Wladimir Iwanowitsch zu erfahren, der mit Rykows Schwester verheiratet war und in Moskau lebte.

»Ich bin sicher, daß Nikolajewskij Bucharins und Rykows Falschaussagen schon in der Presse zurückgewiesen hat«, sagte ich zu Berija. Wie ich viele Jahre nach meiner Freilassung erfuhr, irrte ich mich nicht.

»Das können die Vertreter der II. Internationale aus konspirativen Gründen zurückweisen«, bemerkte Berija.

In diesen Worten erkannte ich Stalins bekannte Handschrift.

»Vielleicht reicht Ihnen das?« fragte ich den neuen Volkskommissar.

»Nein, nein, fahren Sie nur fort, es ist interessant, wie Sie das alles verstehen.«

»Ich verstehe das genau so, wie jeder andere es an meiner Stelle auch verstehen würde.«

Dann verwies ich noch auf die Geschichte mit Jakowenkos Aussagen.

Wassilij Grigorjewitsch Jakowenko, ein Sibirer bäuerlicher Herkunft, hatte die Partisanenbewegung gegen Koltschak geführt und war dadurch berühmt geworden. Kurz vor seiner eigenen Festnahme erhielt Bucharin die Aussagen des bereits verhafteten Jakowenko. Dieser hatte während der Untersuchung ausgesagt, daß er Bucharin in Serebrjanyj Bor in Larins Datscha getroffen habe und daß er von Bucharin beauftragt worden sei, nach Sibirien zu fahren und Kulakenaufstände zu organisieren, die Sibirien von der Sowjetunion abtrennen sollten. An diesen Aussagen stimmte nur soviel, daß Bucharin tatsächlich einmal zufällig Jakowenko in Larins Datscha getroffen hatte, und zwar auf folgende Weise: N. I., Vater und ich saßen auf der Bank am Zaun. Wir bemerkten, wie ein ganz eingefallener und abgemagerter Wassilij Grigorjewitsch Jakowenko, der kaum wiederzuerkennen war, den Pfad entlangkam. Vater kannte ihn gut, N. I. flüchtig. Früher war er ein gesunder, kräftiger Kerl gewesen. Und nun sahen wir plötzlich einen kranken, schwachen Mann vor uns, der am Stock ging. Wie sich herausstellte, hatte man bei ihm ein Magengeschwür in verschlepptem Zustand entdeckt, und er mußte ins Krankenhaus. Vater bat Jakowenko, sich zu uns zu setzen. Aber er blieb nicht lange, weil er Schmerzen hatte. Das Gespräch drehte sich nur um seinen Gesundheitszustand und die Ernteaussichten.

»Nun, und was für Aussichten waren das?« fragte Berija ironisch und ließ durchblicken, daß er meiner Erzählung wenig Glauben schenkte.

»Das weiß ich nicht mehr, das ist hier auch belanglos.«

Mich erschütterten nicht nur die verleumderischen Aussagen von Jakowenko selbst, sondern auch, daß N. I. vor seiner Verhaftung darüber empört gewesen war, sie mir vorgelesen und mich gefragt hatte, ob ich mich an die Episode erinnern könnte. Beim Prozeß aber bestätigte er die Aussage und gab als Ort des Treffens Serebrjanyj Bor an. Nur Larins Datscha erwähnte er nicht, vermutlich, um dessen Namen nicht hineinzuziehen.

Ich war aufgeregt, weil mir klar war, daß ich mir mit solchen Aussagen selbst die Schlinge um den Hals legte, aber nachdem Berija N. I. einen Verräter genannt hatte, war ich kaum mehr imstande, mich zurückzuhalten. Dennoch verschwieg ich immerhin, wie erschüttert ich war, als ich von N. I.s Bekenntnis im Prozeß erfuhr, er habe im Kreise der sogenannten Verschwörer M. N. Tuchatschewskij einen potentiellen Napoleon genannt. Mir hatte N. I. vor langer Zeit selbst gesagt, daß Stalin Tuchatschewskij in einem Gespräch mit ihm so genannt hatte, und N. I. hatte sich bemüht, Stalin davon zu überzeugen, daß Tuchatschewskij sich keineswegs um die Macht riß. Diese Episode beweist, daß Stalin an der Herstellung des Textbuches für den Prozeß unmittelbar selbst beteiligt war. Denn kein anderer konnte Bucharin ein Wort in den Mund legen, das Stalin gehörte.

Ebenso verschwieg ich Berija, wie erstaunt ich über Bucharins erzwungenes Bekenntnis war, daß er seinen ehemaligen Schüler Alexandr Slepkow in den Nordkaukasus geschickt habe, damit er dort Kulakenaufstände organisiere. Dabei wußte ich genau, daß N. I.s Schüler, darunter auch Slepkow, auf Stalins Anweisung hin an die Peripherie geschickt worden waren, um Bucharin zu isolieren, worüber dieser sehr betrübt war.

Doch ich erzählte noch ein weiteres wesentliches Faktum gegen die Prozesse. Kurz vor Radeks Verhaftung war ich Zeugin eines Gesprächs zwischen ihm und Bucharin gewesen. Sie sprachen unter vier Augen, aber ich war bei offener Tür im Nebenzimmer und hörte, wie Radek Bucharin versicherte, daß er an keiner Verschwörung gegen Stalin oder an irgendwelchen anderen Verbrechen beteiligt sei. Doch nach seiner Verhaftung, bei der Voruntersuchung und beim Prozeß, gestand Radek die schrecklichsten Verbrechen und verleumdete Bucharin.

»Aus Radeks Gespräch mit Bucharin kann man nur folgendes schließen«, sagte ich zu Berija. »Entweder hatte Radek selbst etwas mit konterrevolutionären Aktivitäten zu tun und hat verleumderische Aussagen gegen Bucharin gemacht« (diese Möglichkeit schloß ich selbst strikt aus, aber ich wollte N. I.s Unschuld logisch nachweisen), »oder sie waren beide unschuldig. Eine andere Möglichkeit gibt es nicht. Wenn beide an Verbrechen beteiligt waren, hätte das Gespräch, dessen Zeugin ich war, nicht stattgefunden.«

Ich dachte, daß ich Berija treffen würde, besonders mit dem zuletzt Erzählten. Aber er sah mich gleichgültig an und sagte ruhig:

»Ihre Argumentation ist nicht überzeugend, Anna Jurjewna. Ihre Schlußfolgerungen, die von Tatsachen ausgehen, die Sie angeblich wissen, müssen von anderen Zeugen bestätigt werden. Weshalb soll ich Ihnen glauben, daß Radek wirklich Bucharin gegenüber seine Beteiligung an Verbrechen zurückgewiesen hat, wenn sie beide und alle anderen Angeklagten in den Prozessen ihre Schandtaten gegen den Sowjetstaat selbst zugegeben haben? Wo ist die Garantie dafür, daß alles, was Sie mir gerade erzählt haben, nicht Ihre eigene Erfindung ist?«

Natürlich wußte Berija genau, daß all das keineswegs die Früchte meiner Phantasie waren. Er hörte mir weiterhin voller Aufmerksamkeit zu. Doch sein demagogischer Einwand überraschte mich. Es war unmöglich, Zeugen zu finden. Aber bald hatte ich meine Gedanken wieder gesammelt.

»Ich brauche keine Zeugen«, entgegnete ich dem Kommissar. »Sie haben Erstaunen und sogar Empörung darüber geäußert, daß ich auch nach dem Prozeß von N. I.s Unschuld überzeugt bin. Ich habe nachgewiesen, warum es mir unmöglich ist, zu glauben, daß er ein Verbrecher war, und ich habe meiner Meinung nach überzeugende Argumente angeführt. Wenn Sie mir nicht glauben, ist es sinnlos, sich mit mir zu unterhalten.«

»Es ist nicht sinnlos, da ich es tue«, bemerkte Berija. »Wie erklären Sie die Geständnisse der Angeklagten, wenn Sie sie nicht glauben? Bucharin hat Ihnen offenbar eingeflüstert, daß sie durch Folter erzwungen werden?«

»Ich konnte mit N. I. nur vor seiner Verhaftung darüber sprechen. Er beurteilte die Aussagen gegen ihn als verleumderisch, also waren sie erzwungen, denn so viele Schurken, die freiwillig bereit sind zu lügen, gibt es nicht. Er stellte verschiedene Vermutungen über die Methoden an, mit denen solche Aussagen erreicht werden, und schloß Folter nicht aus. Sie werden die Methoden, mit denen Verleumdung erpreßt wird, besser kennen als damals N. I.«

»Feinde behandelt man als Feinde, das muß auch so sein.«

»Ich meine, daß es sinnvoll wäre, auch von seinen Gegnern die Wahrheit zu erfahren, und wenn Ihre Untersuchungsmethoden zu Falschaussagen führen, sind sie auch im Hinblick auf Feinde sinnlos.«

Was Berija darauf antwortete, weiß ich nicht mehr.

Zu welchem Zweck er das Gespräch mit mir führte, war mir unklar. Einen Augenblick lang hatte ich Lust, ihn danach zu fragen. Als ich aber seinen Gesichtsausdruck sah, der in diesem Moment sehr finster war (er wechselte oft), verzichtete ich lieber darauf, weil ich annahm, daß er mir die Wahrheit sowieso nicht sagen würde, und vielleicht auch, weil ich Angst vor der Antwort hatte.

Gegen Ende unseres Gesprächs stellte Berija mir einige nicht uninteressante Fragen. Ich will erzählen, was ich noch erinnere. Er fragte, wie nah Maxim Maximowitsch Litwinow Bucharin gestanden habe und ob er bei ihm verkehrt habe. Ich begriff, daß gegen Litwinow Intrigen gesponnen wurden, und schloß nicht aus, daß auch er verhaftet war. Ich antwortete, daß sie sich keineswegs nahgestanden hätten und einander nicht besucht hätten.

»Wollen Sie etwa behaupten, daß sie einander nicht gekannt hätten?« fragte der Kommissar mit spöttischem Lächeln.

Das konnte ich nun beim besten Willen nicht sagen.

»Ihre Antwort ist sehr unklar und verschwommen. Offenbar haben Sie das Bestreben, Litwinow vor Bucharin zu schützen?«

»Meine Antwort entspricht den Tatsachen: Sie kannten einander, standen sich aber nicht nah. Mehr kann ich Ihnen nicht sagen.«

Dann kam eine Frage, die mich ungeheuer überraschte:

»Wie hat Bucharin die sowjetischen Politiker beurteilt?« Es war mehr als rätselhaft, warum Berija das mehrere Monate nach Bucharins Tod wissen wollte. Mir blieb keine andere Antwort übrig, als daß N. I. sich darüber nicht besonders mit mir unterhalten hätte. Da aber er, Berija, selbst bemerkt habe, daß man nur einmal erschossen wird, müsse man doch sagen, daß diese Frage jetzt, nach N. I.s Tod, keinen Sinn mehr habe. Berija gab nicht gleich nach, bekam aber keine andere Antwort von mir.

Dann kam eine Frage, die mich persönlich betraf. Berija fragte, ob ich mich vor meiner Verbannung nach Astrachan in

Moskau mit irgendwem getroffen hätte. Ich sagte nicht gleich die Wahrheit, sondern behauptete zunächst, daß ich niemanden gesehen habe, hielt aber die Lüge nicht aus und »bekannte«:

»Ich habe mich mit einem Menschen getroffen, aber dessen Namen sage ich nicht.«

»Warum nicht?« wollte Berija wissen.

»Dann werden Sie ihn dafür verfolgen. Er hat sich in den schwersten Tagen mir gegenüber nicht wie ein elender Feigling verhalten, wie viele andere, sondern mir viel Aufmerksamkeit und Wärme zukommen lassen, und ich möchte nicht, daß er dafür zu leiden hat.«

Zur Antwort bekam ich einträchtiges Gelächter von Berija und Kobulow.

»Ist das Nikolaj Stepanowitsch Sosykin, der Ihnen so viel Aufmerksamkeit erwiesen hat?« bemerkte Berija ironisch und wiegte den Kopf hin und her. »Welche Naivität!... Haben Sie sich mit ihm im Hotel ›Moskau‹ getroffen?«

Ich geriet in solche Aufregung, daß ich mein Herz klopfen hörte. In einer Sekunde mußte ich meine Einstellung zu einem Menschen ändern, der mir vor dem Hintergrund meines zerstörten Lebens als Lichtblick erschienen war. Von ihm hatte ich oft gedacht: Es gibt wenig Menschen wie Kolja Sosykin. Die Sache verhielt sich folgendermaßen. Eines Tages, noch vor der Februar-März-Tagung des ZK 1937, hatte mich mein ehemaliger Kommilitone Kolja Sosykin, der Leiter unserer Komsomolgruppe, angerufen. Er war aus Stalingrad nach Moskau zum Studium gekommen und nach Abschluß des Instituts wieder dorthin zur Arbeit zurückgekehrt. Er sagte mir, daß er in die Planungsabteilung des neu organisierten Volkskommissariats für Verteidigungsindustrie versetzt sei und im Hotel »Moskau« wohne, solange man noch keine Wohnung für ihn habe. Ich nahm alles für bare Münze, N.I. bezweifelte es: »Wer hat denn im Volkskommissariat für Verteidigungsindustrie einen Fachmann für ein ganz anderes Gebiet, der gerade erst sein Studium abgeschlossen hat, so nötig, daß er ihn aus Stalingrad nach Moskau ruft und ihn dann noch im Hotel ›Moskau‹ unterbringt? Sieht mir ganz so aus, als ob dein Sosykin ein Spitzel ist.« Ich wollte es nicht glauben. N.I. hatte aber nichts gegen unser Treffen, obwohl er mich warnte, daß ich sehr vorsichtig sein und nichts Überflüssiges sagen sollte. Von August 1936 bis zum 27. Februar 1937 war ich unzertrenntlich an N. I.s Seite, nur einmal war ich zu Mutter gelaufen. Auch er selbst wollte wissen, was man über die laufenden Ereignisse dachte. Wir waren beide von der Außenwelt abgeschlossen.

Vor N. I.s Verhaftung traf ich mich nur einmal mit Sosykin. Es schien mir ganz natürlich, daß er mich nach Nikolaj Iwanowitsch fragte. Und wie sollte ich ihm da nicht sagen, daß N. I. seine Schuld entschieden zurückwies. Aber genau das war jenes »Überflüssige«, über das man in jener Zeit besser nicht hätte reden sollen. Nach N. I.s Verhaftung traf ich mich wieder mit Sosykin im Hotel »Moskau«. Ich konnte an nichts anderes denken und von nichts anderem sprechen als von der schrecklichen Februar-März-Tagung. Sosykin bemühte sich, mich zu beruhigen: »Das wird sich schon klären.« Er kaufte für mein Kind Spielzeug und Süßigkeiten.

»Sie wollen ihn schützen, Anna Jurjewna, aber er hat Sie keineswegs verschont, nein, durchaus nicht! Er hat sich sehr schlecht über Sie geäußert.«

»Was er über mich gesagt hat, ist mir egal. Für mich ist entscheidend, daß er nicht der Sosykin ist, für den ich ihn gehalten habe, und das ist schmerzlich. Meiner Meinung nach konnte er nichts Schlechtes über mich sagen, wenn er nicht gelogen hat. Er hat von mir etwas über die Februar-März-Tagung und über Bucharins Auftreten dabei erfahren. Nur das konnte er melden. Von solchen Aussagen über mich gibt es wohl nicht nur eine. Auf eine mehr oder weniger kommt es dabei wohl kaum an. Sie meinen, daß ich schlecht gehandelt habe, weil ich Sosykin von der Tagung erzählt habe, aber ich meine, daß das richtig war, weil ich ihm die Wahrheit über N. I. gesagt habe.«*

»Sie wollen also alle schützen«, bemerkte der Kommissar. »Die Beziehung zwischen Litwinow und Bucharin wollen Sie auch nicht aufdecken...«

»Ich weiß nichts über Litwinows Verbindung zu Bucharin. Soweit ich verstehe, sind Sie an konterrevolutionären Verbin-

* Nach meiner Freilassung erfuhr ich, daß dieser Sosykin nicht einfach nur ein Agent, sondern ein NKWD-Mitglied war und, nachdem er aufgerückt war, zu einem der engsten Helfer von Berija wurde. Eine Zeitlang leitete er das NKWD Moldawiens.

dungen interessiert, und solche kann es zwischen den beiden nicht gegeben haben. Welchen Sinn hätte es für mich, Litwinow zu decken, er ist eine viel zu bedeutende Person, als daß ich auf sein Schicksal Einfluß haben könnte.«

»Von Litwinow werden Sie dem Untersuchungsführer erzählen«, sagte Berija und fragte plötzlich: »Kennen Sie Astrow? Er hat uns in vieler Hinsicht geholfen, und wir haben ihn dafür am Leben gelassen.«*

Ich kannte Astrow nicht, wußte aber, daß er einer von N. I.s Schülern war.

»Dann hat Astrow wohl Bucharin und seine Kameraden, die anderen Schüler, verleumdet. Mit welchen Mitteln er dazu gebracht wurde, weiß ich nicht. Jedenfalls bin ich nicht Astrow und nicht Ihre Helferin!«

»Nein, nein«, sagte Berija, ohne zu zögern. »Larins Tochter heiratet nicht nur einen Volksfeind, sie verteidigt ihn auch noch.«

Ich mußte mich sehr zusammennehmen, um nicht grob zu werden. Er sah, daß die Erwähnung Larins mich in äußerste Erregung versetzte. Möglich, daß dem Sadisten Berija das besondere Freude bereitete.

»Was hat Larin damit zu tun? Lassen Sie den aus dem Spiel! Wenn ich nicht Larins Tochter wäre, wäre ich nicht Bucharins Frau geworden. Das wissen Sie genauso gut wie ich! Sie waren ja Freunde!«

Berija sah mich forschend an, zog die Brauen zusammen und schwieg eine Zeitlang. Ich zitterte vor Erregung. Es schien, als ob er etwas überlegte und einen Entschluß faßte. Schließlich sagte er:

»Wen wollen Sie retten, Anna Jurjewna? Nikolaj Iwanowitsch lebt nicht mehr«, wieder nannte er Bucharin mit Vor- und Vatersnamen, *»jetzt retten Sie sich!«*

»Ich rette mein reines Gewissen, Lawrentij Pawlowitsch!«

»Vergessen Sie Ihr Gewissen!« rief Berija. »Sie reden zuviel! Wenn Sie leben wollen, schweigen Sie von Bucharin. Wenn Sie nicht schweigen, dann ...« – und Berija legte den Zeigefinger

* Daß Astrow wirklich am Leben blieb, ist geheimnisvoll. Möglich, daß das unter Berücksichtigung seiner besonderen Verdienste um die Untersuchungsorgane geschah. Ungeachtet erzwungener verleumderischer Aussagen wurden andere Schüler von N. I. – und nicht nur Schüler – trotzdem erschossen.

der rechten Hand an die Schläfe. »Versprechen Sie mir also zu schweigen?« sagte er in kategorischem, gebieterischem Ton und sah mir gerade in die Augen, als hätte er schon selbst für mich das Versprechen gegeben. In diesem Augenblick schien sich mein Leben zu entscheiden – ob ich atmen würde, ob mein Herz schlagen würde. Und ich versprach zu schweigen. Außerdem ertappte ich mich bei dem Gedanken, daß er selbst, Berija, und nicht sein »Herr«, mir aus irgendeinem Grunde das Leben retten wollte, und auch das beeinflußte meinen Entschluß in gewissem Maße.

Der Vater, Jurij Larin

Ich hatte mich würdig aufgeführt, aber am Schluß nicht ausgehalten und mich ergeben. Das demütigende Versprechen hinterließ ein ekliges Gefühl in mir.

Vorgreifend will ich sagen, daß ich das Gelöbnis schon einen Tag später wieder aufhob. Ich schrieb keine Eingabe, sondern nur ein kleines Zettelchen an Stalin, nur wenige Worte. Ich konnte mich nicht entscheiden, wie ich ihn anreden sollte: »Genosse Stalin« war für mich unaussprechlich, und einfach »Stalin« erschien zu grob (als hätte er diese Grobheit nicht verdient!). So nannte ich ihn mit Vor- und Vatersnamen: »Iossif Wissarionowitsch! Durch die dicken Mauern dieses Gefängnisses sehe ich Ihnen gerade in die Augen. Ich glaube diesem ungeheuerlichen Prozeß nicht. Wozu Sie es nötig hatten, N. I. umzubringen, kann ich nicht verstehen.« Andere Worte fand ich nicht. Ich unterschrieb mit beiden Nachnamen, ließ den Zettel auf dem Tischchen in der Box liegen und wurde wieder in die Zelle geführt. Ich glaube kaum, daß die Notiz Stalin erreichte, aber Berija wird sie wohl bekommen haben. Warum hatte ich sie geschrieben? Offenbar, um nach dem demütigenden Versprechen vor dem Volkskommissar wieder ins seelische Gleichgewicht zu kommen.

»Wir müssen unser Gespräch beenden«, sagte Berija. »Ich hoffe, daß wir jetzt Tee trinken und daß Sie Obst essen werden? Es sind wunderbare Weintrauben. Sie haben doch lange keine mehr gegessen.«

Aber ich lehnte noch einmal ab.

»Das Obst werden Sie nicht los«, sagte Berija und gab dem Wachsoldaten eine Tüte mit Obst für mich mit in die Zelle.*

Als die Tür des Volkskommissars sich hinter mir schloß, atmete ich erleichtert auf. Wieder lag ein schwerer Abschnitt im Wirbel jener dramatischen Jahre hinter mir.

Der verantwortliche Volkskommissar des NKWD war für mich nicht mehr jener Berija, den ich in Georgien kennengelernt hatte, aber eben auch noch nicht jenes Ungeheuer, das er in Wirklichkeit war und von dem ich später aus zahlreichen Erzählungen und Erinnerungen von Menschen erfuhr, die mit

* Unerklärlich und erstaunlich war auch, daß ich im ersten Jahr meiner Moskauer Haft – ich verbrachte dort mehr als zwei Jahre – zweimal interne Geldanweisungen bekam, um den Gefängnisladen benutzen zu können. Ohne Berijas Anordnung hätte das kaum jemand wagen können.

ihm während der Untersuchung in Berührung gekommen waren.

Dieser ideenlose Karrierist diente nur Stalin, aber Stalin als Diktator. Wäre seine Macht ins Wanken gekommen, so hätte Berija ihm das Messer in die Rippen gestoßen. Berija war nicht von Stalin zerbrochen worden, er war ein Verbrecher von Anfang an. Und die Rache kam!

Und wieder die Einsamkeit, das völlige Abgerissensein von der Außenwelt. Die seelische Verwirrung, die mich nach dem Verhörgespräch bei Berija erfaßte, ist schwer zu beschreiben. Mein freies Auftreten war keinem besonderen Mut zu verdanken. Es war, so seltsam das scheinen mag, das Gefühl vollkommener Ausweglosigkeit, das mir half, mich würdig zu verhalten. Aber mich quälten Gewissensbisse, weil ich versprochen hatte, über Bucharin zu schweigen. Zu schweigen über das, was mir das Herz zerriß! Hatte ich mir mit diesem Versprechen das Leben erkaufen wollen? Im übrigen hätte man mich zum ewigen Schweigen nur auf eine radikalere Art und Weise gebracht. Und, wie gesagt, schon der kurze Brief an Stalin befreite mich von der Verachtung meiner selbst.

Berijas feindselige Ausfälle gegen Bucharin waren selbstverständlich nicht ehrlich, ebensowenig wie das Spiel um Larins Namen, das Ausspielen des ehrlichen, parteitreuen Larin gegen den »Verräter« Bucharin. Das wirkte um so absurder, als Bucharins politische Biographie aus der Sicht der Bolschewiki makelloser war als Larins.

Vater hatte einen besonderen Platz in meinem Herzen, ich verdankte ihm sehr viel. Meine ungewöhnlich enge Bindung an ihn war nicht nur meinen Verwandten, sondern auch seinen Genossen bekannt.

Irgendwann las ich bei R. Rolland, daß Beethovens Worte »Durch Leiden Freude« seine Devise seien. Ich kann nicht sagen, daß das auch meine Devise ist, aber manchmal erfaßte auch mich Freude im Leid. So war es, als ich mit Skwirskij gekämpft hatte und als ich nach der Kellerfinsternis im Schoße der Natur war und ganz besonders, wenn ich an Vater dachte. Immer wieder stellte ich mir die Frage, wer wohl zuerst verhaftet worden wäre, Bucharin oder Larin, wenn der Tod Vater nicht geholfen hätte, rechtzeitig aus dem Leben zu scheiden; und wer von ihnen wohl als erster verleumderische

Aussagen über den anderen gemacht hätte. Nach allem, was ich durchgemacht hatte, waren solche Gedanken nicht weiter erstaunlich. Hatte doch Rykow Bucharin verleumdet und Bucharin bei den Untersuchungen nach der Verhaftung und beim Prozeß Rykow. Als ich den Prozeß näher studierte, stellte ich fest, daß Bucharin als erster gegen Akmal Ikramow ausgesagt hatte. Das reichte mir, um zu verstehen, was für ein gemeines Schauspiel der Prozeß war und daß ein anderes Verhalten der Angeklagten jenseits der menschlichen Möglichkeiten lag. Aber wenn ich daran dachte, daß dieser bittere Kelch an Vater vorübergegangen war, dann kam auch ein heller Augenblick für mich. Wenigstens damit habe ich Glück gehabt, sagte ich mir oft voll bitterer Ironie.

Larins Mitkämpfer, seine engsten Freunde, die folgenden Generationen von diesem ungewöhnlichen Mann hätten erzählen können, kamen in den Terrorjahren um. Einer von ihnen, Georgij Lomow-Oppokow, der auf tragische Weise aus dem Leben schied, erzählte mir kurz vor seiner Verhaftung, daß er dabei sei, sein Buch »Larin und der WSNCh« zu beenden. Doch das Buch erschien nicht und starb mit seinem Autor. Auch Bucharin hatte den Plan, irgendwann über Larin zu schreiben. Mit ihnen wurde auch das Andenken an meinen Vater ermordet.

Dabei war Larin in den ersten Nachrevolutionsjahren bei den Arbeitern, den Studenten und der Intelligenz sehr beliebt gewesen. Einmal hörte ich bei einem Umzug am 1. Mai folgendes Lied:

In den Büchern lernten wir
All die Weisheit des Bucharin
Und vom Morgen bis zum Abend
Lauschend sitzen bei dem Larin.

In seinem konspirativen Briefwechsel aus der Jakutsker Verbannung wurde Michail Alexandrowitsch Lurje zu Jurij Michajlowitsch Larin. Den Vatersnamen hatte er aus seinem eigenen Vornamen gebildet, und den Nachnamen hatte er aus Puschkins »Ewgenij Onegin« übernommen. Weil er aber nicht Tatjanas Vater, »der arme Sünder und Gottesknecht» Dmitrij sein wollte, wählte er sich den Vornamen Jurij. Der Anfangsbuchstabe wuchs gleichsam am Nachnamen fest, und oft nannten seine Freunde ihn im Scherz »Genosse Jularin«. Er war der Sohn von Alexandr Lurje, einem bedeutenden Ingenieur und Eisenbahnfachmann. Der lebte in Petersburg und verkehrte in den obersten Gesellschaftskreisen. Gerüchten zufolge, die bis zu Larin drangen, hatte er als geschätzter Fachmann dem Hofe Nikolajs II. nahegestanden.

Larins Mutter war die Schwester des Begründers und Herausgebers eines bekannten enzyklopädischen Wörterbuchs – Ignatij Naumowitsch Granat. Die Familie zerfiel unter tragischen Umständen. Die Mutter hatte sich während der Schwangerschaft mit Scharlach angesteckt, was zu schrecklichen Komplikationen führte: zu fortschreitendem Muskelschwund und innerembryonaler Ansteckung des Kindes. Alexandr Lurje verließ seine kranke Frau schon vor der Geburt des Sohnes und veranlaßte bald die Scheidung.

Vater wurde in Simferopol auf der Krim geboren und wuchs dort in der kinderreichen Familie seiner Tante, der Schwester seiner Mutter, Friderika Naumowna Granat, einer verheirateten Rabinowitsch auf. Auch der Onkel, Ignatij Naumowitsch Granat, gewährte ihm Obhut und finanzielle Unterstützung, und er half seinem Neffen, als dieser unter Repressalien von seiten der zaristischen Regierung zu leiden hatte, und während der Emigration. Nach der Revolution waren Onkel und Neffe in geistiger Freundschaft verbunden. Seinen Vater kannte Larin nicht. Nur ein einziges Mal sah er ihn. Er war bereits ein bekannter Revolutionär und beschloß, seinen Vater aufzusuchen, um ihn kennenzulernen. Larin ließ sich als Michail Alexandrowitsch Lurje melden. Er betrat ein großes Arbeitszimmer und erblickte am Schreibtisch einen Mann, dessen Gesicht sich vor Entsetzen verzerrte. Voller Verachtung sah der Sohn seinen Vater an und brachte nur wenige Worte hervor: »Ich habe mich geirrt, Sie sind wohl ein Namensvetter jenes Lurje, den ich hatte sehen wollen.« Und er ging wieder. Der Vater schwieg und machte keinen Versuch, seinen von der Krankheit verkrüppelten Sohn zurückzurufen.

Schon als das Kind neun oder zehn war, begann die schreckliche Krankheit sich merkbar zu verschlimmern. In der Hoffnung auf Heilung ließ I. N. Granat seinen Neffen nach Berlin fahren, um deutsche Professoren zu konsultieren. Doch auch die medizinischen Kapazitäten Deutschlands waren außer-

Larin (2. Reihe, zweiter von rechts) mit anderen Verbannten in Jakutsk, 1903

stande, die Krankheit zum Stillstand zu bringen. Dessen ungeachtet stürzte sich M. Lurje bis über beide Ohren in die Revolutionsbewegung, zuerst 1900 in Simferopol, dann in Odessa, wo er die sozialdemokratische Studentenorganisation leitete, bis er unter Polizeiaufsicht zurück nach Simferopol geschickt wurde. Dort organisierte er unter großem Risiko für sich selbst den Krimverband der RSDRP, wofür er auf allerhöchsten Befehl für acht Jahre nach Jakutien verbannt wurde. 1904 floh er aus der Verbannung und emigrierte nach Genf, wo er sich den Menschewiki anschloß. Unter dem Eindruck der Ereignisse des 9. Januar kehrte er 1905 nach Petersburg zurück und beteiligte sich an den stürmischen revolutionären Vorgängen. Doch schon im Mai 1905 wurde Larin in der Peter-Pauls-Festung eingesperrt. Der Oktoberstreik von 1905 befreite ihn aus dem Gefängniskrankenhaus. Da er sich nun in illegaler Position befand, siedelte er in die Ukraine über und leitete dort die Spilka, eine Organisation, die Bolschewiki und Menschewiki vereinigte. Die Spilka schickte ihn als Delegierten auf den IV. Stockholmer Parteitag der RSDRP (1906), dann auf den Londoner Parteitag (1907). In Skwira in der Ukraine wurde er zweimal festgenommen, floh und arbeitete dann in Baku.

1912 emigrierte er zum zweiten Mal, wobei er an der Grenze nur knapp einer Kugel entkam. In der Emigration schloß er sich mit einer Gruppe von Trozkisten und anderen dem Augustblock an. 1913 kehrte er nach Rußland zurück und wurde bald darauf, während eines Vortrags in einem Arbeiterclub in Tiflis, wiederum festgenommen; aus dem Tifliser Metechskergefängnis wurde er in ein Petersburger Gefängnis verlegt. Nachdem er dort ein Jahr verbracht hatte, betrachtete die medizinische Kommission ihn als sterbenskrank, und man verbannte ihn ins Ausland.

Bei Kriegsausbruch befand Larin sich in Deutschland, wo er wieder verhaftet wurde. Da er aber nicht zur russischen Mobilmachung gehörte, ließ man ihn frei und schickte ihn nach Schweden. Seit 1912 hatten sich Larins Divergenzen mit der liquidatorischen Menschewikigruppe verstärkt, und zu Beginn des Krieges kam es zum Bruch. Er bezog eine internationalistische Position und nutzte alle Möglichkeiten der legalen Presse, um gegen den Krieg und für eine sozialistische Revolution zu agitieren.

Gleich nach der Februarrevolution kehrte er aus der Emigration zurück und begann die Zeitschrift »Internazional« (Die Internationale) herauszugeben. Beim VI. Parteitag der RSDRP(B) im August 1917 trat er offiziell der bolschewistischen Partei bei. Etwa tausend Arbeiter aus dem größten Petrograder Bezirk, dem Wassileostrowskijbezirk, wo er die Parteiarbeit leitete, erklärten sich mit Larin solidarisch und traten in die RSDRP(B) ein. Auf diesem Parteitag hielt Larin eine Rede, die immer wieder von stürmischem Beifall unterbrochen wurde. Er sagte insbesondere:

»Ich bin aus zwei Gründen hierhergekommen: Erstens ist es die Pflicht jedes wahren Internationalisten, euch zur Seite zu stehen, wenn ihr der Hetze ausgesetzt seid; zweitens trennt uns nicht nur die Haltung zum Krieg von den Oboronzen* und verbindet uns mit euch, sondern auch die Tatsache, daß die Oboronzen eine Anpassung an das kapitalistische System vertreten, während wir für eine soziale Revolution eintreten«

* Oboronzen: Anhänger der Oborontschestwo, einer unter der Losung der »Vaterlandsverteidigung« von den opportunistischen Parteien der II. Internationale im Ersten Weltkrieg durchgeführte Politik der Zusammenarbeit mit der Bourgeoisie.

Lenin inmitten von Delegierten beim 1. Kongreß der III. Internationale (2. Reihe ganz rechts: Bucharin)

(stürmischer Beifall), »wenn auch der Zeitpunkt ihrer vollständigen Verwirklichung noch unbekannt ist.«

Er rief zur Gründung der III. Internationale auf und beendete seine Rede mit dem Ausruf: »Es lebe die III. Internationale!«

Als Mitglied des Exekutivkomitees des Petrograder Sowjets war er aktiv an der Oktoberrevolution beteiligt. Seine Artikel zur Wirtschaft Deutschlands, die später als Buch erschienen – »Der Staatskapitalismus in Deutschland während des Krieges« –, veranlaßten Lenin dazu, ihm die Wirtschaftsorganisation im zerrütteten nachrevolutionären Rußland anzuvertrauen. »Ich hatte das Glück«, erinnerte sich Larin, »an der Wiege der sowjetischen Ökonomie und Politik im allgemeinen und des WSNCh im besonderen stehen zu dürfen ... Am 25. Oktober 1917 sagte Genosse Lenin zu mir: ›Sie haben sich mit den Problemen der deutschen Wirtschaftsorganisation beschäftigt, mit Syndikaten, Trusts und Banken – beschäftigen Sie sich nun bei uns damit.‹ Und das habe ich getan.«

Man kann sich nur schwer vorstellen, wie ein von Geburt an körperlich Behinderter so aktiv und mutig seinen Lebensweg zu gehen vermochte. Wie konnte er, der aufgrund seines Handikaps für die zaristische Geheimpolizei nur allzu leicht identifizierbar war, die endlosen Verfolgungen überstehen? Und sogar aus dem Gefängnis fliehen, das heißt laufen, wo er sich doch nur mit Mühe bewegen konnte. Natürlich halfen ihm Freunde. Vater hat mir erzählt, wie sie ihn in einem großen Flechtkorb aus der Jakutsker Verbannung trugen und ihn dann versteckten; wie ihm in Skwira in der Ukraine Jugendliche für einige Groschen halfen, über den Gefängniszaun zu klettern, und auf der anderen Seite warteten seine Freunde und trugen ihn eine Zeitlang abwechselnd auf dem Arm. Oder wie der Dampfer auf der Reise zum Stockholmer Parteitag auf eine Sandbank auflief und ein Freund ihn auf dem Rücken die Strickleiter hinunter ins Rettungsboot trug.

Außerdem ist es erstaunlich, wie Larin so erfolgreich als Literat auftreten konnte, obwohl seine Hände so schwach waren, daß er den Telefonhörer allein mit der rechten Hand nicht halten konnte. Und er mochte nicht diktieren, sondern schrieb selbst. Er schrieb, indem er die ganze rechte Hand aufs Papier legte und in eigenartigen, zitternden Bewegungen die Buchstaben zog. Und Larins Bücher, Broschüren, Zeitungs- und Zeitschriftenartikel würden eine stattliche Gesamtausgabe füllen. Für Larin war alles mühsam, und er erreichte es durch unermüdliches Training. Vielleicht könnte meine Darstellung übertrieben wirken, deshalb möchte ich den bekannten Bolschewiken W.W. Ossinskij als Zeugen heranziehen, der in einem Artikel zum Andenken Larins folgendes schrieb:

»Er war einer unserer größten, bedeutendsten und originellsten Funktionäre, einer der führenden Politiker der Revolutions- und Nachrevolutionszeit, ein Mann, der sich in seltenem Maße für die Arbeiterklasse und die sozialistische Revolution aufopferte.

Von 1917 bis 1931 hat er sich in fast unveränderter Gestalt eingeprägt. Ein hochgewachsener Mann mit einem charakteristischen, eigentümlichen und ansprechenden Gesicht, dessen eine Hälfte von einer seltsamen Krankheit gezeichnet war, nur mit Mühe vermochte er Gesichtsmuskulatur und Mund zu bewegen; dennoch sprach er lebendig, geistreich, mitreißend, so daß ihm fast bei jeder Versammlung die Zeit für seinen Auftritt verlängert wurde. Mit gutmütig-schlauem Charme schaffte er es immer, das durchzusetzen, und die Versammlung war ihm nicht böse deswegen.

Er konnte sich nicht selbständig den Mantel anziehen, weil sein einer Arm nicht funktionsfähig war. Mit merkwürdigen, eckigen, eigenartig geschickten Bewegungen zog er sich den Schal um den hageren Hals, legte das Papier vor sich hin oder führte ein Wasserglas zum Mund. Ebenso eigentümlich bewegte er sich, indem er die Beine und den Krückstock in geometrischen Linien schwenkte – ein kluger und ungewöhnlich lebhafter Mensch, der es verstand, die Fesseln, die die Natur ihm auferlegt hatte, in erstaunlichem Maße zu überwinden, und der durchaus nicht bereit war, davor zu kapitulieren.

Jedes Lebensjahr war für ihn ein Sieg und eine Eroberung: Sein gesunder Geist und der starke revolutionäre Wille überwanden die physische Schwäche, als verkörpere er die große Lebenskraft jener Bewegung, deren Teil er war...

Von Jurij Larin, von Michail Alexandrowitsch ist nur eine Handvoll Asche geblieben. Doch wer – vor dem Hintergrund dieser großen Epoche – sein Profil so scharf zu umreißen vermag, so lebendig und unvergeßlich, der kann in unserer Erinnerung nicht sterben.«

Die Anfänge unseres Lebens, meines und Larins, ähneln sich ganz erstaunlich. Auch in meiner frühesten Kindheit geschah dasselbe Unglück. Meine leibliche Mutter starb an galoppierender Schwindsucht, als ich etwa ein Jahr zählte. Mein Vater hatte sie verlassen, als ich noch keine drei Monate alt war. Das hätte ich vielleicht nicht erfahren, aber meine Verwandten wollten mir die Angst nehmen, daß ich die schreckliche Krankheit erben könnte, und erzählten es mir deswegen später. Larin war mit der Schwester meiner Mutter verheiratet. Die Larins haben mir meine Eltern ersetzt, und so habe ich sie immer genannt.

Ich wurde 1914 geboren. Krieg und Emigration trennten mich zunächst von meinen Eltern. Bis zum März 1918 lebte ich bei meinem Großvater mütterlicherseits in Weißrußland. Er war Rechtsanwalt und hatte ein sehr unglückliches Leben: Schon vor meiner Geburt hatte er seine fünfunddreißigjährige

Frau, die ihm sechs Kinder hinterließ, durch Lungentuberkulose verloren; er hatte seine zweiundzwanzigjährige Tochter, meine leibliche Mutter, beerdigt, ebenso seinen einzigen Sohn, der, kaum über zwanzig, an derselben Krankheit gestorben war, und fast hätte er auch noch eine weitere Tochter verloren, die dann meine Mutter wurde. Sie erkrankte während der Emigration in Italien an Bluthusten. Auch meine Lunge war von Tuberkelbazillen angegriffen. Großvater sah mich leidvoll an und schickte mich in den Kiefernwald zum Spazierengehen: »Geh, mein Kindchen, in den Kiefernwald«...

Wir wohnten in dem kleinen Städtchen Gory-Gorki, wo sich damals die berühmte Gorezker landwirtschaftliche Akademie befand. Sie lag in einem schönen, großen Park mit jahrhundertealten, wuchernden Linden und Birkenwäldchen, mit bunten Blumenbeeten in der Mitte und einem kleinen, murmelnden Bächlein am Rand. Und nicht weit davon stand an einem Abhang eine kleine Kirche. Heute kommt es mir vor, als hätte sie immer in der Sonne gefunkelt. Jener Park schien mir in der Kindheit märchenhaft schön.

Meine frühesten Erinnerungen reichen weit zurück. Mit drei Jahren fing ich an, Großvater und Großmutter nach meinen Eltern zu fragen: »Wo ist Papa? Wo ist Mama?« (Mein Großvater war zum zweiten Mal verheiratet, und mit dieser Großmutter hatte ich Glück. Sie hatte ein sehr gutes Herz und liebte mich sehr.) Ich kann mich noch gut an Opas Antwort erinnern: »Deine Eltern sind Sozialdemokraten. Sie ziehen es vor, im Gefängnis zu sitzen oder vor der Verhaftung ins Ausland zu fliehen, anstatt um dich zu sein und dir Brei zu kochen.« Ich verstand nicht, was Sozialdemokraten sind, aber das Gefängnis war nicht weit von dem Haus, in dem wir wohnten. Opa nannte es Kerker und erzählte, daß dort Diebe und Banditen säßen. Großvaters Antwort bedrückte mich, und ich beschloß, lieber nicht mehr nach meinen Eltern zu fragen.

Einmal bemerkte ich, daß in unserem Garten Fliederbüsche, Jasmin- und Rosensträucher abgeschlagen waren. Nebenan war eine Truppe einquartiert worden. Es war Winter, Holz gab es nicht, und Großvater vermutete, daß die Soldaten die Büsche als Brennholz geschlagen hatten. Und als ich aufgeregt zu Opa gelaufen kaum und fragte, wer die Blumen geschlagen hätte, antwortete er: »Das haben deine bolschewi-

Die dreijährige Anna Larina mit Marija Grigorjewna Miljutina, der Schwester ihrer Mutter

stischen Sozialdemokraten gemacht.« Ich war sehr erschrokken, daß meine Eltern solche bolschewistischen Sozialdemokraten waren. Großvater begrüßte die Revolution wohl nicht gerade und war böse auf seine Tochter. Einmal, als ich schon älter war und zu ihm aus Moskau auf Besuch kam, sagte er etwas, was mich sehr traf: »Lena hat sich in den Gefängnissen herumgetrieben, und dann hat sie, schön wie sie war, einen Krüppel geheiratet.« Gut, daß er nicht mehr miterlebte, wie Lena sich viele Jahre unter der Sowjetmacht in den Gefängnissen herumtrieb ...

Nach der Februarrevolution, als meine Eltern aus der Emigration nach Petrograd zurückgekehrt waren, kam meine Mutter zu mir nach Gorki. Mama gefiel mir. Sie war schön und schlank, mit großen, grauen, guten Augen und langen, weichen Wimpern. Und ich fand, daß Sozialdemokraten gar nicht so schlecht waren. Ich weiß noch, wie sich mich küßte und weinte, als wir uns trennten, aber nach Petrograd wollte sie mich nicht mitnehmen. Dort war es unruhig, und es herrschte Hunger. Die Revolutionäre, die aus der Emigration zurückgekommen waren, wohnten im Hotel »Astorija«. Als Mutter aus Gorki wieder nach Petrograd kam, mit Piroggen, die Großmutter gebacken hatte, traf sie in ihrem Zimmer bei Larin auch Trozkij an. Kaum war sie eingetreten, da erschien die Polizei und verhaftete Trozkij. So kam er mit Großmutters Piroggen ins Gefängnis.

Vater lernte ich zuerst schriftlich kennen. Aus Petrograd bekam ich von ihm Märchenbriefe in Versen und Prosa. Er unterschrieb immer: »Dein Papa-Mika.« Mika hatte ihn in seiner Kindheit eine lispelnde Amme genannt, und der Name blieb an ihm haften. Den Inhalt der Märchen erinnere ich nicht. Aber ein Brief blieb erhalten, und ich konnte ihn lesen, als ich älter war. Das Märchen handelte von einer Mäusegesellschaft. Deren kleinerer Teil bestand aus Ausbeutermäusen (so nannte Vater sie, wohl um mich an die marxistische Terminologie zu gewöhnen), die fett waren, nichts taten und auf der Seite lagen. Der größere Teil der Mäusegesellschaft waren die ausgebeuteten Mäuse, magere Arbeiter. Sie brachten den fetten Mäusen sauberes Stroh als Unterlage und Fressen. So erteilte Vater mir die erste Lektion in Marxismus. Außerdem konnte er aus der Ferne nur so seine Vaterschaft zeigen.

Annas Eltern, Berlin 1922

Als die Hauptstadt im März 1918 von Petrograd nach Moskau verlegt wurde, holte Mutter mich, und ich lernte Vater kennen. Und da geschah etwas Schreckliches. Ich sah ihn an und bekam Angst. Ich sah, wie er beim Gehen die Beine warf und mit den Armen ruderte, und mußte an Großvaters Erzählung denken, daß die bolschewistischen Sozialdemokraten die Blumen abgeschlagen hatten, und mein bolschewistischer Vater erschien mir besonders schrecklich. Vor Angst kroch ich unter das Sofa, weinte und schrie: »Ich will zu Großvater!« und war nicht wieder hervorzubringen. Da jagte Mutter mich mit dem Stock unter dem Sofa hervor, und ich sah einen roten, aufgeregten Vater vor mir. Gegen Abend hatte er mich bezwungen, und wir wurden Freunde. Obwohl ich damals erst vier war, quälte mich mein ungezogenes Verhalten mein ganzes Leben lang. Mir schien, daß ich dem Vater solchen Schmerz bereitet hatte, daß er diesen Vorfall nie wieder vergessen konnte, ungeachtet meiner großen Liebe und Fürsorge für ihn in den folgenden Jahren. Ich half ihm, wo immer ich konnte, zog ihn an und aus und begleitete ihn zu den Sitzungen. Meine besondere Bindung an ihn ist vielleicht mit der Liebe einer Mutter zu ihrem kranken Kind vergleichbar. Allmählich gewöhnte ich mich an sein Äußeres, und sein Gesicht erschien mir sogar schön. Ich ertappte mich bei dem Gedanken, daß es vielleicht meine Liebe zu ihm war, die sein Gesicht verschönte. Erst als Lunatscharskij bei der Beerdigung in der Trauerrede für Larin sagte: »Diese schönen Larinschen Augen werden wohl sogar in der Finsternis leuchten«, merkte ich, daß sein Gesicht wirklich schön war.

Als ich heranwuchs, verstand ich, daß Vater eine leuchtende, originelle Persönlichkeit war, von kühnem Denken und kühnen Entschlüssen und sehr begabt. Es fiel ihm nicht leicht, sich in den Rahmen der Parteidisziplin zu fügen.*

* Gleich nach der Oktoberrevolution forderte er bei einer ZIK-Sitzung die Freiheit der Presse, »sofern sie nicht zu Pogromen oder Putsch aufruft«. Im November 1917 trat er zusammen mit Kamenew, Sinowjew, Rykow, Nogin und anderen Bolschewiki für die Bildung einer Koalitionsregierung ein. Er war Anhänger einer weitgehenden Selbständigkeit der Gewerkschaften. Mit Trozkij, Bucharin und sogar Dsershinskij und dem künftigen Politbüromitglied A. A. Andrejew unterschrieb er ein »Pufferprogramm« – was bei uns verschwiegen wird. All das erfuhr ich aus Geschichtsquellen und Gesprächen zwischen Vater und seinen Genossen, die ich später hörte.

Sein besonders intensives Engagement in den Jahren des Bürgerkriegs und des Kriegskommunismus spielte sich vor meinen Augen ab. Damals wohnten wir im Appartement Nr. 305 im Hotel »Metropol«, dem Zweiten Haus der Räte. Und obwohl Vater oft zum WSNCh, zum WZIK oder zum Volkskommissarsrat fuhr, war sein Arbeitszimmer, dessen Wände dicht mit Bücherschränken vollgestellt waren, bei uns in der Wohnung, und im Nebenzimmer befand sich das Sekretariat. Es wurde alles dafür getan, Larin die Arbeit zu erleichtern. Er war Präsidiumsmitglied beim WSNCh und bei der staatlichen Planungskommission, leitete die Abteilung für Gesetzentwürfe im Kommissariat für Arbeit und die Wirtschaftsabteilung des WZIK. Im Frühling 1918 gehörte er zu der Delegation, die die wirtschaftlichen und rechtlichen Zusatzabkommen zum Friedensvertrag ausarbeitete, und so weiter. Das Präsidium des WSNCh tagte oft bei uns in seinem Zimmer. Es wurde angespannt gearbeitet. Der Organisationsplan für das wirtschaftliche Leben des Landes entstand. Die Mäntel der Sitzungsmitglieder paßten nicht alle an die Garderobe und lagen auf einem Haufen auf dem Fußboden im Vorzimmer.

G. I. Lomow erinnerte sich später: »Larins Arbeitszimmer war immer voller Menschen, Delegierter, überwiegend Arbeiter, die von überall her kamen. Viele Fragen entschieden wir gemeinsam mit ihnen, wobei in der ersten Zeit oft auch Genossen an den Beschlüssen beteiligt waren, die auf die Besprechung ihrer eigenen Probleme warteten.«

Ich nahm damals nur die äußeren Umstände wahr. Erst später erfuhr ich aus Vaters Erzählungen, daß in seinem Arbeitszimmer das Komitee für Wirtschaftspolitik getagt hatte, dessen Vorsitzender und später stellvertretender Vorsitzender er war, eine Kommission, die für die Einteilung und Verteilung der Finanzmittel zuständig war, ein Rat für Transportwesen, der insbesondere den Truppennachschub an die Front zu organisieren hatte, oder eine Kommission zur Feststellung der Heeresstärke zwecks Versorgung mit Waffen und Munition. Zu den letzten beiden Kommissionen gehörte auch Tuchatschewskij. Sie arbeiteten pausenlos. Michail Nikolajewitsch übernachtete bei uns. Das Land war so arm, daß Vater und

Jurij Larin (zweiter von rechts) im Kreise von Mitgliedern des WSNCh in den zwanziger Jahren

Tuchatschewskij eine mögliche Lieferung von Fußlappen vom Lande berechneten, um das Heer mit Schuhzeug zu versehen, weil es nicht genug Stiefel gab.

In Larins Arbeitszimmer verkehrten außer den zahlreichen Arbeiterdelegationen aus der Provinz gleichzeitig oder nacheinander auch alle Präsidiumsmitglieder des WSNCh und andere Ökonomen. Vor allem traf man dort A. I. Rykow, W. P. Miljutin, W. W. Ossinskij, E. A. Preobrashenskij, W. M. Smirnow, P. G. Smidowitsch, L. N. Krizman, G. M. Krshishanowskij, N. I. Bucharin, W. Ja. Tschubar, A. W. Schotman, Ja. E. Rudsutak, G. I. Lomow – alles ökonomische Organisatoren und Theoretiker, die bedeutendsten ökonomischen Denker unseres Landes zu jener Zeit.

Sie saßen bis spät in die Nacht zusammen. Wenn der geschäftliche Teil beendet war, tauschten sie Erinnerungen aus der Zeit vor der Revolution aus, die ihnen damals so lebendig war, als trennten sie nur Tage davon. Vater erzählte, wie schwer der Weg in die Jakutsker Verbannung war. Die verbannten Revolutionäre wurden an die Wagen gebunden, wurden geprügelt, manchmal zu Tode. Dafür wurde der Vorgesetzte der Wachsoldaten schließlich ermordet. Vater konnte diese Erlebnisse nicht vergessen und sprach immer wieder davon. Und sie sangen zusammen Lieder aus jener Zeit.

Auch Lenin kam. Für mich war er damals ein Gleicher unter Gleichen. Ich erinnere ihn nur dunkel. Ich will nicht beschreiben, wie er das r verschluckte, die Augen zusammenkniff oder »erzwichtig« sagte; das haben schon viele in ihren Erinnerungen getan. Nur eine amüsante Episode will ich erzählen. Einmal betrat ich Vaters Arbeitszimmer, als Bucharin gerade hinausgegangen war. Man sprach von ihm. Ich verstand nicht, was Lenin über ihn sagte, schnappte aber einen Ausdruck auf: »Bucharin ist ein goldenes Kind der Revolution.« Dieser Ausspruch von Lenin über Bucharin wurde in Parteikreisen sehr bekannt und mehr als einmal in Gesprächen unter den Genossen zitiert und natürlich bildlich aufgefaßt. Mich aber brachten Lenins Worte in Verlegenheit, weil ich sie wörtlich nahm. »Das stimmt nicht«, sagte ich, »Bucharin ist nicht aus Gold, er lebt doch!« »Natürlich lebt er«, antwortete Lenin, »ich habe das nur gesagt, weil er rötliches Haar hat.«

Man kann kaum alle aufzählen, die bei Larin verkehrten. Ich erinnere mich an D. B. Rjasanow und Ja. E. Sten, an den äußerst bescheidenen und irgendwie immer finsteren D. E. Sulimow, den Vorsitzenden des Volkskommissarsrats der RSFSR, der beklagte, daß es ihm nicht gelänge, von Stalin empfangen zu werden, an Ch. G. Rakowskij und D. Bednyj und Ws. Mejerchold. Wsewolod Iemiljewitsch sagte einmal zu Larin: »Ich liebe Sie, Michail Alexandrowitsch, weil Sie in der Politik denselben Charakter beweisen wie ich in der Kunst.« Mitte, vielleicht auch Ende der zwanziger Jahre, als in Usbekistan die Boden- und Wasserreform durchgeführt wurde, war oft Akmal Ikramow, der kompetente und beliebte Führer der Republik, bei Larin, weil, wie schon gesagt, auch Larin, N. N. Suchanow und der Narodnik A. N. Morosow zu der Reformkommission gehörten. Noch häufiger kam Ikramows liebenswürdige und kluge Frau Shenja Selkina, die stellvertretende Volkskommissarin für Landwirtschaft war. Ein ständiger Gast bei Larin war Jelena Felixowna Usiewitsch*, die Tochter des berühmten Revolutionärs Felix Kono. Sie und ihr Mann G. A. Usiewitsch** waren zusammen mit Lenin aus der Emigration gekommen, und sie kannte Lenin recht gut. Jelena Felixowna war ein ungewöhnlich energischer, lebensfroher, geistreicher und begabter Mensch. Einmal, kurz nach Lenins Tod, hatte sie eine Aufführung gesehen, in der Lenin in einer stummen Szene gezeigt wurde. Der Verlust war noch so frisch, daß es sie deprimierte, einen Schauspieler in der Rolle Lenins zu sehen. Nach dem Theater kam sie zu uns und rief: »Warten Sie nur, Michail Alexandrowitsch, bald wird es eine Oper geben, in der Lenin singt ›Verzögerung ähnelt dem Tode!‹ und in der er Ballett tanzt«, und sie fing an zu tanzen, hob die Beine hoch und schleuderte die Rechte mit geballter Faust mal nach links und mal nach rechts.

So sammelten sich um Larin viele brillante, talentierte Menschen, weil er selbst ein sehr kommunikativer Mensch und ein interessanter Gesprächspartner war.

Larins Charakter wurde geformt aus dem Widerspruch zwischen der potentiellen Energie, die in seiner begabten, lebensfrohen Natur angelegt war, und der kinetischen Energie im wahren Sinne des Wortes, der beschränkten Bewegungsmöglichkeit. Die physische Benachteiligung führte zu einer »Überproduktion« (wenn man es so nennen darf) an schöpferischer Energie. Das Gesetz, daß Energie nicht verlorengeht, wurde am Beispiel Larins deutlich vor Augen geführt.

Wie Ossinskij ganz richtig bemerkte, war Larin seiner geistigen Veranlagung nach ein ökonomischer Erfinder, und das sei besonders schwierig, betonte Ossinskij, weil dieses Gebiet auch zwischenmenschliche Beziehungen betrifft. Darum gab es unter seinen vielen Vorschlägen auch solche, die nicht zu verwirklichen waren oder sich nicht lohnten. Er war ein Träumer und Phantast im besten Sinne des Wortes. Lenins Äußerung über Larins Phantasie mag übertrieben sein, ist aber

* Usiewitsch, Je. F.: seit 1915 Mitglied der RSDRP. Nach der Oktoberrevolution beteiligte sie sich an der Untergrundarbeit in der von einem Hetman geführten Ukraine. Seit 1922 arbeitete sie in Moskau, unter anderem im WSNCh. Später Arbeit als Literatin und Herausgeberin. Bekannte Literaturkritikerin.

** Usiewitsch, Grigorij Alexandrowitsch: Bolschewik und Revolutionär. Von Weißarmisten 1918 umgebracht.

sicher nicht ganz unbegründet: »Larin ... ist ein sehr fähiger Mann und hat viel Phantasie ... Phantasie ist eine Eigenschaft von großem Wert, aber Genosse Larin hat sie im Überfluß. So würde ich zum Beispiel sagen, daß es sehr gut wäre, wenn Larins Vorrat an Phantasie zu gleichen Teilen auf alle Mitglieder der RKP verteilt werden könnte.« Und obwohl Lenin im Eifer der Polemik im Hinblick auf Larins Charakter empfahl, ihn nicht zu staatspolitischer Tätigkeit heranzuziehen, sondern ihn als Redner und Journalist einzusetzen, war es doch gerade Lenin, der sich Larins »riesige Kenntnisse«, wie er sagte, für die Bewältigung der staatlichen Aufgaben zunutze machte. Doch nach Lenins Äußerung über Larins Phantasie blieb der Stempel des Phantasten an ihm haften. Dabei war er durchaus kein Münchhausen, viele Larinsche »Phantasien« waren von fruchtbarem Einfluß auf das Wirtschaftsleben des Landes.

In den ersten Jahren der Sowjetmacht schrieb Larin zahllose Dekrete. Seinen Erzählungen zufolge hatte er zusammen mit W. P. Miljutin den ersten Gesetzentwurf über Grund und Boden geschrieben.* Larin hat ein Dekret zum Achtstunden-Arbeitstag entworfen und unterzeichnet. Seine intellektuelle Produktivität wäre selbst für einen Gesunden ungewöhnlich gewesen und erstaunte alle, die mit ihm arbeiteten. Seine Freunde nannten ihn oft »Maestro« oder »unser Unikum«. Er operierte mit vielstelligen Zahlen im Kopf. (Übrigens nahm das Institut für Gehirnforschung nach seinem Tod Larins Gehirn als Studienobjekt.) Wenn ich in sein Zimmer kam, hörte ich Lomow oft sagen: »Maestro, verdrehen Sie die Augen!« Das hieß, daß Larin eine wirtschaftliche Berechnung im Kopf ausführen sollte. Dabei verdrehte er wirklich die Augen nach oben, dachte kurz konzentriert nach, und die Ant-

* Von Larins und Miljutins Gesetzentwurf über Grund und Boden hörte ich von Vater. Später fand ich das in Miljutins Erinnerungen bestätigt, die noch zu Lenins Lebzeiten 1922 in der Nr. 7 der Zeitschrift »Landwirtschaftliches Leben« erschienen: »In der großen Nacht der Wende, vom 24. auf den 25. Oktober, als in einem kleinen Zimmer im Erdgeschoß des Smolnyj die Liste für den ersten Rat der Volkskommissare aufgestellt wurde – in ebendieser Nacht entstand auch das erste Dekret über Grund und Boden. Ich gehörte als Volkskommissar für Landwirtschaft zu diesem ersten Volkskommissarsrat. Das erste Dekret über Grund und Boden wurde von Genosse Larin und mir entworfen, aber die endgültige Formulierung stammt von Lenin. Wir hatten keine Möglichkeit, es lange zu erörtern.«

wort war fertig. Ausgestattet mit einem eruptiven schöpferischen Temperament, sagte er von sich selbst: »Einer stößigen Kuh gibt Gott keine Hörner«, doch er »stieß« trotzdem nicht schlecht. Es war nicht einfach, mit Larin zu arbeiten, aber eine gute Zusammenarbeit verband ihn mit dem Vorsitzenden des WSNCh, A. I. Rykow, zu dem er bis zu seinem Tode in freundschaftlicher Beziehung stand. Larins besondere geistige Veranlagung, das, was ich die »schöpferische Überproduktion« nenne, führte oft zu Konflikten mit Lenin, was Larin betrübte. Vielleicht ist das auch dadurch zu erklären, daß die Fesseln, die ihm auferlegt waren, zu schwer waren und ihn dazu verleiteten, seine körperliche Schwäche durch freien Gedankenfluß wettzumachen. Er widersprach Lenin mutig, wenn er nicht mit ihm übereinstimmte. Doch der »Streit« endete meist damit, daß Lenin bald darauf zur Versöhnung anrief, wohl auch, um Larins schöpferische Initiative nicht zu bremsen. Er setzte ihn in noch eine Kommission mehr ein, betraute ihn damit, Artikel und Broschüren zu schreiben oder Vorträge vor Arbeitern und Studenten zu halten.

In den ersten Jahren nach der Revolution reichte Larins Einfluß erheblich weiter als die Posten, die er innehatte, vermuten ließen. Er gehörte nicht zum ZK, sondern nur zum WZIK und zum ZIK, und war auch nicht Volkskommissar. Aber er wußte um seinen Wert und war wohl auch ehrgeizig, was wiederum durch die Krankheit verstärkt wurde. Bezeichnend, daß er einen seiner Artikel in Anlehnung an Puschkins Gedicht »Mein Stammbaum« folgendermaßen unterschrieb:

Nicht Kommissar und nicht Zetkist*,
Bin ich nur Larin, Kommunist.

Ich meine, es war ein scherzhafter Neujahrsartikel, diesmal wirklich ein phantastischer, den er so unterschrieb und der in der »Prawda« oder der »Iswestija« erschien. Aus diesem Artikel erinnere ich auch noch eine Stelle, die Bucharin betraf. Larin schrieb, daß die Forschung bald soweit sein werde, daß jeder Mann auf Wunsch eine Frau werden könne und umgekehrt. Bucharin habe beschlossen, dieses Experiment an sich auszuprobieren, und sei Nina Bucharina geworden, eine

* Zetkist: Mitglied des ZK. (A. d. Ü.)

junge Frau mit einem langen blonden Zopf. Und, wenn ich mich recht entsinne, konnte Nina dann nicht wieder Nikolaj werden.*

Die ihm eigene Rastlosigkeit zeigte sich überall. So nahm er an einem landesweiten Quiz teil und gewann den ersten Preis. Er war immer von neuen Ideen und Erfindungen fasziniert. Der damals fast unbekannte Doktor Kasakow, der als Quacksalber verschrien war (er war später im gleichen Prozeß wie Bucharin angeklagt und wurde erschossen), wollte Larin von der Effektivität seiner Heilmethode überzeugen und brachte seine Patienten, die sich nur mühsam auf den Beinen hielten, zu ihm und führte sie später gesund wieder vor. Daraufhin half Larin ihm bei der Organisation eines Instituts für Experimentalmedizin. Der Tierarzt Tobolkin setzte mit Larins Hilfe die Gründung seiner Affenzucht in Suchumi durch, ebenfalls zu experimentellen Zwecken. Der Sojaspezialist Bragin begeisterte Larin für den Anbau von Sojabohnen, und so weiter.

Auch Kleinigkeiten bewegten ihn, zum Beispiel der Name des Dorfes Kobylja Lusha**. Einmal, als Larin an diesem Dorf vorbeikam, beschloß er, zum Dorfsowjet zu gehen und mit dem Vorsitzenden über eine Umbenennung zu sprechen. Der Vorsitzende war anwesend. »Ihr Dorf hat wirklich einen allzu häßlichen Namen aus der Zeit vor der Revolution. Man muß sich einen neuen ausdenken«, sagte Larin. Der Vorsitzende war sofort einverstanden. Als Vater bald darauf mit mir wieder in der Nähe dieses Dorfes war, sah er von weitem das neue Schild am Haus des Dorfsowjets: »Dorf Sowetskaja Lusha*** – Sowetskolushsker Dorfsowjet.« Der Gesichtsausdruck des ver-

* N. I. erwähnte die phantastische Nina Bucharina in seiner Rede auf dem X. Parteitag der RKP(B), 1921. Er wandte sich gegen einen Artikel von A. M. Kollontaj, »Das Kreuz der Mutterschaft«, in der Zeitschrift »Kommunistka«, Nr. 8–9 für Januar/Februar 1921. Der Artikel betraf Liebe und Moral, und die Autorin behauptete darin, daß ihre Ansichten vor allem von Frauen, nicht aber von Männern geteilt würden. N. I. sagte dazu: »... selbst wenn Genosse Larins Traum in Erfüllung ginge und ich zu Nina Bucharina würde, könnte dieser Artikel mich nicht begeistern.«
Das Komischste dabei ist, daß im Namensindex für den X. Parteitag der RKP(B) fälschlich angegeben ist, daß die phantastische Nina Bucharina N. I.s erste Frau Nadeshda Michajlowna Bucharina-Lukina sei.

** Kobylja Lusha = Stutenpfütze. (A. d. Ü.)

*** Sowetskaja Lusha = sowjetische Pfütze. (A. d. Ü.)

Bei Moskau, 1919. V. l. n. r.: Larins Sekretärin Sinaida Dmitrijewna Kastelskaja, Jurij Larin, Jelena Larina; neben dem Rad sitzend V. M. Smirnow, ein Vorstandsmitglied des WSNCh

blüfften und empörten Larin war unbeschreiblich. Er war so erregt, daß er nicht in der Lage war, aus dem Auto zu steigen und zum Dorfsowjet zu gehen.

In den ersten Jahren nach der Revolution herrschte noch Arbeitslosigkeit, und es gab Arbeitsämter. Viele wandten sich an Larin, damit er ihnen einen Arbeitsplatz verschaffe. Diese Hilfe nahm solche Ausmaße an, daß sein Arbeitszimmer scherzhaft »Larins Arbeitsamt« genannt wurde.

Er half denen, die zu Unrecht des Bürokratismus beschuldigt wurden, und denen, die zu Unrecht aus der Partei ausgeschlossen wurden, und, solange das noch möglich war, denen, die zu Unrecht unter Repressalien zu leiden hatten.

Ich will noch eine Geschichte erzählen, die sehr typisch für meinen Vater ist. Einmal kam eine unbekannte Frau zu ihm, die erzählte, daß ihr Mann gefallen sei, daß sie mit drei kleinen Kindern allein stünde und daß sie Hunger litten, und bat um Hilfe. Vater konnte ihr in jenem Moment nur mit einer kleinen Geldsumme helfen, fand aber sofort einen Ausweg: Er holte aus Mutters Koffer einen Polarfuchskragen, den sie sich selbst für einen Mantel gekauft hatte, und gab ihn der Frau.

Die ging sehr zufrieden weg. Aber Mutter war wütend: »Bist du sicher, daß diese Person keine Schwindlerin war?« – »Wie ist das möglich!« rief Vater, der in ebendiesem Moment den gleichen Verdacht hatte. Die Frau war recht gut gekleidet.

Doch Larin half nur dort, wo es seinen moralischen Prinzipien nicht widersprach, sonst war an Hilfe gar nicht zu denken. Ich weiß noch, wie einmal ein Anruf aus dem Volkskommissariat für auswärtige Angelegenheiten kam: Aus Berlin sei über die Diplomatenpost ein Paket für Larin gekommen. Auf diesem Weg erhielt Vater gewöhnlich Bücher zu ökonomischen Themen. Doch diesmal handelte es sich um ein großes Kleiderpaket mit Damenwäsche, Blusen, Kindersachen, Spielzeug und so weiter. Vater rätselte herum, bis am nächsten Tag eine unbekannte Dame anrief und höflich bat, ihr die Sachen auszuhändigen. Verwandte hätten sie aus Berlin auf Larins Namen über die Botschaft geschickt, damit sie keinen Zoll zahlen müsse.

»Nichts bekommen Sie«, antwortete Larin wütend. »Ich wünsche nicht, daß mein Name zu solchen Zwecken mißbraucht wird.«

»Ja, wollen Sie sich denn fremde Sachen aneignen?« regte sich die Dame auf.

»Ja, selbstverständlich«, antwortete Larin und legte den Hörer auf.

Er verteilte dann alles an die Putzfrauen vom »Metropol« mit einer Erklärung, woher die Sachen stammten.

Vielleicht erscheinen diese Episoden belanglos, als überflüssige Einzelheiten, über die sich auszulassen nicht lohnt. Doch ich glaube, daß diese Kleinigkeiten das schwierige Porträt meines Vaters ergänzen und vielleicht sogar etwas Wesentliches verdeutlichen.

III.

Als ich mir mein Verhörgespräch mit Berija in der Zelle wieder und wieder durch den Kopf gehen ließ und jeden einzelnen Satz durchdachte, da sah ich immer deutlicher, wie recht ich mit meiner Behauptung gehabt hatte, daß ich nicht Bucharins Frau geworden wäre, wenn ich nicht Larins Tochter gewesen wäre.

Larin und N. I. kannten sich schon seit der Emigration. Zuerst hatten sie sich 1913 in Italien getroffen, wohin N. I. aus Österreich gereist war; dann hatten sie ein Jahr lang (von Sommer 1915 bis Sommer 1916) in Schweden benachbart gewohnt. Zu jener Zeit waren sie durch ihren gemeinsamen Kampf gegen die Oborontschestwo* schon geistig verbunden. Dann wohnten wir von 1918 bis Mitte 1927 alle im »Metropol«. Vater und N. I. stimmten in ihren Ansichten nicht immer überein, aber das störte ihre Freundschaft durchaus nicht. Sie waren ganz offen gegeneinander und bemühten sich, einander die Richtigkeit ihrer jeweiligen eigenen Meinung in verschiedenen ökonomischen Fragen ruhig darzulegen. N. I. war ausgesprochen zärtlich zu Vater. Zur Begrüßung oder zum Abschied küßte er ihn oft auf den Kopf, wenn niemand Fremdes dabei war. Er dachte sich alle möglichen Kosenamen für Larin aus: »Lartschik, der sich nicht einfach öffnet«, Laringit, Landrin.** Oder er nannte ihn einfach Mika, wie alle in der Familie. Und wenn er ihn mit Vor- und Vatersnamen nannte, was in Augenblicken erregter Diskussion vorkommen konnte, dann auf jeden Fall Jurij Michajlowitsch und nicht Michail Alexandrowitsch. Deswegen nannten wir unseren Sohn auf N. I.s Wunsch zum Andenken an meinen Vater Jurij.

* Vgl. Anm. zu S. 242. (A. d. Ü.)
** Lartschik = Kästchen; Laringit = Kehlkopfentzündung. (A. d. Ü.)

CARICATURE DE TOGLIATTI (ERCOLI) PAR BOUKHARINE

Togliatti (Karikatur von Bucharin)

Es ist kein Geheimnis, daß ich von all den Freunden von Vater, die bei uns zu Haus verkehrten, Bucharin am liebsten mochte. In der Kindheit zog mich seine unbändige Lebensfreude an, seine Ausgelassenheit, seine Kenntnis der Natur und seine Liebe zu ihr und auch sein Interesse für Malerei. Außerdem sah ich ihn nicht ganz als Erwachsenen an. Das mag lächerlich und unsinnig erscheinen, aber ich glaube doch, daß ich meine kindliche Einstellung zu ihm richtig wiedergebe. Während ich selbst die nächsten von Vaters Freunden mit Vor- und Vatersnamen anredete und sie siezte, wurde N. I. diese Ehre nicht zuteil. Ihn nannte ich Nikolascha und sprach ihn nur mit du an, was sowohl ihn selbst als auch meine Eltern amüsierte, die sich vergeblich bemühten, mich zu verbessern, bis sie sich daran gewöhnt hatten.

Ich weiß noch genau, wie ich N. I. kennenlernte. An diesem Tag hatte Mutter mit mir im Künstlertheater »Der blaue Vogel« gesehen*. Den ganzen Tag befand ich mich unter dem Eindruck des Schauspiels. Als ich schlafen sollte, träumte ich von »Tyltyl« und »Myltyl« und dem Reich der Toten, das ruhig und klar und gar nicht schrecklich war. Ich hörte die melodische Musik von Ilja Saz: »In langem Zug ziehen wir dem blauen Vogel nach.« Und gerade als ich von dem bösen Kater träumte, zwickte mich jemand an der Nase. Ich erschrak, denn der Kater auf der Bühne war groß und von menschlicher Gestalt gewesen, und schrie: »Geh weg, Kater!« Dann drang Mutters Stimme in meinen Schlaf: »N. I., was tun Sie, warum wecken Sie das Kind!« Ich erwachte, und hinter dem Katzengesicht zeichnete sich immer deutlicher Bucharins Gesicht ab. In dem Augenblick hatte ich meinen »blauen Vogel« gefangen, keinen märchenhaft phantastischen, sondern einen irdischen, für den ich teuer zu zahlen hatte. Nachdem N. I. mich geweckt hatte, lachte er fröhlich und zitierte, für mich unerwartet, etwas, das ich gesagt hatte, als ich in Weißrußland wohnte und im Kiefernwald viele Spechte gesehen hatte: »Pechte machen mit der Nase bum und bum.« Für Spechte hatte ich eine große Vorliebe, weil sie so bunt und emsig sind und wegen ihres roten Köpfchens. Das hatte Mutter N. I. als großem Vogelkenner erzählt, und ihn

* »Der blaue Vogel« – Märchenstück von M. Maeterlinck. (A. d. Ü.)

N. I. Bucharin

hatte es amüsiert, daß ich »Nase« statt Schnabel sagte und »bum und bum«.

N. I. besuchte Vater meist nur kurz, er hatte seinem ganzen Wesen nach kein Sitzfleisch und selten Zeit, aber manchmal blieb er auch länger. Gelegentlich kam er mit seinen Schülern. Aus späterer Zeit erinnere ich Jefim Zetlin, Dmitrij Marezkij und Alexandr Slepkow. Es war eine lebhafte Gesellschaft. An der Tür zu Larins Arbeitszimmer hing ein Schild, das ich auf Vaters Wunsch hin geschrieben hatte: »Streiten nach Herzenslust erlaubt – Rauchen verboten.« Und sie stritten wirklich nach Herzenslust...

Als Kind war ich immer traurig, wenn N. I. wegging, und ging immer häufiger selbst zu ihm. Er wohnte ein Stockwerk unter uns, in Nr. 205, ebenfalls ein Dreizimmerappartement. Die Wohnung lag am Ende des Korridors, und dort gab es einen Springbrunnen hinter einer Glaswand. Seit der Revolution war der Brunnen außer Betrieb, und N. I. hatte ihn zu einem Tierkäfig gemacht. Mal flogen dort große Adler, mal lebten dort Meerkatzen oder ein junger Bär. Außer den Meerkatzen waren alle von N. I. selbst erjagt worden. Zu jener Zeit, also 1925 bis 1927, traf ich oft Stalin bei N. I. an. Einmal bekam ich einen zynischen Scherz mit, den er sich mit N. I.s Vater erlaubte: »Sagen Sie, Iwan Gawrilowitsch, wie haben Sie Ihren Sohn gemacht? Ich möchte Ihre Methode übernehmen. Was für ein Sohn, ach, was für ein Sohn!«

Einmal nahm Stalin das Zinkweiß von N. I.s Ölfarben und schrieb damit auf ein rotes Tuch: »Weg mit dem Trozkismus!« Das Tuch band er dem Bärenjungen an die Pfote, und dann ließ er dieses auf den Balkon hinaus. Der Bär wollte sich von dem Lappen befreien und winkte mit dem »Banner« mit der aktuellen Losung. Damals sah Stalin im Trozkismus die Hauptgefahr, die »rechte« Gefahr war noch nicht an der Reihe.

Vater freute sich, wenn ich bei N. I. war, und sagte: »Sie arbeitet auswärts.« Er hatte immer Sorge, daß seine Krankheit mein Leben überschatte und ich in meiner Kinderzeit nicht genug Freude hätte. Er bemühte sich sogar selbst, mich N. I. »zuzuschieben«. Im Sommer 1925 waren meine Eltern und ich gleichzeitig mit N. I. in Sotschi und 1927 in Jewpatorija. Auf Vaters Wunsch und mit N. I.s Einverständnis war ich mehr bei ihm als bei meinen Eltern. Wir fuhren zusammen in die

Berge, er nahm mich mit, wenn er jagte oder Skizzen machte, wir fingen zusammen Schmetterlinge und Fangheuschrecken, und er brachte mir das Schwimmen bei. Wie schön war jene Zeit!

Je älter ich wurde, desto mehr fühlte ich mich zu N. I. hingezogen. Seine recht häufigen Besuche bei uns befriedigten mich nicht mehr. Außerdem war mir klar, daß ich nur ein Anhängsel Larins war, er kam nicht meinetwegen (so war es bis 1930), und das betrübte mich. Als wir aus Sotschi zurückkamen, (damals war ich elf), schrieb ich ein Gedicht für N. I.:

Nikolascha heißt der Mann,
Damit fängt das Liedchen an.
Nikolaj hat viel zu tun,
Kommt vor Arbeit nicht zum Ruh'n.

Dicke Taschen voll Papier,
Wie der Flaum im Kissen hier.
Fährt nach Sotschi an das Meer,
Denn Erholung muß nun her...

und so weiter, ich weiß nicht mehr alles. Aber der Schluß war:

Immer möchte ich Dich seh'n.
Ohne Dich ist's gar nicht schön.

Als ich Vater das Gedicht zeigte, sagte er: »Großartig! Dann geh nur und bring es deinem Nikolascha.« Aber ich genierte mich, mit solchen Versen zu ihm zu gehen. Da schlug Vater vor, das Gedicht in einem Umschlag zu übergeben, auf den er »Von Ju. Larin« schrieb. Ich beschloß, an der Tür zu läuten, den Umschlag zu übergeben und sofort wieder wegzulaufen. Doch es kam anders. Unten an der Treppe im ersten Stock traf ich Stalin. Es war klar, daß er zu Bucharin wollte. Ohne lange zu überlegen, bat ich ihn, Bucharin den Brief von Vater zu übergeben. So erhielt Bucharin meine kindliche Liebeserklärung über Stalin. Sofort klingelte bei uns das Telefon. N. I. bat mich zu kommen. Aber das wagte ich nicht.

1927 war ein trauriges Jahr für mich. Auf Stalins Drängen hin zog N. I. in den Kreml um. Dorthin konnte ich nicht ohne Genehmigung. Ich mußte ihn aus der Pförtnerloge am Troizkijtor anrufen. Und obwohl N. I. mir später einen ständigen Ausweis ausstellte, war es fast unmöglich, ihn zu Haus anzutreffen. Ich änderte extra meinen Schulweg und nahm einen Umweg in Kauf, um an der Komintern vorbeizukommen. Das Kominterngebäude befand sich gegenüber der Reitbahn neben dem Troizkijtor, und ich hoffte, N. I. zu treffen. Das gelang mir auch gelegentlich, und voller Freude strebte ich dann zu ihm.

Es war eine Krisenzeit, die innerparteiliche Auseinandersetzung hatte ihren Höhepunkt erreicht, wie auf dem XV. Parteitag der WKP(B) besonders deutlich wurde... Auf mich kam es wirklich nicht an. N. I. besuchte Vater seltener, blieb dann aber länger, weil sie über die aktuellen Parteiangelegenheiten sprachen. Damals waren sie einer Meinung. Ich machte mir zu der Zeit keine Sorgen. Das kam erst später, als ich älter wurde und N. I. unter Beschuß stand.

Die Himalajageschichte habe ich schon erzählt, aber noch nicht gesagt, welche Folgen sie hatte. Das charakterisiert die Atmosphäre besonders gut. Nach der Sitzung, auf der Stalin vor den Politbüromitgliedern leugnete, daß er zu Bucharin gesagt hatte: »Du und ich sind der Himalaja, alle anderen sind Nichtse«, und Bucharin anschrie: »Du lügst, du lügst, du lügst!«, erzählte N. I. Larin in Mutters und meinem Beisein davon. Mutter war so unvorsichtig, es einer Bekannten zu erzählen, und die meldete es offenbar an eine »gebührende Stelle« – jedenfalls wußte Stalin wenige Tage später davon. Er ließ N. I. zu sich kommen, schrie ihn an, daß er verleumderische Gerüchte verbreite und daß ihm, Stalin, alles nach Larinas Worten bekannt geworden sei. »Und Larina ist eine ehrliche Frau und lügt nicht.« (Später, als der Vorfall weit zurücklag, nannte N. I. meine Mutter scherzhaft »Jelenka, die ehrliche Frau«.) Es ist kaum zu beschreiben, wie bestürzt N. I. zu uns kam und wie aufgeregt die Eltern waren. Mutter gestand ihren Fehler ein.

Vater machte dieser Zwischenfall schwer zu schaffen. Er regte sich nicht nur darüber auf, daß Mutters Leichtsinn N. I. große Unannehmlichkeiten bereitet hatte. Die Tatsache selbst, daß seine Familie eine widerliche politische Intrige fördern konnte, war für ihn eine moralische Erschütterung. Er schrieb einen langen Brief an Stalin, zerriß ihn dann wieder und beschränkte sich auf einen Satz: »Wir befassen uns nicht mit Denunziationen. Ju. Larin.«

Das Obst von Berija milderte die Bewachung in der Zelle. Daß der Volkskommissar mir ein solches Geschenk gemacht hatte, beeindruckte den Aufseher so sehr, daß er mir erlaubte, mich zur Wand zu drehen und das Gesicht zu bedecken.

Die acht Monate in Einzelhaft (mit nur kurzen Unterbrechungen, als die Agentin bei mir war), ohne Bücher und ohne jede ablenkende Beschäftigung, wurden immer schwerer zu ertragen. Die einzige Möglichkeit, mich abzulenken, waren meine Reimversuche. Es waren helle Augenblicke in diesem freudlosen Dasein: an nichts anderes zu denken, zu vergessen. Nicht nur das Dichten selbst, sondern auch der Versuch, die Gedichte zu behalten, verlangte Konzentration und war wie eine Atempause im Leid. Heute ist es unverständlich, wie ich mich in der ersten Nacht nach der Begegnung mit Berija mit einer wie auch immer unbegabten »dichterischen Schöpfung« beschäftigen konnte, aber es war meine Rettung und half mir zu überleben. Ich wollte Lenins Tod in Versen darstellen, oder besser, meine kindliche Wahrnehmung jener Ereignisse, aber es gelang mir nicht. Ich erinnere nur die ersten ungeschickten Zeilen:

In jenen Tagen verstand ich nur wenig,
Denn ich war noch ein Kind.
Das Ausmaß der Trauer konnt' ich ersehen
Aus Vaters Augen nur.

Ja, Vaters Augen waren das erste, was mich erschütterte.

Am 21. Januar 1924 rief Bucharin spätabends von den Leninhügeln an und berichtete, daß Wladimir Iljitschs Leben verloschen war. Ich schlief noch nicht und sah, wie zwei Tränen, nur zwei, aus Vaters traurigen Augen über sein totenbleiches Gesicht rannen. In dieser Nacht schlief er nicht, sondern schrieb einen Nachruf. Es war einer der ersten, die in der »Prawda« erschienen, und er endete mit den Zeilen: »Ewig wird unser Proletariat und unser Land stolz darauf sein, daß hier, mit und bei uns, der Mann gelebt, gekämpft und gelehrt hat, dessen Name schon zu Lebzeiten Legende und Hoffnung für die Unterdrückten aller Länder wurde, dessen Name bis zum endgültigen, weltweiten Sieg des Sozialismus Wegweiser und Banner im Kampf des Proletariats bleiben wird.«

Mich, das Kind, bewegte natürlich nicht der schwere Verlust, der den Lauf der Geschichte ändern sollte, sondern die Fülle ungewöhnlicher Eindrücke: Vaters Augen, die wie von Schmerzen getrübt zu sein schienen, der laut schluchzende Bucharin und Lenins Beisetzung.

Der Tag der Beisetzung, der 27. Januar, fiel auf meinen Geburtstag und zerstörte mein Kinderfest. Vater sagte zu mir: »Dein Geburtstag am 27. Januar wird aufgehoben« (als handelte es sich um ein offizielles Dekret der Sowjetmacht). »Dieser Tag wird jetzt für immer ein Trauertag sein. Deinen Geburtstag werden wir am 27. Mai feiern, wenn die Natur erwacht und alles blüht.« Interessant war vor allem, daß Vater mit mir zum SAGS nach Petrowka fuhr, um meine Geburtsurkunde ändern zu lassen. Der Beamte war von Vaters Bitte überrascht und weigerte sich lange. Er riet uns, den Geburtstag am 27. Mai zu feiern, die Urkunde aber nicht zu ändern. Schließlich gab er nach. So wurde ich zehn Jahre nach meiner Geburt zum zweiten Mal eingetragen. Nach dieser Geburtsurkunde wurde mein Paß ausgestellt, in dem bis heute der 27. Mai als mein Geburtstag angegeben ist.

Mit Vater war ich im Säulensaal des Unionshauses, wo Lenins Leichnam aufgebahrt war. Das Auto konnte nicht vorfahren, und ich half Vater, zu Fuß durchzukommen. Die verantwortlichen Parteifunktionäre wurden telefonisch zu einer bestimmten Zeit bestellt. Wir betraten das Zimmer hinter dem Säulensaal. Dort fanden wir Nadeshda Konstantinowna, Marija Iljinitschna, Sinowjew, Tomskij, Kalinin, Bucharin; die übrigen erinnere ich nicht. Sinowjew und Bucharin hatten ganz rote Augen vom Weinen. Aufgeregt führte ich Vater an Lenins Sarg und hielt mich selbst irgendwo seitlich. Ich bemerkte Lenins ältere Schwester, Anna Iljinitschna. Sie stand regungslos wie eine Statue am Kopfende und sah ihrem Bruder ins Gesicht, als wollte sie keine Sekunde des Abschieds verlieren. Von N. I. erfuhr ich, daß alle Uljanows gegen die Einbalsamierung waren und nicht ins Mausoleum gingen.

Lenins Beerdigung kann man nicht vergessen. Darüber ist in Lyrik und Prosa viel geschrieben worden. Aber ich habe das alles miterlebt. Die bittere Kälte und die Feuer, um die die Rotarmisten in ihren langen grauen Mänteln, mit tief in die Stirn gezogenen Mützen herumhüpften, um sich warm zu halten. Die zahllosen Bauernboten in Fußlappen mit bereiften Bärten und gefrorenen Tränen unter den Augen. Die allgemeine Trauer. Aus unserem Fenster im »Metropol« konnte man die Prozession zum Säulensaal sehen, die vierundzwanzig Stunden andauerte. In der Nacht stand ich auf und sah den endlosen Menschenstrom, der sich zum Unionshaus zog, beleuchtet von den hellen Feuern. Ein unvergeßliches, eindrucksvolles Bild.

Lenins engste Mitkämpfer litten sehr unter seinem Tod. Heute stelle ich mir vor, daß sie jemandem ähnelten, der vor einem Erdbeben erste Erschütterungen spürt; instinktiv fühlten sie das Nahen von etwas Unbekanntem, Furchtbarem. Natürlich konnten sie nicht voraussehen, daß die meisten von ihnen in naher Zukunft von Stalin zum Schrott der Geschichte geworfen werden würden.

Ilja Grigorjewitsch Erenburg äußerte in einem Gespräch mit mir sehr richtig den Gedanken: »Lenins engste Freunde haben einen großen Fehler gemacht. Nach seinem Tod haben sie Lenin vergöttert, was Stalin ausnutzte, und dank seiner großen Geschicklichkeit vermochte der es, sie alle als Aufrührer abzustempeln.«

Es schmeichelte Stalin, daß man ihn liebedienerisch »den Lenin von heute« nannte, was keineswegs heißt, daß Lenin »der Stalin von gestern« war.

Mein Zustand in der Zelle ist schwer wiederzugeben. Ich dachte über mein Auftreten gegenüber Berija nach. Ich hatte Perlen vor die Säue geworfen. In der Erinnerung kamen Sätze von Berija an die Oberfläche, auf die ich beim Verhör nicht genügend geachtet hatte und die nun besonders lästerlich erschienen. Wie hatte er es wagen können, mir ins Gesicht zu sagen: »Larins Tochter heiratet nicht nur einen Volksfeind, sie verteidigt ihn auch noch.« Aber nicht nur die häufige Erwähnung von Larins Namen, sondern sogar die Traube, die aus

Lenin im Präsidium des IX. Parteitags der RKP(B), 1920 (links am Tisch Bucharin)

der Tüte des Kommissars sah, erinnerte an Vater. Er liebte seine Heimat, die Krim, wo das Meer ihm leuchtender vorkam als das Mittelmeer, die Steppe dort, die im Frühling rot von blühendem Mohn war, die duftenden Krimrosen, die edlen Trauben, die die Tataren anbauten, und ganz besonders gerade diese Sorte, alexandrinischen Muskateller. Oft zitierte er Puschkins Zeile: »Ein Zauberland! Der Augen Freude ...«

An einem späten Abend im August 1931 waren wir mit Larin im Auto ans Meer gefahren. Allein konnte er nicht dorthin, weil der Weg so steil war. Es war Vollmond. Ganz klar und silbrig zeichnete sich der Weg ab. Ich ließ Vater auf einer Klippe direkt am Wasser sitzen und schwamm selbst recht weit hinaus. Und plötzlich erfaßte mich ein Gefühl von Todesnähe. Ich kehrte sofort um und schwamm so schnell wie möglich aufs Ufer zu. Als ich schon dicht am Ufer war, mußte ich über meine unerklärliche Angst selbst lachen. Gerade wollte ich Vater davon erzählen, da brandete eine Welle hoch und riß ihn herunter. Ich versuchte ihn zu halten, konnte es aber nicht. Wir wurden von der Strömung hinausgetrieben und wären zusammen ertrunken, wenn der Chauffeur nicht von ferne meinen verzweifelten Schrei gehört hätte. In der Gefängniszelle erschien mir dieser Vorfall wie ein böses Vorzeichen: Vater lebte danach kein halbes Jahr mehr.

Wir hatten uns an seine Krankheit gewöhnt, und nichts kündigte ein so nahes Ende an. Am 31. Dezember bestand er darauf, daß ich den Jahreswechsel mit Jugendlichen feiern sollte. Sonst verbrachte ich den Altjahrsabend mit den Eltern. Diesmal ging ich zu meinem Altersgenossen S. Ganezkij, dem Sohn des bekannten Revolutionärs. Ich war gerade bei Ganezkijs angekommen, da rief Vater an: »Komm sofort nach Haus, ich sterbe!« Aufgeregt stürzte ich nach Haus. Dort fand ich ein schwer vorstellbares Bild vor: Vater, der sich sonst nur mühsam bewegen konnte, lief in der Wohnung in rasendem Tempo von einem Zimmer ins andere. Wie es dazu hatte kommen können, ist mir bis heute ein Rätsel. Mutter und ich vermuteten einen psychischen Anfall. Wir riefen den berühmten Neuropathologen Prof. Kramer, der ungeachtet seiner Neujahrspläne kurz vor Mitternacht erschien, aber keine psychische Abnormität feststellen konnte. Internisten diagnostizierten eine doppelseitige Lungenentzündung. Zwei Wochen lang siechte Vater, im Sessel sitzend, qualvoll dahin, im Liegen konnte er nicht atmen. Es war eine Tortur.

In der Zelle war die Erinnerung an Vaters letzten Tag beinah noch schwerer, als diesen zu erleben, denn ich sah nun alles unter einem anderen Blickwinkel.

Am Morgen des 14. Januar verschlechterte sich Vaters Zustand sehr. Mutter teilte das Larins engsten Freunden mit. A. I. Rykow mit seiner Frau Nina Semjonowna, W. P. Miljutin und L. N. Krizman* kamen. Plötzlich rief unerwartet Stalin an und wollte Larin sprechen. Doch der konnte den Hörer nicht nehmen. »Wie schade, wie schade«, sagte Stalin, »ich wollte ihn zum Volkskommissar für Landwirtschaft ernennen. Aber wenn er krank ist, werde ich sofort Poskrebyschew schicken« (Stalins Privatsekretär), »damit er eine Kur organisiert, und

* Bucharin machte in Naltschik Urlaub. Mein Telegramm kam zu spät. Er kam erst einen Tag nach Vaters Beerdigung. Als Stalin N. I. sah, sagte er: »Warum hast du deinen Urlaub abgebrochen? Wolltest du Larin beerdigen? Das haben wir auch ohne dich gut gemacht ...«

nach der Politbürositzung werde ich ihn selbst besuchen kommen.«*

Vater war bis zur letzten Minute bei vollem Bewußtsein, und Mutter erzählte ihm von Stalins Anruf. Alle Anwesenden waren äußerst überrascht. Weder seinem Wesen noch seinem Gesundheitszustand nach taugte Vater für das Amt des Volkskommissars für Landwirtschaft. Auch standen Stalin und Larin sich nicht so nah, daß anzunehmen war, daß Stalin den kranken Larin besuchte. Am meisten erstaunt aber war Wladimir Pawlowitsch Miljutin, denn er hatte Stalin einige Tage vorher gesehen und ihm gesagt, daß es Larin sehr schlecht ginge und er möglicherweise sterben würde. »Hat er das denn vergessen?!« sagte Miljutin und zuckte verständnislos mit den Schultern.

* Übrigens erinnere ich noch zwei andere bemerkenswerte Telefonanrufe von Stalin bei Larin. Im ersten Fall rief Stalin 1925 an (das hörte ich viel später aus Erinnerungen der anderen) und bat Larin, auf der 14. Parteikonferenz gegen Bucharin wegen dessen Schlagwort »Bereichert euch« aufzutreten. In einem persönlichen Gespräch äußerte Vater N. I. gegenüber die Ansicht, daß die Formulierung »Bereichert euch« ungünstig sei, weil es bourgeoise Terminologie sei. »Werdet reicher« sei besser. Soweit ich erinnere, stimmte N. I. zu. Interessant ist, daß Stalin sich vor dem XIV. Parteitag der RKP(B), der kurz nach der Konferenz stattfand, an Larin gewandt hatte. Auf diesem Parteitag bekämpften Stalin und Bucharin gemeinsam die »neue Opposition«. Inzwischen bewertete Stalin in einer Parteitagsrede selbst Bucharins Losung als geringfügigen Fehler. Er sagte: »Von einigen Genossen kenne ich Fehler – zum Beispiel im Oktober 1917« (damit meinte er Kamenew und Sinowjew), »mit denen verglichen Genosse Bucharins Fehler gar nicht der Rede wert ist.« Welchen Sinn hatte dann seine Bitte an Larin? Ich zweifle nicht daran, daß Stalin schon an dem Fundament für Bucharins politische Vernichtung arbeitete, während er gemeinsam mit ihm Sinowjew und Kamenew bekämpfte.

Der andere Anruf von Stalin erfolgte drei, vier Monate vor Larins Tod. »Genosse Larin«, sagte er, »in Kürze werden Sie zum ordentlichen Mitglied der Akademie der Wissenschaften gewählt werden«, und so geschah es... Als Vater N. I. davon erzählte, bemerkte der: »Wenn Stalin gebildete bolschewistische Marxisten in die Akademie der Wissenschaften ›wählen‹ läßt, dann bedeutet das, daß er sie auf den Müll wirft, das heißt ihren politischen Tod.«

Larin wurde aus dem ZIK und dem WZIK, wo er hauptsächlich arbeitete, entfernt, und so war er praktisch, kurz nachdem er 1929 auf der Konferenz der marxistischen Agrarier mit Stalin nicht nur die Mütze, sondern auch polemische Worte gewechselt hatte, nicht mehr im Dienst. Er hatte es gewagt, seine Meinung zu äußern, daß die Kolchosen keine wirklich sozialistischen Unternehmen seien, weil ihnen kein Staats- sondern ein vergesellschaftetes Privateigentum zugrunde läge. Echte sozialistische Unternehmen seien hingegen die Sowchosen.

Bald darauf erschien Poskrebyschew und mit ihm die künftigen »Mörderärzte« (der Kremlarzt Lewin und der bekannte Kardiologe Professor Pletnew, die später zusammen mit Bucharin verurteilt wurden). Beide hielten Vaters Zustand für aussichtslos und gingen bald wieder. Doch Poskrebyschew blieb und war mit Mutter bis zum Ende bei Vater. Ich saß in der offenen Tür zwischen Arbeits- und Schlafzimmer und sah ihn im Spiegel, wagte aber vor Aufregung nicht heranzutreten, solange er mich nicht rief. Ich hörte, wie er Mutter bat, Stalin über Poskrebyschew die Mappe mit seinem laufenden ökonomischen Entwurf zukommen zu lassen, was sie auch tat. Dann wandte er sich an mich. Die Frage meines sterbenden Vaters überraschte mich und versetzte mich in Verlegenheit:

»Liebst du Nikolaj Iwanowitsch noch immer?« fragte er, obwohl er wußte, daß wir uns seit März 1931 nicht gesehen hatten. Ich war verlegen, weil ich in Poskrebyschews Anwesenheit anworten mußte, und aufgeregt, weil ich mit meiner Antwort Vaters letzten Wunsch, den ich nicht kannte, erfüllen wollte. Aber ich konnte nicht lügen und bejahte, obwohl ich es für möglich hielt, daß Vater darüber betrübt wäre und sagen würde: »Du mußt ihn vergessen!« Doch er antwortete kaum hörbar:

»Es ist interessanter, zehn Jahre mit N. I. zu verbringen als mit einem anderen ein ganzes Leben.«

Diese Worte von Vater waren wie ein Segen.

Dann deutete er mir an, daß ich nähertreten sollte, weil seine Stimme immer schwächer wurde, und hauchte mehr, als daß er sprach:

»Es reicht nicht, die Sowjetmacht zu lieben, weil es dir nach ihrem Sieg gutgeht! Man muß bereit sein, das Leben für sie zu opfern und Blut zu vergießen, wenn es nötig ist!« (Ich verstand das so, daß man im Falle einer Intervention gegen die Sowjetunion sein Leben opfern müsse.) Mit Mühe hob er die rechte Hand und machte eine Faust, die ihm aber sofort leblos aufs Knie fiel: »Schwöre, daß du dazu bereit bist!«

Und ich schwor.

Einen Augenblick vor seinem Tod wandte Vater Poskrebyschew den Kopf zu. Er konnte ihn nicht mehr ansehen, weil sein Kopf hilflos baumelte. Er wollte etwas sagen, aber es war nur noch ein erbärmliches, unhörbares Lallen. Wir konnten

Jurij Larin

nur noch verstehen: »Zerstreut meine Asche aus dem Flugzeug«* und: »Wir werden siegen!« Ein letzter Seufzer und sein Herz hatte aufgehört zu schlagen.

Vaters Worte versetzten mich in stolze Erregung. Welch großer, fanatischer Glaube an eine vollkommenere Gesellschaft brannte in den Bolschewiki!

In der Gefängniszelle ließ mich die Erinnerung an Vaters letzte Worte erschaudern. Was oder wer war geblieben, an das

* Von diesem letzten Willen Vaters erzählte ich Awel Safronowitsch Jenukidse, der gleich nach Vaters Tod kam. Aber Jenukidse nahm es als eine von Larins Phantasien und Absonderlichkeiten. Der Ort der Beisetzung, der Rote Platz, wurde telefonisch von Stalin diktiert.

oder an den man glauben konnte? Alles, woran ich geglaubt hatte, war ermordet und durch den Schmutz gezogen worden. Millionen von Häftlingen, endlose Gefangenentransporte, überfüllte Gefängniszellen, inszenierte Schauprozesse gegen diejenigen, die noch vor kurzem die bolschewistischen Führer genannt wurden, und ein Diktator auf dem Thron.

Ich glaubte nicht im mindesten daran, daß mein Leben sich zum Besseren wenden könnte. Mal schien es, daß es bald zu Ende sei, mal, daß ich zu lebenslanger Einsamkeit verdammt sei. Man versteckte mich so gründlich, daß man das wirklich annehmen konnte. Nach allem, was ich im Lager Antibes an der Schlucht durchgemacht hatte, als ich aus unerfindlichen Gründen der Erschießung entronnen war, phantasierte ich manchmal und redete mir ein, daß der Vater der Völker mich vom Tode befreit und zu ewiger Wanderschaft von einer Isolationszelle in die andere verdammt habe, weil ich Bucharin nicht verfluchte, ähnlich wie Ahasver, der Ewige Jude, den Gott zu ewigem Leben und Wanderschaft verdammte, weil er Christus auf dem Weg nach Golgatha geschlagen hatte.

Und dann kam plötzlich eine Veränderung, die das Ende meiner Einsamkeit bedeutete.

»Machen Sie sich fertig, und kommen Sie mit«, sagte der Gefängnisaufseher. Ich hatte keine Sachen außer dem, was ich am Leibe trug, und der Tüte mit dem Obst. Essen konnte ich es nicht, aber zum Wegwerfen war es auch zu schade. Diesmal trug ich die Tüte selbst. Wir gingen durch die Halle im ersten Stock, vor der ein Balkon war. Äußerlich erinnerte nichts an ein Gefängnis, aber man brachte mich in eine Zelle. Dem Licht nach zu urteilen, das durch das vergitterte Fenster drang, war es Morgen. Auf dem Bett saß eine hagere Frau mittleren Alters mit kleinen, hellen, ausdrucksvollen Augen und einer Männerfrisur. Erstaunt sah sie auf mein Paket (an dem wir uns bald darauf gütlich taten) und musterte mich aufmerksam. Nach bitterer Erfahrung beschloß ich, diesmal Berijas Rat zu befolgen und schweigsamer zu sein.

Meine Zellengenossin sprach als erste.

»Ich habe Sie schon einmal gesehen, war das nicht bei Larin?« fragte sie.

»Das ist möglich.«

»Wenn ich mich nicht irre, sind Sie seine Tochter?«

Ich bejahte.

»Ich erinnere Sie noch als kleines Mädchen und weiß, wessen Frau Sie waren.«

So war ich gleich »dechiffriert«.

»Welchen Geist hat er vernichtet! Wie hat er nur die Hand gegen ihn erheben können«, sagte die Frau aufgeregt und erzählte mir sofort ihre eigene Geschichte.

Sie war die Kongreßstenographin Walentina Petrowna Ostroumowa. Sie stenographierte die Reden auf den Parteitagen, den Rätetagen und den Parteikonferenzen. Zu Vater war sie gekommen, um die Stenogramme seiner Reden zu verbessern, und sie kannte viele von den umgekommenen Bolschewiki. In den letzten Jahren hatte sie im Norden als Sekretärin des Parteikomitees von Igarka gearbeitet. Im Sommer 1938 hatte sie Urlaub in Moskau gemacht und ihre Freundin Jekaterina Iwanowna, die Frau von M. I. Kalinin, in dessen Wohnung besucht. Sie hatten sich unterhalten und ihren Herzen Luft gemacht. Stalin hatten sie treffend charakterisiert: »Ein Tyrann und Sadist, der die Leninsche Garde und Millionen Unschuldiger umbringt« (ich zitiere genau ihre Worte). Ich weiß nicht mehr, ob bei diesem Gespräch noch ein Dritter anwesend war oder ob in Kalinins Wohnung die Wände mithörten. Auf jeden Fall wurden beide verhaftet. Die Ostroumowa am Flughafen, als sie nach Igarka zurückfliegen wollte; Jekaterina Iwanowna bekam den Haftbefehl, wie man mir später erzählte, am Kremleingang in der Pförtnerloge beim Troizkijtor vorgelegt.

Da ich mit Ostroumowa in einer Zelle saß, wurde ich Zeugin der dramatischen Entwicklung, die die Untersuchung ihres Falles nahm. Aus Haß auf Stalin war Walentina Petrowna bereit, alles zu bestätigen, was sie über ihn gesagt hatte, aber sie war besorgt um die Situation von Kalinins Frau. Sie vermutete, daß es zu Unannehmlichkeiten für Kalinin selbst führen würde, wenn sie das Gespräch gestand. Nur aus diesem Grunde leugnete sie es eine Zeitlang. Wie sich jedoch später herausstellte, waren der Untersuchungsleiter und Berija, die Walentina Petrowna verhörten, bis in alle Einzelheiten über den Inhalt des Gesprächs informiert, und Berija behauptete, er wisse es aus den Bekenntnissen von Kalinins Frau. Ostroumowa glaubte Berija und bestätigte schließlich das Gespräch. Daraufhin richtete der Untersuchungsleiter eine Gegenüberstellung von Je. I. Kalinina und W. P. Ostroumowa ein. Bei der Gegenüberstellung mußte Walentina Petrowna erkennen, daß Berija sie betrogen hatte. Jekaterina Iwanowna leugnete alles. So jedenfalls stellte Ostroumowa die Geschichte dar. Ich war nicht lange mit ihr zusammen. Sie wurde aus der Zelle fortgebracht ins Ungewisse. Nach dem zu urteilen, was ich in den sechziger Jahren über sie las, ist sie nicht aus dem Lager zurückgekommen.

Im Butyrkagefängnis hatte ich Gelegenheit, Jekaterina Iwanowna Kalinina zu sehen, nachdem das Urteil gegen sie gefällt worden war. Leider sah ich sie nur und konnte nicht mit ihr sprechen. Bevor ich Anfang 1941 zum zweiten Mal ins Lager kam, wurde ich ins Butyrka gebracht. In der Zelle, in die ich zuerst kam, gab es keinen einzigen freien Platz mehr, und zufällig saß ich zu Füßen der schlafenden Jekaterina Iwanowna. Ich kannte sie nicht persönlich, sondern nur vom Sehen. Sie sah erschöpft und gealtert aus. Ich wurde in eine andere Zelle gebracht, bevor sie aufwachte. Ihre Zellengenossinnen konnten mir gerade noch erzählen, daß sie zu einer langen Lagerhaft verurteilt worden war, und zwar beinah für Spionage. (Warum auch nicht für Spionage? Die Unschuldigen wurden ja aller möglichen Delikte beschuldigt.) Angeblich hatte man ihr vorgeschlagen, ein Gnadengesuch an den Obersten Sowjet zu richten, worauf sie stolz erwidert hatte: »Ich fordere Freispruch und nicht Begnadigung!« Für die Richtigkeit dieser Aussage kann ich mich nicht verbürgen. Ich weiß nur, daß Jekaterina Iwanowna kurz vor Kalinins Tod im Sommer 1946 freigelassen wurde.*

* Im Zusammenhang mit der Verhaftung von Kalinins Frau fällt mir ein interessanter Fall ein: Im Tomsker Lager, wo ausschließlich Frauen von solchen sogenannten Vaterlandsverrätern waren, die meist schon erschossen waren, gab es einen »weißen Raben«, die Frau eines Moskauer Professors, der nicht verhaftet war. Sie war offenbar aus Versehen dorthin gekommen. Der Professor bemühte sich lange und vergeblich um die Freilassung seiner Frau. Schließlich gelang es ihm, von Kalinin empfangen zu werden. Als er seine Bitte vortrug, antwortete Kalinin: »Guter Mann, ich befinde mich in genau der gleichen Lage. So sehr ich mich auch bemühe, ich schaffe es nicht, meiner eigenen Frau zu helfen. Genauso wenig vermag ich der Ihren zu helfen.« Soviel Macht besaß der Allrussische Älteste ...

Einige Tage nach dem Verschwinden Ostroumowas kam Belows* Frau zu mir in die Zelle. Sie weinte vierundzwanzig Stunden lang ununterbrochen und schlug hysterisch mit dem Kopf gegen die Wand. Danach wurde ich in eine Gemeinschaftszelle gebracht.

Ich setzte mich auf das einzige freie Bett, und die anderen Frauen erzählten mir sofort, daß das vorher der Platz der Kinderfrau von Trozkijs Enkel gewesen war, dem Sohn seines jüngeren Sohnes Sergej.** Sie erzählten, daß die Amme sehr an dem Kind hing und unter Tränen immer wiederholte: »Es ist nicht so schlimm, Ljowuschka« (der Enkel hieß nach seinem Großvater), »bald kommt dein Opa und schickt sein Heer gegen diese Ungeheuer und befreit uns.«

In dieser Zelle traf ich auch Jeshows Sekretärin Ryshowa. So erhielt ich endlich die Antwort auf die Frage, die ich wiederholt an Berija gestellt hatte. Die Ryshowa schilderte mir ihr Verhör bei Berija. Der hatte ihr mitgeteilt: »Ihr Herr ist ein Volksfeind und Spion.« Darauf hatte Ryshowa geantwortet, daß sie sich das nicht vorstellen könne, er hätte schließlich Stalins eigene Befehle ausgeführt. Da hatte Berija sie angeschnauzt: »Falsch gedacht! Sie können keinen Feind erkennen!« Ryshowa nahm Berijas Worte für bare Münze und zog einen naiven Schluß daraus, indem sie mir tröstend sagte:

»Wenn mein Nikolaj Iwanowitsch« (d. h. Jeshow) »ein Spion ist, dann wird Ihr Nikolaj Iwanowitsch wenigstens posthum rehabilitiert.«

Darauf konnte ich nur schweigen.

Mir gegenüber saß eine alte Frau, die Frau eines Militärs, mit lauter blauen Flecken von Schlägen. Sie litt unter Halluzinationen. »Wanja, Wanja!« rief sie. »Genossen, seht aus dem Fenster, sie führen ihn zur Erschießung!« Wir bemühten uns, die Unglückliche davon zu überzeugen, daß sie sich irrte, aber ihr Schreien wiederholte sich periodisch.

* Below, I. P. – sowjetischer Heerführer, Oberbefehlshaber I. Ranges, der die Truppen mehrerer Militärbezirke befehligte. Im Juni 1937 Mitglied des Gerichtshofes beim Prozeß gegen Tuchatschewskij, Uborewitsch, Jakir u. a. 1938 erschossen.

** Bronschtejn, Sergej Lwowitsch – Ingenieur. Arbeitete unter Sergo Ordshonikidse im Volkskommissariat für Schwerindustrie. Politisch nicht aktiv. Er wurde erschossen, seine Frau verhaftet und der Sohn ins Kinderheim gebracht. Ihr weiteres Schicksal ist mir nicht bekannt.

Neben mir entdeckte ich Natalija Saz. Auch sie war Frau eines »Vaterlandsverräters« und befand sich, wie ich, in Zweituntersuchung. Sie war im Lager an Typhus erkrankt und extrem abgemagert, so daß sie wie ein schmächtiges kleines Mädchen aussah, aber mit grauem Haar. Sie trauerte dem Kindertheater nach, das sie gegründet und auf das sie viel Energie und Talent verwandt hatte. Sie liebte dieses Theater leidenschaftlich und eifersüchtig. Die Vorstellung, daß ein Außenstehender sich in *ihr* Theater einmischte, war ihr so schmerzlich, als nähme man ihr ihr leibliches Kind weg. Es lag ihr so daran, dorthin zurückzukehren, daß man den Eindruck hatte, selbst wenn man sie nur unter Bewachung wieder in ihr Theater ließe, würde sie sich erheblich weniger unfrei fühlen und wäre glücklich. Außerdem machte sie sich, wie wir alle, Sorgen um das Schicksal ihrer Mutter und ihrer Kinder. An ihren Mann Wejzer, den Volkskommissar für Binnenhandel, der später erschossen wurde, dachte sie voller Liebe und Wärme: »Wo ist mein Wejzer? Mein Wejzer wird doch nicht umgekommen sein?«

Wie oft sagte sie das, schwer seufzend, wenn sie mit mir sprach. Und ungeachtet der schweren Umstände hatte sich Natalija Iljinitschna (ich nannte sie Natascha) ihre schöpferische Energie und ihren Humor bewahrt. Sie machte gern Witze, nannte mich Larkina-Bucharkina und sagte mir einen Vers auf, den sie vor ihrer Abfahrt aus dem Lager nach Moskau gedichtet hatte:

Leb wohl, Sibir*, leb wohl, Du wilder Schneesturm,
Du wolkenloser Himmel, grünlich blau!
Leb wohl, Shigan!** Du warst mein bester Kumpel.
Noch einmal laß Dich anseh'n ganz genau.

Von Natascha hörte ich jenes französische Lied wieder, das N. I. in Paris so gern gesungen hatte: »Comme ils étaient forts tes bras qui m'embrassaient.«

In dieser Zelle führte mich das Schicksal auch mit Sofja Abramowna Kawtaradse zusammen, der Frau von Sergo Kaw-

* Sibir = Sibirien. (A. d. Ü.)
* Shigan – beliebter Spitzname für Diebe und Banditen.

taradse* Obwohl sie nicht mehr ganz jung war, hatte sie die Schönheit ihres feinen, intelligenten Gesichts behalten, und ihre ausdrucksvollen Augen strahlten edel und warm. Wir freundeten uns an. Sofja Abramowna brachte mir Französisch bei. Wir benutzten die Bibliothek und lasen den französischen Text in Tolstojs »Krieg und Frieden«. Unser Unterricht endete, als sie eines Tages glücklich vom Untersuchungsführer zurückkam. Während sie ihre Sachen packte, sagte sie uns, daß sie freigelassen war. Alle waren fassungslos: Das war ein unerklärliches Ereignis, das den Sitten der Zeit nicht entsprach. Es war der einzige derartige Fall in meiner langjährigen Haft.

An der gegenüberliegenden Wand saß die Frau von Korpskommandeur Ugrjumow. (Wenn ich »saß« sage, so beschreibt das die Verhältnisse in der Zelle nicht ganz richtig. Ich meine: Sie saß im Gefängnis. In Wirklichkeit lagen wir mehr auf den Betten, als daß wir saßen.) Ugrjumowa war in der Zelle die einzige, die ich schon vorher gekannt hatte. Wir hatten beide unseren Lagerweg im Tomsk begonnen. Vom Aussehen her mußte man sie auf etwa siebzig schätzen. Als ich hineingeführt wurde, schlief sie, und ich beachtete sie nicht, weil ich die betrachtete, die mir näher saßen. Und plötzlich hörte ich:

»Mein liebes Mädchen, bist du auch hier! Und wir haben alle gerätselt, wohin sie dich wohl gebracht haben!«

Sie stürzte auf mich zu, drängte sich zwischen den eng stehenden Betten hindurch und umarmte und küßte mich schluchzend. Ugrjumowa war im Lager sehr herzlich zu mir gewesen und hatte mich mit versorgt, wenn sie Lebensmittelpakete von ihren Verwandten bekam. Aus dem Tomsker Lager war sie viel später als ich weggebracht worden, aber dann gleich nach Moskau, daher war sie schon viel länger im internen Gefängnis des NKWD. Wir hatten uns etwa neun Monate nicht gesehen und erzählten uns, was wir inzwischen erlebt hatten. Ugrjumowa war mit der Mutter von Michail Wassilje-

* Kawtaradse, Sergo (Sergej Iwanowitsch). Einer der führenden Kämpfer um die Sowjetmacht im Kaukasus. 1922/23 Vorsitzender des Volkskommissarsrats von Georgien. 1924–1928 erster stellvertretender Staatsanwalt am Obersten Gerichtshof. Gehörte zur trozkistischen Opposition. Galt als einer der gebildetsten Bolschewiki Georgiens. In den Terrorjahren verhaftet, dann auf Stalins Anordnung freigelassen – ein beispielloser Fall für einen Mann mit solcher Biographie. Nach seiner Freilassung war er ab 1941 stellvertretender Außenminister, später Botschafter in Rumänien.

witsch Frunse befreundet und hatte irgendwem von den Lagerhäftlingen nach deren Bericht erzählt, daß Stalin Frunse vorsätzlich umgebracht hatte, indem er ihn zu einer Magengeschwüroperation drängte, die Frunse nicht brauchte. Er hatte sich in der letzten Zeit gesund gefühlt. Die Obduktion ergab, daß das Geschwür vernarbt war. Frunse starb vierzigjährig, sein Herz hatte die Operation nicht ausgehalten, und er wachte nicht aus der Narkose auf. Die Denunziation stand im Tomsker Lager in voller Blüte, deswegen wurde die Ugrjumowa sofort ins Moskauer Untersuchungsgefängnis gebracht und der böswilligen Verleumdung Stalins beschuldigt. Mir erschien diese Version von Frunses Tod unwahrscheinlich, obwohl B. Pilnjaks »Geschichte vom nicht ausgelöschten Mond« sie bestätigt. Aber zu der Zeit, als die Erzählung erschien und dann sofort verboten wurde, war ich noch klein und hatte sie nicht gelesen. Was die Mutter und die Frau von Frunse dazu veranlaßt hatte, Stalin in dieser Sache zu beschuldigen, weiß ich nicht. Möglich, daß gerade Pilnjaks Erzählung der Anlaß gewesen war, oder waren umgekehrt die Frauen Informationsquelle für den Schriftsteller gewesen? 1938 hatte ich an Stalins Blutdurst keinerlei Zweifel, doch seine Beteiligung an Frunses Tod bezweifelte ich. Es schien, daß Stalin 1925 noch nicht so bösartige Pläne hatte.

»Warum hat er denn mit Frunse angefangen?« fragte ich Ugrjumowa.

»Er beseitigte ihn«, erklärte sie, »weil Michail Wassiljewitsch seiner Mutter zufolge bis zu allerletzt Trozkijs Autorität anerkannt und ihn sehr verehrt hat.«

Ugrjumowa erzählte, daß Frunses Mutter Stalin inbrünstig haßte und ihr gesagt habe, daß sie ihn eigenhändig erwürgen könnte. Beide, Frunses Mutter und seine Frau, starben kurz nach seinem Tod... All das wurde mir flüsternd mitgeteilt, damit niemand es hörte.

Ugrjumowas Erzählung erinnerte mich an ein Episode aus meiner frühen Kindheit.

Am ersten Jahrestag der Oktoberrevolution nach Lenins Tod, dem 7. November 1924, war Vater auf dem Roten Platz. Damals grüßten nicht nur Politbüromitglieder von der Mausoleumstribüne, sondern auch noch andere Parteigenossen. Wie so oft, begleitete ich Vater und half ihm, durch die Menge zu kommen. So stand auch ich auf der Tribüne. Von allen dort Anwesenden erinnere ich nur drei: Trozkij, Frunse und Stalin. Das hängt mit einem Vorfall zusammen, der mich damals sehr traf. Kaum betraten Vater und ich die linke Mausoleumstribüne, da trat Trozkij auf mich zu und sagte: »Was hast du denn da umgebunden?« Und er zog an meinem bunten Halstuch (rot mit blauen Blümchen), das Mutter mir auf meinen Wunsch hin über den Mantel gebunden hatte, damit ich hübsch aussähe. »Wo ist dein Pionierstuch?! Du weißt wohl nicht, warum das Pionierstuch rot ist! Rot ist das Symbol für das vergossene Blut der Arbeiterklasse!« Er sagte das in strengem, drohendem Ton, als wäre ich mindestens ein Soldat der Roten Armee, der sich strafbar gemacht hatte. Ich war so bestürzt und aufgeregt darüber, daß das Fest für mich verdorben war und ich nur noch so schnell wie möglich nach Haus wollte. Um mich zu rechtfertigen, antwortete ich Trozkij: »Mama hat mir dieses Tuch umgebunden.« »Du hast keine schlechte Mutter«, sagte Trozkij, »und trotzdem hat sie so etwas Böses getan!« Er sagte wirklich »Böses«. Das angeblich »Böse« von Mama empörte mich noch mehr, und die Tränen fingen an zu laufen. Als Vater mein klägliches Gesicht sah, verteidigte er mich: »Sehen Sie doch, Lew Dawydowitsch, was für große rote Schleifen meine Tochter in den Zöpfen hat, es ist also ›Blut‹ genug da.« Beide lachten, und mir schien, daß Trozkijs Augen freundlicher wurden. Aber aus Angst davor, daß er mir noch mehr Unannehmlichkeiten machen könnte, starrte ich ihn unverwandt an und dadurch unwillkürlich auch diejenigen, die neben ihm standen. Das waren Stalin und Frunse, Trozkij stand in der Mitte.

Ich kannte Trozkij nicht. Er verkehrte weder bei Vater noch bei N. I., aber ich sah ihn öfter beim Haus des Militärischen Revolutionsrats in der Snamenka (heute Frunsestraße). Meine Schule lag gegenüber, und unsere Pioniergruppe traf sich im Souterrain des Revolutionsratshauses. Ich weiß noch, wie wir, die jüngsten Pioniere, an einem 1. Mai mit dem Lastwagen von dort durch das festliche Moskau gefahren wurden. Vor der Abfahrt trat Trozkij ans Auto und sagte zu uns: »Ihr müßt unbedingt das Lied ›Es halte die Rote* ihr Seitengewehr ganz

* »Rote« – gemeint ist die Rote Armee. (A. d. Ü.)

fest in der schwieligen Hand!‹ singen, Kinder!« Er sagte das mit solcher revolutionären Leidenschaft, daß wir, angefeuert von diesem Auftrag, den ganzen Weg über laut und ununterbrochen dieses Lied sangen, mit unbeschreiblichem Enthusiasmus. Hatten wir es zu Ende gesungen, fingen wir wieder von vorne an.

Damals war Trozkij mir majestätisch und jung erschienen. Als ich ihn auf der Mausoleumstribüne ansah, bemerkte ich eine frappierende Veränderung. Der fünfundvierzigjährige Trozkij war blaß, unter der Mütze sahen ergraute Schläfen hervor. Er sah aus wie ein alter Mann. Jedenfalls wirkte er auf mich mit meinen zehn Jahren so.

Auf der Tribüne unterhielten Frunse und Trozkij sich angeregt über etwas. Stalin hingegen stand schweigend neben Trozkij. Mal grüßte er die Demonstranten mit der Hand, mal entfernte er sich nach hinten, legte die Hände auf den Rücken und schritt auf und ab, wobei er den Blick nicht von Trozkij und Frunse wandte. In jenen Tagen verstand ich noch nicht, daß Trozkijs politische Karriere sich neigte. Frunse war zum stellvertretenden Vorsitzenden des Militärischen Revolutionsrats ernannt worden, mit dem Hinweis, daß er ihn bald ablösen sollte. Das geschah auch schon im Januar 1925, und im Oktober desselben Jahres starb Michail Wassiljewitsch.

Ugrjumowas Erzählung rief mir diese Episode, die ich nun mit anderen Augen betrachtete, wieder ins Gedächtnis.

Meine Kindheitserinnerungen an Trozkij selbst mögen unmaßgeblich erscheinen. Trozkijs strenge Bemerkung über das »blutlose« Halstuch, das ich statt des Pionierstuchs trug, verstand ich so, daß meine Mutter zwar einen Fehler gemacht hatte, aber nichts »Böses«; darin, daß er den Pionieren gebieterisch befahl, von der Roten Armee zu singen, sah ich nichts als einen Zufall. Doch heute, im Rückblick, betrachte ich diese Kleinigkeiten als typische Äußerungen von Trozkijs Charakter.

In der Zelle des internen Gefängnisses an der Lubjanka saß ich mehr als zwei Jahre. Dorthin kam man aus der Freiheit, und von dort verschwand man ins Lager, ins Isolationsgefängnis oder zur Erschießung. Aber in der Erinnerung ist der erste

Auf der Mausoleumstribüne

Eindruck am stärksten, jener Moment, als mir die paar Häftlinge in der Gemeinschaftszelle nach meiner Einsamkeit wie ein ganzes Regiment vorkamen und ich im Ozean menschlichen Leids für kurze Zeit mein eigenes vergaß.

Besonders hat sich mir die erste Gefangene eingeprägt, die in meiner Gegenwart aus der Freiheit hereingeführt wurde, eine Försterin aus dem Brjansker Wald. Rotwangig und frisch wie sie war, unterschied sie sich stark von uns, die wir schon Monate und Jahre in Gefängnissen und Lagern verbracht hatten und blaß, entkräftet und grau waren. Sie ähnelte einer frisch gepflückten Waldbeere. Ich gab ihr den Spitznamen »Erdbeerchen«, und so wurde sie dann von allen genannt, obwohl diese Beere schnell welkte. Der Untersuchungsleiter hingegen nannte sie »Waldspionin«. Sie war eine unbefangene, keineswegs dumme Frau bäuerlicher Herkunft. Sie war nach ihrer Verhaftung direkt aus Brjansk ins Moskauer Lubjankagefängnis gebracht worden. Gleich am ersten Tag wurde sie verhört und danach zu uns gebracht.

Sie kam bestürzt herein und betrachtete uns mißtrauisch. Bevor sie selbst etwas erzählte, fragte sie, wofür wir verhaftet worden waren. Einige schwiegen, andere antworteten:

»Für gar nichts.«

»Mich haben sie auch für gar nichts verhaftet«, sagte die Försterin aufatmend und fügte hinzu: »Das ist wohl jetzt in Mode, die Leute für gar nichts einzusperren.«

Dann erzählte sie von ihrem Verhör und dem rohen und dummen Benehmen des Untersuchungsleiters. Dies war ihre Geschichte:

»Das Dumme ist, daß sie mir so einen idiotischen Untersuchungsleiter gegeben haben, ich muß darum bitten, daß sie mir einen klügeren geben.« (Als ob das ihre Situation geändert hätte.) »Sagt der doch zu mir: ›Du hast keinen Kopf, sondern einen Kasten voll Wanzen.‹ Auf so was muß man erstmal kommen. Und daß ich eine Waldspionin sei.« Die Försterin lachte unter Tränen. »Und wie hab ich mich bemüht, diesem Idioten klarzumachen, daß bei uns dichter Wald ist, weit und breit kein Mensch, und daß ich keine Informationen zu vermitteln habe. Wer braucht denn so eine Spionin? ›Du wußtest ja‹, sagt er, ›wieviel Bäume auf deinem Terrain stehen. Da hast du deine Informationen, natürlich bist du eine Waldspionin!‹« Der Untersuchungsleiter sagte allerdings nicht, welchem Land sie diese »unschätzbaren Informationen« übermittelt haben sollte. Als sie ihn davon zu überzeugen versuchte, daß kein einziges Land solche Informationen braucht, und feststellte, daß er Unsinn rede, schrie er: »Ich zeig dir deinen Unsinn! Ich bring dich schon zum Reden! Kennst du Bucharin?« »Woher soll ich den kennen? Der ist nicht zu uns in den Wald gekommen.« »Was stellst du dich dumm, als hättest du nicht gehört, daß Bucharin ein Volksfeind war?« »Hab ich gehört, ja. Vom Volksfeind und auch von früher.« (»Und auch von früher« – genau so sagte sie.) »Was heißt hier ›von früher‹! Ich werd dir das ›von früher‹ einbleuen! Wer er war, ›von früher‹, kann man vergessen. Bucharin hat drei Monate lang nicht gestanden, hat immerfort gesagt: ›Ich weiß von nichts, ich weiß von nichts‹, hat dagesessen wie ein Ölgötze! Aber als sie ihn in eine Spezialzelle gesetzt haben, da hat er dann endlich seine Bekenntnisse abgelegt. Die Zelle hat noch keiner ausgehalten. Wenn wir dich da hineinsetzen, wirst du schon gestehen.«

In dem Bericht der Försterin über das Verhör gab es überreichlich rohe, beleidigende Einzelheiten. Das war eine der handelnden Personen, an der sich beurteilen läßt, wer in jener Zeit Untersuchungsleiter im Hauptgefängnis des NKWD werden konnte. Natürlich waren nicht alle so. Es gab auch feinere. Aber leider änderte das nichts am »Untersuchungsergebnis«. Weich gebettet schlief man trotzdem hart.

Als die Försterin N. I. erwähnte, wandten sich alle Blicke mir zu. Und obwohl N. I. nicht mehr lebte, kostete Erdbeerchens Geschichte mich schlaflose Nächte. Wer weiß, ob der Untersuchungsleiter die unglückliche Frau nur einschüchtern wollte, oder ob hinter seinen Worten von der Spezialzelle das stand, was sich wirklich abgespielt hatte. Letzteres ist nicht auszuschließen. Ich vermute beinah, daß es wirklich so war. Und der dumme Untersuchungsleiter hatte ein Geheimnis eröffnet, das sorgsam gehütet worden war.

Im Vergleich wird alles erkennbar. Es schien, daß ich unter den gegebenen Umständen nicht zu klagen hatte: Ich hatte Menschen und Bücher und ein Bett mit Bettwäsche, und die Ernährung war wesentlich besser als im Lager, und die Keller lagen hinter mir. Aber an meiner Seele nagte der Wurm. Täglich wartete ich angespannt auf den Ruf zum Untersuchungsführer. Oft wurde die Zellentür geöffnet, und der diensthabende Aufseher rief: »Alle mit M«, »Alle mit S« und so weiter. Nach mir fragte keiner. Nur einmal, wenige Tage nach dem Treffen mit Berija, Anfang Januar 1939 wurde ich aufgerufen, und der Untersuchungsleiter überreichte mir mein Neujahrsgeschenk.

»Unterschreiben Sie das Verhörprotokoll«, sagte er.

Ich war sehr erstaunt, denn weder in Nowosibirsk noch beim Gespräch mit Berija war Protokoll geführt worden. Doch noch verblüffter war ich, als der Untersuchungsleiter mir ein leeres Blatt Papier vorlegte.

»Leere Blätter unterschreibe ich nicht«, sagte ich empört.

Da drehte er das Blatt um, und ich erblickte ein maschinengeschriebenes Protokoll von einem Verhör mit mir, die Fragen des Untersuchungsleiters und meine Antworten:

Frage: Haben Sie zu einer konterrevolutionären Jugendorganisation gehört?

Antwort: Nein.
Frage: Haben Sie sich konterrevolutionär betätigt?
Antwort: Nein.
Frage: Haben Sie konterrevolutionäre Agitation betrieben?
Antwort: Nein.
Und so weiter, alles erinnere ich nicht. Zweifellos war das »Protokoll« von oben diktiert, und so unterschrieb ich es.

»Vielleicht sehen Sie bald Moskau wieder«, sagte der Untersuchungsleiter lächelnd, weil er vermutete, daß man mir so ein Dokument wohl nur zum Zweck der Befreiung zu unterschreiben gab. »Sehnen Sie sich nach Moskau?«

Voller Befremden zuckte ich mit den Schultern. Mich überkam ein Gefühl größter Unruhe und Angst. Zurück in *diese* Freiheit, und das noch als Aussätzige?... Da war es schon besser, hier als Gleiche unter Gleichen zu sein. Sogar im Lager und in den Gefängnissen gab es ja solche, die sich möglichst von mir fernhielten, obwohl das nicht viele waren. Doch meine Befürchtungen waren umsonst, das Protokoll hatte keinerlei Folgen.

Die Zeit verging. Schließlich, Ende September 1939, das heißt als ich schon zehn Monate im Moskauer Gefängnis war, wurde ich zum Verhör gerufen. Und wieder läßt sich mein Gespräch mit dem Untersuchungsleiter nicht als Verhör, das heißt als objektive Untersuchung zur Klärung der Tatsachen, bezeichnen. Es war aber auch keines jener für die Zeit typischen vorgefaßten Verhöre mit Anwendung von Folter und psychischen Mitteln, um vorsätzlich Falschaussagen zu erpressen. Es waren eher Wiederholungen einzelner Motive aus dem Gespräch mit Berija. Dennoch war ich bei diesem ersten Aufruf nach langer »Ruhe« wie vor den Kopf geschlagen.

Ich trat in das Arbeitszimmer, in dem ich schon einmal gewesen war. Am Schreibtisch saß Matussow, derselbe, der damals zusammen mit Jeshows Stellvertreter Frinowskij mit mir gesprochen hatte. (Frinowskij war zu der Zeit wohl schon verhaftet, wenn nicht gar erschossen.) Und der mich davon zu überzeugen versucht hatte, daß ich freiwillig in die Astrachaner Verbannung fahren müßte, wenn ich gewaltsame Maßnahmen vermeiden wollte. Dieser äußerlich feine Cherubim überlebte fast alle verantwortlichen NKWD-Leute aus Jeshows Zeit (vielleicht hatte er sogar schon unter Jagoda gearbeitet) und starb, wie ich später erfuhr, eines natürlichen Todes. Welches Amt er hatte, weiß ich nicht, aber er war kein gewöhnlicher Untersuchungsleiter.

»Guten Tag, Anna Michajlowna! Ich freue mich, Sie zu sehen!« sagte Matussow in unbegreiflich entzücktem Ton, als wären wir alte Freunde und ich käme zu ihm zu Besuch.

»Ich freue mich aber durchaus nicht, *Sie* zu sehen«, beantwortete ich seine dumme Begrüßung. »Sie haben das Versprechen nicht gehalten, das Sie mir vor der Verbannung nach Astrachan gaben. Dort gab es weder Fürsorge noch Arbeit, noch Wohnung. Und vor allem haben Sie die Hauptsache nicht eingelöst: Sie haben mir kein Treffen mit N. I. nach Abschluß seiner Untersuchung ermöglicht. Dabei hatten Sie versprochen, mich dafür aus Astrachan zu holen. Ich habe mich nicht von ihm verabschieden können.«

In diesem Augenblick tat sich die Tür auf, und Andrej Swerdlow trat herein. »Wozu das?« schoß es mir durch den Kopf. Und ich vermutete sofort: Er ist verhaftet und kommt zur Gegenüberstellung mit mir. Denn aufgrund der Information aus Nowosibirsk fungierte Andrej Swerdlow in meinem »Fall«, und scheinbar meinen Worten zufolge, ja als Mitglied der konterrevolutionären Jugendorganisation. Und obwohl ich das vor Berija widerlegt hatte, fürchtete ich, daß Andrej im Fall einer zweiten Verhaftung die Existenz der Jugendorganisation bestätigen könnte. Er würde sich selbst und mich verleumden. Das wäre für jene Zeit ein durchaus typischer Fall gewesen. Doch als ich Andrej ansah, kam ich zu dem Schluß, daß er wenig Ähnlichkeit mit einem Häftling hatte. Er trug einen eleganten grauen Anzug mit gut gebügelter Hose, und sein gepflegtes, selbstzufriedenes Gesicht verriet völliges Wohlbefinden.

Andrej setzte sich neben Matussow und sah mich aufmerksam, ich will nicht sagen unbewegt, an.

»Darf ich vorstellen, das ist Ihr Untersuchungsleiter«, sagte Matussow.

»Wieso Untersuchungsleiter! Das ist doch Andrej Swerdlow!« rief ich in völliger Verblüffung.

»Ja, Andrej Jakowlewitsch Swerdlow«, bestätigte Matussow befriedigt. »Da sehen Sie, was wir für Untersuchungsleiter haben. Der Sohn von Jakow Michajlowitsch Swerdlow. Mit ihm werden Sie es zu tun haben.«

Matussows Nachricht kam mir entsetzlich vor, ich geriet in tiefe Verwirrung. Sogar meine anfängliche Vermutung einer Gegenüberstellung wäre leichter zu ertragen gewesen.

»Was, gefällt Ihnen der Untersuchungsleiter nicht?« fragte Matussow, als er meine Verwunderung und Bestürzung bemerkte.

»Als Untersuchungsleiter kenne ich ihn nicht, aber vorzustellen brauchen Sie ihn mir nicht, wir kennen uns schon lange.«

»War er etwa Ihr Freund?« fragte Matussow neugierig.

»Diese Frage mag Ihnen Andrej Jakowlewitsch selbst beantworten.«

Meinen Freund hätte ich Andrej nicht genannt, aber ich kannte ihn seit früher Kindheit. Wir hatten als Kinder zusammen gespielt und waren übers Kremlgelände gelaufen. Mir fiel ein, wie Adka, wie wir ihn damals nannten, mir einmal die Mütze vom Kopf gerissen hatte und weggelaufen war. Ich stürzte hinterher, konnte ihn aber nicht einholen. Daraufhin lief ich zu ihm nach Haus (Ja. M. Swerdlows Familie lebte auch nach seinem Tod noch im Kreml). Andrej nahm eine Schere, schnitt den oberen Teil der Mütze, der aus Stoff war, ab und warf sie mir ins Gesicht. Er war damals ungefähr dreizehn, ich zehn Jahre alt. Vielleicht hat er damals seine erste böse Tat getan, und Grausamkeit lag in seiner Natur.

In der Jugend hatten wir gleichzeitig Ferien auf der Krim gemacht. Andrej kam ein paarmal aus dem benachbarten Foros zu mir nach Muchalatka. Das war noch vor seiner und vor meiner Heirat. Wir gingen zusammen spazieren, in die Berge oder schwammen.

Einzelheiten von unserer Bekanntschaft erzählte ich Matussow nicht. Ich sagte nur kurz:

»Ich kenne Andrej Jakowlewitsch ziemlich gut. Soweit ich weiß, kann er aus diesem Grund nicht mein Untersuchungsleiter sein, und ich habe ein Recht darauf, daß er durch jemand anders ersetzt wird.«

Doch Matussow wiederholte, daß Swerdlow ungeachtet dieses Umstandes mein Untersuchungsleiter bleiben würde.

Es war quälend für mich, Andrej Swerdlow als NKWD-Untersucher zu sehen, weil er der Sohn von Jakow Michajlowitsch war, dessen Mitkämpfer damals größtenteils schon dem Terror zum Opfer gefallen waren; auch die Kinder bekannter Parteipolitiker, die zu Andrejs Umgebung gehört hatten, hatten unter Repressalien zu leiden, darunter auch sein enger Freund Dima Ossinskij, der einst zusammen mit Andrej zum ersten Mal Gefängnisluft zu schnuppern bekommen hatte und später, 1937, nach seinem Vater zum zweiten Mal verhaftet worden war. Und schließlich hatte dieses Wiedersehen mit Andrej Swerdlow als Untersuchungsleiter im internen Gefängnis des NKWD für mich besondere Dramatik, weil sich kein anderer als N. I. bei Stalin für Andrejs Freilassung aus seiner ersten Haft eingesetzt hatte.* Wenn N. I. gewußt hätte, wie tief Andrej, jener »hoffnungsvolle junge Mann«, wie er ihn Stalin gegenüber charakterisiert hatte, gefallen war. Ach, wenn er das gewußt hätte!...

Andrej hörte meinem Dialog mit Matussow schweigend zu, dann beschloß auch er, sich zu äußern.

»Was schwätzt du da über mich?« fragte er in überzeugtem Ton, um mir zu verstehen zu geben, daß mein »Geschwätz« keinerlei Einfluß auf seine gesicherte Position habe und sich nicht auf seine Karriere auswirke. Von Natur aus hatte er zweifellos einen Hang zum Karrieristen.

Ich erklärte Andrej, daß ich nur meine Befürchtung zum Ausdruck gebracht hatte, daß sein erster Arrest einen zweiten nach sich ziehen könnte und daß dann eine konterrevolutionäre Jugendorganisation fabriziert werden könnte, die Terror, Sabotage und so weiter betreibt, und daß man auch mich dieser Organisation zuzählen würde. Ich wäre der Meinung, daß unsere Bekanntschaft diese Erfindung begünstige und weder seine noch meine Situation bessere.

»Sie drücken sich merkwürdig aus«, sagte Andrej (diesmal siezte er mich), »›eine konterrevolutionäre Organisation wird fabriziert‹ – wir fabrizieren hier gar nichts.«

Ich schwieg entsetzt, und – so seltsam es klingen mag – erst in diesem Moment wurde mir wirklich bewußt, daß ein Abgrund zwischen uns lag. Damit war unsere erste Begegnung zu Ende.

* Nach meiner Rückkehr nach Moskau 1959 erfuhr ich, daß A. Ja. Swerdlow noch zweimal verhaftet worden war, das zweite Mal unter Berija (ob diese Information genau richtig ist, weiß ich nicht). Das waren die Methoden, mit denen Stalin Andrej Swerdlow zu Fall gebracht hatte. Doch diesen mildernden Umstand mag ein Rechtsanwalt geltend machen. Ich bin sein Ankläger.

Das zweite Mal sahen wir uns zwei, drei Tage später. Ich war schon nicht mehr so erschüttert, A. Ja. Swerdlow als Untersuchungsleiter zu sehen – man gewöhnt sich an alles. Mich quälte etwas anderes: Als ich ihm Aug' in Auge gegenüberstand, hatte ich ihm nicht sofort ins Gesicht gesagt, was ich über ihn dachte. Ich war so empört gewesen, daß ich sogar den Impuls empfand, ihm eine Ohrfeige zu geben, hatte diese Versuchung aber unterdrückt. (Ich hatte es gewollt, weil er hier zu Haus war, und hatte es aus demselben Grund nicht gekonnt...) Außerdem hatte ich eingesehen, daß Andrejs Sturz kein bedauerliches Mißverständnis war, sondern daß dahinter ein unmoralischer und prinzipienloser Charakter stand.

Meine zweite Begegnung mit Andrej traf mich nicht unerwartet wie das Verhör bei Berija, als ich mich bemüht hatte zu beweisen, was keines Beweises bedurfte, zu beweisen, was für Berija selbst Voraussetzung war. Ich hatte allerdings gemerkt, daß das Gespräch ihn beeindruckt hatte. Vieles, was ich ihm gesagt hatte, konnte er nur von mir erfahren. Auf die zweite Begegnung mit Andrej hatte ich mich innerlich vorbereitet und mir vorgenommen, mich mehr zu beherrschen, aber das gelang ganz und gar nicht.

Das Verhör verlief anders, als ich es mir vorgestellt hatte. Andrej war diesmal sanfter und erschien wärmer. Im Vorbeigehen drückte er mir einen Apfel in die Hand, vergaß aber nicht seine Pflichten als Untersuchungsleiter. Er saß am Schreibtisch in seinem kleinen, schmalen Arbeitszimmer. Wir sahen uns schweigend an. Mir traten Tränen in die Augen. Es kam mir so vor, als ob auch Andrej aufgeregt war. Möglich, daß ich wenigstens das in ihm sehen wollte.

Wir hatten eine ähnliche Biographie, beide waren wir Kinder von Berufsrevolutionären. Unsere Väter hatten es beide geschafft, rechtzeitig zu sterben; beide waren wir dem Sowjetsystem gleichermaßen ergeben; beide waren wir begeistert von N. I. Darüber hatte ich mich mit Andrej schon vor meiner Hochzeit unterhalten. Und schließlich hatte uns beide eine Katastrophe eingeholt. Zweifellos auf verschiedene Weise, aber in jedem Fall eine Katastrophe.

Andrej Swerdlows Tätigkeit war nicht anders denn als Verrat zu bewerten. Ein Kain sah mich an. Aber der Verursacher seiner und meiner Katastrophe war dieselbe Person – Stalin.

Andrejs Schweigen war unerträglich, aber auch mir hatte es für einige Zeit die Sprache verschlagen. Schließlich legte ich los:

»Worüber wollen Sie mich verhören, Andrej Jakowlewitsch? N. I. lebt nicht mehr, und es hat keinen Sinn mehr, Falschaussagen gegen ihn zu erpressen; nach einem Kampf droht man sich nicht mehr mit der Faust! Mein Leben liegt vor Ihnen ausgebreitet, es ist nicht Ihre Sache, danach zu fragen. Auch Ihr Leben ist mir bis zu einem bestimmten Zeitpunkt einigermaßen klar. Aus diesem Grunde habe ich Sie verteidigt und verkündet, daß Sie zu keiner konterrevolutionären Organisation gehören können.«

Andrej saß krumm mit aufgestützten Ellenbogen am Tisch, sah mich auf seltsame Art an und schien alles, was ich sagte, an sich vorbeirauschen zu lassen. Und plötzlich sagte er etwas, was in keiner Weise zum Verfahren oder, besser gesagt, zum Thema unseres Gesprächs gehörte:

»Was hast du für eine hübsche Bluse, Njuska!« (Njusja wurde ich von meinen Eltern und allen Verwandten genannt.)

In diesem Augenblick hatte ich Mitleid mit dem Verräter und dachte, daß auch er in der Falle saß, nur auf der anderen Seite.

»So, meine Bluse gefällt dir also« (auch ich siezte und duzte Andrej abwechselnd, je nachdem, welche Empfindungen gerade stärker waren), »was gefällt dir denn nicht?«

Andrej faßte sich sofort und kehrte den Untersuchungsleiter hervor und sagte die bekannten, amtlichen Worte, die ich schon so oft von anderen gehört hatte:

»Sie verbreiten schädliche, antisowjetische Erfindungen, als wären die Prozesse eine Gerichtsinszenierung und Ihr Bucharin hätte keine Verbrechen gegen den Staat begangen.«

Immer dieselbe Litanei. Sie aber von Andrej Swerdlow zu hören war unvergleichlich schwerer als von Skwirskij oder Berija.

»Sie glauben also, daß die Bolschewiki die Sache ihres Lebens verraten hätten!« rief ich. »Dann glauben Sie das, wenn es so vorteilhaft für Sie ist und Ihnen das Leben erleichtert. Sie glauben doch wohl nicht ernsthaft, daß Ihr enger Freund Dima Ossinskij ein Konterrevolutionär ist und Sie nicht! Daß Stach Ganezkij ein Volksfeind ist und Sie ein Volksfreund! Die haben Sie vermutlich auch verhört! Die doch sicher auch und nicht nur mich?«*

»Es geht Sie nichts an, wen ich verhört habe!« schrie Andrej.

Dann konzentrierte er sich, wie schon Berija, auf meine Gespräche mit der Lebedewa.

»Du hast zuviel geschwatzt, in Versen und Prosa, und aus diesem Geschwätz ist ein Haufen Lügen aufgetürmt worden.«

Natürlich war es eine Lüge, wenn von ihm, Andrej Swerdlow, dem Untersuchungsleiter des NKWD, gesagt worden war, daß er Mitglied einer konterrevolutionären Jugendorganisation war. Meine Hauptschuld bestehe darin, daß ich vor der Lebedewa die Prozesse kompromittiert hätte. Auf diese Behauptung von Swerdlow äußerte ich meine feste Überzeugung, daß wir uns über die Prozesse im allgemeinen und über N. I.s im besonderen einig wären. Es war mir ein unwiderstehliches Bedürfnis, diese Überzeugung zum Ausdruck zu bringen, weil es der Sohn von Jakow Michajlowitsch Swerdlow war, der mir als Untersuchungsleiter gegenübersaß. Allerdings hatte ich es auch für nötig befunden, Berija dasselbe zu sagen. Zweifellos hätte Andrej mir wütend widersprochen, aber er kam nicht dazu. Ich teilte ihm noch gleich mit, daß der »Volksfeind« Bucharin sich nach seiner, Andrejs, Verhaftung bei Stalin telefonisch für ihn eingesetzt hatte.

Mein Untersuchungsleiter lief vor Aufregung rot an:

»Ach, wirklich?« fragte er zurück, obwohl er genau wußte, daß es stimmte, und ich bestätigte es noch einmal. Diese meine Mitteilung beendete für diesmal unser Gespräch über Verfahrensfragen, und Andrej wandte sich familiären Themen zu. Er sagte, daß seine Frau Nina (Podwojskijs Tochter), die ich kannte, erfolgreich an verantwortlicher Stelle beim Komsomol arbeite und daß sie mich »übrigens« – wie er sagte – grüßen ließe. Dieser »Gruß, übrigens« hatte bei mir keine andere Empfindung als nur Gereiztheit zur Folge. Ich vermute, daß Andrejs Frau von unserer dramatischen Begegnung gar nichts wußte.

Doch ich blieb ihm nichts schuldig und beantwortete den einen Gruß gleich mit mehreren. Ich grüßte ihn von seiner

* Zum Zeitpunkt des Verhörs wußte ich schon, daß Ossinskijs und Ganezkijs Söhne verhaftet waren. Daß sie erschossen worden waren, erfuhr ich erst nach meiner Rückkehr aus der Verbannung nach Moskau.

Tante, Jakow Michajlowitschs Schwester Sofja, mit der ich im Tomsker Lager gewesen war, und von seiner Kusine, Sofjas Tochter und Jagodas Frau. Die hatte ich im Lager zwar nicht getroffen, grüßte aber trotzdem. In der Lagerwelt wurde erzählt, daß Jagodas Frau vor dem Prozeß im Lager in Kolyma war, und nach dem Prozeß war sie wieder nach Moskau geschickt und erschossen worden. Und schließlich grüßte ich ihn von seinem Neffen, dem Sohn der Kusine, und erzählte von Gariks tragischen Briefen aus dem Kinderheim an seine Großmutter im Lager: »Liebe Großmutter, liebste Oma, ich bin wieder nicht gestorben...«

Mit diesen Grüßen und Nachrichten sagte ich Andrej nichts Neues. Nur von den schrecklichen Briefen konnte er nichts wissen. Aber ich nehme an, daß es ihm nicht gerade Vergnügen machte, diese Grüße von mir zu hören. Doch schüttelte es ihn innerlich, wie es mich in Augenblicken besonders schwerer Erlebnisse schüttelte? Verstand Andrej, daß er nicht am richtigen Tisch saß? Ich bezweifle es.

Unser Gespräch ging zu Ende, und ich fand die Gelegenheit günstig, meinen Untersuchungsleiter darum zu bitten, meine Großmutter anzurufen und für mich zu fragen, ob sie wisse, ob mein Kind am Leben sei und wo es sich befände. Diese Bitte erfüllte Andrej. Er rief gleich in meiner Gegenwart an. So erfuhr ich, daß Jura, der inzwischen drei war, in Moskau bei meiner Tante lebte, der Schwester meiner Mutter. Und so schwer das Gespräch mit Andrej gewesen war, ich verließ sein Zimmer begeistert.

Noch dreimal sah ich meinen Untersuchungsleiter. Aber wenn es mir am Anfang geglückt war, doch noch eine Spur Menschlichkeit in Andrej zu finden, so verschwand bei den folgenden Malen auch die.

Der nächste Aufruf zum Verhör kam erst anderthalb Jahre später, im Februar 1941. Alle drei folgenden Verhöre waren nur kurz. Andrej begegnete mir mit strengem Blick und dem unverständlichen Ausruf:

»Werden Sie nun bald aussagen?«

Das war weder logisch noch sinnvoll: Vor anderthalb Jahren hatte Swerdlow keine Aussagen von mir verlangt.

»Wir werden Sie noch gebührend verhören! Wir bringen Sie ins Gefängnis Lefortowo, da werden Sie schon reden!...

Das ist ein Militärgefängnis, da werden Sie begreifen, was eine Untersuchung ist!« schrie Swerdlow.

So hatte sich A.Ja. Swerdlow 1941 zu einem erfahrenen Untersuchungsleiter gewandelt und benutzte die erlernten Standardformulierungen.*

Von den grausamen Foltern im Lefortowo-Gefängnis hatte ich durch die Frauen von NKWD-Mitarbeitern erfahren, mit denen ich im Tomsker Lager gewesen war. Es gelang mir nicht, A. Swerdlow zu fragen, zu welchem Zweck er mich foltern lassen wollte; plötzlich spürte ich, daß ich nicht mehr sehen konnte. Vermutlich infolge der starken Erregung, weil ausgerechnet Andrej Swerdlow so mit mir sprach, trübte sich zuerst alles und fing an, sich zu drehen, und dann konnte ich außer dem Lichtfleck der Schreibtischlampe nichts mehr erkennen.

»Die schlimmste Folter haben Sie schon zustande gebracht, Andrej Jakowlewitsch, ich bin blind!«

»Was simulieren Sie!« schrie Andrej.

»Ich simuliere nicht, ich kann Sie nicht sehen«, sagte ich mit zitternder Stimme.

Ich hörte, wie Andrej den Arzt rief. Irgendwer, wohl der Aufseher, führte mich an der Hand ins Zimmer des Arztes. Vor meinen Augen wurden eine Lampe und Streichhölzer entzündet, und wieder sah ich nichts außer dem Lichtfleck. Zwei Tage blieb das so. Am dritten Tag wurde es allmählich wieder besser. Der Gefängniswärter beobachtete mich verstärkt. Andauernd hörte man das Türauge. Die Zellengenossinnen halfen mir mit allem. Sobald der Aufseher sich davon überzeugt hatte, daß ich wieder sehen konnte, wurde ich gleich am nächsten Tag zum Verhör gerufen.

Diesmal war Andrej zuvorkommend und freundlich. Er erkundigte sich nach meiner Gesundheit, besonders nach den

* Eine Schwester meiner Mutter war die Frau von W. P. Miljutin, der in den Terrorjahren umkam, und sie wanderte auf demselben Höllenweg wie ich. Sie wurde im Zusammenhang mit der Untersuchung zum Fall Mejerchold aus dem Lager ins interne Moskauer Gefängnis gebracht. Weil Mejerchold bei Miljutin verkehrt hatte, verlangte man von ihr Aussagen gegen Wsewolod Iemiljewitsch. Als sie nach ihrer Rehabilitierung wieder nach Moskau kam, erzählte sie mir, daß Andrej Swerdlow auch ihr Untersuchungsleiter gewesen war. Er war grob zu ihr, drohte, sie zu schlagen, und fuchtelte ihr mit einer Peitsche vor der Nase herum.

Augen. Ich beklagte mich nicht, sondern fragte nur, was man eigentlich von mir verlange.

»Anna Michajlowna«, antwortete der Untersuchungsleiter auf meine Frage (zum ersten Mal sprach er mich mit Vor- und Vatersnamen an), »Sie sollen über Bucharins letzte Monate vor seiner Verhaftung schreiben.«

Ich war völlig verblüfft.

»Wozu ist denn das jetzt nötig? N. I. lebt doch nicht mehr. Außerdem hat er vor seiner Verhaftung jede Beteiligung an einer konterrevolutionären Tätigkeit entschieden verneint. Ich werde nichts anderes schreiben, und das mögen Sie nicht.«

»Schreiben Sie, wie es war. Wenn er es verneint hat, schreiben Sie das.«

Er schob mir mehrere Bogen Papier zu. Aber ich lehnte es ab, sofort und in seinem Beisein zu schreiben. Ich bat, mir Zeit zu geben, damit ich alles gut bedenken und mir vergegenwärtigen könnte. Außerdem wollte ich die Möglichkeit haben, allein zu schreiben. Zwei Tage später führte man mich in eine Box, und dort beschrieb ich relativ kurz N. I.s letzte Lebensmonate. Vieles erwähnte ich absichtlich nicht, zum Beispiel seinen Brief »An eine künftige Generation von Parteiführern«. Vieles war mir auch vor Aufregung entfallen; ich verschwieg auch, daß ich Sinn und Zweck eines derartigen Dokuments nach N. I.s Erschießung nicht verstand.

»Wer braucht das?« fragte ich Andrej bei unserer letzten Begegnung, als ich ihm das Geschriebene brachte.

»Der Herr«, antwortete er kurz.

Aber davon bin ich nicht überzeugt. Möglicherweise war es Berijas Neugier.

Von Bucharins letzten Lebensmonaten vor der Verhaftung möchte ich jetzt erzählen, Jahrzehnte nach den dramatischen Ereignissen. Erst heute, nachdem so viele Jahre vergangen sind, sehe ich mich imstande, zur Feder zu greifen, um das Bild von N. I.s tragischem Ende festzuhalten, und will mich bemühen, nicht das kleinste Detail auszulassen.

Es ist nicht leicht, die Erinnerung zu mobilisieren und sie auf jenen Weg zu schicken, auf dem Stalins grauenvoller Verrat und das unbeschreibliche Leiden des zugrunde gerichteten Bucharin herrschten. Die menschliche Sprache ist zu arm, um die Größe der Katastrophe wiedergeben zu können. Außerdem bedeutet es, jene tragischen Tage noch einmal durchleben zu müssen, als die Schläge der Turmuhr des Kreml unerbittlich an das nahende Ende gemahnten und für mich wie ein Trauermarsch klangen.

Ich vertiefe mich nur deswegen in jene finstere Zeit, weil niemand außer mir dieses Zeugnis ablegen kann. Es ist meine Pflicht der Geschichte und Bucharin gegenüber.

Bucharins letzte Lebensmonate rechne ich ab August 1936, als im Prozeß gegen Sinowjew und Kamenew die Namen Bucharin, Rykow und Tomskij fielen. In jenen Tagen wurde Bucharin bewußt, daß er schon auf dem Schafott lag.

Selbstverständlich war das Sichtbare schon von Unsichtbarem vorbereitet. Die letzte große, heimliche Aktion (von den mir bekannten), die dazu diente, die Anklagen gegen Bucharin und Rykow zu vermehren, bestand in Bucharins Auslandsreise, die eine Provokation war.

Ende Februar 1936 wurde Nikolaj Iwanowitsch ins Ausland geschickt, um das Marx-Engels-Archiv zu kaufen. Das Archiv gehörte der deutschen sozialdemokratischen Partei und war nach Hitlers Machtergreifung in andere europäische Länder ausgelagert worden. Doch weil auch das wegen der Gefahr eines Krieges mit Deutschland nicht genügend Sicherheit garantierte, oder vielleicht auch aus finanziellen Erwägungen, hatte man beschlossen, das Archiv an die Sowjetunion zu verkaufen. Für diesen Einkauf wurde eine dreiköpfige Kommission ins Ausland geschickt: W.W. Adoratskij, der Direktor des IMEL, A.Ja. Arossew, damals Vorsitzender der WOKS, und Bucharin.

Stalin lud Nikolaj Iwanowitsch zu sich, berichtete ihm von der bevorstehenden Dienstreise und äußerte den Wunsch, nicht nur diejenigen Dokumente von Marx und Engels zu bekommen, die es bei uns überhaupt nicht gab, sondern auch die, die wir nur in Kopien hatten, und er nannte den Preis, für den das Archiv erhandelt werden sollte. »Arossew versteht sich mit Sicherheit aufs Handeln, an Adoratskijs Kenntnissen zweifle ich, ihm kann man statt Marx alles mögliche unterschieben. Die Handschriften überprüfen kannst nur du«, sagte Stalin.

Nikolaj Iwanowitsch konnte nicht ahnen, daß seine Auslandsreise zu provokatorischem Zweck erdacht war. Stalin war bei der Begegnung, wie es schien, freundschaftlich gestimmt und bemerkte sogar:

»Dein Anzug ist zu abgetragen, Nikolaj, so kannst du nicht fahren, wir haben jetzt andere Zeiten, und man muß anständig gekleidet sein. Laß dir schnell einen neuen Anzug nähen.«

Am gleichen Tag rief ein Schneider aus der Schneiderei des Volkskommissariats für auswärtige Angelegenheiten an und sagte mit deutlich jüdischem Akzent:

»Genosse Bucharin, ich muß so schnell wie möglich bei Ihnen Maß nehmen, weil ich Ihnen einen Anzug nähen soll.«

N. I. bat, den Anzug ohne vorheriges Maßnehmen zu nähen, und versuchte zu erklären, wie beschäftigt er war:

»Um drei haben wir eine Versammlung in der Redaktion, und ich habe vor der Abreise noch massenhaft zu tun!«

»Wie, ohne Maßnehmen?« wunderte sich der Schneider. »Vertrauen Sie meiner Erfahrung, Genosse Bucharin, ohne Maßnehmen hat noch kein Schneider jemals genäht.«

»Nähen Sie ihn doch nach dem alten Anzug«, schlug N. I. vor.

Dieser Ausweg war vor allem deswegen nicht realisierbar, weil er den einzigen Anzug, den er hatte, trug; es war mir gelungen, den vorigen, der vollkommen abgetragen war, wegzuwerfen; ohne seinen alten Anzug hätte Nikolaj Iwanowitsch nur im Unterzeug in die Redaktion gehen können.

»Nach dem alten? Das geht schlecht. Wissen Sie, ich habe immer davon geträumt, Bucharin einmal lebendig und nicht nur auf dem Bild zu sehen. Und jetzt gibt es so eine Gelegenheit, so eine Gelegenheit! Machen Sie mir doch die Freude, Genosse Bucharin!«

So vermischte sich Tragisches mit Komischem. Nikolaj Iwanowitsch machte dem Schneider die »Freude«, und er fuhr im neuen Anzug nach Paris, in ihm wurde er verhaftet, in ihm wurde er auch erschossen, falls Stalin zu der Gelegenheit nicht befahl, noch einen Anzug zu nähen.

Alles wirkte wahrscheinlich. Bei der Begegnung überreichte Stalin Nikolaj Iwanowitsch die Anordnung des Politbüros, in der der Zweck der Reise und die Zusammensetzung der Kommission angegeben waren und, wenn ich mich nicht irre, auch die Personen aufgezählt, mit denen die Kommissionsmitglieder sich zu Verhandlungen treffen sollten. Mit absoluter Sicherheit erinnere ich jedenfalls, daß N.I. mir nach dem Gespräch mit Stalin erzählte, daß er sich mit dem österreichischen Sozialdemokraten Otto Bauer treffen sollte, einem Führer der II. Internationale und der österreichischen sozialdemokratischen Partei – ein Ideologe des österreichischen Marxismus, mit dem Nikolaj Iwanowitsch mehr als einmal polemische Gefechte gehabt hatte –, ferner mit dem bekannten österreichischen Sozialdemokraten Friedrich Adler, Sekretär der II. Internationale, und mit den emigrierten russischen Menschewiki F.I. Dan und B.I. Nikolajewskij, die in Paris den »Sozialistitscheskij westnik« (Sozialistischer Bote) herausgaben. N.I. sagte dazu: »Da hat sich Koba was geleistet! Das ist ja ein Witz – ich und Dan!«

F.I. Dan war einer der Führer der menschewistischen Partei und ZK-Mitglied gewesen. Nach der Februarrevolution gehörte er zum Exekutivkomitee des Petrograder Sowjets und zum ZIK-Präsidium (er unterstützte die Provisorische Regierung). Ende 1921 wurde er ausgewiesen und beteiligte sich an der Gründung der II. Internationale. Er war Redakteur der Emigrantenzeitschrift »Sozialistitscheskij westnik«, die zunächst in Paris, später in Amerika erschien. B.I. Nikolajewskij stand Dan nah, war Historiker und in der menschewistischen Partei erheblich weniger einflußreich.

»Mit diesen Typen muß man verdammt vorsichtig sein, sie sind zu absolut jeder Provokation fähig und könnten mir noch einmal Unannehmlichkeiten bereiten.« (N.I. dachte an die Veröffentlichung der Aufzeichnung des Gesprächs von Bucharin und Kamenew im »Sozialistitscheskij westnik«.) »Mit ihnen will ich nur vor Zeugen zu tun haben, vor Arossew und Adoratskij.«

Um diese Einstellung N.I.s zu erklären, führe ich einige Zitate aus seinen Arbeiten an:

1917 Kaum jemand weiß heute noch, daß das Manifest des halboffiziellen VI. Parteitags der RSDRP(B), der im August 1917 stattfand, von Bucharin geschrieben wurde. Darin heißt es: »Die Menschewiki und Sozialrevolutionäre haben die Revolution entwaffnet und damit die Konterrevolution bewaffnet, indem sie den Willen der Bourgeoisie ausführen. Ihnen hat die Bourgeoisie die schmutzige Arbeit der Zer-

Die Redaktion des »Sozialdemokrat«: Olminskij, Bucharin, Stepanow, Solz

störung und Niederschlagung überlassen. Mit ihrer stillschweigenden Zustimmung wurden die rasenden Hunde schändlicher bourgeoiser Verleumdung gegen die ruhmreichen Führer unserer Partei losgelassen. Sie waren es, die einen niederträchtigen und schmachvollen Handel mit den Köpfen proletarischer Führer getrieben haben, indem sie sie einen nach dem anderen an den wütenden Bourgeois ausgeliefert haben. Sie waren es, die das Herz der Weltrevolution, Rußlands Hauptstadt, den Junkern und Kosaken zum Fraß vorgeworfen haben ... «

1924 Bucharin wandte sich gegen diejenigen, die den »Bankrott der Illusionen«, der im Zusammenhang mit dem Ende des Kriegskommunismus stand, und den Übergang zur NEP für den Bankrott des Kommunismus überhaupt hielten. Er gab ihnen die als Schimpfname gemeinte Bezeichnung »Liberdane« und schrieb:

»All diese ehrenwerten Herren Dane und die ›Sarja‹ und die Sozialrevolutionäre und die ›Deserteure‹ stoßen im Grunde einträchtig in das Horn mit den Anti-NEP-Weisen, obwohl sie politisch eine NEP-Demokratie fordern.

Es sind alles verkommene Menschen.«

1925 Mit einer scharfen Kritik wandte sich Bucharin gegen den Ideologen der II. Internationale K. Kautsky. Als Antwort auf dessen Broschüre »Die Internationale und Sowjetrußland« veröffentlichte er eine polemische Schrift: »Die internationale Bourgeoisie und Karl Kautsky, ihr Prophet«. Darin richtete Bucharin sich auch gegen Dan. Der Übergang zur NEP hatte sowohl Kautsky als auch Dan zu dem Schluß veranlaßt, daß das bolschewistische Regime in eine Sackgasse geraten sei und daß die Bolschewiki sich das Monopol auf die Ausbeutung des russischen Volkes (»auf das ihr ›Kommunismus‹ hinausläuft«) mit den Kapitalisten teilten:

»Es liegt auf der Hand, daß die kapitalistische Wiedergeburt des Staats der Sowjets, daß die Macht der kommunistischen Partei ein eindeutiger Betrug des Proletariats ist. Die Illusionen sind in alle vier Winde zerstreut, geblieben ist die Prosa des Lebens, und diese Prosa ist die Prosa kapitalistischer Ausbeutung ... «*

* Rückübersetzung nach dem russischen Text. (A. d. Ü.)

»Daß eine derartige Deutung Kautskys eigenen Worten zukommt«, schreibt Bucharin, »ist aus den vorhandenen Kommentaren seiner Gouvernante ersichtlich, die unseren Alten in den Gärten der sowjetischen ›Realität‹ spazierenführt, aus den Kommentaren des Bürgers F. Dan. Bürger Dan ist nicht so alt, nicht so dumm und nicht so lebensfern wie Bürger Kautsky. Herr F. Dan leugnet die Tatsache unseres wirtschaftlichen Wiederaufbaus nicht. Er tröstet sich nur damit, daß dieser Wiederaufbau angeblich den Bemühungen unserer Partei zuwiderläuft.«

Oder: »Herr Dan rechtfertigt rückwirkend die Aufstände in der Vendée, während es Kautsky zufolge ein Krieg der Reaktion mit der Revolution war.«

Man könnte mir vorwerfen, daß ich alte Äußerungen von Bucharin zitiere, die mit der Zeit, um die es geht, wenig zu tun haben. Darum möchte ich auch noch eine spätere Publikation von Nikolaj Iwanowitsch zitieren.

1934 »Und hinter ihnen« (den Schüssen des Weltkriegs, A. L.) »vollzieht sich wie auf Kommando Schande und Sturz der sozialistischen Parteien ... die unermeßliche Niedertracht und der Konkurs der II. Internationale. Von Rußland getrennt, hinter sich die österreichischen Gefängnisse, beginnt Lenin unermüdlich und mutig den Kampf auf Leben und Tod gegen den Verrat der Sozialisten, gegen das Meer von gemeinem Chauvinismus, indem er mit einer Handvoll Gleichgesinnter gegen den Strom schwimmt. So entstehen die frappierend kühnen Parolen des Bürgerkriegs (›die Verwandlung des imperialistischen Krieges in einen Bürgerkrieg‹), die Verbrüderungen in den Schützengräben des Defaitismus; so vollzieht sich die Zerstörung der Ideologie der ›Vaterlandsverteidigung‹, jener Ideologie, unter deren Banner die gestrigen ›Kämpfer‹ gegen den Krieg katzbuckelnd auf den Knien lagen. Der Bruch mit ihnen wurde zum unbedingten Gebot des Revolutionärs.«

Das war die Ideologie der Bolschewiki, die ihre Einstellung zu den Vertretern der II. Internationale im allgemeinen und zu den emigrierten Menschewiki innerhalb der Internationale insbesondere umschreibt. Ich glaube, jetzt wird klar, warum Bucharin das bevorstehende Treffen mit Dan als einen »Witz« bezeichnete.

N. I. unterbrach seine Reise nach Paris für zwei, drei Tage in Berlin. Er wohnte in der Botschaft, wurde von unserem Botschafter in Deutschland, Ja. S. Suriz, herzlich empfangen (was sich von dem in Frankreich, W. P. Potjomkin, nicht behaupten läßt), fuhr mit dem Korrespondenten der »Iswestija«, Dmitrij Bucharzew, durch Berlin* und kaufte viele Bücher von verschiedenen faschistischen Ideologen.

In einer faschistischen Zeitung (oder Zeitschrift) stand eine Nachricht über Bucharins Ankunft in Berlin; es hieß da, Bucharin ähnele einem umgekehrten Apothekerfläschchen. Man müsse aber zugeben, daß er einer der gebildetsten Männer der Welt sei. Das »Fläschchen« amüsierte Nikolaj Iwanowitsch sehr, aber vor Komplimenten hatte er Angst. »Koba ist sehr neidisch und rachsüchtig.«

Weil das Archiv über verschiedene Länder Europas verteilt war, besuchte die Kommission zunächst Wien, Kopenhagen und Amsterdam, wo sich ein großer Teil der Dokumente von Marx und Engels befand, die Nikolaj Iwanowitsch überprüfen sollte.

In der zweiten Märzhälfte fuhr Bucharin nach Paris. Außer ihm hatte kein anderes Kommissionsmitglied einen Diplomatenpaß. Personen mit Diplomatenausweis wurden gewöhnlich in der Botschaft untergebracht, doch Potjomkin hatte Anweisung gegeben, daß Nikolaj Iwanowitsch mit seinen Genossen im Hotel »Lutetia« wohnen sollte, angeblich, weil die Verhandlungen im Hotel geführt werden mußten, da es unpassend sei, die emigrierten Menschewiki in unsere Botschaft zu laden. Wieso N. I. für die Verhandlungen nicht aus der Botschaft ins »Lutetia« hätten gehen können, war unklar, aber es war sinnlos, zu widersprechen.

Ich fuhr nicht mit N. I., weil er es unangebracht fand, Staatsdevisen für mich auszugeben. Außerdem war ich im letzten Monat schwanger. Doch die Zeit verging, die Reise zögerte sich hinaus. In den ersten Apriltagen rief Semjon Alexandrowitsch Ljandres, Bucharins Sekretär, mich unerwartet in die »Iswestija«-Redaktion – für ein Telefongespräch mit N. I. Spät in der Nacht verband man mich mit Paris. N. I. sagte, daß er

* D. Bucharzew wurde im Januar 1937 verhaftet und war »Zeuge« im Prozeß gegen Pjatakow, Radek und die anderen.

einen Vortrag in Arbeit hätte, der als Broschüre erscheinen sollte und für den er ein Honorar bekäme. Daher bat er (telefonisch aus Paris) Jeshow, den damaligen Leiter der Organisationsabteilung des ZK der WKP(B), meine Reise nach Paris ohne zusätzliche Devisen zu genehmigen. Jeshow versprach, das zu erledigen, und tatsächlich rief er mich an und sagte:

»Geh ins Volkskommissariat für auswärtige Angelegenheiten und füll deinen Visaantrag für Paris aus, dein verliebter Mann hat Sehnsucht, ohne seine junge Frau kann er nicht leben!«

Sein vulgärer Ton wunderte mich, aber mir schien trotzdem, daß Jeshow mir die Genehmigung für die Parisreise wohlwollend mitteilte.

Am 6. April kam ich in Paris an, drei Tage nach Bucharins Vortrag an der Sorbonne über die Grundprobleme der Gegenwartskultur.

N. I. holte mich mit A. Ja. Arossew ab. Auf dem Bahnhof stellte er uns einander vor:

»Das ist mein Freund Arossew. 1917 haben wir in Moskau zusammen die Sowjetmacht erkämpft, und jetzt bemühen wir uns in Paris darum, das Marxarchiv zu erkämpfen.«

»Die Blumen sind von Nikolaj Iwanowitsch«, und Arossew überreichte mir Nelken, »dieser ›Milchbart‹ schenkt Damen keine Blumen, er geniert sich und hat mich damit beauftragt.«

N. I. errötete. Ich liebte diese jungenhafte Schüchternheit an ihm.

Wir fuhren mit dem Auto durch das frühlingshafte Paris. Die Kastanien waren schon mit dem dichten Grün ihrer gefingerten Blätter bedeckt und reckten ihre stolzen Kerzen auf. Ich war bezaubert von der Schönheit von Paris. Am Boulevard Saint Germain und Boulevard Raspail vorbei, wo die Maler hinter ihren Staffeleien saßen, fuhren wir zum Hotel »Lutetia«.

Die Kommissionsmitglieder wohnten in benachbarten Zimmern. Adoratskij kam nur dann zu Bucharin, wenn es geschäftlich nötig war. Aber Arossew kam oft zu uns. Er unterhielt sich gern und fand es einfach amüsant, mit N. I. zu plaudern. Im Gegensatz zu dem nüchternen, dogmatischen Adoratskij war er eine strahlende, begabte Persönlichkeit.

Ein Mensch mit vielseitigen Interessen, hatte er vor der Revolution in der Emigration in Lüttich studiert und später am Petersburger Institut für Psychoneurose. Er schrieb Novellen und Erzählungen. Vor meiner Ankunft hatten Nikolaj Iwanowitsch und Arossew viel Zeit zusammen verbracht, waren durch Paris gestreift, mehrmals im Louvre gewesen; beide waren lebensfrohe Menschen und machten gern Späße.

Die drei Wochen meines Parisaufenthalts konnte ich nicht so nutzen, wie ich gewollt hätte. Wir waren in den Louvre gelangt, aber vor der Mona Lisa wurde ich leider ohnmächtig. Nikolaj Iwanowitsch erschrak so sehr, daß er anschließend ohne Arossew nirgends mehr mit mir hinging. Mit ihm besichtigten wir Versailles. Plötzlich wurde es kühler und dunkel, und auf die blühenden Bäume fiel Schnee. Die Schlösser waren geschlossen, die Springbrunnen liefen nicht, der Wind warf einen fast um. Wohl deswegen und vielleicht auch, weil es mir nicht gut ging, kam mir Versailles nicht so schön vor wie unser Peterhof. Nikolaj Iwanowitsch sagte, ich sei eine große Patriotin. Auf dem Rückweg gab er sich alle Mühe, mich aufzumuntern, war albern, sang, steckte zwei Finger in den Mund und pfiff, ungeachtet der Ermahnung Arossews, gellend wie ein kleiner Junge.

Einmal fuhren wir spätabends nach Montmartre, auch mit Arossew. Von dort überblickte man das Panorama der riesigen Stadt, beleuchtet von Myriaden von Lichtern. Am Montmartre gingen Verliebte spazieren und küßten sich vor den Augen der Passanten. N. I. zuckte mit den Schultern und war sogar empört.

»Sitten sind das! Das Allerheiligste vor den Augen aller!«

Doch das Ende des Spaziergangs war unerwartet. Er wandte sich mir zu und sagte:

»Bin ich etwa schlechter als die anderen?...«

Der erstaunte Arossew wußte nicht, wohin blicken. Plötzlich machte Nikolaj Iwanowitsch Handstand und fing zum Ergötzen der Passanten an, auf den Händen zu gehen. Das war der Gipfel seines Übermuts.

Am Tag meiner Ankunft erzählte Nikolaj Iwanowitsch mir von seinem Vortrag. Er sagte:

»Ich hätte viel besser reden können.«

N. I. konnte recht gut Französisch, sprach fließend und las ohne Wörterbuch. Trotzdem wagte er es nicht, ohne Vorlage öffentlich französisch vorzutragen. Der Vortrag war russisch geschrieben und dann von A. Malraux übersetzt und redigiert worden. Das ergab einen künstlichen Rahmen, innerhalb dessen sich seine Rede entwickeln sollte. Bucharin war ein leidenschaftlicher Redner, der seine Gedanken in den Reden so entwickelte, daß einer an den anderen anschloß. Selbst hingerissen, begeisterte er sein Auditorium. Wegen der Sprachbarriere konnte Bucharin seine rednerischen Fähigkeiten nicht ausnutzen. Aber er erzählte, daß man ihn ungeachtet dessen herzlich begrüßt und noch herzlicher verabschiedet hatte. Im Publikum waren Arbeiter, Intellektuelle, viele französische Kommunisten. Nach dem Vortrag wollten so viele mit ihm sprechen, daß er nur mit Mühe aus der Sorbonne kam.

Eine Sensation war es für Nikolaj Iwanowitsch gewesen, daß Rudolf Hilferding extra aus der Provinz, wo er wohnte, nach Paris gekommen war, um Bucharin zu sehen. Hilferdings Buch »Das Finanzkapital« war in der Sowjetunion erschienen und enthielt nach Ansicht der Bolschewiki eine wertvolle theoretische Analyse des Imperialismus. Es wurde zum Studium an den wirtschaftlichen Hochschulen empfohlen, allerdings mit Vorbehalt. Seine Theorie des organisierten Kapitalismus wurde immer als fehlerhaft kritisiert, und Bucharin wurde ein Abgleiten auf diese Position zugeschrieben, obwohl er selbst nicht der Meinung war, daß seine und Hilferdings Ansichten in dieser Frage identisch waren.

Zwischen ihnen wurde kein Wort über den Archivverkauf gewechselt, sie sprachen nur über theoretische Themen. Doch N. I. befürchtete, daß man in Moskau von diesem Gespräch, das nicht vorgesehen war, erfahren könnte. »Aber ich konnte ihn schließlich nicht wegjagen«, sagte er zu mir, »und es war unglaublich interessant, sich mit ihm zu unterhalten.«

Von den deutschen Sozialdemokraten war keiner an den Verkaufsverhandlungen beteiligt. Die Österreicher Otto Bauer und Friedrich Adler verschafften Adoratskij und Nikolaj Iwanowitsch die Möglichkeit, die Dokumente zu studieren. Friedrich Adler war, wie N. I. sagte, auch nach Kopenhagen und Amsterdam gekommen. Daß auch Nikolajewskij dagewesen sei, erwähnte er nicht. In Paris wurden im April 1936 keine Dokumente überprüft. Wenn es dort welche gab, so waren das nur wenige, und sie waren schon vor meiner Ankunft durchgesehen worden. Die Verhandlungen betrafen nur den Preis für das Archiv – »die Verkaufsbedingungen«, wie Nikolajewskij es nannte; »ein schändlicher Handel«, wie Bucharin es beschrieb. Nach der Ankunft in Paris gab es eine Begegnung zwischen der Kommission und Dan und Nikolajewskij, die ins »Lutetia« kamen. Auch alle weiteren Verhandlungen fanden dort statt. Das Treffen mit Dan im Beisein von Arossew und Adoratskij erfolgte vor meiner Ankunft, deshalb beschreibe ich es nach N. I.s Worten.

Dan betrachtete Bucharin betont kühl und absichtlich gleichgültig, die anderen übersah er ganz. Um die Atmosphäre zu entschärfen, rief Nikolaj Iwanowitsch aus:

»Wie sind Sie abgemagert, Fjodor Iljitsch!«

»Das kommt daher, daß die Bolschewiki mir das ganze Blut ausgesogen haben«, antwortete Dan. »Aus diesem Grunde sind Sie voller geworden.«

»Sie haben meins auch ganz schön ausgesogen«, bemerkte Nikolaj Iwanowitsch. »Und das nicht nur 1917, sondern auch 1929, aber wie Sie sehen, bin ich gut in Form.« (Er bezog sich auf die Veröffentlichung des Gesprächs mit Kamenew im »Sozialistitscheskij westnik«.)

Nach diesem »freundschaftlichen« Dialog fand ein kurzes Gespräch über die Dokumente und den Preis für das Archiv statt. Dan sagte, daß Nikolajewskij alle weiteren Verhandlungen führen und daß er selbst daran nicht mehr teilnehmen würde. N. I. kannte vorher weder Dan noch Nikolajewskij. Nikolajewskij sah er in Paris zum ersten Mal, Dan hatte er zwar 1917 gesehen, aber nie mit ihm gesprochen.

Meist verabredete Nikolajewskij das nächste Treffen vorher telefonisch. Dann wurde die Zeit mit den anderen Kommissionsmitgliedern abgesprochen. Einmal sagte Nikolaj Iwanowitsch eine Begegnung ab, weil Arossew und Adoratskij nicht da waren. Außer bei einem Mal, auf das ich noch zu sprechen komme, ging es in den Gesprächen ausschließlich um den Preis für das Archiv.

Ich habe nicht alle Begegnungen von Bucharin und Nikolajewskij miterlebt, weil ich erst Anfang April kam, während N. I. etwa Mitte März aus Amsterdam nach Paris gekommen war. Aber ich war Zeugin *aller* Verhandlungen, die nach meiner Ankunft stattfanden. Daher spürte ich ihre Atmosphäre, kannte ihren Inhalt und vermag einzuschätzen, ob Nikolaj Iwanowitsch mit Nikolajewskij allein über politische Themen gesprochen hat, oder ob er sie vermied und sich streng an die von Moskau vorgeschriebene Regel hielt, daß es keine Gespräche ohne Zeugen geben durfte.

Die deutschen Sozialdemokraten hatten einen sehr hohen Preis für das Archiv festgesetzt. Vielleicht waren die Vermutungen, vor allem von Arossew, auch berechtigt, daß die russischen menschewistischen Emigranten als Vermittler selbst gut daran verdienen wollten.

Da Dan und Nikolajewskij nach Meinung aller Kommissionsmitglieder einen »rasenden Preis« forderten, setzte Bucharin sich aus der Botschaft telefonisch mit Stalin in Verbindung. Stalin erklärte, daß die Sowjetunion einen solchen Preis nicht zahlen könne.

»Ihr könnt nicht handeln. Soll Arossew den Preis herunterhandeln, du, Nikolaj, verstehst dich nicht darauf.«

Und wirklich wurde in meiner Anwesenheit heftig gefeilscht. Arossew bemühte sich nach Kräften.

Das erste Gespräch, das ich miterlebte, war noch vor der Absprache mit Stalin; Nikolaj Iwanowitsch konnte ihn nicht gleich erreichen. Doch schon unabhängig von Stalins Meinung fand die Kommission den geforderten Preis sehr hoch und bemühte sich, Nikolajewskij dazu zu bringen, die deutschen Sozialdemokraten zu überzeugen, daß sie in ihren Forderungen nachließen; aber er antwortete nicht und wollte offenbar abwarten in der Hoffnung, daß Moskau doch bereit wäre, mehr zu zahlen.

Nikolajewskijs zweiter Besuch fand nach N. I.s Unterredung mit Stalin statt. Wiederum waren alle Kommissionsmitglieder bei dem Gespräch anwesend und daran beteiligt. N. I. berichtete, daß es Stalin nicht möglich sei, mehr als jenen Preis zu zahlen, den sie genannt hatten. Arossew bat Nikolajewskij, es sich zu überlegen, und sagte, daß die Kommission unverrichteter Dinge nach Moskau zurückkehren müsse, falls der geforderte Preis nicht herabgesetzt werde.

In Versailles hatte ich mich erkältet und lag nun mit hohem Fieber im Bett. Arossew rief G.W. Plechanows Tochter. Sie und ihr französischer Ehemann waren Ärzte. Walentina Georgijewna – ich meine, so hieß sie – stellte eine Rippenfellentzündung bei mir fest und schlug vor, mich ins Sanatorium ihres Mannes außerhalb von Paris zu bringen. Wir fuhren sofort dorthin. Nikolaj Iwanowitsch wich nicht von meiner Seite und fuhr nicht nach Paris. Das Fieber stieg bis auf vierzig Grad, was im neunten Schwangerschaftsmonat nicht ungefährlich war. In den ersten Tagen der Krankheit kam Walentina Georgijewna sogar nachts. Meine schnelle Gesundung verdanke ich nur ihr. Eine Bezahlung für meinen Sanatoriumsaufenthalt lehnte sie ab und äußerte nur eine kleine Bitte, nämlich ihrer Mutter, Rosalija Markowna, die in Leningrad lebte, ein Päckchen mit Medikamenten zu überbringen, was zu tun Nikolaj Iwanowitsch gern versprach. Nach einer Woche ging es mir besser, und wir kehrten nach Paris zurück. Einmal war Arossew ins Sanatorium gekommen und hatte berichtet, daß Nikolajewskij sich nicht sehen ließe und schwiege und daß man offenbar ohne das Archiv nach Moskau zurückfahren müsse.

Nach unserer Rückkehr aus dem Sanatorium erschien Nikolajewskij, nachdem er sich vorher telefonisch angemeldet hatte. Alle Kommissionsmitglieder waren bei der Begegnung anwesend. Wie immer fanden die Verhandlungen in unserem Hotelzimmer statt. Diesmal senkte Nikolajewskij seine Forderung erheblich. Alle freuten sich, ganz besonders N.I. Er war sicher, daß man das Archiv nun kaufen würde. Der Unterschied zwischen dem von Stalin genannten Preis und dem, für den das Archiv abzutreten die Vertreter der II. Internationale nun bereit waren, war geringfügig. Man verabredete, daß Adoratskij oder N.I. sich zur endgültigen Preisabsprache mit Stalin in Verbindung setzen sollten.

Sowohl Bucharin als auch Adoratskij riefen Stalin an, aber er kam nicht mehr ans Telefon. Nikolaj Iwanowitsch konnte nur Stalins Sekretär Poskrebyschew erreichen, den er bat, Stalin zu bestellen, auf welchen Preis Nikolajewskij seine Forderung gesenkt hatte. Poskrebyschew versprach, Stalins Entscheid der Botschaft mitzuteilen. N.I. war nervös. »Ich habe diese Geschichte langsam satt!« rief er einmal ärgerlich und schlug mit der Faust auf den Tisch. Das nächste Mal rief Adoratskij an. Auch ihm gelang es nicht, Stalin selbst zu sprechen, aber Poskrebyschew bestellte, daß Stalin auf dem ursprünglichen Preis beharre.

Alle waren verstimmt, man wollte ungern unverrichteter Dinge zurückkehren. Als wir allein waren, sagte Nikolaj Iwanowitsch: »Koba gibt aber auch nie nach! Es ist doch für den Staat unsinnig, um so eine Summe zu feilschen.« Blieb nur noch die Hoffnung auf Nikolajewskij.

Er kam ohne Voranmeldung und erklärte das damit, daß er zufällig vorbeigekommen sei. Nikolaj Iwanowitsch wollte die Genossen holen, aber es war niemand zu Hause. Es war ihm sehr unangenehm, nur in meiner Gegenwart, ohne die anderen Kommissionsmitglieder mit Nikolajewskij zu sprechen.

»Schade«, sagte er, »daß Sie ohne Voranmeldung gekommen sind. Die Genossen sind nicht da, und ich habe keine Befugnis, ohne die anderen Kommissionsmitglieder mit Ihnen zu sprechen. Ich bin nur als Experte dabei.« (Als Kommissionsleiter galt Adoratskij.) »Der Preis für das Archiv ist nicht meine Sache.«

»Sie haben aber doch vermutlich den Preis mit Stalin abgesprochen«, wandte Nikolajewskij ein. »Den Vertrag fertigen wir dann aus, wenn alle dabei sind.«

So war Nikolaj Iwanowitsch gezwungen zu sagen, daß Stalin auf dem früheren Preis beharre. Er hätte auch auf diese Mitteilung verzichten und die Verhandlung bis zum Kommen der anderen aufschieben können, aber so etwas war nicht seine Art.

»Sie schätzen Marx zu billig ein, Nikolaj Iwanowitsch«, bemerkte Nikolajewskij unvermutet.

Solche Worte brachten Nikolaj Iwanowitsch in Rage, und er ging von der Verteidigung zum Angriff über.

»Wir schätzen Marx also zu billig ein!« sagte er empört. »Wir wollen das Archiv kaufen, und Sie wollen es verkaufen. Wer ist es dann, der es zu billig schätzt?«

Nikolaj Iwanowitsch ging unruhig im Zimmer hin und her. Das tat er immer, wenn er nervös war.

»Aber Sie wissen doch, welche Umstände uns zu dem Verkauf zwingen«, rechtfertige Nikolajewskij sich.

»Ich würde einen sicheren Platz für das Archiv finden und es nie und nimmer verkaufen.«

Nikolajewskij wollte wissen, welchen Aufbewahrungsort Nikolaj Iwanowitsch ihm empfehlen würde.

»Nun, zum Beispiel in Amerika. Dort würde ich es aufbewahren, aber nicht verkaufen. Geld gibt Ihnen dort niemand dafür. Amerika braucht diese Dokumente nicht, aber aufbewahren kann man sie da. Nun, und wenn Sie meinen, daß das nicht geht, Boris Iwanowitsch, wenn Sie meinen, daß das Archiv in Gefahr ist und nicht gesichert werden kann – warum feilschen Sie dann um einen Groschen. Das ist doch ein schändlicher Handel, ein schändlicher Handel!«

»Stalin klammert sich ja auch an diesen Groschen«, bemerkte Nikolajewskij. »Sie vertreten hier den Staat, für den Ihr ›Groschen‹ kein Verlust ist. Und für die deutsche sozialdemokratische Partei ist Ihr ›Groschen‹ mehr als das; die brauchen dringend Geld.«

»Aber wenn das Archiv in Gefahr ist, wenn diese wertvollen Dokumente von Marx vernichtet werden könnten, dann würde ich sie an Ihrer Stelle umsonst weggeben, ich würde sie der Sowjetunion schenken; und Ihnen wird keine geringe Summe geboten.«

»Sogar umsonst?« Nikolajewskij lächelte ironisch.

»Ich würde Ihnen doppelt soviel zahlen, wie Sie haben wollen, wenn ich könnte, nur um das Archiv zu retten und den Handel abzuschließen.«

»Daran habe ich nicht den geringsten Zweifel«, betonte Nikolajewskij, auf die Abhängigkeit von Stalin anspielend.

Bucharin fuhr fort:

»Ich schließe einen Angriff Hitlers auf die Sowjetunion nicht aus, ich glaube, daß der militärische Konflikt mit Deutschland unvermeidlich ist. Man muß sich darauf vorbereiten, und das nicht nur auf militärischem Gebiet, durch die Gründung einer starken, technisch ausgerüsteten Armee, sondern auch durch die nötige Psychologie für das Hinterland. Die Schwierigkeiten auf dem Lande liegen hinter uns. Deswegen glaube ich, daß der Sieg mit uns sein wird, selbst wenn ein sehr harter Krieg bevorsteht, und in den riesigen Weiten unseres Landes können wir das Archiv sicher aufbewahren.«

»Wir lassen keinen Franc mehr nach!« Dieser letzte Satz war wörtlich Nikolajewskijs Ausdruck.

Man braucht daraus durchaus nicht den Schluß zu ziehen, daß die deutschen Sozialdemokraten es sich inzwischen anders überlegt hatten und das Archiv nicht mehr verkaufen wollten. Die Kommissionsmitglieder hatten wohl recht mit ihrer Vermutung, daß Nikolajewskij an dem höheren Preis lag, weil die emigrierten Menschewiki als Vermittler an dem Archiv verdienen wollten.

»Wer ist mir ›wir‹ gemeint? ›Wir‹ – die Vertreter der II. Internationale, ›wir‹ – die russischen Menschewiki oder ›wir‹ – die deutschen Sozialdemokraten?«

So kommentierte Nikolaj Iwanowitsch Nikolajewskijs Satz »Wir lassen keinen Franc mehr nach«, als er seinen Genossen von dem Abschlußgespräch mit ihm erzählte.

Damit waren die Verhandlungen über das Archiv zu Ende. Nikolajewskij kam auf ein anderes Thema zu sprechen. Es war klar, daß dies seine letzte Begegnung mit Nikolaj Iwanowitsch war, und er fragte diesen nach seinem Bruder. Nikolajewskijs Bruder, Wladimir Iwanowitsch, war mit Rykows Schwester verheiratet und wohnte in Moskau, deswegen konnte B. I. Nikolajewskij annehmen, daß N. I. ihn bei Rykow getroffen hatte. Doch N. I. konnte ihm nichts erzählen. Er traf Rykow in den letzten Jahren nur gelegentlich, bei ZK-Sitzungen oder auf dem Parteitag. In Rykows Wohnung verkehrte er nicht. Und auch Rykow kam nicht zu Bucharin. Vor der Abfahrt nach Paris hatte Nikolaj Iwanowitsch Rykow nicht gesehen. Die Reise war sehr überstürzt organisiert worden. Vielleicht wußte Rykow gar nichts von ihr. Und selbst wenn Nikolaj Iwanowitsch ihn gesehen hätte, hätte Rykow ihm keine Grüße an Nikolajewskij bestellt, so war ihre Beziehung nicht, und Nikolaj Iwanowitsch hielt sich nicht für berechtigt, von sich aus im Namen Rykows zu grüßen.

Da er nichts über seinen Bruder erfuhr, fragte Nikolajewskij:

»Nun, und wie geht es euch in der Sowjetunion?«

»Es geht uns wunderbar«, antwortete Nikolaj Iwanowitsch.

Und voller Begeisterung erzählte er in meiner Gegenwart von der Sowjetunion. Sein Bericht unterschied sich nur dadurch von seinen letzten Äußerungen in der Presse, daß er nicht immer wieder Stalin erwähnte – was er in der Sowjetunion tun mußte. Er erzählte vom stürmischen Wachstum der

Industrie, von der Entwicklung der Elektrifizierung und von seinen Eindrücken vom Wasserkraftwerk am Dnepr, wo er mit Sergo Ordshonikidse gewesen war. Er zitierte Zahlen und Daten über die großen neuen Hüttenkombinate im Osten des Landes und die zügige Entwicklung der Wissenschaft.

»Rußland ist nicht wiederzuerkennen«, sagte Nikolaj Iwanowitsch zum Schluß.

Man merkte, daß Nikolajewskij ein anderes Gespräch erwartet hatte. Nikolaj Iwanowitschs Begeisterung kam wohl unerwartet für ihn.

»Aber die Kollektivierung, was ist mit der Kollektivierung, Nikolaj Iwanowitsch?« fragte er.

»Die Kollektivierung liegt hinter uns. Es war eine schwere Etappe, aber sie liegt hinter uns. Die Meinungsverschiedenheiten haben sich überlebt. Es ist sinnlos, darüber zu streiten, aus welchem Material die Tischbeine sind, wenn der Tisch schon fertig ist. Man schreibt bei uns, daß ich gegen die Kollektivierung gewesen sei, aber das ist eine Methode von billigen Propagandisten. Ich hatte einen anderen Weg vorgeschlagen, einen schwierigeren und nicht so schnellen, der letzten Endes auch zur Produktionsgenossenschaft geführt und nicht so viele Opfer gefordert hätte, einen Weg, der die Freiwilligkeit der Kollektivierung garantiert hätte. Doch heute, angesichts des vorrückenden Faschismus, kann ich sagen: ›Stalin hat gesiegt.‹ Kommen Sie in die Sowjetunion, Boris Iwanowitsch, sehen Sie sich mit eigenen Augen an, was aus Rußland geworden ist. Soll ich Ihnen eine solche Reise über Stalin organisieren helfen?«

»Nein danke«, Nikolajewskij wehrte mit beiden Händen ab. »Ich werde nie zu Ihnen fahren. Ich habe nur eine einzige kleine Bitte an Sie: Überbringen Sie dieses Paket Rykow.« Und er hielt ein in gelbes Papier gewickeltes Paket hin. »Für Rykow?« wunderte sich Nikolaj Iwanowitsch. »Was ist es denn?«

»Keine Angst, Nikolaj Iwanowitsch, es sind keine Geheimpapiere. Ich habe keinerlei Verbindung zu Rykow, er akzeptiert mich nicht. Es sind holländische Tulpenzwiebeln; der ehemalige Vorsitzende Ihres Volkskommissarsrats ist ein großer Blumenliebhaber, und ich habe beschlossen, ihm trotz allem Tulpen zu schenken. Übrigens ist es durchaus möglich, daß er keine ›menschewistischen‹ Blumenzwiebeln pflanzt«, scherzte Nikolajewskij. »Aber versuchen Sie, sie ihm zu geben. Ich bin sicher, daß sie, von Alexej Iwanowitsch gesetzt, nur bolschewistische Keime treiben werden.«

Damit endete das Gespräch mit Nikolajewskij.

Zum Abschied sagte N. I. zu ihm, daß er noch einmal versuchen werde, Stalin aus Paris zu erreichen, und wenn das nicht gelänge, werde er unbedingt in Moskau mit ihm sprechen.

Als wir allein waren, sagte N. I., daß er sicher sei, daß Nikolajewskij von der Abwesenheit der anderen Kommissionsmitglieder wußte (vermutlich hatte er sie vorher angerufen) und absichtlich während dieser Zeit gekommen war, um allein mit ihm zu sprechen. Er dachte wohl, daß N. I. dann weniger gebunden wäre, sich freier äußern würde und daß er selbst dann leichter etwas über seinen Bruder erfahren würde.

»Und diese Tulpen...« N. I. zuckte befremdet mit den Schultern. »Und ich habe doch etwas Überflüssiges geschwatzt, von der billigen Agitation«, bemerkte N. I.

Das war die einzige mir bekannte Begegnung von Bucharin und Nikolajewskij ohne die anderen Kommissionsmitglieder. Vor meiner Ankunft hatte es solche Treffen nicht gegeben, wie N. I. mir erzählte. Ich erinnere mich gut an jenes Gespräch und habe es so genau wie möglich wiedergegeben. Und die Art des Gesprächs beweist zur Genüge, daß es das einzige war. Hätte es mehrere Zweiergespräche gegeben, so hätte Nikolajewskij wohl schon eher Gelegenheit gefunden, sich nach N. I.s Sicht der Lage in der Sowjetunion und nach seinem Bruder zu erkundigen, und hätte das nicht alles erst bei der letzten Begegnung ganz am Ende von N. I.s Reise und in meinem Beisein getan...

Wenige Tage vor unserer Abreise wurden wir aus dem Büro des französischen Präsidenten und dann aus der Botschaft angerufen und gewarnt, daß Bucharin keinesfalls das Hotel verlassen sollte, weil es Nachrichten gebe, daß die deutschen Faschisten ein Attentat auf ihn planten. Der Vortrag an der Sorbonne war antifaschistisch gewesen. Die französische Regierung ordnete Bewachung für das Hotel an. Ich sah selbst, wie das »Lutetia« von Polizisten umringt wurde. Drei, vier Tage ging N. I. nicht in die Stadt, aber keine Gefahr vermochte ihn lange zurückzuhalten. Es war sehr komisch: Die Wache stand noch um das Hotel, aber der Bewachte lief in Paris herum.

Er bemühte sich, den verschreckten Adoratskij mit in die Stadt zu bekommen.

»Wladimir Wiktorowitsch! Lassen Sie uns ein bißchen spazierengehen, falls etwas geschehen sollte, schützen Sie mich mit Ihrer kräftigen Brust«, scherzte er.

Als man merkte, daß alle Warnungen bei Bucharin umsonst waren, verlangte man, daß er in die Botschaft umzog. Dort verbrachten wir noch einige Tage, dann kam die Anordnung vom ZK, daß die Kommission sofort nach Moskau zurückkommen solle. Deutschland genehmigte Bucharin nur ein Transitvisum, ohne Aufenthalt in Berlin. So konnte er nicht noch einmal in Berlin die Buchhandlungen besuchen. Das betrübte ihn, denn er wollte ein Buch über den Faschismus schreiben.

Von Paris bis Berlin begleiteten uns deutsche Spitzel, die im Nachbarabteil saßen. Auf dem Berliner Bahnhof wurde im Radio gemeldet, daß sich in dem und dem Zug und Waggon von Paris nach Moskau der ehemalige Leiter der Komintern, Nikolaj Bucharin, befände, den Stalin nach Frankreich geschickt habe, damit er dort die Revolution organisiere.

Wir kamen unmittelbar vor dem 1. Mai 1936 in Moskau an. N. I. setzte sich sofort telefonisch mit Stalin in Verbindung und berichtete ihm, daß die Dokumente ungewöhnlich interessant und von großem Wert für die Sowjetunion wären; er riet ihm, nicht länger zu handeln, sondern das Archiv zu kaufen.

»Nur ruhig, Nikolaj, wir brauchen nicht zu hetzen, die werden noch nachlassen«, antwortete Stalin.

So gelang es also nicht, das Archiv zu erwerben. Doch Stalin hatte N. I. nicht umsonst auf die Reise geschickt. Ich zweifle nicht daran, daß die Reise als Provokation geplant und in diesem Sinne erfolgreich war.

Im Dezember 1936, Januar 1937, also einige Monate nach Bucharins Rückkehr aus Paris, veröffentlichte der »Sozialistitscheskij westnik« einen umfangreichen, anonymen »Brief eines Altbolschewiken«. Die Redaktion machte eine Anmerkung, daß sie den Brief kurz vor Drucklegung der Nummer erhalten habe.

Der anonyme Briefautor, der mit »Y. Z.« unterschrieb, tat alles Erdenkliche, damit die Autorschaft dieser Fälschung einzig dem gerade von der Begegnung mit Nikolajewskij aus Paris zurückgekehrten Bucharin zugeschrieben werden konnte.

Das Zentralthema des »Briefes« war der ständig zunehmende, unerhörte Terror innerhalb der bolschewistischen Partei, aber außerdem wurden, in einem bestimmten Licht, auch Probleme der Kollektivierung dargestellt, die zwar Anfang 1937 nicht mehr aktuell waren, jedoch unerläßlich, damit das Dokument seinen Zweck erfüllte:

»Von den Greueln, die den Feldzug aufs Land begleiteten, habt Ihr nur eine schwache Vorstellung, aber sie, die Spitzen der Partei, waren über die Ereignisse auf dem laufenden, und für viele war das sehr schmerzlich... Das war Ende 1932, als die Lage im Lande der Lage zur Zeit des Kronschtadter Aufstands ähnelte... In breiten Schichten der Partei drehten sich die Gespräche nur darum, daß Stalin das Land mit seiner Politik in eine Sackgasse geführt hatte, daß er ›das Land gegen die Bauern aufgehetzt hatte‹ und daß man das Land nur würde retten können, wenn man Stalin beseitigte.«

»Er hat das Land gegen die Bauern aufgehetzt«, dieser in Anführungszeichen zitierte Satz stammt tatsächlich von Bucharin. Auch »Er hat das Land in eine Sackgasse geführt« hätte in Anführungszeichen stehen müssen. Doch all diese Äußerungen von Bucharin gehen auf das Jahr 1928 zurück und waren allgemein bekannt.

Damit jeder Zweifel an der Autorschaft des Briefes schwand, waren sehr geschickt Äußerungen über die Rechte in der Sowjetunion erfunden worden: »Nicht zufällig kursiert der Witz, daß das Recht auf die Sommerjagd das einzige von der Revolution erkämpfte Recht ist, das nicht einmal Stalin dem Partei- und Sowjetbeamten wegzunehmen wagt.« Schlau erfunden! Wer wußte nicht, daß Bucharin ein leidenschaftlicher Jäger war. Und jemand, der nicht jagte, hätte wohl kaum dieses »Recht« erwähnt, und sei es auch nur im Scherz.

Unzweideutig wurde gezeigt, daß der Autor des Briefes Bucharin war, der, wie gesagt, erst vor kurzem aus Paris zurückgekehrt war und geschäftliche Besprechungen mit Nikolajewskij gehabt hatte. Außerdem wurde der Verdacht nahegelegt, daß Rykow Mitautor war, denn auch seine Ansichten aus der Kollektivierungszeit kamen zum Ausdruck. Rykows Verwandtschaft mit Nikolajewskij wurde vom NKWD bei der Untersuchung und dann von Wyschinskij beim Prozeß ausgenutzt.

Ich habe genug Äußerungen von Bucharin zitiert, um verständlich zu machen, wie die Beziehung zwischen ihm, Dan und Nikolajewskij war. Noch ein Dokument, das während des Prozesses im »Sozialistitscheskij westnik« erschien, möchte ich heranziehen:

»Im Laufe des schändlichen Prozesses behauptete der ehemalige Vorsitzende des Rats der Volkskommissare, daß er mit Hilfe der Unterzeichner das Zentralorgan unserer Partei, den ›Sozialistitscheskij westnik‹, mit Korrespondenz versorgt habe.

Es versteht sich von selbst, daß es weder uns noch dem unglücklichen Rykow zur Schande gereichen würde, wenn seine Behauptung der Wahrheit entspräche...

F. Dan
B. Nikolajewskij.«

Der »Brief eines Altbolschewiken« erschien zu einem Zeitpunkt, als die Untersuchung im Fall Bucharin und Rykow bereits in vollem Gange war. Das Ziel, das seine politischen Gegner mit der Veröffentlichung dieses Dokuments verfolgten, ist ganz klar. Berücksichtigt man die Situation nach dem Prozeß gegen Sinowjew und Kamenew im August 1936, der den im Januar 1937 begonnenen Prozeß gegen Radek, Pjatakow, Sokolnikow und die anderen vorbereitete, so hätte diese Publikation für den Parteiausschluß und die Verhaftung von Bucharin und Rykow ausgereicht.

Das wußten der Redakteur des »Sozialistitscheskij westnik« Dan und der Historiker Nikolajewskij, der im Westen als »bedeutender Experte für die Geschichte der Sowjetunion« gilt, ganz genau. So scharf Bucharin auch gegen die Vertreter der II. Internationale polemisiert hatte, er hatte doch nur versucht, sie politisch zu schlagen – ihr Leben hatte er nicht aufs Spiel gesetzt.

Ohne Zweifel hätte Stalin Bucharin und Rykow auch ohne Hilfe des »Sozialistitscheskij westnik« vernichten können.

Aber Bucharin war in der Partei und im Lande, bei den Kommunisten westlicher Parteien und der europäischen Intelligenz nach wie vor beliebt, deswegen mußten alle Mittel genutzt werden, um das Vertrauen in ihn zu zerstören. Die Gerichtsprozesse, die zunehmenden Verhaftungen leitender und gewöhnlicher Parteigenossen in Moskau und in der Provinz erregten zweifellos bei vielen Parteimitgliedern Bestürzung und Verwirrung, auch bei ZK- und Politbüromitgliedern, auf jeden Fall bei Ordshonikidse und Kalinin. Das Mißtrauen gegenüber dem NKWD wuchs. Deshalb erleichterten die Beiträge von außen, vom »Sozialistitscheskij westnik«, die die erzwungenen Aussagen von Untersuchungshäftlingen bestätigten, Stalin die Verwirklichung seiner neuen Verbrecherpläne, die schwerer auszuführen waren als die früheren. Weder für Sinowjews, Kamenews und Radeks Verhaftung noch für die Verhaftung des ZK-Mitglieds Pjatakow und des Anwärters zum ZK Sokolnikow, die vor Rykow und Bucharin festgenommen worden waren, bedurfte es der Einberufung von zwei ZK-Plenarsitzungen und der Gründung einer Sonderkommission wie beim Entscheid über den Parteiausschluß und die Verhaftung von Bucharin und Rykow.

Allein schon die Tatsache der Nachrichtenübermittlung an den »Sozialistitscheskij westnik« konnte nur als kriminell gewertet werden. Wenn man bedenkt, daß die Zeitschrift schon 1929 mit ihrer Veröffentlichung der sogenannten »Aufzeichnung eines Gesprächs zwischen Bucharin und Kamenew« die Zwistigkeiten im Politbüro verschärft hatte, dann wird klar, daß diese neue Aktion das nächste Glied in der Kette war, die zu Bucharins Verderben führte. Nach genauer Betrachtung der Hauptthesen des »Briefes« kann ich Dan und Nikolajewskij nur als Personen sehen, die Stalin ganz bewußt dabei halfen, die Schlinge um Bucharins und Rykows Hals zuzuziehen.

Ich will mich nicht mit allen Themen des »Briefs« beschäftigen, sondern nur mit jenen, die mir als für Bucharin und Rykow am verhängnisvollsten erscheinen.

I. Rjutins Programm. Von Rjutins Programm wird recht ausführlich berichtet:

»Rjutins Programm zeichnete sich gegenüber allen anderen durch seine persönliche Zuspitzung gegen Stalin aus. Das maschinengeschriebene Manuskript umfaßte knapp zweihundert Seiten, wovon mehr als fünfzig der persönlichen Charakteristik von Stalin und seiner Rolle in Partei und Staat gewidmet waren. Diese Seiten waren sehr wortgewaltig und scharf geschrieben und machten tatsächlich großen Eindruck auf den Leser, indem sie ihm Stalin als eine Art bösen Genius der russischen Revolution darstellten, der, von persönlicher Machtgier und Rachsucht getrieben, die Revolution an den Rand des Verderbens brachte.«

Soweit mir bekannt ist, wußte Bucharin über Rjutins Programm nicht mehr, als aus den Zeitungen und den Vorträgen auf Parteiversammlungen hervorging. Ich bin sicher, daß Nikolaj Iwanowitsch Rjutins Programm nie gesehen und gelesen hat. Er betonte das auch ausdrücklich in seinem letzten Brief »An eine künftige Generation von Parteiführern«, den er vor der Verhaftung schrieb: »Von Rjutins und Uglanows Geheimorganisationen war mir nichts bekannt. Ich habe meine Ansichten zusammen mit Rykow und Tomskij offen vertreten.«

Der »Altbolschewik« erzählt ausführlich von der Politbürositzung, in der der Fall Rjutin besprochen wurde. Aber Nikolaj Iwanowitsch war seit November 1929 nicht mehr Politbüromitglied und konnte von dieser Sitzung, die 1932 stattfand, nichts wissen. Zu dieser Zeit war Bucharin schon isoliert und hatte keine persönlichen Beziehungen zu Politbüromitgliedern. Über seine Arbeit beim Volkskommissariat für Schwerindustrie, wo er den wissenschaftlichen Forschungsbereich leitete, war er mit Sergo Ordshonikidse verbunden. Sie standen in bester Beziehung zueinander, aber was auf den Politbürositzungen vor sich ging, besonders auf den streng geheimen, das wurde nicht ausgeplaudert. Dem »Brief«-Autor indessen war bekannt, wie streng diejenigen bestraft worden waren, die eine Beziehung zu Rjutins Programm hatten, und sei es auch nur, daß sie es gelesen und »der Partei nicht gemeldet« hatten, wie die Formulierung hieß. Es ist unmöglich, daß er den Beschluß des ZKK-Präsidiums der WKP(B) vom 9. Oktober 1932, der in der »Prawda« veröffentlicht worden war, nicht kannte. Darin waren neunzehn Personen für ihre Beteiligung – in verschiedenem Maße – an Rjutins Programm aus der Partei ausgeschlossen worden.

Ich betone Nikolaj Iwanowitschs Nicht-Beteiligung an Rjutins Programm nicht etwa deswegen, weil ich es für verbrecherisch hielte, ganz im Gegenteil: Ein antistalinistisches Programm, das 1932 geschrieben wurde, kann man nur als heldenhaft bezeichnen. Doch nach Nikolaj Iwanowitschs Meinung konnte eine konspirative Handlung gegen Stalin 1932 dem Land leider schon nichts anderes mehr bescheren als Repressalien. Auch dem offenen Auftreten dreier einflußreicher Politbüromitglieder – Bucharin, Rykow und Tomskij – gegen Stalins Politik in den Jahren 1928/29 war kein Erfolg beschieden gewesen, und die drei erfreuten sich im Lande größerer Autorität und Beliebtheit als Rjutin. Unter Stalins Druck hatte die Partei einen anderen Weg eingeschlagen und Bucharins ökonomischen Entwurf abgelehnt. Unter den gegebenen Bedingungen erschien Bucharin nichts nützlicher als die Geschlossenheit der Partei. Wer nur die Schattenseiten der Kollektivierung sah und dabei den großen Enthusiasmus des Volkes beim Aufbau nicht bemerkte, der sah und verstand seiner Meinung nach nichts von der Geschichte.

Die Erzählungen des anonymen »Bolschewiken« führten dazu, daß 1937 bei der Februar-März-Tagung die Frage nach Nikolaj Iwanowitschs und Rykows Beteiligung an Rjutins Programm gestellt wurde.

»Du lügst! Ihr lügt!« erhoben sich die Stimmen aus dem Plenum. »Ihr habt es gewußt und der Partei nicht gemeldet!«

Nikolaj Iwanowitsch widersprach und versuchte, mit dem Argument zu überzeugen, daß er das Programm selbst geschrieben hätte, wenn er dessen Anhänger gewesen wäre, anstatt dies Rjutin zu überlassen.

»Du hast es geschrieben, und Rykow hat es gebilligt«, rief Stalin dazwischen. »Es heißt nur aus konspirativen Gründen Rjutins Programm!«

Nikolaj Iwanowitsch verlangte, daß man dem Plenum den Text des Programms vorlegen solle, damit es sich nach dem Stil davon überzeugen könne, daß er nicht der Autor war; doch das war in den Wind geredet.

Dann erhob sich der aufgeregte Rykow und sagte, um die Beschuldigung zu widerlegen, daß er von jemandem gehört habe (er sagte, von wem, aber ich weiß es nicht mehr), daß in Rjutins Programm folgender Satz stünde: »Bucharin, Rykow und Tomskij sind schon ein abgegrastes Feld, auf sie kann man im Kampf gegen Stalin nicht mehr rechnen.« Wie könne man in solchem Fall ihnen dieses Programm zur Last legen?

Offenbar fand sich dieser Gedanke wirklich in dem Dokument, denn weder Stalin noch Molotow, noch Jeshow, die das Programm zweifellos kannten, leugneten ihn; aber ein Gegenargument fanden sie sofort, und zwar immer das gleiche:

»Das ist konspirativ«, bemerkte Stalin.

»Ja, der Satz steht da aus konspirativen Gründen«, riefen Jeshow und Kaganowitsch (ich gebe alles nach Nikolaj Iwanowitschs Bericht wieder).

»Euch kann man aber auch gar nichts beweisen! Wir existieren wohl alle nur aus konspirativen Gründen«, antwortete Rykow und setzte sich wieder. Doch beim Prozeß sagte er aus:

»Und damit das leichter wäre« (zu konspirieren, A. L.), »war im Programm dieser Satz, der eine gewisse Abgrenzung von Bucharin, Tomskij und mir bewirken sollte. Da hieß es ungefähr, daß diese drei ein abgegrastes Feld seien. Das war ein doppeltes Spiel.«

So wiederholte der unglückliche Rykow seine Lektion. Nikolaj Iwanowitsch sagte beim Prozeß das gleiche aus wie Rykow:

Das Programm »wurde aus konspirativen Gründen nach Rjutin benannt, als Rückversicherung vor einem Fiasko; es wurde nach Rjutin benannt, um das rechte Zentrum und seine führenden Persönlichkeiten zu decken ...«

Diese erzwungenen Bekenntnisse Bucharins und Rykows beim Prozeß lassen im Vergleich mit den früheren Aussagen bei der Februar-März-Tagung 1937 erkennen, wie das Szenarium des Prozesses gemacht wurde. Ich hebe Rjutins Programm besonders hervor, weil es bei der »Gerichtsuntersuchung« als wichtiger Punkt der Anklage in Erscheinung trat.

Diesem Programm wurde nach Nikolaj Iwanowitschs Verhaftung von Stalin der gewünschte Inhalt unterstellt: Sturz der Sowjetmacht, Terror, Anstreben eines Blocks mit den Trozkisten, »Palastrevolution«. All das entsprach zweifellos nicht dem tatsächlichen Inhalt des Dokuments, sonst wäre Rjutin 1932 nicht am Leben geblieben. Er wurde damals nicht erschossen. Wie mir scheint, wird meine Sicht auch dadurch bestätigt, daß Rjutin in den verleumderischen Aussagen, die

23. Leningrader Gouvernements-Parteikonferenz, Leningrad 1926 (N. I. Bucharin, S. I. Kirow und W. M. Molotow)

Bucharin während der Untersuchung (vor seiner Verhaftung) ins Haus geschickt wurden, soweit ich erinnere, mit keinem Wort erwähnt wurde, obwohl »Terror«, »Palastrevolution« und so fort darin durchaus vorkamen.

Kaum jemand kannte das Dokument: Die ZK-Mitglieder (nicht die Politbüromitglieder) wußten aus Vorträgen, Zeitungen und so weiter von der Existenz einer »konterrevolutionären« Gruppe um Rjutin. Wer das antistalinistische Programm heimlich gelesen hatte, hatte dafür bereits sein Leben lassen müssen. Darum ließ sich der Inhalt des Dokuments beliebig entstellen, und die Beteiligung an einem realen politischen Programm machte die Beschuldigungen gegen Bucharin und Rykow wahrscheinlicher.

II. Der Mord an Kirow. Nicht weniger verderblich für Bucharin waren die Informationen des »Briefs« über den Mord an Kirow.

Der anonyme Brief enthält ausführliche Nachrichten über Kirow. Es heißt da, daß er in den letzten Jahren eine liberale Einstellung zu den ehemaligen Oppositionellen gehabt hätte, obwohl er früher Stalins Politik vertreten hatte. Bei der Politbürositzung 1932 habe er sich gegen Rjutins Erschießung ausgesprochen. Besonders wird Kirows Autorität in Leningrad und in der Partei unterstrichen. Es wird von einem begeisterten Empfang beim XVII. Parteitag erzählt, als man ihm Ovationen darbrachte, »er wurde stehend empfangen und verabschiedet«. Auf diesem Parteitag wurde Kirow ins ZK-Sekretariat gewählt; aus diesem Grunde stand sein Umzug nach Moskau bevor. Er fuhr zur Übergabe des Amtes an seinen Nachfolger nach Leningrad und wurde dort ermordet. Diese Information wird auf eine bestimmte Weise präsentiert, die Stalin entlarvt: Der Mord an Kirow wird mit seiner Wahl ins ZK-Sekretariat und seiner voraussichtlichen Übersiedelung nach Moskau in Verbindung gebracht. Davon ausgehend werden logisch begründbare Schlüsse gezogen.

»Es wäre wichtig, zu klären«, schreibt der anonyme »Bolschewik«, »ob nicht in diesem Fall eine Fahrlässigkeit auf seiten derer vorlag, die vor dem Attentat hätten warnen müssen. Wer war an Kirows Beseitigung vor seiner Übersiedelung nach Moskau interessiert? All diese Fragen wurden nicht weiter untersucht.« Man braucht nicht anzunehmen, daß Kirow ohne Sanktion des »Herrn« oder ohne dessen Initiative nach Moskau ins ZK-Sekretariat versetzt werden sollte. Gerade daran erkennt man Stalins bekannte Handschrift: Er wußte, daß Kirow nicht aus Leningrad nach Moskau zurückkehren würde. Doch zu jener Zeit waren die Bolschewiki auf solche Schlüsse, was Stalin anging, psychologisch nicht vorbereitet. Und Bucharin war infolge seines Charakters noch weniger als andere darauf vorbereitet; weil er ausgesprochen edelmütig, politisch aufrichtig und in nicht geringem Maße naiv war, konnte er Stalins wahre Absichten zu jener Zeit nicht durchschauen, obwohl er ihn als politischen Intriganten und als rachsüchtigen Mann von krankhaftem Mißtrauen kannte. Er war zwar immer davon überzeugt, daß der Generalsekretär in der Lage war, seinen Konkurrenten, den potentiellen Anwärter auf seinen Posten politisch zu eliminieren, aber er hatte nicht den geringsten Verdacht, daß Stalin ihn physisch vernichten könnte.

Die im »Brief« veröffentlichte Biographie von Kirows Mörder Nikolajew überrascht durch ihre Genauigkeit. Die wichtigsten Meilensteine seines Lebens werden von Anfang bis Ende mitgeteilt: Er war freiwilliger Komsomol an der Front gegen Judenitsch; seine unbedeutende Rolle in der Sinowjew-Opposition, für die er nicht bestraft wurde, wird erwähnt; es wird hervorgehoben, daß Nikolajew in der GPU arbeitete, was aber streng geheimgehalten wurde. Es wird erzählt, daß man bereits *Anfang* 1934 ein Tagebuch bei Nikolajew fand, aus dem seine terroristischen Absichten und seine kritische Einstellung gegenüber dem bestehenden System hervorgingen. Dafür wurde er aus der Partei ausgeschlossen, aber bald darauf wieder aufgenommen: Er rechtfertigte sich mit einer Krankheit infolge von Überanstrengung bei der Arbeit. Aus dem »Brief« kann man auch entnehmen, daß Nikolajew ungeachtet seiner bereits bekannten Neigungen in der Wachabteilung für das Smolnyj arbeitete.

»Unter diesen Umständen«, folgert der »Bolschewik« logisch, »ist es völlig unverständlich, wie man ihn in unmittelbare Nähe zu Kirow bringen konnte, und das bei unserer Sorgfalt beim Schutz für führende Persönlichkeiten.« Bemerkenswert, daß im Namen der Bolschewiki im »Brief« eine Parallele zwischen dem Mord an Kirow und dem Mord an Stolypin gezogen wird, der im Auftrag der zaristischen Geheimpolizei umgebracht wurde: »Im Dezember 1934 erwachte bei uns plötzlich das Interesse an Stolypins Ermordung.«

Vielleicht meint jemand, daß der »Bolschewik« in bester Absicht gehandelt haben könnte: Einige Monate nach der Erschießung von Kamenew, Sinowjew und ihren Leidensgefährten, am Vorabend des Prozesses gegen Radek und Pjatakow, in einer Zeit aktiver Untersuchungen gegen Bucharin und Rykow, eröffnete er das Geheimnis um Kirows Ermordung, um dadurch Kamenew, Sinowjew und die anderen in der öffentlichen Meinung des Westens zu rehabilitieren und zu verhindern, daß noch weitere Bolschewiki der Mittäterschaft an diesem Mord beschuldigt würden. Ich weiß nur soviel: Diese Veröffentlichung, in der Stalin unmißverständlich schwerster Verbrechen verdächtigt wird, diese Veröffentlichung, die die tatsächlichen Umstände des Mordes an Kirow aufdeckt, wurde angesichts Stalins absoluter Macht nicht nur Bucharin und Rykow zum Verhängnis, sondern stürzte auch andere Bolschewiki ins Elend.

Es ist nicht auszuschließen, daß Stalin absichtlich die Verbreitung dieser Nachrichten betrieb. Diese Vermutung ist allerdings nur dann wahrscheinlich, wenn Stalin wußte, daß die wahren Hintergründe des Mordes so oder so bekannt werden würden. Dann war es aus seiner Sicht zweckmäßig, alles als Erfindung von politischen Gegnern darzustellen, Bucharin der Autorschaft des »Briefes« zu beschuldigen und ihn als böswilligen Verleumder Stalins hinzustellen.

III. Über die Bauernschaft. Im Namen der Bolschewiki wird im »Brief« erklärt, daß während der Kollektivierung viele gesagt hätten, daß »es besser wäre, wenn man es mit Aufständen zu tun hätte«. Gemeint sind natürlich oppositionell gesonnene Parteiführer. Ich wiederhole noch einmal, daß die Konzeption des »Briefes« darauf abzielte, den Verdacht der Autorschaft auf Bucharin und Rykow zu lenken. Wer die Umstände, die in Paris und Moskau benutzt wurden – nämlich Rykows und Nikolajewskijs Verwandtschaft und Bucharins Begegnungen mit Nikolajewskij während der Dienstreise –, kennt, der braucht den »Brief« nur aufmerksam zu lesen, um zu demselben Schluß kommen.

Die Einstellung der oppositionellen Parteiführer war mir bekannt. Als während der Kollektivierung die Unruhen auf dem Lande begannen, waren Bucharin und Rykow, die Stalins Politik im Politbüro nicht unterstützten, oft bei meinem Vater. Mehrmals hörte ich von ihnen (besonders von Bucharin, der öfter kam), wie besorgt sie um das Schicksal der Bauern waren, wie sie einen Bruch des Bündnisses mit den Mittelbauern befürchteten und wie sie ihre Sorge um das Schicksal der Revolution zum Ausdruck brachten. Außer meinem Vater Ju. Larin waren oft auch führende bolschewistische Ökonomen an den Gesprächen beteiligt: Ossinskij, Lomow, Miljutin, Krizman. Sie gehörten nicht zur Opposition gegen Stalins Kollektivierungspolitik, waren aber sehr betroffen über die Nachrichten von der Lage auf dem Lande.

IV. Die Charakteristiken von Kaganowitsch und Jeshow. Die Charakterisierung Kaganowitschs und Jeshows unterstreicht den Zweck des aufsehenerregenden »Briefes« besonders deutlich. Es lohnt sich, sie näher zu betrachten, denn sie ermöglichte Stalin ein stabiles Bündnis mit diesen beiden zur Vernichtung von Bucharin und Rykow.

Von Kaganowitsch heißt es da:

»... er begann seine große Parteikarriere zu einer Zeit, als Verrat sehr gefragt war, und gleichzeitig war er wohl einer derjenigen, die das Wachstum dieser Nachfrage länger als die meisten förderten.«

Und von Jeshow:

»Sein erster Helfer war Jeshow. Wenn man sich bei Kaganowitsch gelegentlich wundern kann, warum er diesen Weg wählte, wo er doch seine Karriere auch auf ehrlichem Wege hätte machen können, so kommt hinsichtlich Jeshows ein derartiges Staunen nicht auf. Dieser konnte nur mit solchen Methoden Karriere machen.

In meinem ganzen langen Leben habe ich wenige Leute getroffen, die in ihrer Art so unsympathisch waren wie Jeshow.«

Diese Charakteristiken Kaganowitschs und Jeshows stimmen zweifellos mit Bucharins Bewertung überein, aber erst zu einer späteren Zeit, im Zusammenhang mit deren verräterischem Verhalten gegenüber Bucharin und Rykow bei den Tagungen im Dezember 1936 und im Februar/März 1937. Zur Zeit von Nikolaj Iwanowitschs Parisaufenthalt mögen sie allenfalls in gewissem Maße seiner Einstellung zu Kaganowitsch entsprechen, nicht aber seiner Beziehung zu Jeshow.

Nikolaj Iwanowitsch schätzte Kaganowitsch als Politiker und hielt ihn für einen fähigen Organisator. Ich kann nicht behaupten, daß er ihn überhaupt nicht für treulos hielt, aber nicht in dem Maße, wie er es dann tatsächlich war. Zu Jeshow hingegen hatte er ein sehr gutes Verhältnis. Er sah wohl, daß Jeshow am ZK-Apparat klebte und vor Stalin liebedienerte, wußte aber auch, daß er darin nicht der einzige war. Er hielt ihn für einen ehrlichen und der Partei aufrichtig ergebenen Mann. »Der Partei ergeben« – diese Eigenschaft galt damals als wesentliches Merkmal eines Bolschewiken. So paradox das heute scheinen mag – Bucharin hielt Jeshow damals für einen Mann mit gutem Herzen und reinem Gewissen, wenn auch nicht für besonders intelligent.

N. I. stand mit dieser Meinung nicht allein; die gleiche Einschätzung von Jeshows moralischen Qualitäten hörte ich von vielen, die ihn kannten. Dabei fällt mir besonders ein verbannter Lehrer ein, der Kasache Ashgirejew, dem ich in der sibirischen Verbannung begegnete. Er kannte Jeshow aus dessen Kasachstaner Zeit gut und konnte seine schreckliche Karriere gar nicht glauben.

Als die Frühlingssonne schon etwas wärmte und man ohne Angst vor Frost auf der Erdaufschüttung um unsere halbverfallene Hütte sitzen konnte, in der wir den langen sibirischen Winter hindurch gefroren hatten, setzte er sich oft zu mir und brachte das Gespräch auf Jeshow: »Was ist nur mit ihm geschehen, Anna Michajlowna? Es heißt, er sei eine Bestie und kein Mensch mehr! Ich habe ihm zweimal von meiner Unschuld geschrieben und keine Antwort bekommen. Dabei hat er früher auf jede noch so kleine Bitte reagiert und geholfen, wo er nur konnte. Das kann doch nicht derselbe Jeshow sein!« Niemand konnte so eine Metamorphose verstehen...

Ich selbst habe Jeshow nur zweimal kurz gesehen. Beide Male ging ich mit Bucharin durch den Kreml. Wenn Jeshow Bucharin bemerkte, strebte er schon von weitem schnellen Schrittes auf ihn zu. Seine graublauen Augen schienen gütig, ein Lächeln breitete sich über das Gesicht und entblößte seine schlechten Zähne: »Na, Namensvetter, wie geht's?« begrüßte er Bucharin und drückte ihm herzlich die Hand. Und nachdem sie einige Worte gewechselt hatten, trennten sich die beiden Nikolaj Iwanowitschs, Henker und Opfer.

N. I. freute sich aufrichtig, als Jeshow an Jagodas Platz berufen wurde. »Auf Fälschungen läßt der sich nicht ein«, glaubte Bucharin bis zur Dezembertagung 1936 arglos.

Im Gedanken an Jeshow fragt man sich unwillkürlich: Konnte denn in jener Zeit jedes unschuldige Opfer zum Henker werden und jeder Henker selbst zum Opfer? Sollte es tatsächlich ein Spiel des Zufalls sein? Vermutlich war es nicht so. Aber mir scheint, daß die Auswahl leider erheblich breiter war, als es auf den ersten Blick schien. Bei Stalins absoluter Macht, seinen kriminellen Plänen zur Vernichtung des Altbolschewismus, seinen grausamen Repressalien gegen alle Gesellschaftsschichten, seinem eisernen Willen, diese Pläne zu verwirklichen, seiner, wie ich sagen würde, übernatürlichen hypnotischen Kraft und, nicht zu vergessen, dem großen Ansehen, das er im Lande genoß und das an Vergötterung grenzte, konnte der Henker, der auch Opfer war, sich nur durch Selbstmord von seiner kriminellen Aufgabe befreien.

(Übrigens gab es unter den Mitarbeitern des NKWD-Apparats Fälle von Selbstmord und Flucht ins Ausland; Spione nutzten dazu ihre Auslandsdienstreisen, was einem Volkskommissar nicht möglich war.) Ein Mord an Stalin hätte unter jenen Bedingungen nur die Existenz einer Verschwörung bestätigt, zu weiteren, ebenso unbegründeten Repressalien und zur Erschießung des Henkers und Opfers geführt.

Stalin verstand es, als oberste Henker Personen auszuwählen, die die Henkerexistenz dem Selbstmord mit reinem Gewissen vorzogen. Sie wohnten in Moskau, »arbeiteten« am Lubjankaplatz und gingen in dieselbe Falle wie ihre Opfer, nur von der anderen Seite.

Ich bin vom Thema abgewichen. Es ging darum, daß der wahre Autor des »Briefes« den Henkern bewußt half. Bedarf es noch eines Beweises, daß die Charakteristik von Jeshow und Kaganowitsch im »Brief« nicht von Bucharin stammt? Der »Brief eines Altbolschewiken«, den der »Sozialistitscheskij westnik« angeblich im Dezember 1936 erhalten hatte, wurde im Politbüro bekannt, als Jeshow auf der Höhe seiner »Schaffenskraft« stand und gegen Bucharin und Rykow schon die Untersuchung lief.

Es ist nicht schwer, sich vorzustellen, welche Wirkung der »Brief« auf Jeshow und Kaganowitsch ausübte.

Ich habe nur vier Punkte aus dieser umfangreichen Fälschung ausgewählt. Wieso »Fälschung«? Um das Rätselraten darum zu beenden und alles klarzustellen, muß ich von späteren Ereignissen berichten.

Erst nach meiner Rückkehr aus der Verbannung nach Moskau hatte ich Gelegenheit, den Gerichtsbericht über das Verfahren gegen den »antisowjetischen rechtstrozkistischen Block« eingehend zu studieren. Noch heute lassen mich jene Ereignisse, die fünfzig Jahre zurückliegen, läßt mich dieser schändliche Schauprozeß nicht gleichgültig. Ich las und las den Bericht, so lange, bis ich diese Enzyklopädie der Lüge ganz genau kannte, in die als Beweis für die Richtigkeit der Untersuchung nur ein kleines Zettelchen eingeklebt war:

> Druckfehler:
> S. 528, 23. Zeile von unten
> »wir« muß heißen: »Sie«.

Die beim Prozeß inszenierte »kriminelle Verbindung des konterrevolutionären rechtstrozkistischen Blockes« zur II. Internationale sollten Bucharin und Rykow angeblich über den emigrierten Menschewiken B.I. Nikolajewskij eingeleitet haben. Das erregte meine Aufmerksamkeit besonders, weil ich den Begegnungen von Bucharin und Nikolajewskij in Paris beigewohnt hatte. Es ist sinnlos, Bucharins erzwungene Aussage beim Prozeß über eine angebliche »Verschwörung« zu widerlegen. Aber es ist mir sehr wichtig, völlige Klarheit über die Veröffentlichungen im »Sozialistitscheskij westnik« zu schaffen.

Von dem »Brief eines Altbolschewiken« erfuhr ich zum ersten Mal 1965 von I. G. Erenburg, der ihn gelesen hatte, als er in Paris war. Es gelang mir, mich mit diesem Material vertraut zu machen, und ich hatte alles, was ich brauchte.

1965 veröffentlichte Nikolajewskij, ebenfalls im »Sozialistitscheskij westnik«, Erinnerungen an Bucharin in Form eines Interviews, das er zwei Journalisten gegeben hatte.

In diesem Interview bekannte Nikolajewskij, selbst der Autor des »Briefs eines Altbolschewiken« zu sein, erklärte aber, daß der Brief auf der Grundlage von Gesprächen geschrieben sei, die er mit Bucharin in Paris geführt habe. Vermutlich verbreiteten sich zu dieser Zeit Gerüchte über den wahren Autor, so daß ihm nichts anderes übrigblieb, als den Fall aufzudecken.

Es läßt sich nur schwer sagen, aus welcher Quelle Nikolajewskij die Informationen geschöpft hatte, die nicht der sowjetischen Presse entstammten. Man kann nicht ausschließen, daß sie ihm zum Zwecke der Publikation extra zugespielt wurden. Jedenfalls bearbeitete Nikolajewskij diese Informationen sehr geschickt und ergänzte sie durch Überlegungen, die er dem Altbolschewiken zuschrieb. Diese Rekonstruktion bereitete ihm, dem Menschewiken, der die Geschichte der bolschewistischen Partei sehr gut kannte, wenig Schwierigkeiten. Leider ist Anständigkeit in der Politik nicht jedermanns Sache!

Gezwungenermaßen sagte Bucharin beim Prozeß aus, daß er sich 1936 in Paris mit Nikolajewskij einig geworden sei, ihn in die Pläne der Verschwörer eingeweiht habe und darum gebeten habe, daß die Führer der II. Internationale im Falle eines Scheiterns zu ihrer Verteidigung ein Pressekampagne eröffneten. Im März 1938 veröffentlichte Nikolajewskij eine Erklärung, in der er dies dementierte: »Ausnahmslos alle meine Begegnungen mit Bucharin wie auch mit anderen Kommissionsmitgliedern bewegten sich nur im Rahmen der Kaufverhandlungen. Bei diesen Treffen geschah nichts, was auch nur im entferntesten an politische Verhandlungen erinnerte.«

Aber fast drei Jahrzehnte später berichtete Nikolajewskij in seinem Erinnerungs-Interview von Gesprächen mit Bucharin während dessen Dienstreise. Die »Erinnerungen« sind so umfangreich, daß für Geschäftsverhandlungen keine Zeit mehr geblieben wäre, wenn diese Gespräche wirklich stattgefunden hätten.

Als Grundlage für die rückwirkende Erfindung seiner Erinnerungen an Bucharin dienten dem Historiker Nikolajewskij Fakten, über die er gut Bescheid wußte. Um ihnen den Anschein von Glaubwürdigkeit zu geben, schmückte er sie mit farbenprächtigen Einzelheiten aus. Schöpferische Phantasie kann man ihm wirklich nicht absprechen. Ich bin sicher, daß Nikolajewskijs Veröffentlichtungen dadurch auch Wissenschaftler, besonders ausländische, irreführten. So erging es hinsichtlich einer Reihe von Fakten beispielsweise dem amerikanischen Sowjetologen Stephen Cohen, der das bemerkenswerte Buch »Bucharin und die bolschewistische Revolution« geschrieben hat. Und so erging es auch anderen Autoren.

Nikolajewskij stellt sich selbst nicht als politischen Gegner Bucharins, sondern als dessen Vertrauensperson dar.

Ich sagte schon, daß Nikolajewskij sich bei seiner letzten Begegnung mit N. I., Ende April 1936, in meiner Gegenwart nach seinem Bruder erkundigte. Was schreibt Nikolajewskij in seinem »Erinnerungs«-Interview darüber?

»Am ersten Abend, als er (Bucharin) zu mir kam, waren seine ersten Worte: ›Viele Grüße von Wladimir!‹ Später, als Bucharin und ich allein miteinander sprechen konnten, fügte er hinzu: ›Alexej (Rykow) läßt Sie grüßen.‹ ... Das gab den Ton für unsere weiteren Gespräche an.«

Um seine Nähe zu Bucharin zu beweisen, berichtet Nikolajewskij, daß Bucharin ihn während seiner Arbeit an den Marx- und Engels-Dokumenten in Amsterdam und Kopenhagen in der Freizeit durch die Museen geführt habe. Von seinem Besuch im Naturhistorischen Museum in Amsterdam erzählte

Nikolaj Iwanowitsch mir voller Begeisterung. Dort gab es wertvolle Schmetterlingssammlungen. In Kopenhagen befand sich der größte Teil der Marx- und Engels-Dokumente, und Nikolaj Iwanowitsch hatte viel zu tun. Von Museumsbesuchen in Dänemark habe ich nichts gehört, vielleicht ist es mir auch entfallen. Aber wenn Nikolajewskij erzählt, daß N. I. sich in einem Museum in Kopenhagen die Aktentasche mit Fotos von Bildern alter Meister vollgestopft hätte, dann bezweifle ich Nikolajewskijs Aufenthalt in Dänemark überhaupt. N. I. hatte keine Aktentasche, und er hatte keine Fotos aus Kopenhagen nach Paris mitgebracht. Nikolaj Iwanowitsch sagte mir, daß Friedrich Adler ihn aus Wien nach Dänemark und Holland begleitet habe. Nikolajewskij erwähnt er in diesem Zusammenhang nicht.

Wenn man genau weiß, daß jemand im Großen lügt, dann glaubt man ihm auch im Kleinen nicht. Selbst wenn Nikolajewskij in Holland und Dänemark war, bleibt unklar, warum Bucharin seine Freizeit mit ihm und nicht mit den Mitgliedern der sowjetischen Delegation zum Aufkauf des Archivs verbracht haben sollte. In Paris habe ich ausschließlich offizielle Beziehungen zwischen Bucharin und Nikolajewskij beobachtet.

Geradezu lächerlich wirkt der Bericht von Nikolajewskijs Gespräch mit Bucharin über Lenins Vermächtnis. Angeblich hätte Bucharin Nikolajewskij auf zwei seiner Schriften hingewiesen: »Der Weg zum Sozialismus« (1925) und »Lenins politisches Vermächtnis« (1929). Die erste Schrift entstand zu einer Zeit, als Stalin Bucharins Ansichten nicht bestritt und Bucharins Position sicher schien. Deswegen benutzte Bucharin bei seiner Deutung Lenins keine Zitate aus dessen Werken. »Lenins politisches Vermächtnis« war Bucharins Rede bei einer Gedenkveranstaltung zu Lenins fünftem Todestag, als er sich schon in Stalins Schußlinie befand. Deswegen zitiert er hier aus Lenins späten Werken. Darin bestand der Hauptunterschied zwischen Bucharins erster und zweiter Schrift. Nikolajewskij behauptet, daß er die erste nicht gelesen habe, und schafft sich damit die Möglichkeit, das ganze Gespräch zu konstruieren.

Es ist ganz unwahrscheinlich, daß der kranke Lenin trotz des Protests seiner Frau und der Ärzte Bucharin zu sich gerufen haben und mit ihm im Garten spazierengegangen sein sollte. Das paßt weder zu Bucharins Art noch zu seinem Verhältnis zu Wladimir Iljitsch und Nadeshda Konstantinowna.

Tatsächlich war Bucharin als einer von wenigen bei Lenin und sprach mit ihm, als dieser schon schwer krank war, aber nur solange die Ärzte es erlaubten. N. I. erzählte mir, daß er einmal mit Sinowjew in die Leninhügel gefahren sei und den kranken Lenin durch den Zaun gesehen habe.

Im Zusammenhang mit dem Prozeß gegen die Rechten Sozialrevolutionäre verdreht Nikolajewskij schamlos die Tatsachen. Er behauptet, daß Bucharin aus eigenem Antrieb das Gespräch auf diesen Prozeß gebracht hätte, der noch zu Lenins Lebzeiten im Juli und August 1922 stattfand.

B. Nikolajewskij berichtet, daß die Rechten Sozialrevolutionäre verurteilt worden seien, weil sie für die Übergabe der Macht an die Konstituierende Versammlung gekämpft hätten. Mit welchen Methoden sie das taten, verschweigt er jedoch.* Auch die Menschewiki kämpften gegen die Auflösung der Konstituierenden Versammlung, führten ihren Kampf aber ausnahmslos propagandistisch, und dafür wurden sie von niemandem bestraft.

Was Bucharin betrifft, so war er einer der aktivsten Gegner der Konstituierenden Versammlung, die er verächtlich »Konstitutäuschung« nannte. Bucharins Standpunkt, seine Reden und Aufsätze zu diesem Thema waren Nikolajewskij natürlich bestens bekannt.

Was geschah beim Prozeß der Rechten Sozialrevolutionäre?** Die Sozialrevolutionäre teilten sich in zwei Gruppen: eine, die bereute, das waren hauptsächlich Kämpfer, die

* Beim Prozeß wurde die Partei der Rechten Sozialrevolutionäre terroristischer Aktionen beschuldigt. Von einem Sozialrevolutionär war im Juni 1918 der Kommissar für Presse und Propaganda, W. Wolodarskij, ermordet worden, am 30. August dann der Vorsitzende der Petrograder TscheKa M. S. Urizkij, und am gleichen Tag, dem 30. August, hatte die Terroristin F. Kaplan das Attentat auf Lenin verübt und ihn schwer verwundet.
Die Rechten Sozialrevolutionäre standen in Kontakt mit den aufständischen tschechischen Truppen und gründeten mit deren Hilfe im Wolgagebiet, im Südosten des Landes und in Sibirien eine ganze Reihe von Regierungen, die von der Sowjetmacht unabhängig waren. Geld bekamen sie von der französischen Gesandtschaft durch einen Diplomaten, den ehemaligen französischen Botschafter in Rußland Noulens.

** Die Einzelheiten erfuhr ich von Ruben Katanjan, der seit 1903 Mitglied der bolschewistischen Partei und beim Prozeß gegen die Rechten Sozialrevolutionäre einer der Verteidiger aus dem ZK der RKP(B) war. Katanjan sandte mir eine Kopie seiner Zeugenaussagen, die er 1961 ans Komitee für Parteikontrolle schickte.

erklärten, daß sie im Auftrag ihres ZK gehandelt hätten; und die ZK-Mitglieder der Rechten Sozialrevolutionäre andererseits, die die Verantwortung für die terroristischen Aktionen leugneten.

Um zu beweisen, daß die reuigen Sozialrevolutionäre die Wahrheit sagten, teilte das ZK der RKP(B) ihnen Verteidiger zu. Dazu gehörten R. Katanjan, M. P. Tomskij und Bucharin. Da die Verteidiger die Richtigkeit jener Aussagen ihrer Klienten bewiesen, die das ZK der Rechten Sozialrevolutionäre bloßstellten, machten die Verteidiger im Grunde genommen gemeinsame Sache mit der Anklage.

Einer von Bucharins Klienten war der ehemalige Terrorist Semjonow, der nach R. Katanjans Aussage zum Zeitpunkt des Prozesses nicht nur bereut hatte, sondern auch Mitglied der Kommunistischen Partei geworden war.

Angeblich »erzählt« Bucharin seinem »Gesprächspartner« jedoch, daß er hinter den Kulissen gegen die Bestrafung der Rechten Sozialrevolutionäre aufgetreten sei und nur deswegen einige Reden mit scharfen Angriffen gegen sie gehalten habe, weil er sich der Parteidisziplin beugen mußte. Wie ist es dann erklärlich, daß Bucharin, der im ZK allein stand oder sich jedenfalls in der Minderheit befand, siegte: Die ZK-Mitglieder der Rechten Sozialrevolutionäre wurden zum Tode verurteilt, aber das Urteil wurde nicht vollstreckt.

In Bucharins Namen erklärt Nikolajewskij: »Ja, man muß zugeben, daß ihr Sozialisten ganz Europa auf die Beine gebracht und die Vollstreckung des Todesurteils für die Sozialrevolutionäre unmöglich gemacht habt.« Dann hätte also der »gute« Bucharin Mitleid mit den Terroristen gehabt, die Urizkij und Wolodarskij ermordet und das Attentat auf Lenin verübt hatten? Und nach dem Prozeß wurde der Rechte Sozialrevolutionär beim Versuch eines Attentats auf Bucharin selbst festgenommen, wie Nikolaj Iwanowitsch mir erzählte.

Worauf Nikolajewskij in diesem Fall seine gefälschten Erinnerungen aufbaute, wurde mir klar, als ich Wladimir Iljitschs Artikel »Wir haben zu teuer bezahlt« las.

1922 tagte in Berlin die Konferenz dreier Internationalen: II, II 1/2 und III. Von der Russischen Kommunistischen Partei wurden Bucharin und K. Radek als Delegierte geschickt, von der Komintern Mitglieder der westeuropäischen kommunistischen Parteien. Die Kominterndelegation schlug vor, einen Weltkongreß zur Organisation einer Einheitsfront für den Kampf gegen die Reaktion, gegen die Vorbereitung neuer imperialistischer Kriege, für die Aufhebung des Versailler Vertrags und so weiter einzuberufen. Die sozialdemokratischen Vertreter versuchten, der Komintern ihre Bedingungen aufzuzwingen.

Die Kominterndelegation lehnte diese inakzeptablen Forderungen ab. Weil sie aber von der Tribüne des Weltkongresses aus vor die Arbeiterklasse treten wollte, entschloß sie sich dazu, den Vertretern von zwei Internationalen die Anwesenheit beim Prozeß gegen die Rechten Sozialrevolutionäre zu gestatten, und versprach, daß die Sowjetmacht die Angeklagten nicht zum Tode verurteilen würde. Doch der Kompromiß nützte nichts. Die Leiter der Internationalen II und II 1/2 faßten den Beschluß, den Weltkongreß in Den Haag ohne Vertreter der Kommunisten einzuberufen.

Welchen Schluß zog Lenin in seinem Artikel »Wir haben zu teuer bezahlt« daraus?

»Vor allem ist daraus zu schließen, daß die Genossen Radek, Bucharin und die anderen, die die Kommunistische Internationale vertreten haben, nicht richtig gehandelt haben.

Weiter. Folgt daraus, daß wir das von ihnen unterschriebene Abkommen brechen müssen? Nein. Ich glaube, daß ein solcher Schluß falsch wäre und daß wir ein unterschriebenes Abkommen nicht brechen dürfen. ... Doch ein unvergleichlich viel größerer Fehler wäre es gewesen, jede Bedingung und jeden Preis dafür, daß wir in diese, recht gut bewachte, geschlossene Anlage eindringen, abzulehnen.«

Lenins Artikel »Wir haben zu teuer bezahlt« erschien am 11. April 1922 in der »Prawda«. Selbstverständlich hatte B. I. Nikolajewskij ihn gelesen. Er kannte auch die Motive für das in Berlin unterschriebene Abkommen. Es fragt sich, warum Bucharin es nötig gehabt haben soll, hinter den Kulissen gegen die Todesstrafe für die Rechten Sozialrevolutionäre zu kämpfen, wenn Lenin schon gleich nach der Konferenz in Berlin verkündet hatte, daß man das Abkommen nicht brechen dürfe.

Um entsprechend Lenins Beschluß das in Berlin getroffene Abkommen nicht zu brechen, wurden zur Verteidigung des

ZK der Rechten Sozialrevolutionäre der belgische rechte Sozialist E. Vandervelde und andere eingeladen. Bucharin hielt nicht nur beim Prozeß scharfe Reden, in denen er die konterrevolutionäre Tätigkeit der Rechten Sozialrevolutionäre aufdeckte, sondern weil er verärgert war, daß die Kominterndelegation trotz des Kompromisses nicht zum Weltkongreß eingeladen worden war, mobilisierte er die Studenten der Swerdlowuniversität, verfaßte böse Spottverse und organisierte eine Obstruktion gegen Vandervelde, als er am Bahnhof abgeholt wurde (davon erzählten mir ehemalige Studentinnen der Swerdlowuniversität, und auch Katanjan bestätigt es).

Ich habe den Prozeß gegen die Rechten Sozialrevolutionäre mit Absicht so ausführlich behandelt, um zu zeigen, wie geschickt Nikolajewskij Bucharins Position verzerrte. Das ist um so bedeutsamer, als Bucharin beim Prozeß beschuldigt wurde, das Attentat auf Lenin gemeinsam mit dem Terroristen Semjonow geplant zu haben.

Zum Schluß möchte ich noch einige von Nikolajewskij erfundene Episoden erwähnen, die in politischer Hinsicht weniger wichtig sind.

Frappierend ist das erfundene Gespräch über die Ausarbeitung der Verfassung, die im Dezember 1936 vom 8. Rätetag verabschiedet wurde. »Sehen Sie her«, soll Bucharin zu Nikolajewskij gesagt haben, »mit diesem Füllfederhalter ist die ganze neue Verfassung geschrieben worden, vom ersten bis zum letzten Wort.« (Dabei zog er angeblich den Füllfederhalter aus der Tasche und zeigte ihn vor.) »Ich habe diese Arbeit allein gemacht, nur Karluscha hat mir ein bißchen geholfen. Nach Paris konnte ich nur kommen, weil diese Arbeit abgeschlossen ist.« Diese Mitteilung ist Nikolajewskijs Phantasie entsprungen. Nikolaj Iwanowitsch hat nicht die ganze Verfassung geschrieben, sondern nur ihren rechtlichen Teil. Das tat er zu Hause mit einer gewöhnlichen Schulfeder, Füllfederhalter mochte er nicht. Diese Feder nahm Bucharin nicht nach Paris mit und konnte sie also Nikolajewskij nicht zeigen. Von Karluscha (so nannten viele K. Radek, was Nikolajewskij offenbar wußte) benötigte Bucharin keine Hilfe, ebensowenig wie umgekehrt Radek, der Mitglied der Verfassungskommission war, Hilfe von Bucharin brauchte.

Es wunderte mich, als ich las, daß Nikolajewskij auch mich als handelnde Person in seine Inszenierung eingeführt hatte. »Bucharin war sichtlich erschöpft, träumte von einem mehrmonatigen Urlaub und wäre gern ans Meer gefahren. In diesem Augenblick trat seine junge Frau zu uns ... sie erwartete das erste Kind, brauchte ebenfalls Urlaub und freute sich merklich, als ihr Mann anfing, vom Meer zu sprechen ...« Die Phantasie des Improvisators ist grenzenlos: Einen mehrmonatigen Urlaub bekam man nur aus Krankheitsgründen, und N. I. wollte seinen Urlaub im Pamir verbringen. Vom Meer war nicht die Rede, und weder Nikolaj Iwanowitsch noch ich konnten davon träumen. Ich erwartete das Kind von Tag zu Tag und kam wenige Tage nach unserer Rückkehr aus Paris nieder.

Nikolajewskij erlaubt sich auch folgende Erfindung: » ... als wir in Kopenhagen waren, fiel Bucharin ein, daß Trozkij nicht allzu weit weg, in Oslo, wohnte, und er sagte: ›Wie wäre es, wenn wir auf ein, zwei Tage nach Norwegen führen, um Lew Dawydowitsch zu sehen?‹ Dann fügte er hinzu: ›Natürlich hat es zwischen uns große Konflikte gegeben, aber das hindert mich nicht, ihm gegenüber große Achtung zu empfinden.‹«

Ich war nicht in Kopenhagen, aber mir ist völlig klar, daß dies eine von Nikolajewskijs üblichen Phantasien ist. Zunächst einmal konnte man ohne Visum nicht nach Oslo fahren, es konnte also nur um eine konspirative Reise gehen, und darauf hätte Nikolaj Iwanowitsch sich niemals eingelassen. Außerdem weiß ich von ihm, daß er in den polemischen Diskussionen die Achtung vor Trozkij verloren hatte. Ich vermute, daß dasselbe auch umgekehrt von Trozkij gilt, der ihn wohl kaum mit offenen Armen empfangen hätte.

Nicht weniger überrascht Nikolajewskijs Erzählung von Bucharins Begegnung mit Fanni Jeserskaja. Jeserskaja war früher Rosa Luxemburgs Sekretärin gewesen, war Mitglied der deutschen Kommunistischen Partei, arbeitete in der Komintern und befand sich in Opposition; wenn ich mich nicht irre, teilte sie Brandlers Ansichten. Nach Hitlers Machtergreifung war sie nach Frankreich emigriert. Nikolaj Iwanowitsch stand sie nicht nah, war aber mit meinen Eltern befreundet. Fanja Natanowna, wie sie in Larins Familie hieß, kannte mich seit frühester Kindheit. Nikolajewskij behauptet, von F. Jeserskaja gehört zu haben, daß sie Bucharin vorgeschlagen habe, im Ausland eine oppositionelle Zeitung herauszugeben, die gut über die Ereignisse in Rußland informiert sei, denn ihrer Meinung nach sei er der einzige, der als Chefredakteur einer solchen Zeitung in Frage käme. Mit anderen Worten: Sie schlug Bucharin vor, nicht mehr nach Rußland zurückzukehren und in Paris zu bleiben. Diesen Vorschlag habe Bucharin einzig aus der Überlegung heraus abgelehnt, daß er sich zu sehr an die Beziehungen in der Sowjetunion und den dortigen angespannten Lebensrhythmus gewöhnt habe. Doch das einzige Mal, als die Jeserskaja sich mit Bucharin getroffen hatte, war sie in meiner Gegenwart ins »Lutetia« gekommen und auch in meiner Gegenwart wieder gegangen. Ich war Zeugin des ganzen Gesprächs. Es wurde nichts gesprochen, was auch nur entfernt an Nikolajewskijs grobe Fälschung erinnerte.

Wenn Bucharins Parisreise während des Prozesses gegen Sinowjew und Kamenew (im August 1936) stattgefunden hätte, dann wäre seine Stimmung vielleicht so gewesen, wie Nikolajewskij sie beschrieb. Zwar wäre Bucharin auch dann nach Moskau zurückgeeilt, um die Beschuldigungen zu widerlegen, aber unter diesen Umständen ist es nicht auszuschließen, daß irgend jemand ihm naiv vorgeschlagen hätte, im Ausland zu bleiben, weil man annahm, daß er in Paris oder einem anderen westeuropäischen Land oder auch in Amerika am Leben bliebe, zumal es damals noch keine gegenteiligen Beispiele gab...

Ich brauche nicht erst nachzuweisen, daß Nikolaj Iwanowitsch sein Ende bis zum August 1936 nicht voraussah. Das beweisen seine Artikel und Reden, unter anderem auch die Rede, die er in Paris hielt. Schon die Tatsache, daß er kurz vor der Katastrophe sein Leben mit meinem viel jüngeren vereinigte und außerdem ein Kind haben wollte, besagt viel. Man wird ja Nikolaj Iwanowitsch nicht unterstellen wollen, daß er sich wünschte, daß auch sein Kind schwer zu leiden haben sollte!

Indem Nikolajewskij eine Lüge an die andere reiht, widerspricht er sich selbst. Im »Brief eines Altbolschewiken«, der acht Monate nach Bucharins Abreise aus Paris entstand, heißt es: »Wenn man sagt, daß wir hier von dem Sinowjew-Kamenew-Smirnow-Prozeß wie vor den Kopf geschlagen waren, dann gibt das nur eine sehr unklare Vorstellung von dem, was wir vor kurzem durchgemacht haben und noch immer durchmachen.« Ferner berichtet er, daß selbst Jagoda erst ganz zuletzt von dem eingeleiteten Prozeß erfuhr. Es fragt sich: Aus welcher Quelle hatte Nikolajewskij diese Informationen?...

Trotz der langen Gespräche im März/April 1936 hatte sich nichts von Bucharins hoffnungsloser Stimmung auf Nikolajewskij übertragen. Das war auch nicht möglich, weil jene Nikolajewskijs Beschreibung von 1965 gar nicht entsprach. In Paris war Bucharin vergnügt und lebensfroh und glaubte, daß die neue Verfassung zur Demokratisierung unserer Gesellschaft führen würde, wie es sein langjähriger Traum war.

Wer hätte es im März/April 1936 gewagt, Bucharin vorzuschlagen, daß er in Paris bleiben sollte?

In Nikolajewskijs Kopf geraten die Zeiten durcheinander, er verwirrt alles und widerspricht sich selbst. Einerseits sagt er völlig richtig:

»Bucharin unterschätzte seinen Gegner. Er ahnte nicht, wie hinterlistig Stalin all diese neuen Prinzipien anwenden würde« (gemeint ist die neue Verfassung, A. L.), »wie er die Gleichheit aller vor dem Gesetz in die Gleichheit von Kommunisten und Nichtkommunisten vor Stalins absoluter Diktatur verwandeln würde.«

Andererseits erklärt Nikolajewskij Bucharins »Offenheit« im Gespräch folgendermaßen: »Das, was er (Bucharin) mir sagte, war im Hinblick auf einen künftigen Nekrolog gesagt.« 1965 betrachtet er die Ereignisse, die dreißig Jahre zurückliegen, durch die Brille des »großen Terrors«, der erst nach Bucharins Rückkehr aus Paris begann, und kommt zu dem Schluß, daß Bucharin sein nahendes Ende damals vorausgesehen hätte.

Wie begründet Nikolajewskij seine Überzeugung? Um Bucharins hoffnungslose Stimmung während des Auslandsaufenthalts zu beweisen, führt Nikolajewskij eine lange phantastische Erzählung von Bucharins Pamirreise an. Er betont, daß N. I. immer wieder auf dieses Thema zurückgekommen sei und immer neue Einzelheiten erzählt habe.

Weiter. Bucharin habe Nikolajewskij folgende Episode erzählt: Mit dem Bergführer waren sie an eine Weggabelung

Bucharin mit einem Stoßtrupp von Bergsteigern aus dem Frunse-Werk, Elbrus 1934

gekommen. Der Führer warnte, daß der kürzere Weg lebensgefährlich sei, weil er vom Regen ausgespült war und es Bergstürze gegeben hatte, und er riet Nikolaj Iwanowitsch, den längeren Weg zu nehmen. Bucharin hatte aber auf dem kurzen Weg bestanden. Eine durchaus wahrscheinliche Erzählung. Daraus schließt Nikolajewskij, daß Bucharin das Schicksal versuchen wollte und daß der Gedanke an Selbstmord ihn nicht losließ. Ein kolossal überzeugender Schluß!

Schon oft habe ich Nikolaj Iwanowitschs Lebensfreude und seinen Übermut erwähnt. Im Urlaub konnte er gelegentlich sehr leichtsinnig sein, ganz unabhängig von der politischen Situation. So war es zum Beispiel 1935, als wir durch den Altaj reisten und uns, auf steilen Bergpfaden zum Telezkoje-See reitend, kaum im Sattel halten konnten. Dann wollte N. I. also auch meinen Tod? Seine Position schien zu jener Zeit nicht schlecht zu sein.

Ich kann noch ein anderes Beispiel aus Nikolaj Iwanowitschs erfolgreichster Zeit bringen. 1925 machten meine Eltern und ich zu gleicher Zeit mit Nikolaj Iwanowitsch

Urlaub in Sotschi. Eines Tages nahm er mich im Auto nach Krasnaja Poljana mit. Ich war damals elf. Der Weg war schlecht, wir mußten eine tiefe Schlucht überqueren, über die nur eine unsichere Holzbrücke führte. Der Chauffeur warnte, daß die Brücke morsch sei und brechen könnte, und der Leibwächter Rogow, der für das Leben des Politbüromitglieds verantwortlich war, wollte umkehren. Es half nichts. Der Chauffeur gab Vollgas, und wir fuhren schnell über die Brücke, die sofort hinter uns zusammenbrach. Wir mußten dann im Auto übernachten und warten, bis die neue Brücke fertig war.

Nikolajewskij datiert Bucharins Pamirreise nicht genau, sondern nur auf ungefähr 1930. Das ist für seine Improvisationen geschickt gewählt. Wegen seiner Meinungsverschiedenheiten mit Stalin war Bucharin kurz vorher aus dem Politbüro entfernt und seiner Ämter als Sekretär beim Exekutivkomitee der Komintern und als Chefredakteur der »Prawda« enthoben worden. Tatsache ist jedoch, daß Nikolaj Iwanowitsch vor der Parisreise zwar in Mittelasien, jedoch nicht oberhalb des Issyk-Kul-Sees gewesen war. Die Pamirreise war ein langjähriger Traum von ihm, den er nach seiner Rückkehr aus Paris, Anfang August 1936 verwirklichte. Aus dem Pamir kehrte Nikolaj Iwanowitsch zurück, als beim Prozeß gegen Sinowjew und Kamenew sein Name gefallen war und in den Zeitungen die Untersuchung im »Fall« Bucharin und in denen anderer Bolschewiki angekündigt wurde.

Worauf beruht nun die Bucharin zugeschriebene Erzählung vom Pamir? Er konnte ja beim besten Willen nicht von etwas erzählen, was noch gar nicht stattgefunden hatte. Nikolajewskij erwähnt die im Ausland erschienenen Memoiren von R.W. Iwanow-Rasumnik, der nach langer Gefängnishaft emigriert war. Darin erzählt dieser, daß das Schicksal ihn in der Haft mit einem Grenzsoldaten zusammengeführt habe, der Bucharin im Pamir begleitet hatte, was durchaus stimmen kann. Ich habe diese Erinnerungen nicht gelesen, vermute aber, daß Nikolajewskij einen Teil seines Berichts Iwanow-Rasumnik entnommen und den Rest selbst erfunden hat.

Die erfundenen Themen von Nikolajewskijs Gesprächen mit Bucharin waren für jene Zeit wahrhaftig aufrührerisch. Um das zu unterstreichen, berichtet Nikolajewskij, daß Arossew bei einem Gespräch dabeigewesen und erschrocken sein soll und bemerkte habe: »Wenn wir weg sind, werden Sie noch sensationelle Memoiren veröffentlichen.« Worauf Nikolajewskij geantwortet habe: »Laßt uns eine Abmachung treffen: Unsere Begegnungen soll derjenige offen beschreiben, der zuletzt am Leben ist.« Mich hat er dabei natürlich nicht mitgerechnet. Wie hätte er auch auf die Idee kommen sollen, daß ich seine Werke lese? Doch Boris Iwanowitsch hat sich geirrt: Die letzte bin ich.

Was B. I. Nikolajewskijs »Erinnerungen« wert sind, hoffe ich deutlich gemacht zu haben. Und nach dem »Brief eines Altbolschewiken« halte ich sein Interview für das zweite gefälschte Dokument, das er fast dreißig Jahre nach dem ersten geschaffen hat.

Im Zusammenhang mit Bucharins Parisaufenthalt tauchte noch ein weiteres merkwürdiges Dokument auf, achtundzwanzig Jahre nach seiner Abreise aus Paris und sechsundzwanzig Jahre nach seinem Tod: die Erinnerungen von F. I. Dans Frau (der Schwester von Ju. O. Martow), die nach deren Tod 1964 in Amerika erschienen.

Lidija Ossipowna Dan erzählt genauer und objektiver als B. I. Nikolajewskij von den Verhandlungen um den Verkauf des Marxarchivs. Nur hinsichtlich der Zusammensetzung der Kommission irrt sie sich: Statt Arossew erwähnt sie Tichomirnow. Wenn sie dann aber dem Leser eine Sensation serviert, der nicht einmal Nikolajewskijs Phantasie Gleichwertiges entgegenzuhalten hat, kommt einem der Verdacht, daß jemand anderes diese Episode den Erinnerungen hinzugefügt haben könnte (als sie nach L. O. Dans Tod veröffentlicht wurden).

Ich meine die Beschreibung der Begegnung von Bucharin mit F. I. Dan.

Tatsächlich sahen Bucharin und Dan sich, als dieser zusammen mit Nikolajewskij ins Hotel »Lutetia« kam. Der »Witz«, wie N. I. es vor seiner Abfahrt nach Paris genannt hatte, fand statt. Ich will den Dialog zwischen den beiden nicht wiederholen, sondern verweise nur noch einmal auf die bereits zitierten Äußerungen von Bucharin über Dan und darauf, daß Dan es ablehnte, die Verkaufsverhandlungen über das Archiv zu führen, und Nikolajewskij damit betraute.

Doch Dans Frau schreibt, daß Nikolaj Iwanowitsch sich im April 1936 in völliger Hoffnungslosigkeit befunden hätte und selbst zu Dan gekommen sei, einfach »weil es ihn danach verlangte«. L. O. Dan behauptet, daß Bucharin zu ihrem Mann gesagt habe: »Stalin ist kein Mensch, sondern ein Teufel«, und »daß Stalin sie alle fressen wird« (die Bolschewiki). Nach Moskau sei er nur zurückgekehrt, weil er nicht Emigrant werden wollte.

Schon die Kapitelüberschrift – »Bucharin über Stalin« – gibt den Zweck von Bucharins Besuch an. Aber war es möglich, daß Bucharin im April 1936 Dan besuchte, um Stalin zu kompromittieren? Er hätte ihn auch später nicht besucht!

L. O. Dan datiert den Besuch auf die Zeit, als die Dokumente von Marx und Engels bereits durchgesehen waren und der Handel um den Archivpreis begann. All das geschah, als ich schon in Paris war, und ich weiß, daß Bucharin nicht bei Dan war, obwohl Lidija Ossipowna (oder jemand, der ihren Namen benutzte) erzählt, daß Bucharin sich von zwei Uhr bis acht Uhr abends dort aufhielt, weil er sich in seine Angriffe auf Stalin hineinsteigerte. Das kann gar nicht sein. Da ich kurz vor der Niederkunft stand, ließ Nikolaj Iwanowitsch mich nicht so lange Zeit allein. Doch ich kann nicht damit rechnen, daß man meiner Aussage vollen Glauben schenkt. Ich will diese Lüge durch Lidija Ossipownas Erinnerungen selbst widerlegen. Sie berichtet, daß Dan von dieser sensationellen, geheimen Begegnung und dem Gespräch, das viel offener als das mit Nikolajewskij war, niemandem etwas sagte, »nicht einmal Nikolajewskij, für den es ganz natürlich gewesen wäre, davon zu wissen; denn er meinte, daß es Bucharin möglicherweise schaden könnte.« Daraus könnte man schließen, daß Dan Nikolajewskij nicht traute... Im übrigen beweist der »Brief eines Altbolschewiken« im »Sozialistitscheskij westnik«, dessen Redakteur Dan war, wie er Bucharin und Rykow »schützte«.

Dan starb 1947, neun Jahre nach Bucharins Erschießung. Für Bucharin waren keine Unannehmlichkeiten mehr zu befürchten. Doch Dan nahm das Geheimnis des Treffens mit Bucharin und des prophetischen Gesprächs – »Stalin wird uns alle fressen« – mit ins Grab. Dabei sollte man meinen, daß nach Bucharins Erschießung genau die rechte Zeit gewesen wäre, von seiner zutreffenden Prognose zu berichten. Warum schwieg Dan? Offenbar deswegen, weil nicht geschehen war, was nicht geschehen konnte.

Auch andere unerklärliche »Erinnerungen« von Dans Frau machen stutzig. So kann man da lesen: »... und obwohl die Behörden mit Sicherheit mindestens von den Begegnungen und Verhandlungen im ›Lutetia‹ und auch von den anderen Treffen dort mit Nikolajewskij und Dan wußten, wurde das beim Prozeß mit keinem Wort erwähnt.« Das widerspricht den tatsächlichen Anklagen gegen Bucharin und Rykow beim Prozeß.

F. I. Dan selbst wurden interventionistische Absichten gegen die Sowjetunion vorgeworfen. Der Angeklagte Tschernow, ehemaliger Volkskommissar für Landwirtschaft und ehemaliger Menschewik, wie Generalstaatsanwalt Wyschinskij besonders betonte, behauptete in seinen phantastischen Aussagen, daß F. I. Dan deutscher Spion und Agent der deutschen Abwehr sei, Rykow und Bucharin schließlich seien über Nikolajewskij zu kriminellen Zwecken mit den Vertretern der II. Internationale in Verbindung gewesen.

Ich konnte leider nicht feststellen, ob sich das Manuskript der Erinnerungen wirklich im Britischen Museum befindet, wie im Vorwort zu der posthumen Veröffentlichung von L. O. Dan erklärt wird. Wenn es diese Niederschrift gibt und sie authentisch veröffentlicht worden ist, dann kann man nur bedauern, daß die Schwester von Ju. O. Martow, dessen moralische Qualitäten selbst seine politischen Gegner mit Recht lobten, sich auf eine solche Fälschung eingelassen hat. Ich bezweifle es.

Bucharins Enttäuschung über die ergebnislose Dienstreise dauerte nicht lange, und nach dem Gespräch mit Stalin und dessen Bemerkung: »Nur ruhig, Nikolaj, wir bekommen das Archiv, die werden noch nachlassen...« war sie vergessen. N. I. lebte sein gewöhnliches Leben, hingegeben an seine Arbeit in der »Iswestija«-Redaktion, in der Akademie der Wissenschaften und in der Kommission zur Ausarbeitung der neuen, sogenannten Stalinschen Verfassung. Nach der Rückkehr aus Paris belastete ihn nichts. Wenige Tage nach der Ankunft in Moskau wurde unser Sohn geboren, und der siebenundvierzigjährige Vater befand sich in freudiger Erregung, er war glücklich, er triumphierte geradezu! N. I. konnte nicht ahnen, welch schweres Schicksal seinen Sohn erwartete, ihn beunruhigte etwas anderes. »Jurotschka!« rief er einmal halb im Scherz. »Ich fürchte, wenn du groß bist, rieselt schon der Sand durch meine Gebeine, und ich kann nicht mehr mit dir im Wald jagen gehen! Nein, nein«, zerstreute er dann selbst seine Sorgen, »ich werde noch lange kräftig sein. Wir werden zusammen durch den Wald streifen, und ich werde dir viel Interessantes erzählen.« Seine Kenntnis des russischen Waldes war überwältigend.

Bald nach der Geburt des Kindes fuhren wir aufs Land. Wir wohnten nahe der Bahnstation Schodnja, wo die Datschen der »Iswestija«-Redaktion waren. Nicht weit von uns war Karl Radeks Datscha. Es war der einzige Sommer, in dem N. I. wegen des Kindes täglich in die Datscha fuhr, oft noch spät in der Nacht, nach seiner Arbeit in der Redaktion. N. I. hatte niemals eine Datscha, in der er ständig wohnte. Ab und zu machte er kurze Besuche in den Leninhügeln, bei Stalin in Subalowo (Mitte der zwanziger Jahre bis 1928) oder bei Rykow in Walujewo. Dort gab es einen Espenwald, und N. I. machte Jagd auf Haselhühner. Und schließlich war er auch in Vaters Datscha in Serebrjanyj Bor. Bucharin war ganz Bewegung, und das Datschenleben lag ihm nicht.

Anfang August bekam N. I. Urlaub und beschloß, in den Pamir zu fahren. Der Pamir war ein alter Traum von ihm. Nach kurzem Schwanken, ob er die Reise bis zum nächsten Jahr verschieben sollte, weil ich des Kindes wegen nicht mit konnte, oder ob er gleich fahren sollte, kamen wir zu dem Schluß, daß ein Aufschub keinen Zweck hatte. Nach einem Jahr anstrengender Arbeit brauchte er Erholung. Entspannung im Einklang mit der Natur hatte er nötig. Und wir würden ja noch genug Gelegenheit haben, gemeinsam zu verreisen, wie wir meinten ...

N. I. fuhr von der Datscha aus in den Pamir. Am Tag vorher hatte er sein Gepäck aus Moskau mitgebracht, die unerläßlichen Attribute seines Urlaubs: Palette, Farben, Leinwand für die Malerei, Patronen, Schrot und Flinte für die Jagd. Das Auto stand schon vor dem Haus. Dabei machte sich der Chauffeur, Nikolaj Nikolajewitsch Klykow, zu schaffen, Klytschini, wie N. I. ihn nannte. Klykow gehörte so sehr zur Familie, daß N. I. sich mehr als einmal Geld von ihm lieh. N. I. setzte sich nie zu Tisch, ohne auch den Chauffeur dazuzubitten. Meistens entspann sich ein Gespräch: N. I. erklärte Nikolaj Nikolajewitsch in verständlicher Form die laufenden politischen Ereignisse, innen- wie außenpolitische, wofür Klykow großes Interesse zeigte. N. I. belehrte ihn nie, es war ein Gespräch unter Gleichen. Unterwegs sangen sie häufig russische Volkslieder. Das war eine besondere Leidenschaft von N. I., und man konnte dann Duette hören: »Bin ich auch so hübsch und fein, bin doch schlecht gekleidet, drum nimmt keiner mich zur Frau, keiner mag mich leiden ... « oder »In dem reinen, weißen Sand am hellen Flussesufer folgt' ich einer schönen Maid, ging ihre Spuren suchen ... «

Bucharin hatte wenig Ähnlichkeit mit einem typischen, elitären Intellektuellen, obwohl es kaum jemand an Intelligenz mit ihm aufnehmen konnte. Er trug seine russischen Stiefel nicht deswegen, weil das während des Bürgerkriegs und danach unter den Bolschewiki eine verbreitete Mode war; er hatte sie schon lange vor der Revolution angezogen, seit seiner Jugend, weil er diese Schuhe bequem fand; er trug eine Mütze und keinen Hut, weil er fand, daß er mit Hut aussah wie ein Schwein mit Melone. Nur wenn er ins Ausland fuhr, trug er trotzdem einen Hut. Als er zum ersten Mal zu einem diplomatischen Empfang geladen war und man ihn telefonisch aus dem Volkskommissariat für auswärtige Angelegenheiten darauf hinwies, daß er sich angemessen kleiden müsse, antwortete N. I.:

»Das russische Proletariat kennt mich in Lederjacke und Mütze, Stiefeln und Russenhemd, und so erscheine ich auch auf dem Empfang.«

Auch in seinem Benehmen bewies N. I. eigenen Charakter: Er konnte wie ein Bauer durch die Zähne spucken oder wie ein Gassenjunge auf zwei Fingern pfeifen; er leistete sich freche Ausfälle. Aber gleichzeitig war er ein Mensch von erstaunlicher Sensibilität, fast mädchenhafter Schüchternheit und, wie ich schon sagte, von einer manchmal fast krankhaften Emotionalität.

Auch äußerlich konnte N. I. sehr unterschiedlich sein: Mal ähnelte er einem einfachen russischen Bauern mit flinken,

N. I. Bucharin

fröhlichen, listigen Augen und mal einem Denker mit grüblerischem, tiefem, traurigem, in die Ferne gerichtetem Blick.

Seine redegewandten Manifeste und Pamphlete, sorgfältig in zierlicher Schrift geschrieben, seine schwierigen theoretischen Untersuchungen, die mit Fremdwörtern durchsetzt und nur einem begrenzten Kreis verständlich waren, standen neben populären Reden, Artikeln, Broschüren und Büchern, die ein breites Publikum ansprachen (»Das ABC des Kommunismus« gab Vater mir zu lesen, als ich dreizehn war).

Er imitierte das Volk nie und spielte nicht mit ihm, er war selbst ein Teil davon, einfach und intellektuell gleichzeitig und bis ans Ende seines Lebens uneigennützig. Das war es auch, was den Chauffeur Klykow zu Bucharin hinzog, und Bucharin seinerseits fühlte sich in Klykows Gesellschaft wohl und ungezwungen.

Also, die letzten glücklichen Augenblicke. Alles war zur Abfahrt bereit.

»Fahren wir, Klytschini!« N. I. verabschiedete sich von mir und dem Kind, küßte den Jungen und sagte: »Du wirst wachsen wie der Prinz aus dem ›Märchen vom Zar Saltan‹ – nicht täglich, sondern stündlich. Wenn ich wiederkomme, fütterst du schon den Milan. Und dann laufen wir zusammen los!«

Der Kleine sah seinen Vater mit hellen, leuchtenden Äuglein an und lächelte, wohl noch unbewußt, aber sehr froh.

»Setzen wir uns noch einen Augenblick vor der Abfahrt«, schlug N. I. vor.

Es war ein heißer Tag. Das Grundstück wurde von einer tiefen Schlucht durchschnitten, deren Relief mich heute an jene sibirische Schlucht erinnert, zu der ich zur Erschießung geführt wurde. Wir setzten uns an den Abhang in den Schatten einer Tanne und stimmten unser Lieblingslied an: »Sascha, Du mein reiner Engel, fünf Jahr' liebte ich nur Dich, doch uns schlug die Schicksalsstunde, und mein Wort, das breche ich!...« Wir sangen laut und vergnügt. Die Nachbarskinder kamen gelaufen, um zuzuhören. Schließlich standen wir auf und gingen zum Auto. N. I. setzte sich neben den Chauffeur und sah strahlend vor Vorfreunde auf die Reise aus dem Fenster. Das war das letzte Mal, daß ich Bucharin so sah.

Aber als es gerade losgehen sollte, fing N. I.s dreizehnjähriger Neffe Kolja Bucharin (der Sohn seines jüngeren Bruders

Wladimir), der mit uns in der Datscha wohnte, plötzlich laut zu weinen an. Unter Tränen schrie er hysterisch: »Onkel Kolja, fahr nicht weg, fahr nicht weg, Onkel Kolja, fahr nicht weg!« Es war etwas Mysteriöses, geradezu Unheimliches in diesem Geheul, als spürte der Junge, daß er seinen Onkel zum letzten Mal sah.

Bucharins Bruder Wladimir Iwanowitsch

»Was willst du mich festhalten, Kolja!« beruhigte N. I. seinen Neffen. »Ich komme doch bald wieder, und wenn du größer bist, fahren wir zusammen in die Berge. Ich habe noch genug Verstand, um mir nicht das Genick zu brechen.«

Endlich fuhr das Auto aus dem Tor, entschwand den Augen und bewegte sich auf den Flughafen zu. Damals konnte ich nicht ahnen, daß die Freude des Lebens schon in den nächsten Tagen für uns enden sollte. Der Sommertag blieb sonnig und heiß, das Baby lächelte, aber Neffe Kolja weinte noch eine ganze Zeit.

Ich weiß noch, daß wir kurz vor N. I.s Abreise die betrübliche Nachricht von Grigorij Jakowlewitsch Sokolnikows Verhaftung bekommen hatten. Dabei ist vor allem bemerkenswert, daß N. I. den nahenden Massenterror und die in kürzester Zeit bevorstehenden Prozesse so wenig voraussah, daß er politische Gründe für Sokolnikows Verhaftung vollkommen ausschloß. Er vermutete, daß die Verhaftung eher mit zu hohen Ausgaben von Staatsgeldern in der Zeit, als Sokolnikow Botschafter in London gewesen war, zusammenhing. Mit irgendeinem Finanzdelikt also, und N. I. hoffte, daß er bald wieder freigelassen werde.

N. I. verreiste nicht allein. Sein Sekretär Semjon Alexandrowitsch Ljandres (der Vater des Schriftstellers Julian Semjonow) fuhr mit ihm. Semjon war nicht besonders gesund, und

N. I. hatte versucht, ihm von der Reise, die physische Kräfte und Training erforderte, abzuraten, aber vergeblich.

Semjon Alexandrowitsch hing schon seit jener Zeit an N. I., als sie zusammen im WSNCh gearbeitet hatten. Dann war er im Volkskommissariat für Schwerindustrie sein Sekretär gewesen und mit ihm zur »Iswestija« übergewechselt. Man kann sagen, daß auch N. I. sich ihm verbunden fühlte.

Zwei Wochen vergingen ohne besondere Aufregung, mich beunruhigte nur, daß ich keine Nachricht von N. I. bekam. Er war in eine Wildnis vorgedrungen, wo es keine Post, geschweige denn Telefonverbindungen gab. Ich konnte mich nur damit beruhigen, daß N. I. nicht allein in den Bergen war. Außer Semjon brauchte er unbedingt auch einen Bergführer, wie ich vermutete, und das garantierte in gewissem Maße eine sichere Reise.

Inzwischen kam der letzte Tag der Ruhe heran. Das Elend brach schlagartig herein, wie ein Unwetter. Am 19. August 1936 begann der Prozeß gegen Sinowjew, Kamenew und die anderen, der sogenannte Prozeß gegen das »trozkistische Einheitszentrum«. Die entsetzliche Anklage lautete auf Mord an Kirow; es gab schreckliche und unverständliche Aussagen der Angeklagten. Ich weiß noch, wie Sinowjew beim Prozeß verkündete, daß individueller Terror zwar dem Marxismus widerspräche, daß sie aber letztendlich beschlossen hätten, daß im Kampf jedes Mittel recht sei. Gerade diese Worte machten mich besonders stutzig. Der Zweck des Mordes an Kirow, der angeblich im Auftrag von Sinowjew und Kamenew geschehen war, blieb unerklärlich. Doch ich muß gestehen, ich kam zu dem Schluß, daß die Angeklagten wohl irgendeines Verbrechens schuldig waren, etwa einer geheimen Verschwörung gegen Stalin. Aber als sie dann anfingen, gegen Bucharin, Rykow und Tomskij auszusagen, verlor ich den Verstand. Der Schock war so groß, daß mir, die ich noch nährte, gegen Abend die Milch ausging.

Am 21. August veröffentlichte die Staatsanwaltschaft eine Erklärung über den Beginn einer Untersuchung im Fall Bucharin, Rykow, Tomskij, Radek und der anderen beim Prozeß erwähnten Personen, die angeblich durch konterrevolutionäre Tätigkeit mit den Angeklagten verbunden waren. Auf den Versammlungen wurden zornige Beschlüsse gefaßt: »Es gehören auf die Anklagebank...« und so weiter. Und gleich darauf erschien in den Zeitungen die Nachricht von M.P. Tomskijs Selbstmord. Da ich keine Nachrichten von N.I. hatte, vermutete ich, daß er schon verhaftet sei. Ich versuchte, in der Redaktion etwas über ihn zu erfahren, aber dort wußte man auch nichts. Endlich, nach dem 25. August, rief Awgusta Petrowna Korotkowa aus der Redaktion an und teilte mir mit, daß N. I. aus Taschkent abgeflogen sei und mittags in Moskau sein werde und daß er darum bäte, daß ich ihn abholte. Korotkowa hatte schon Nikolaj Nikolajewitsch Bescheid gesagt, er solle mich rechtzeitig in Schodnja abholen. Klykow kam auch bald, finster, mit fahlem Gesicht.

»Da haben wir ihn so fröhlich verabschiedet«, sagte er, »und was für ein trauriges Wiedersehen ist dies!«

Das Kind brachten wir in Mutters Wohnung im »Metropol« und Großmutter in ihre Kommunalwohnung in der Nowaja Basmannaja. Unterwegs flüsterte ich ihr leise zu: »Nikolaj bleibt nicht am Leben, sie werden ihn bestimmt erschießen!« Großmutter sah mich mit wahnsinnigen Augen an. An diesen Satz mußte ich noch oft denken. Also hatte ich zu jenem Zeitpunkt schon vieles verstanden. Ich möchte mein damaliges Ich und den N. I. jener Tage zurückrufen und Abweichungen vermeiden. Das ist nicht so einfach, wie es scheint. Die Retrospektive fügt viel hinzu und macht den Menschen vernünftiger; es scheint, daß er auch früher schon so dachte wie jetzt.

»Aug' in Auge erkennt man das Gesicht nicht. Das Große wird aus der Entfernung sichtbar.« In bezug auf jene unheilvollen Ereignisse hat unser Dichter doppelt recht.

Mit leichter Verspätung kamen wir beim Flughafen an. N. I. saß auf einer Bank, in die Ecke gedrückt. Er sah verstört und angegriffen aus. Er hatte gewollt, daß ich ihn abholte, weil er befürchtete, daß er gleich auf dem Flughafen verhaftet werden würde. Semjon Ljandres war bei ihm und schützte ihn auf seine Bitte hin vor den neugierigen und möglicherweise feindseligen Blicken Fremder. Viele erkannten Bucharin, und das war in jenem Moment sehr schwer für ihn. Er war nicht in der Lage, den Menschen ins Gesicht zu sehen, so empörend fand er die gegen ihn erhobenen Beschuldigungen. Seine Sachen, den Koffer und alles andere hatte N. I. in Frunse oder Taschkent gelassen. Er hatte nur ein Glöckchen mitgenommen, wie man es in den Bergen dem Vieh umbindet, damit es nicht verlorengeht. In der Hand hielt er das Glöckchen, und über seiner Schulter hing ein Paar gemusterter Wollstrümpfe. Diese Sachen hatte N. I. seinem Sohn mitgebracht, obwohl das Kind noch keine vier Monate alt war und ganz in einen dieser Strümpfe gepaßt hätte. Aber in jenem Moment kam mir das nicht komisch oder absonderlich vor. Das erste, was er zu mir sagte, war:

»Wenn ich so etwas vorausgesehen hätte, hätte ich mich auf Kanonenschußweite von dir entfernt!«

Ich bemühte mich, N. I. zu beruhigen: »Das wird sich schon klären ...«, dabei war ich selbst pessimistisch. Als er Klykow erblickte, wurde N. I. verlegen und rief: »Lüge, das ist alles Lüge, Nikolaj Nikolajewitsch, und ich werde das beweisen!«

Klykow reagierte darauf mit einem leidenden Blick und schwieg.

»Wohin fahren wir, Nikolaj Iwanowitsch?« fragte er bedrückt.

N. I. war unentschlossen. Er sah sich andauernd um, ob man nicht schon mit dem Verhaftungsbefehl zu ihm trat. Die Wohnung war im Kreml, aber es war unsicher, ob die Wache ihn einlassen würde; diesen Zweifel äußerte er laut. Man hätte natürlich zur Datscha fahren können, aber dort gab es kein Telefon, über das N. I. sich direkt mit Stalin in Verbindung hätte setzen können.

»Mag kommen, was will«, antwortete er dem Chauffeur, »fahren wir in die Wohnung!«

Wir holten das Kind im »Metropol« ab und fuhren durch das Borowizkij-Tor in den Kreml. Wie üblich wurde das Auto zur Ausweiskontrolle angehalten. N. I. zeigte seinen ZIK-Ausweis vor, und der Wachsoldat grüßte, als wäre nichts geschehen.

»Vielleicht liest er keine Zeitungen?« bemerkte N. I., und das Auto hielt wohlbehalten vor dem Eingang.

Aufgeregt empfing der alte Vater seinen Sohn mit den Worten:

»Da reist du herum, Kolka, und hier geht Gott weiß was vor!«

Doch N. I. schien die Worte seines Vaters nicht zu hören. Er lief sofort in sein Arbeitszimmer und rief Stalin an. Eine unbekannte Stimme antwortete:

»Iossif Wissarionowitsch ist in Sotschi.«

»Ausgerechnet jetzt in Sotschi!« rief N. I. aus.

Es ist schwer, heute daran zu denken. Bei wem suchte N. I. Rettung? Bei keinem anderen als seinem Henker! Heute mag das offensichtlich erscheinen, aber das war es damals in jenem tragischen Augenblick nicht. Es war wohl weniger, daß N. I. es nicht hätte wissen können; vermutlich wollte er in den ersten Tagen einfach nicht glauben, daß der schändliche Prozeß gegen Kamenew und Sinowjew nicht hätte stattfinden können, wenn Stalin es nicht gewollt hätte. Aus Selbstschutz schreckte er vor diesem Gedanken zurück, obwohl es ihm hätte klar sein müssen, daß Stalin es zu jener Zeit bereits nicht nur geschafft hatte, Sinowjew, Kamenew und die anderen Bolschewiki zu kreuzigen, sondern auch noch, ihnen Selbstbezichtigung und Verleumdung ihrer Genossen in den Mund zu legen. Dennoch hegte Bucharin eine unglaubliche Wut gegen die »Verleumder« Kamenew und Sinowjew, aber keineswegs gegen Stalin. Seine Feindseligkeit gegen diese beiden Politiker, insbesondere gegen Kamenew, war tief verankert, was nach dem von mir bereits Berichteten durchaus verständlich ist.

Seine Einstellung gegenüber Dschingis Khan, wie Bucharin Stalin 1928 während der schärfsten Auseinandersetzungen genannt hatte, hatte er geändert. Geblieben war ihm ein tiefes Mißtrauen. Und die einzige Rettung war, wie er meinte, dieses Mißtrauen zu zerstreuen. Zunächst war es wirklich so, ich kann nichts anderes darüber sagen, obwohl es sehr betrüblich ist, daran zu denken. Bei einer anderen Einstellung hätte er wohl keinen Stimulus zum Kampf gegen die Verleumdung mehr gehabt.

Damals konnten viele Wahrheit und Lüge nicht mehr unterscheiden und waren völlig verwirrt. In seinem in psychologischer Hinsicht erstaunlich feinen Buch »Das Labyrinth« schrieb Je. A. Gnedin*: »Ich habe übrigens bemerkt, daß I. G.

* Gnedin, Ewgenij Alexandrowitsch (1898–1983) – Diplomat und Publizist. 1922–1931 beim Volkskommissariat für auswärtige Angelegenheiten, zunächst als Leiter der Abteilung Wirtschaft und Politik, später war er Referent in Deutschland und stellvertretender Leiter der Auslandsabteilung von »Nachrichten des ZIK«. 1935–1937 leitete er die Presseabteilung des Volkskommissariats für auswärtige Angelegenheiten. 1937–1939 war er Erster Sekretär an der Botschaft der UdSSR in Berlin. Im Mai 1939 verhaftet, zu zehn Jahren Lager verurteilt, anschließend Verbannung in Kasachstan. 1955 rehabilitiert und nach Moskau zurückgekehrt. Wissenschaftlich und literarisch tätig, wurde durch seine Artikel in der Zeitschrift »Nowyj mir« (Neue Welt) unter Twardowskij bekannt.

Erenburgs Bemerkung, in seinen Memoiren, über die Naivität scheinbar nüchtern denkender Menschen beim heutigen Leser auf ganz unbegründetes Mißtrauen stößt.«

Diese Naivität kam sowohl darin zum Ausdruck, daß viele den Prozessen glaubten, weil sie sich die Ereignisse anders nicht erklären konnten, als auch darin, daß selbst die, die nicht alles glaubten, doch immerhin glaubten, daß eine Verschwörung gegen Stalin aufgedeckt worden war. Die moralischen Qualitäten des Führers brachten besonders diejenigen auf diesen Gedanken, die ihn gut kannten; so lange, bis das Schicksal sie selbst ereilte. Und schließlich kam die Naivität darin zum Ausdruck, daß sie sich um Rettung an den Tyrannen selbst wandten. Darin lag zweifellos ein Sinn, denn vom Terror retten konnte nur derjenige, der ihn entfesselt und organisiert hatte. Aber wie naiv war es, anzunehmen, daß der »liebe Vater« retten und nicht hinrichten würde.

Es fällt schwer zu glauben, daß Bucharin einer von diesen vielen war. Dennoch verhielt es sich zunächst genau so. Rettung sah er nur in Stalin.

Ich erinnere zahllose Beispiele für diese Naivität, ich will nur von den deutlichsten erzählen.

Nach meiner Befreiung und Rückkehr nach Moskau lernte ich den Altbolschewiken Nikanorow kennen, der während der Terrorjahre ebenfalls zu leiden gehabt hatte. Er hatte seine Haftstrafe im gleichen Lager wie Iwan Abramowitsch Machanow, der Chefkonstrukteur des Artillerie-Konstruktionsbüros des Kirow-(Putilow-)Werks, abgesessen. Nikanorow berichtete mir einen Vorfall, von dem er durch Machanow gehört hatte und der sich mir unauslöschlich eingeprägt und mich sehr bewegt hat. Zur Zeit des Sinowjew-Kamenew-Prozesses sprachen Machanow und der Direktor jenes Werks K. I. Ots (später erschossen) in Produktionsangelegenheiten bei Stalin vor. Während sie warteten, gingen Marija Iljinitschna Uljanowa und Nadeshda Konstantinowna Krupskaja ins Zimmer des Generalsekretärs. Machanow und Ots konnten nicht das ganze Gespräch hören, verstanden aber durch Lärm und Geschrei hindurch einen Satz ganz deutlich. Stalin rief: »Wen verteidigt ihr denn da, ihr verteidigt doch Mörder!«* Dann führten zwei Männer Marija Iljinitschna und Nadeshda Konstantinowna am Arm aus dem Zimmer; sie waren blaß, zitterten vor Erregung und konnten nicht selbst gehen. Hatten also auch sie, die Uljanows, nicht begriffen, daß Stalin selbst den Prozeß organisiert hatte? Bekannt war auch, daß die Beziehung zwischen Nadeshda Konstantinowna und Stalin wegen der Grobheiten, die er sich ihr gegenüber während Lenins Krankheit erlaubt hatte, sehr gespannt war. Und dennoch: An wen wandten sie sich um Hilfe gegen die Willkür, vor wem verteidigten sie die Ehre der Partei, und wen baten sie darum, mindestens Sinowjew und Kamenew am Leben zu lassen? Wiederum den Diktator und Verbrecher.

Und bemühte sich nicht auch der gerühmte Heeresführer I. E. Jakir, der seine Tapferkeit nicht nur im Bürgerkrieg, sondern auch in der Zeit des schrankenlosen Terrors unter Beweis stellte, verhaftete Militärs zu retten, indem er ausgerechnet an Stalin appellierte? So erzählte mir seine Frau Sarra Lasarewna, daß Jakir sich an Stalin wandte, als der Kommandeur des Panzerverbandes des Kiewer Militärbezirks, Schmidt, verhaftet und der Planung eines terroristischen Anschlags auf Woroschilow beschuldigt worden war. I. E. Jakir wollte Schmidt im Gefängnis besuchen. Es gibt die Version, daß er die Begegnung über Woroschilow erreichte und daß der inhaftierte Schmidt seine früheren Aussagen zurückzog und Woroschilow über Jakir eine Nachricht zukommen ließ, in der er die Anklage zurückwies. Jakirs Frau sagte mir aber, daß Iona Emmanuilowitsch die Begegnung über Stalin erreichte. Schmidt

* Interessant ist es, wie Stalin die »Mörder« Sinowjew und Kamenew zu der Zeit charakterisierte, als sie seine Verbündeten im Kampf gegen Trozkij waren. In seiner Rede bei der Vollversammlung der kommunistischen Fraktion des WZSPS am 19. November 1924 erinnerte Stalin daran, daß bei der Sitzung am 10. (23.) Oktober 1917, die über den bewaffneten Aufstand entschied, Lenin, Sinowjew, Stalin, Kamenew, Trozkij, Sokolnikow und Bubnow in das Politbüro für die Leitung des Aufstandes gewählt worden waren. »Aus den Protokollen geht hervor«, verkündete Stalin, »daß Kamenew und Sinowjew, die Gegner eines sofortigen Aufstandes, gleichberechtigt neben den Befürwortern des Aufstands zum Organ für die politische Leitung des Aufstands gehörten ... Trozkij bestätigt, daß wir in Kamenew und Sinowjew im Oktober den rechten Flügel unserer Partei, beinahe Sozialdemokraten, hatten. Es ist unverständlich, wieso sich die Partei dann nicht spaltete, wieso die Meinungsverschiedenheiten mit Kamenew und Sinowjew nur wenige Tage dauerten, wieso diese Genossen von der Partei, ungeachtet der Zwistigkeit, auf leitende Positionen gesetzt und ins politische Zentrum des Aufstandes gewählt wurden und so weiter.« Man kann hinzufügen: Noch weniger verständlich scheint es, wieso von den sieben Personen, die zum Politbüro für die Leitung des Aufstandes gehörten, fünf »Mörder« sein sollten.

bekräftigte seine verleumderischen Aussagen noch einmal, steckte Jakir beim Abschied aber heimlich einen Zettel zu. Darauf teilte er Woroschilow mit, daß er nicht am Terror beteiligt war und daß seine Aussagen durch Folter erzwungen waren. Jakir übergab Woroschilow den Zettel, doch Schmidts Lage änderte sich trotzdem nicht. Er wurde nicht freigelassen. Auch wegen der Verhaftung von I. Garkawyj, der den Militärbezirk Ural befehligte, und in vielen anderen Fällen wandte sich Jakir an Stalin. R. I. Ejches Brief aus dem Gefängnis an Stalin, der nach seinem Tod in seinem Archiv gefunden wurde, erwähnte ich schon. Die Anzahl solcher Briefe, die an den »Vater der Völker« geschrieben wurden, ist unübersehbar.

Auch N. I. hoffte also auf Stalin, wunderte sich, wie der zu solcher Zeit nach Sotschi fahren konnte, und wartete auf seine Rückkehr. Doch wie sich nach I. A. Machanows Bericht später herausstellte, war der blutdürstige Führer während des Prozesses gegen Sinowjew, Kamenew und die anderen in Moskau gewesen und erst hinterher nach Sotschi abgefahren. Doch in Sotschi erholte er sich nicht nur. Stalin verband seinen Urlaub mit aktiver Arbeit an der Eskalation der Tyrannei; vielmehr: Er verband ihn nicht damit, er erholte sich doppelt, den Tyrannei ist für den Sadisten ein Genuß.

Jagoda anzurufen hielt N. I. für sinnlos, obwohl er natürlich nicht vermutete, daß jener seine letzten Tage beim NKWD erlebte und im gleichen Prozeß mit ihm verurteilt werden würde.

Es blieb nur, untätig auf das zu warten, was kommen würde: ob Koba aus Sotschi zurückkommen oder ob sich die Gefängnistür hinter Bucharin schließen würde.

Wir saßen am Schreibtisch beim Telefon in N. I.s. Arbeitszimmer. In der Voliere zwitscherten die Vögel, im Kinderwagen strampelte das hungrige Kind mit den Beinen und schrie, bis es puterrot war. Ich steckte ihm die leere Brust in den Mund. Großvater Iwan Gawrilowitsch kaufte im Laden Milch, aber nicht »von einer Kuh«, wie die Kenner in Schodnja empfohlen hatten. Er fütterte seinen Enkel und nahm ihn zu sich. Im Zimmer herrschte bedrückende Stille.

Solange noch Zeit war, erzählte N. I. mir, wie er von dem Prozeß erfahren hatte.

Semjon Ljandres war krank geworden. Also mußte man früher als geplant aus den Bergen nach Frunse hinunter. N. I. hatte sich hingelegt und war eingeschlafen. Semjon weckte ihn, hielt ihm Zeitungen hin und rief:

»N. I., Sie sind doch wohl nicht wirklich ein Verräter?«

»Semjon, Sie sind wohl verrückt geworden!« sagte N. I., erschüttert von dieser Frage, blickte in die Zeitung und fuhr entsetzt hoch.

Als ich Semjon Alexandrowitsch nach N. I.s Verhaftung im März 1937 traf, bestätigte er mir, daß es so gewesen war.

Sie kamen am 25. August in Frunse an (vielleicht auch am 24., das weiß ich nicht mehr genau), jedenfalls an dem Tag, als Sinowjew, Kamenew und die anderen schon zum Tode verurteilt waren, aber noch nicht berichtet worden war, daß das Urteil vollstreckt worden war. N. I. schickte direkt aus Frunse ein Telegramm mit der Bitte an Stalin, die Vollstreckung des Urteils zwecks einer Konfrontation mit Sinowjew zur Feststellung der Wahrheit noch aufzuschieben.

Heute kann man aus dieser Handlung das vollkommene Unverständnis der Lage ersehen – der Wahrheit bedurfte es nicht. Selbstverständlich führte das Telegramm zu nichts. Wie A. Solshenizyn anzunehmen, daß Bucharin den Lauf der Dinge hätte ändern können: »hinstürzen und das ganze Gemetzel aufhalten« – das bedeutet, nichts von der gegebenen Situation zu verstehen. Im Hinblick auf die allgemeine Lage und die Situation von Bucharin, gegen den die Ermittlungen schon liefen, wäre eine solche Handlung reine Donquichotterie gewesen.

Iwan Gawrilowitsch legte N. I. ordentlich die Zeitungen, in denen vom Prozeß berichtet wurde, auf den Tisch. N. I. fand die Nachricht von M. P. Tomskijs Selbstmord. Soweit ich erinnere, hieß es da, daß M. P. Tomskij Selbstmord begangen habe, weil er in Verbindungen zu konterrevolutionären trozkistischen und Sinowjewschen Terroristen verstrickt war. »Quatsch!« rief N. I. und fluchte unflätig. Mir fiel auf, daß N. I. über die Formulierung der Nachricht von Tomskijs Selbstmord betroffener war als über den Verlust dieses nahen Freundes, eines moralisch reinen Genossen, wie er ihn charakterisierte.* Vermutlich kam das daher, daß N.I. in diesem Moment spürte, daß die Lage vieler, unter anderen auch seine und Rykows, aussichtslos war. Damals änderte N.I.s Stimmung sich nicht nur täglich, sondern stündlich.

Von Tomskijs Selbstmord hatte N.I. schon in Taschkent gehört und war sehr betroffen über diese tragische Nachricht gewesen. Von dem Schriftsteller Kamil Ikramow, dem Sohn des ersten Sekretärs im ZK der KP(B) Usbekistan, Akmal Ikramow, der im gleichen Prozeß wie Bucharin verurteilt wurde, erfuhr ich, wie und durch wen N.I. benachrichtigt worden war. Als N.I. mit S.A. Ljandres aus Frunse nach Taschkent kam, beschloß man, ihn bis zum Abflug nach Moskau in einer Regierungsdatscha unterzubringen. Der zweite Sekretär des ZK der KP Usbekistan, Zecher, bat den Datschenverwalter Schamschanow, Bucharin abzuholen und zur Datscha zu bringen. Aus den Zeitungen war bereits bekannt, daß gegen Bucharin ermittelt und daß er schwerster Verbrechen gegen

* Auch M.P. Tomskijs Familie hatte ein tragisches Schicksal. Seine beiden älteren Söhne wurden verhaftet und erschossen. Der jüngste, der noch nicht erwachsen war, wurde, wie Tomskijs Frau Marija Iwanowna Jefremowa, eine Altbolschewikin und Revolutionärin, verhaftet. Nach Beendigung der Haftstrafe wurden sie und ihr Sohn nach Sibirien verbannt. Nach dem XX. Parteitag schrieb Tomskijs Witwe an Grigorij Iwanowitsch Petrowskij, den ehemaligen Vorsitzenden des ZIK der Ukraine, mit dem sie während der Zarenzeit in Jakutien in Verbannung gewesen war, und fragte, ob es sich für sie lohnen würde, nach Moskau zu fahren, um sich um Rehabilitierung und Wiederaufnahme in die Partei zu bemühen. G.I. Petrowskij antwortete: »Die Einstellung zu uns Alten hat sich geändert; kommen Sie.«
Bald darauf kam Tomskijs Witwe nach Moskau und wandte sich an das Komitee für Parteikontrolle des ZK der KPdSU. Dort begegnete man ihr freundlich, versprach ihr die Wiederaufnahme in die Partei sowie eine Wohnung in Moskau und ermöglichte ihr einen Sanatoriumsaufenthalt. Man riet ihr, zunächst ins Sanatorium zu fahren und den Wiederaufnahmeantrag hinterher zu stellen. Nach ihrer Rückkehr begab sie sich zu dem Komitee, um die bereits entschiedene Angelegenheit zu erledigen. Doch nun sagte man ihr, daß W.M. Molotow ihre Wiederaufnahme verhindert habe und sie wieder in die Verbannung zurückmüsse.
Irgendein Wohlmeinender berichtete N.S. Chrustschow von dem Fall und wenige Tage später wurde auf dessen Anweisung ein Telegramm an M.I. Jefremowa geschickt mit der Zusicherung, daß der ursprüngliche Beschluß in Kraft bliebe und sie nach Moskau zurückkehren könne. Doch dieses Telegramm erreichte Tomskijs Witwe nicht mehr lebend. Ihr Herz hatte den letzten Schlag nicht ausgehalten. Nur Tomskijs Sohn Jurij konnte nach Moskau zurückehren. Er war es, der mir diese dramatische Geschichte erzählte.

den Sowjetstaat beschuldigt wurde. Eingeschüchtert lehnte Schamschanow es ab, allein und ohne Zeugen zu fahren, und bat Zecher, mitzukommen. Als sie N. I. in der Datscha die Zeitungen zeigten, sagte er: »Schmutziges bleibt an Sauberem nicht haften!« Für schmutzig hielt Bucharin zu jenem Zeitpunkt sicherlich die angeklagten »Verleumder« und nicht den Initiator und Organisator der unerhörten Verleumdung. Selbst wenn er etwas anderes gedacht hätte, hätte er sich in Anwesenheit Außenstehender nicht erlaubt, das zu sagen. Dann fragte Zecher N. I.: »Wissen Sie, daß M. P. Tomskij dieser Tage Selbstmord begangen hat?« Das wußte N. I. nicht, er hatte in Frunse nur die letzten Zeitungen gesehen, die sich mit dem Prozeß beschäftigten. Dann geschah etwas Schreckliches, wie Schamschanow Kamil Ikramow Ende der fünfziger Jahre erzählte: N. I. floß Blut aus den Augen.

So tragisch nahm N. I. den Selbstmord seines Genossen auf. Außerdem machte Tomskijs Selbstmord den Ernst der Lage noch deutlicher.

Tomskij hatte augenblicklich mit dem Leben abgeschlossen; er hatte verstanden, daß die von Stalin entfesselte terroristische Orgie ein qualvolles Ende ankündigte, und es war offensichtlich eine mutige Tat von ihm (im übrigen ist Selbstmord etwas individuell so Unterschiedliches, daß es selbst in diesem Fall schwierig ist, diese Handlung zu bewerten). Bucharin und Rykow hingegen hofften zunächst, ihre Unschuld beweisen zu können. Aber während Bucharin sinnlos allein auf Stalin setzte, hoffte Rykow leider ebenso vergeblich auf einige Mitglieder des Politbüros und des ZK. Das erfuhr ich von N. I., nachdem er während der Dezembertagung des ZK der WKP(B) 1936 ein kurzes Gespräch mit Rykow gehabt hatte.

Hierzu ein nicht uninteressantes Detail: Als 1961 unter N. S. Chrustschow die Prozesse überprüft wurden und ich in diesem Zusammenhang zum Komitee für Parteikontrolle gerufen wurde, sagte mir der Beamte dort, daß man in Stalins Archiv zwar mehrere Briefe von Bucharin gefunden habe, die die verleumderischen Aussagen gegen ihn widerlegten, jedoch keine von Rykow. Ich vermute, daß Rykow nicht an Stalin geschrieben hat.

Bucharin war leichtgläubig, und Stalin nutzte diesen Charakterzug aus, um ihm Zuneigung vorzuspielen, während er hinter seinem Rücken sein Verderben betrieb. Für dieses Spiel habe ich schon viele Beispiele angeführt. Ich kann noch ein weiteres hinzufügen. Kurz bevor Bucharins Theorie vom Verlöschen des Klassenkampfs der Kritik unterzogen wurde, hatte Stalin ihm, wie N. I. erzählte, in einem privaten Gespräch darin zugestimmt, daß der Klassenkampf sich auf lange Sicht nicht verschärfen, sondern immer schwächere Formen annehmen würde, weil der Sozialismus sich auf die klassenlose Gesellschaft zubewegt; was einzelne Perioden mit verschärftem Klassenkampf keineswegs ausschließt, »doch ist der Kulak kein Koltschak« (wörtlicher Ausdruck von Bucharin), und die Kurve sei im Abklingen. Aber als Bucharin bei der Apriltagung 1929 sagte:

»Diese merkwürdige Theorie erhebt die Tatsache der gegenwärtigen Zuspitzung des Klassenkampfes zu einem unvermeidlichen Gesetz unserer Entwicklung. Aus dieser merkwürdigen Theorie wäre zu folgern, daß sich immer mehr Schwierigkeiten anhäufen und daß sich der Klassenkampf immer mehr zuspitzt, je weiter wir uns beim Vormarsch zum Sozialismus voranbewegen, und direkt vor den Toren des Sozialismus müßten wir dann entweder einen Bürgerkrieg eröffnen oder vor Hunger krepieren und uns zerfleischen« – da spie Stalin Gift und Galle.

Mag die Geschichte urteilen, wer recht hatte!

Wie schon gesagt, erleichterte Stalin sich sein Vorhaben, führende Politiker von der Bühne zu entfernen, indem er Bucharin, den aufrichtigen Gegner der »neuen« wie der »Einheitsopposition«, als glänzenden Polemiker und Agitator benutzte, und dann machte er eine Kehrtwendung um hundertachtzig Grad gegen Rykow, Bucharin und Tomskij und legte das Fundament für seine Alleinherrschaft. Außerdem gab es noch einen Grund, der Stalin *bis zu einem bestimmten Zeitpunkt* zwang zu zeigen, daß er N. I. uneingeschränkt freundschaftlich gesonnen war. Er tat das in Nachahmung von Lenin, dessen aufrichtige Zuneigung zu Bucharin allgemein bekannt war.

Lenins Einstellung zu Bucharin stand als großes Hindernis auf Stalins Weg. Ebendeswegen mußte Bucharin beim Prozeß als Organisator des Attentats auf Lenin hingestellt werden, wenn man ihn physisch vernichten wollte.

Außerdem wage ich es, so paradox das scheinen mag, zu behaupten, daß Stalin Bucharin in einem Winkel seines grausamen Herzens liebte, sofern dieses Ungeheuer überhaupt zu so einem Gefühl fähig war. Konnte er seine Frau Nadeshda Sergejewna auf seine Weise lieben und gleichzeitig seinen Spott mit ihr treiben und sie zugrunde richten, konnte er seine Tochter Swetlana lieben und sie gleichzeitig quälen, wie es für einen Despoten typisch ist, und sie bis ans Ende ihres Lebens zum Leiden verdammen (obwohl er so weit nicht voraussehen konnte), so konnte Koba auch Nikolaj lieben – ihn lieben und ihn töten, denn die Liebe kämpfte mit dem Haß, einem Haß aus Neid auf die leuchtende Persönlichkeit des andern.

Doch wie äußerte sich Stalins Liebe zu Bucharin, wenn ich alles schon Gesagte und alles, was noch zu sagen ist, nur als Intrige und raffinierte List einschätze? Das ist schwer zu erklären. Ich würde sagen, daß in Stalins Einstellung zu Bucharin neben politischen Erwägungen eine gewisse Intimität spürbar war, eine Intimität, die nicht unbedingt politische Berechnung war. Selbstverständlich war das im Vergleich zu dem treulosen Spiel, das Stalin mit dem allzu leichtgläubigen Bucharin trieb, nur ein Tropfen auf den heißen Stein.

In der Zeit von Mitte 1924 bis Ende 1927, als ich Stalin oft bei Bucharin antraf, war ich ein Kind, und meine Eindrücke können täuschen. Vieles erzählte N. I. mir selbst. Er ging bei Stalin aus und ein, obwohl er Festmähler nicht liebte, nicht trank und nicht rauchte; aber mit N. I. war es auch ohne Wein vergnüglich. Koba vertraute Nikolaj die Abenteuer seiner Jugendzeit an und erzählte (in vulgärer Form) von seinem wilden Temperament in jener Zeit.

Nadeshda Sergejewna mochte N. I. besonders gern und freute sich immer, wenn er kam. In Stalins Anwesenheit beschwerte sie sich bei N. I. über den despotischen, rohen Charakter ihres Mannes; in seiner Abwesenheit, zu der Zeit, als die Beziehung zwischen Stalin und Bucharin sich verschlechterte, gestand sie N. I. einmal, daß sie seine Ansichten teile. Die kleine Swetlana hatte einen Narren an N. I. gefressen und äußerte ihre Freude stürmisch: »Hurra! Nikolaj Iwanowitsch ist da!«*

Stalins Art hatte N. I. nie besonders imponiert. Trotzdem war N. I. vor nicht allzu langer Zeit ein enger Vertrauter von Stalin und ein Liebling seiner Familie gewesen. Das lebte in seinem Unterbewußtsein, und deswegen hegte er die Hoffnung auf Rettung, obwohl Stalin und er wegen der Meinungsverschiedenheiten inzwischen scharfe persönliche Konflikte durchgemacht hatten.

Als ich schon N. I.s Frau war, trafen wir Stalin 1934 einmal in der Regierungsloge im Theater. Sobald Stalin Bucharin bemerkte, eilte er ihm entgegen. Hinter der Loge war ein Zimmer, in dem die Regierungsmitglieder die Pause verbrachten. Stalins Gespräch mit Bucharin dauerte so lange, daß sie einen ganzen Akt verpaßten. Kurz nach diesem Gespräch wurde N. I. zum Chefredakteur der »Iswestija« ernannt. Zu Hause erzählte N. I. mir, daß Koba von Nadja gesprochen hatte, geklagt, daß er sich nach ihr sehnte, und voller Kummer gesagt hatte, wie sehr sie ihm fehlte. Wohl kaum mit irgend jemandem sonst als mit N. I. hätte Stalin über ein Jahr nach Nadeshda Sergejewnas Tod im Theater ein solches Gespräch angefangen. Offenbar hatte die Freundschaft mit N. I. zu Nadeshda Sergejewnas Lebzeiten eine Spur in seinem Herzen hinterlassen. Obwohl es nichts gab, was ihm teuer war! Und dennoch...

* Einmal, während der Verstimmung zwischen Stalin und Bucharin, traf N. I. im Kreml Swetlanas Kinderfrau. Die wußte nichts von den veränderten Beziehungen, fragte, warum N. I. nicht mehr zu ihnen käme, und erzählte, daß Swetlanotschka sich nach ihm sehne. »Sie laden den Falschen ein«, antwortete N. I. ihr.

N. I.s Erzählungen zufolge äußerte sich Stalins rohe, primitive Art auch im Familienkreis. Einmal blies Stalin den Rauch aus seiner Pfeife seinem kleinen Sohn Wasja ins Gesicht und lachte, als das Kind zu weinen und stark zu husten und zu keuchen anfing. Einmal entdeckte N. I. über Wasjas Kinderbett ein Schild: »Wenn du ein Feigling wirst, bringe ich dich um!«

N. I. war auch Zeuge eines erschütternden Zwischenfalls mit Stalins ältestem Sohn aus der ersten Ehe, Jascha, den sein Vater ohne jeden Grund nicht mochte. Bei Stalin wurde zu Haus angerufen und mitgeteilt, daß Jascha sich mit einer Wunde im Sklifossow-Krankenhaus befände, die er sich bei einem Selbstmordversuch beigebracht hatte. Nadeshda Sergejewna sagte es Stalin und wollte sofort mit ihm ins Krankenhaus, aber er antwortete: »Ich fahre nicht. Ob er leben will oder nicht, ist Jaschas eigene Sache!« Und der »Vater der Völker« fuhr nicht zu seinem Sohn ins Krankenhaus, obwohl seine Einstellung zu Jascha gerade der Anlaß für den Selbstmordversuch war. Nadeshda Sergejewna, die ihren Stiefsohn liebte, eilte allein dorthin.

All dies habe ich beschrieben, um das Verhältnis der Psyche des Henkers zu seinen Opfern und um Bucharins eigene Psyche in gewissem Maße zu erklären. Aus dem Widerstreit der Kräfte Liebe und Haß, die, wie ich vermute, beide in Stalins Herzen wohnten, entstand jener unerhörte Verrat, den er immer betrieben hatte und den er auch während der Untersuchung gegen N. I. vor der Verhaftung, und wohl auch danach, betrieb.

Während der ersten Tage nach seiner Rückkehr aus Taschkent verbrachte N. I. die meiste Zeit in seinem Arbeitszimmer im Kreml, weil er den Telefonanruf nicht verpassen wollte. Ach, wie wartete er auf den Anruf seines »Wohltäters«! Endlich klingelte der so lange stumm gebliebene Apparat. N. I. stürzte ans Telefon. Es war K. Radek, der damals zur »Iswestija«-Redaktion gehörte und gegen den auch ermittelt wurde. Als Radek erfuhr, daß N. I. seinen Urlaub abgebrochen hatte und wieder in Moskau war, erkundigte er sich, warum N. I. nicht in die Redaktion käme, worauf dieser antwortete:

»Solange diese schändliche Verleumdung in der Presse nicht offiziell dementiert wird, setze ich keinen Fuß in die Redaktion!«

Radek berichtete, daß in den nächsten Tagen eine Parteiversammlung der Redaktion anstünde und daß das Parteibüro ihn bäte, auf jeden Fall zu erscheinen. Doch mit der Begründung, daß in der Redaktion nichts entschieden werden könne und daß sein Erscheinen dort nur unnötiger Nervenaufwand sei, lehnte N. I. es ab, zu der Versammlung zu gehen. Schließlich äußerte Radek den Wunsch, sich persönlich mit N. I. zu treffen. Das lehnte N. I. ab, um die Untersuchung nicht zu erschweren (er hoffte noch auf eine ehrliche Untersuchung), und sagte, daß er aus diesem Grunde nicht einmal Alexej (Rykow) anriefe oder treffen wolle, obwohl er ihn so gern gesehen hätte. Auch A. I. Rykow seinerseits rief nicht an.

»Ihnen wird nichts geschehen«, sagte Radek.

»Das werden wir sehen«, antwortete Bucharin.

So vergingen die ersten Septembertage in nervöser Spannung.

Einmal beging ich eine große Dummheit. Ich fragte N. I. leise – für den Fall, daß die Wände mithörten –, ob er es denn für möglich hielte, daß Sinowjew und Kamenew am Mord an Kirow beteiligt waren. N.I.s Gesicht veränderte sich, er erbleichte und sah mich voller Verzweiflung an. Ich verstand, daß ich ihm diese Frage zu diesem Zeitpunkt nicht hätte stellen dürfen. Er verdrängte den Verdacht, oder vielleicht sogar die Überzeugung, daß das Verbrechen ohne Stalins lenkende Hand nicht geschehen wäre, tief ins Unterbewußtsein. Mit meiner Frage hatte ich N. I. an sein eigenes künftiges Schicksal erinnert. Wenn es möglich war, von Kamenew und Sinowjew falsche Selbstbezichtigung und Verleumdung der Parteigenossen zu erlangen, so konnte man das auch von Bucharin, Radek und anderen. Sich das aber ganz bewußt zu machen war noch zuviel für N. I. Und das, was gerade Bucharin, der Stalin in der Politik und privat gut kannte, der die potentiellen Möglichkeiten seiner Heimtücke kannte, leicht hätte erkennen müssen, war zu jener Zeit jenseits seines Bewußseins, weil sein Bewußtsein unter einem Schock stand. Auf meine Frage antwortete er:

»Aber sie bringen doch mich und Alexej (Rykow) um, diese Schurken, diese verfluchten Verleumder! Und Tomskij haben sie umgebracht, also sind sie zu allem fähig!... Das NKWD ist nicht die TscheKa. Das NKWD ist zu einer ideenlosen Beamtenorganisation geworden, die verdienen sich ihre Orden und spielen mit Stalins krankhaftem Mißtrauen, man muß sie alle wegjagen, allen voran Jagoda!«

Man könnte annehmen, daß N. I. vor mir die Karten nicht aufdecken wollte, um mich zu schonen. Aber so war es nicht. N. I. war zu emotional, um sich in einem schrecklichen Augenblick nicht zu öffnen. Die Tage waren gezählt, und es wäre höchste Zeit gewesen, sich von dem Schlag zu erholen, nachzudenken und mir offen zu sagen, daß der Zerfall im NKWD nicht ohne Stalins Druck vor sich ging. Aber er war sich dessen nicht sicher. Und öfter als alles andere wiederholte er: »Ich verstehe das nicht, ich kann das absolut nicht verstehen, was ist denn nur los?«

Einige Tage nach dem Gespräch mit Radek klingelte das Telefon wieder. Kaganowitsch ließ bestellen, daß N. I. zu einem Gespräch mit ihm ins ZK kommen sollte. N. I. wunderte sich, daß er ausgerechnet zu Kaganowitsch gerufen wurde, und beschloß, Stalin noch einmal anzurufen. Dort kam dieselbe Antwort: »Iossif Wissarionowitsch ist in Sotschi.« Also begab N. I. sich zu Kaganowitsch. Ich wartete voller Unruhe, obwohl ich zu jenem Zeitpunkt nicht befürchtete, daß N. I. nicht wiederkommen könnte. Das Gefühl trog mich nicht. Er kam relativ bald nach Haus. Ich merkte, daß er sehr aufgeregt war. Als er ins Zimmer trat, sagte N. I.:

»Du kannst dir nicht vorstellen, was ich erlebt habe, das ist unvorstellbar, das ist absolut unerklärlich!«

Er erzählte mir, daß er in Kaganowitschs Gegenwart im ZK-Gebäude mit dem verhafteten Grigorij Jakowlewitsch Sokolnikow konfrontiert worden war. Grischa, der Freund seiner Kindheit, mit dem zusammen er den revolutionären Weg begonnen hatte, hatte gegen ihn ausgesagt und gelogen. Er hatte sich ausgedacht, daß ein paralleles trozkistisches Zentrum bestünde (parallel zu dem bereits »aufgedeckten« und im Schauprozeß verurteilten trozkistisch-Sinowjewschen Einheitszentrum, dessen Hauptangeklagte Sinowjew und Kamenew waren). Dieses Zentrum, zu dem auch Sokolnikow selbst gehört haben wollte, sei auf Sabotage und Terror gegen Regierungsmitglieder ausgerichtet, hätte ein Attentat auf Stalin geplant, und die »Rechten« teilten angeblich die Bestrebungen des trozkistischen Zentrums, die Regierung zu stürzen und den Kapitalismus in der UdSSR wieder einzuführen. Sokolnikow behauptete, selbst mit Bucharin darüber gesprochen zu haben; dieser hätte betont, daß man so schnell wie möglich handeln müsse. Er beschrieb die erfundenen Umstände, nannte Daten, den Ort und in wessen Gegenwart die Verhandlungen stattgefunden hatten. Bis zu seiner Verhaftung wurden mit N. I. noch mehrere Konfrontationen veranstaltet, aber diese war sozusagen die »Feuertaufe«.

Ein normaler Mensch ist nicht in der Lage, so etwas aufzunehmen. Offenbar mußte vorher eine unmögliche Operation vorgenommen werden, eine Gehirntransplantation, was nur mit den »Untersuchungsmethoden« innerhalb des NKWD gelang.

Ich fragte N. I., wie er Sokolnikows Aussagen widerlegt habe.

»Ja, kann man denn einen solchen Wahnsinn widerlegen?« antwortete er mir. »Ich habe wie der Ochs vorm Berge vor ihm gestanden und ihm gesagt: ›Grischa! Vielleicht hast du den Verstand verloren und bist nicht verantwortlich für das, was du sagst!‹ ›Doch‹, hat er ganz ruhig gesagt, ›ich übernehme die Verantwortung dafür, und bald wirst auch du die deine übernehmen ...‹« (Damit wollte er wohl andeuten, daß mit Bucharin dasselbe geschehen würde wie mit ihm.)

N. I. verlor sich in Vermutungen, er konnte sich das Vorgefallene nicht erklären. Die vertrauten Augen seines Freundes sahen ihn an, sein Gesicht war blaß, aber nicht gequält.* Er hatte sich offenbar sofort ergeben, denn man hatte ja erst unmittelbar vor N. I.s Abreise in den Pamir von Sokolnikows Arrest erzählt, und solche sensationellen Gerüchte verbreiten sich sehr schnell. Eine solche Wendung nahm nun also N. I.s Vermutung, daß Sokolnikow nicht aus politischen Gründen verhaftet worden sein könne.

Sie waren zu dritt im Zimmer: Kaganowitsch, Bucharin und Sokolnikow. Die Wächter blieben im Nebenzimmer, es war kein NKWD-Vertreter bei Sokolnikow. L. M. Kaganowitsch reichte anscheinend als Ersatz aus sowie auch dafür, das notwendige Verhalten des Häftlings zu gewährleisten. Im übrigen bin ich mir da nicht sicher. Kaganowitsch sah unbeteiligt zu, er übte keinen Druck auf Sokolnikow aus, unterstützte in dessen Gegenwart aber auch nicht Bucharin. Schließlich war die Zeit um, der Wächter kam und führte Sokolnikow hinaus.

Und nun geschah etwas ganz Unerwartetes. N. I.s Bericht zufolge sagte Kaganowitsch über Sokolnikow:

»Er lügt, der Kerl, von Anfang bis Ende! Gehen Sie in Ihre Redaktion, N. I., und arbeiten Sie ruhig weiter.«

»Aber warum lügt er, Lasar Moissejewitsch, das muß doch geklärt werden.«

»Das werden wir klären, Nikolaj Iwanowitsch, auf jeden Fall«, antwortete Kaganowitsch.

* Die Frau von Jagodas Stellvertreter, Sofja Jewsejewna Prokofjewa, mit der zusammen ich im Tomsker Lager und später in Verbannung war und von der ich viel erfuhr, erzählte mir nach dem Bericht ihres Mannes, daß Sokolnikow sich kampflos ergeben hatte, als man nach seiner Verhaftung entsetzliche Beschuldigungen gegen ihn erhob. Er sagte dazu: »Wenn Sie von mir bald unerhörte Bekenntnisse verlangen, so bin ich bereit, sie abzulegen. Je mehr Menschen in das von Ihnen inszenierte Schauspiel hineingezogen werden, desto schneller wird man sich im ZK besinnen, und desto schneller sitzen Sie auf meinem Platz.« Ich halte diese Information für durchaus glaubwürdig.

Ich kann nicht sagen, ob N. I. mit Kaganowitsch auf die Verleumdung beim Prozeß zu sprechen kam, das weiß ich nicht mehr genau. Es ist nicht auszuschließen, daß N. I. durch die Konfrontation mit Sokolnikow so erschüttert war, daß er den Moment verpaßte.

Aber über seine Arbeit sagte Bucharin zu Kaganowitsch: »Solange in der Presse keine Erklärung der Staatsanwaltschaft erscheint, die die Verleumdung dementiert und den Abbruch der Untersuchung wegen mangelnden Tatbestandes bekanntgibt, gehe ich nicht zur Arbeit.«

Kaganowitsch versprach, daß das geschehen werde.

Am 10. September 1936 erschien in den Zeitungen eine Erklärung der Staatsanwaltschaft der UdSSR, aber etwas anderen Inhalts, als N. I. gewollt hatte. Es hieß darin, daß die Ermittlungen im Fall Bucharin und Rykow abgebrochen seien, nicht wegen mangelnden Tatbestandes, sondern weil das juristische Material nicht ausreichte, um sie strafrechtlich zur Verantwortung ziehen zu können, was für Bucharin soviel bedeutete wie: Nicht gefangen – kein Dieb! Aber wie dem auch sei, da es hieß, daß die Angelegenheit abgebrochen sei, konnte man aufatmen. Zweifellos war dieser Ausgang der Konfrontation mit Sokolnikow von Stalin vorgeschrieben. Die weitere Entwicklung der Dinge zeigte, daß es ein taktischer Schritt des »Herrn« war, um die »Objektivität« der Untersuchung zu beweisen.

N. I. rief die Redaktion an und ließ von S. A. Ljandres (der ihm herzlich zur Rehabilitierung gratulierte) bestellen, daß er in wenigen Tagen erscheinen werde, er wolle nur noch seinen Urlaub bis zum Ende nutzen und sich ein wenig erholen. Die Konfrontation mit Sokolnikow hatte einen so deprimierenden Eindruck auf N. I. gemacht, daß er die naive Absicht hatte, mit Stalin darüber zu sprechen, aber er war nicht sicher, ob das gelingen würde.

Zunächst beschlossen wir, einige Tage in der Datscha zu verbringen. Vor der Abreise erhielt N. I. ein Glückwunschtelegramm zur Rehabilitierung von R. Rolland und einen Brief entsprechenden Inhalts von Boris Leonidowitsch Pasternak*,

* Später, in der zweiten Januarhälfte 1937, als Bucharins Name als Chefredakteur der »Iswestija« verschwand und im Prozeß gegen Radek, Pjatakow und die anderen klar wurde, daß es schlecht um N. I. stand, schickte Boris Leoni-

was ihn sehr bewegte. Nach einigen Tagen in der Datscha fuhr N. I. in die Redaktion. Ich blieb mit dem Kind in Schodnja. Gewöhnlich kam N. I. nach Arbeitsschluß in der Datscha an, wenn Mitternacht vorbei war. Diesmal kehrte er erstaunlich früh zurück. Er erzählte, daß die Mitarbeiter in der Redaktion ihn herzlich empfangen hatten, aber als er sein Arbeitszimmer betrat, hatte er den Leiter der Presseabteilung des ZK der WKP(B), Boris Tal, an seinem Schreibtisch vorgefunden, der nun das Amt des Chefredakteurs innehatte. N. I. hatte Tal (der später N. I.s Schicksal teilte) erklärt, daß er nicht willens sei, unter einem Politkommissar zu arbeiten. Er hatte die Tür zugeschlagen und war gegangen. Das war das einzige Mal, daß N. I. nach der Rückkehr aus dem Urlaub die Redaktion besuchte – um sie allerdings sofort wieder zu verlassen. Die Zeitung wurde noch einige Monate lang unter seinem Namen herausgegeben.

Aus der Redaktion hatte N. I. ausländische Zeitungen mitgebracht. In einer davon (ich weiß nicht mehr, in welcher) las er, daß in allernächster Zeit Radek und dann Bucharin und Rykow verhaftet werden würden. Und in einer anderen Zeitung stand die Nachricht, daß die Aussagen der Angeklagten beim Prozeß durch Hypnose und Folter erreicht würden.

Der Zustand in der Redaktion und die Nachrichten aus den ausländischen Zeitungen versetzten N. I. in völlige Verzweiflung. Nachts phantasierte er und wiederholte im Schlaf: »Ihr selbst seid die Verräter, ihr selbst seid die Verräter!« Seit er in der Redaktion gewesen war, war ihm klar, daß es nicht nur mit dem »ruhig arbeiten«, sondern mit dem Arbeiten bei der »Iswestija« überhaupt vorbei war.

Ob Kaganowitsch Bucharin betrogen hatte, oder ob er Stalins weitere Pläne selbst nicht kannte, konnte N. I. nicht wissen. Doch schon damals in der Datscha, Mitte September 1936, sprach er mit mir offen über Stalins kriminelle Rolle bei der Organisation des Terrors. Allerdings konnte er noch am gleichen oder am folgenden Tag dann wieder dem Gedanken

dowitsch N. I. noch einmal einen kurzen Brief, der erstaunlicherweise nicht abgefangen wurde. Er schrieb: »Keine Gewalt bringt mich dazu, an Ihren Verrat zu glauben.« Außerdem äußerte er sein Befremden über die Vorgänge im Lande. Als N. I. den Brief bekam, war er erschüttert über B. L. Pasternaks Mut und machte sich gleichzeitig große Sorgen um dessen weiteres Schicksal.

an Stalins krankhaftes Mißrauen den Vorzug geben, um die Ausweglosigkeit seiner Lage zu verdrängen.

Ein klassisches Beispiel für jemanden, der dem Untergang geweiht ist und in der Hoffnung zu überleben nach einem Strohhalm greift, bot damals Karl Radek. Trotz Bucharins berechtigtem Wunsch, ihn nicht zu sehen, erschien er zwei, drei Tage vor seiner Verhaftung bei uns in der Datscha. Er entschuldigte sich für den Besuch und erklärte ihn damit, daß er sich von Bucharin verabschieden wolle. Da die Staatsanwaltschaft der UdSSR nicht gemeldet hatte, daß die Untersuchung im Fall Radek abgebrochen werde, vermutete er, daß er in den nächsten Tagen ins Gefängnis kommen würde (er wurde zwischen dem 17. und 20. September verhaftet). Was N. I. betraf, so war Radek optimistisch und meinte, daß Stalin seine Verhaftung nicht zulassen werde. Er dachte, er sähe N. I. zum letzten Mal (worin er irrte; von ihrer Begegnung nach Radeks Verhaftung erzähle ich noch), und wollte, daß N. I. sein letztes Wort hörte und ihm glaubte. Radek versicherte Bucharin, daß er vor langer Zeit mit Trozkij gebrochen habe und mit der Enthüllung einer geheimen trozkistischen Organisation (genau so drückte er es aus) nichts zu tun habe. (Als hätte es zu jener Zeit eine geheime konspirative Organisation gegeben, die Trozkijs Ansichten vertrat.) Er hätte weder zu Kamenew noch zu Sinowjew Kontakt gehabt, behauptete Radek. Aber er sagte: »Grigorij« (das heißt Sinowjew) »tut mir leid!« (Dieses Gespräch hörte ich durch die offene Tür aus dem Nebenzimmer, wie ich Berija erzählte.)

Am meisten wunderte mich schon damals, und erst recht viel später, als ich mir über das ganze Grauen im klaren war, die Bitte, die Radek N. I. vortrug: im Falle seiner Verhaftung Stalin davon zu schreiben und zu bitten, daß der Fall durch seine Hände gehe. Radek bat, Stalin daran zu erinnern, daß er den einzigen Brief, den er 1929 über den ehemaligen linken Sozialrevolutionär Bljumkin* von Trozkij bekommen habe, sofort an die GPU weitergeleitet habe.

* Der ehemalige linke Sozialrevolutionär Bljumkin hatte den deutschen Botschafter Mirbach umgebracht. Einer der Organisatoren des Putsches der linken Sozialrevolutionäre; ging zu den Bolschewiki über, arbeitete in der TscheKa-GPU. War ein Anhänger von Trozkij. Während einer Dienstreise ins Ausland traf er sich 1929 mit diesem und wurde danach erschossen.

»Warum können Sie nicht jetzt, vor Ihrer Verhaftung, selbst an Stalin schreiben, Karl Berngardowitsch?« fragte N. I. »Brauchen Sie wirklich meine Hilfe?«

»Weil mein Brief Stalin nicht erreicht, Nikolaj Iwanowitsch«, antwortete Radek. »Der wird ans NKWD geschickt, weil gegen mich ermittelt wird. Ihrer hingegen wird Stalin direkt erreichen.«

»Ich werde es mir überlegen«, antwortete N. I.

Beim Weggehen sagte Radek noch einmal:

»Nikolaj! Glaube mir: *Was immer mit mir geschehen mag,* ich bin unschuldig! Glaub mir das!«

Karl Berngardowitsch sprach erregt, trat an N. I. heran, verabschiedete sich, küßte ihn auf die Stirn und ging.

Kann man sich vorstellen, daß sogar Radek, ein Mann von glänzendem Verstand, ein Vollblutpolitiker, der mit einem besonderen, ganz eigenen Gespür die politische Situation, die innere wie die internationale, erfaßte, Rettung bei Stalin suchte! Verstand denn auch er nicht, daß die Sache, die er in Stalins Händen wissen wollte, von ebendiesen Händen zusammengezimmert worden war; war ihm nicht bewußt, daß ohne Anweisung des »Herrn« niemand ihn, Radek, anzurühren gewagt hätte? Und schließlich: An wen wandte er sich mit seiner absurden Bitte? An einen Mann, der dem kommenden Tag selbst nur mit Bangen entgegensah.

Verstand Karl Radek nun die gegebene Situation, oder verstand er sie nicht? Er verstand sie und verdrängte dieses Wissen. In Augenblicken, wo er verstand, bedauerte er Grigorij (Sinowjew), in Augenblicken, wo er nicht verstehen wollte, schwor er, daß er keine Beziehung zu dessen geheimer Organisation hatte. Das war die Psyche eines todgeweihten Mannes, auf den unglaubliche, phantastische Beschuldigungen niederstürzten.

Wenn ich nicht selbst Zeugin dieses Gesprächs gewesen wäre, sondern es von andern gehört hätte, so hätte ich den Erzähler für wahnsinnig oder für einen dummen Phantasten gehalten. Doch Radeks Bitte war dringend. Wir waren noch in der Datscha, als Karl Berngardowitschs aufgeregte Frau Rosa Mawrikijewna kam und die Bitte für ihren inzwischen verhafteten Mann noch einmal wiederholte.

Nach einigem Zögern beschloß N. I., Radeks Wunsch zu erfüllen. Er schrieb, daß Radek Stalin bäte, den Fall selbst zu behandeln, und erwähnte den Brief von Trozkij, den Radek über Bljumkin erhalten und an die GPU geschickt hatte. (Man muß annehmen, daß Radek gleich, als Bljumkin ihm den Brief gab, eine Provokation darin vermutete, sonst hätte er ihn doch gelesen, auch wenn er zu jener Zeit Trozkijs Ansichten nicht mehr teilte.) N. I. schrieb auch, daß Radek seinem eigenen Eindruck nach keine Verbindung zu Trozkij mehr haben konnte. Doch der letzte Satz: »Im übrigen, wer kennt ihn schon!« machte den ganzen Brief wertlos. Und obwohl der Brief Radek auch ohne das nicht geholfen hätte, erschütterte er mich.

Ein solches Mißtrauen gegeneinander herrschte damals; eine Tatsache, die in jedem Fall berücksichtigt werden muß.

Radek wurde in seiner Stadtwohnung verhaftet, aber auch die Datscha wurde durchsucht. Hinterher kam ein junges Mädchen zu uns gelaufen, Dusja, die Putzfrau in der »Iswestija«-Datscha, und erzählte, daß bei der Durchsuchung im offenen Boden eines runden Kleiderständers geheime, kriminelle Dokumente gefunden worden seien. »Das sind die Unmenschen!« sagte Dusja. »Und Sie, Nikolaj Iwanowitsch, wollte man da mit hineinziehen!«

Diese Nachricht regte N. I. sehr auf. Selbst wenn Radek Dokumente hatte, die er der Öffentlichkeit nicht preisgeben wollte, so überlegte N. I., hätte er es im Laufe des Monats nach der Pressemitteilung über den Untersuchungsbeginn geschafft, sie zu vernichten. Also war entweder das Gerücht erfunden, oder die Dokumente waren heimlich, in Radeks Abwesenheit dorthin gebracht worden.

»Dann kann man auch bei mir alles mögliche finden!« sagte N. I. ganz fassungslos.

Gegen Abend verabschiedeten wir uns von Schodnja und fuhren zurück nach Moskau. Aus der Redaktion rief niemand an, der N. I. zur Arbeit rief. Bis zum 7. November verließ N. I. die Wohnung nicht. Dann beschloß er, mit mir den neunzehnten Jahrestag der Revolution zu begehen, weil er eine Ehrenkarte von der Redaktion bekommen hatte. Unser Tribünenplatz war nicht direkt beim Mausoleum, doch Stalin hatte Bucharin bemerkt. Plötzlich sah ich, wie ein Wachposten auf

N. I. zukam, und erschrak. Jetzt, dachte ich, wird er uns anweisen, diesen Platz zu verlassen, oder – noch schlimmer – er kommt, um N. I. festzunehmen. Doch der Wachposten grüßte und sagte: »Genosse Bucharin, Genosse Stalin läßt Ihnen sagen, daß Sie nicht am richtigen Platz stehen. Kommen Sie aufs Mausoleum.« So trat N. I. auf die Mausoleumstribüne. Mit Stalin zu sprechen gelang ihm nicht. Stalin stand entfernt von ihm und verließ die Tribüne als erster.

Unweit von uns erblickte ich Anna Sergejewna Redens (Allilujewa), die ältere Schwester von Stalins Frau Nadeshda Sergejewna*. Als sie mich bemerkte, sagte sie: »Ach, wie haben Nadja und ich N. I. geliebt.« Aus irgendeinem Grunde sprach sie von sich in der Vergangenheit. Tatsächlich war alles schon Vergangenheit. Auch Anna Sergejewna hatte sich erschrocken, als der Wachposten kam, wie sie mir offen gestand. Aber dann freute sie sich, daß Stalin, wie sie meinte, demonstrativ seine aufrichtige Sympathie für Bucharin zeigte, und aufgrund der Erklärung der Staatsanwaltschaft der UdSSR über den Abbruch der Ermittlungen glaubte sie, daß die Schwierigkeiten für N. I. vorbei seien.

Nach den Oktoberfestlichkeiten verging ungefähr ein Monat relativ ruhig. N. I. hielt es sogar für möglich, daß man ihn wieder auffordern würde, »ruhig« in der Redaktion »weiterzuarbeiten«. Doch weder von der Redaktion noch vom ZK kamen irgendwelche Nachrichten über die Arbeit. N. I. versuchte, sich zu beschäftigen. Er las und exzerpierte die deutschen Bücher von faschistischen Autoren, die er auf dem Weg nach Paris in Berlin gekauft hatte; er plante eine große Arbeit gegen die Ideologen des Nationalsozialismus. Doch je mehr Zeit seit jenem denkwürdigen 7. November verstrich, desto unruhiger wurde er. Ende November war er so nervös, daß er überhaupt nicht mehr arbeiten konnte. Er lief hin und her wie ein Tier im Käfig, verließ aber nicht das Haus. Täglich sah er in die »Iswestija«, ob da nicht der Name eines anderen Redak-

* Anna Sergejewnas Mann Stanislaw Redens hatte Anfang der dreißiger Jahre den Posten des Chefs der Moskauer TscheKa innegehabt. Wie ich hörte, versuchte er mittels seiner verwandtschaftlichen Beziehung zu Stalin dessen Druck auf das NKWD zu mindern. Nach Berijas Amtsantritt wurde er nach Kasachstan versetzt und später verhaftet. Auch Anna Sergejewna hatte später unter Repressalien zu leiden. Den Berichten von Augenzeugen zufolge kam sie halb wahnsinnig aus der Verbannung zurück.

Auf der Mausoleumstribüne, 1927

teurs stünde, aber auf der letzten Seite war unverändert zu lesen: »Verantwortlicher Redakteur: N. Bucharin«. N. I. zuckte verwundert mit den Achseln; seit Ende September, als er B. Tal in seinem Arbeitszimmer angetroffen hatte, hatte er keinen Fuß mehr über die Schwelle der Redaktion gesetzt.

Schließlich wurde er aus dem ZK-Sekretariat telefonisch über die Einberufung der Dezembertagung des ZK der WKP(B) benachrichtigt. Die Tagesordnung war N. I. unbekannt. Ob es eine Pressenachricht über die Tagung gab, erinnere ich nicht, aber ich meine, daß nichts gemeldet wurde. Das Plenum tagte an einem Abend.

Als N. I. nach Haus kam, sagte er aufgeregt:

»Gestatten, dein untertänigster Diener – ein Verräter, Terrorist und Verschwörer!«

Bei der Sitzung war der neue NKWD-Volkskommissar Jeshow aufgetreten, auf den Bucharin – so traurig es ist, daran zu denken – nach Jagodas Absetzung große Hoffnung gesetzt hatte. Wie N. I. mir erzählte, war der neue allmächtige Volkskommissar mit aller Gewalt über seinen Vorgänger Jagoda hergefallen. Zweimal wiederholte er, daß Jagoda das Gefängnis für Kamenew und Sinowjew in ein Sanatorium verwandelt habe, daß er ihre Entlarvung mehrere Jahre verzögert und nur unter Druck gehandelt habe und daß es zweier Gerichtsverhandlungen bedurft hätte (für Kamenew deren sogar drei), um die Verräter zu vernichten.

Der arme gestürzte Jagoda, der noch immer ZK-Mitglied war und nicht weit von N. I. saß, hatte Jeshow zugehört und mit unsicherer Stimme, mehr für sich selbst, leise gesagt:

»Wie schade, daß ich Sie nicht verhaftet habe, solange ich noch konnte!«

Die nächsten Opfer von Jeshows Angriffen waren Rykow und Bucharin. Ihnen warf er Verbindungen zu konterrevolutionären Trozkisten und eine geplante Verschwörung vor, und auch das Leitmotiv aller Prozesse erklang: Beteiligung am Mord an Kirow.

»Ruhe!« brüllte Bucharin wütend, als Kirow erwähnt wurde. »Aufhören! Aufhören!«

Alle wandten sich nach Bucharin um, aber niemand sagte ein Wort.

Nach Jeshows Auftritt war einige Minuten Pause, die Rykow benutzte, um zu N. I. zu treten.

»Wir müssen alle Kräfte zum Kampf gegen die Verleumdung mobilisieren. Tomskijs Selbstmord ist dabei ein sehr erschwerender Umstand«, sagte Alexej Iwanowitsch.

»Die einzige Hoffnung ist, Stalin zu überzeugen, sonst kommt nichts dabei heraus«, antwortete Bucharin.

»Nikolaj, du irrst dich! Wichtig ist, daß die Politbüro- und ZK-Mitglieder uns glauben, gegen Koba«, flüsterte Rykow ihm leise zu.

Nach der Pause sprach kurz und boshaft Kaganowitsch. Er hatte »es sich überlegt« und glaubte nun dem »Kerl« Sokolnikow und Sinowjews und Kamenews Aussagen – und nicht mehr Bucharin. Molotow wetteiferte mit Kaganowitsch in Angriffen auf Rykow und Bucharin.

Niemand auf der Sitzung trat zu Bucharins und Rykows Verteidigung auf. Nur Sergo Ordshonikidse unterbrach Jeshows Rede mit Fragen und versuchte, sich in dem Alptraum, der da vor sich ging, zurechtzufinden, womit er dem neuen Volkskommissar gegenüber eine gewisse Ungläubigkeit bewies. Das Verhalten der anderen kann man mit Puschkins Worten beschreiben: »Das Volk hüllt sich in Schweigen.«

Schließlich ergriff Stalin das Wort (ich zitiere nach Bucharins Bericht aus dem Gedächtnis):

»Laßt uns die Sache nicht übereilen, Genossen. Auch gegen Tuchatschewskij lag bei den Untersuchungsorganen Material vor, aber es hat sich geklärt, und Genosse Tuchatschewskij kann jetzt wieder in Ruhe arbeiten!...«

Ich glaube, daß Rykow vielleicht etwas von der konterrevolutionären Aktivität der Trozkisten wußte und der Partei nicht gemeldet hat. Bei Bucharin bezweifle ich vorerst selbst das.« (Er machte absichtlich einen Unterschied zwischen Bucharin und Rykow) »Es ist sehr schwer für die Partei, über zurückliegende Verbrechen so angesehener Genossen zu sprechen, wie Bucharin und Rykow es waren. Darum laßt uns die Sache nicht übereilen und die Untersuchung fortsetzen, Genossen.«

Der Führer hatte alles vorausgeplant. Und wie schlau verstand Iossif Wissarionowitsch zu betrügen! Dem Genossen Tuchatschewskij, der im Plenum saß und Anwärter auf die Mitgliedschaft im ZK war, verschaffte er wenige Monate später anstelle der ruhigen Arbeit die »ewige Ruhe«. Was Bucharin betrifft, so befahl er, anstatt der versprochenen Arbeit in der Redaktion, die Untersuchung wiederaufzunehmen, die im übrigen seit der Erklärung der Staatsanwaltschaft vom 10. September 1936 wohl kaum einen Tag unterbrochen worden war. Im NKWD wurden in fieberhaftem Tempo verleumderische Materialien gegen Bucharin und Rykow erstellt. Das war es, was die im Vergleich mit den vorangegangenen Reden gemäßigte Rede des Führers bedeutete.

Nach Stalins kurzer aber vielversprechender Rede beschloß N. I., zu ihm zu gehen. Ich gebe ihr Gespräch so genau wie möglich wieder, wie Bucharin es mir erzählte.

»Koba!« sagte er. »Die Arbeit beim NKWD muß überprüft werden. Man muß eine Kommission einberufen und untersuchen, was da vorgeht. Vor und während der Revolution und in den schweren Jahren danach haben wir nur der Revolution gedient. Und jetzt, wo die Schwierigkeiten hinter uns liegen, glaubst du Verleumdungen? Willst du uns zum Müll der Geschichte werfen? Komm zur Besinnung, Koba!«

»Willst du an deine früheren Verdienste erinnern? Die macht dir niemand streitig«, antwortete Stalin in gleichgültigem Ton. »Aber die hatte Trozkij auch. Kaum jemand hat sich so um die Revolution verdient gemacht wie Trozkij, unter uns gesagt, unter uns gesagt«, wiederholte Stalin zweimal und drohte mit dem Zeigefinger, als wollte er Bucharin einschärfen, daß er seine Worte über Trozkij in jener anderen Welt nicht ausplaudern sollte (er plauderte es dafür in dieser aus, indem er es mir erzählte). Dann wandte Koba sich ab, weil er das Gespräch nicht fortzusetzen wünschte.

Ungefähr drei qualvolle Monate vergingen zwischen der Dezembertagung von 1936 und der Februar-März-Tagung des ZK der WKP(B) von 1937. Bucharin verbrachte sie hauptsächlich in einem kleinen Kämmerchen, Stalins ehemaligem Schlafzimmer. Nach Nadeshda Sergejewnas Tod hatte Stalin Bucharin gebeten, die Wohnung mit ihm zu tauschen.

Die Einrichtung unseres Zimmers war mehr als bescheiden: zwei Betten, dazwischen ein Nachttischchen, eine altersschwache Schlafcouch mit schmutzigem Bezug, aus dessen Löchern die Sprungfedern hervorstachen, und ein kleines Tischchen. An der Wand hing ein dunkelgrauer Lautsprecher. Für N. I. war dieses Zimmer bequem, weil es ein Waschbecken mit Wasserhahn hatte und hinter einer Tür eine kleine Toilette, so daß er sich hier fest einrichten konnte und das Zimmer fast gar nicht zu verlassen brauchte.

Am 25. November 1936 hörte er im Radio Stalins Rede auf dem achten außerordentlichen Rätetag über die neue, sogenannte Stalinsche Verfassung, die am 5. Dezember verabschiedet wurde und an deren Erörterung und Abfassung N. I. unmittelbar beteiligt gewesen war. Deswegen empfand der verstoßene Bucharin seine Abwesenheit vom Rätetag als besonders schmerzlich. Noch mehr bedrückte ihn aber die Atmosphäre bei der Dezembertagung. Nur er und vermutlich Rykow hatten Stalin um die Einberufung einer Kommission zur Überprüfung der Arbeit beim NKWD gebeten. Alle anderen auf der Tagung Anwesenden hatten geschwiegen. »Vielleicht kommt die Zeit«, sagte N. I., »wo sie alle zu unerwünschten Zeugen von Verbrechen und selbst vernichtet werden!« Dabei meinte er selbst, daß bei Stalins absoluter Diktatur jeder, der ihn und Rykow verteidigt hätte, sofort bestraft worden wäre. Trotzdem war es unglaublich schwer, das Schweigen der Genossen zu ertragen. Ihm fiel ein altes ägyptisches Märchen in: Ein Pharao wurde begraben. Zu seinem Begräbnis versammelten sich nicht nur seine Freunde, sondern auch seine Feinde. Die Feinde waren gekommen, um ihren Haß auf den Verstorbenen zum Ausdruck zu bringen, und bewarfen den toten Pharao mit Steinen. Der Tote blieb reglos liegen. Dann warf einer von denen, die der Pharao für seine Freunde gehalten hatte, auch einen Stein auf ihn. Und plötzlich drehte der Verstorbene den Kopf zu jener Seite und stöhnte laut auf. »Und so stöhnt auch meine Seele, sie stöhnt so sehr, daß es nicht auszuhalten ist.« N. I. sagte das mit solchem Schmerz, und sein Blick war so traurig, daß mir in dem Moment war, als hörte ich dieses seelische Stöhnen.

Einige Zeit später, gegen Ende Dezember, wurden Aussagen von Rykow und Tomskij gegen ihn bekannt, die eindeutig durch Folter erzwungen waren. Diese Aussagen wurden als Material zur bevorstehenden Februar-März-Tagung 1937 an alle ZK-Mitglieder und -Anwärter verschickt, um die richtige Stimmung zu erzeugen. Die Aussagen waren gut redigiert, sie widersprachen einander nicht. Es wurden immer die gleichen Daten von konspirativen Versammlungen und die gleichen Orte für die Zusammenkünfte der »Verschwörer« genannt. Einige der Geheimversammlungen fanden mit Bucharin, andere ohne ihn statt, aber dann überbrachte immer einer der Anwesenden Bucharins oder Rykows Direktive, daß man sich mit dem Sturz der Regierung, mit der Ermordung Stalins, mit der »Palastrevolution« zur Wiedereinführung des Kapitalismus in der UdSSR (eine andere Formulierung befriedigte den Diktator nicht) beeilen müsse. (Auch Tomskij wurde erwähnt, aber seltener. Er hatte seinem Leben selbst ein Ende bereitet, warum sollte man da Zeit auf die Erpressung von Aussagen gegen ihn verschwenden?)

»Gut zusammengebraut!« sagte N. I. »Wenn ich nicht ich wäre, sondern ein Fremder, würde ich alles glauben.«

Die meisten Märtyrer, die zu jener Zeit verleumderische Aussagen machten, waren nicht nur mir, sondern auch N. I. kaum oder gar nicht bekannt, Parteipolitiker aus der Provinz, die keine Beziehung zur Opposition hatten.

A. I. Rykow sagte beim Prozeß dazu, daß sich in den Jahren 1928 bis 1930 überall im Lande konterrevolutionäre Gruppen gebildet hätten, »eine genaue Aufzählung, wo sich welche Gruppen gebildet haben und wieviele es ingesamt waren, vermag ich nicht zu geben.« Oder Rykow antwortete, als Wyschinskij ihn fragte, welchen Flügel des rechtstrozkistischen Blockes Jenukidse vertreten habe: »Vermutlich vertrat er den rechten.« Auf diese Weise versuchte er zu zeigen, welch ungeheuerliche Verleumdung der Prozeß war.

Als N. I. die Aussagen las, die ihm zugeschickt wurden, wiederholte er seinen Satz:

»Ich verstehe das nicht!« Und leise flüsterte er mir ins Ohr: »Vielleicht ist Koba verrückt geworden?«

Ich konnte ihn nicht beruhigen, sondern regte ihn nur noch mehr auf, indem ich sagte:

»Nun warte mal, was Radek aussagt. Für ihn hast du ja geschrieben und gebeten ...«

»Nein, das kann nicht sein!« sagte N. I. Aber er verbesserte sich sofort: »Doch, du hast recht, alles ist möglich!«

Es wurde immer klarer, welchen Zweck die sogenannte Untersuchung verfolgte und auf wessen Anweisung sie geschah. Und trotzdem schickte N. I. Stalin mehrere Briefe, in denen er ihn mit »Lieber Koba« anredete, die Verleumdungen widerlegte, sein Alibi vorbrachte und so weiter. Das ist nur so erklärlich, daß zeitweilig in ihm die Überzeugung, daß Stalin von krankhaftem Mißtrauen gequält werde und daß er ihn überzeugen könne, die Oberhand gewann. Die ersten Aussagen unterschieden sich in nichts, es hat keinen Zweck, sie alle wiederzugeben. Die Verbindung zum parallelen trozkistischen Zentrum legte Sabotage nah. Das wurde in den Aussagen zwar gelegentlich erwähnt, aber nicht besonders betont. Hauptsächlich war von Terror die Rede und von einem geplanten Attentat auf Stalin, aber auch Molotow und Kaganowitsch wurden nicht vergessen. Kurz – »Palastrevolution«. Unvorstellbare Beschuldigungen umgaben Bucharin und Rykow wie ein Blockadering.

»Es riecht nach großem Blutvergießen«, sagte N. I. »Man wird einsperren, wer immer Alexej und mir zur Seite gestanden hat!«

Außer in den wenigen Minuten, wo ich zu unserem Kind lief, war ich ständig um N. I. Und einmal, als ich von Jura kam, fand ich N. I. nicht im Zimmer, was mich alarmierte. Ich blickte ins Arbeitszimmer und sah: Er saß am Schreibtisch, in der rechten Hand einen Revolver, mit der linken Faust stützte er den Kopf. Ich schrie auf, N. I. zuckte zusammen, drehte sich um und fing an, mich zu beruhigen:

»Beruhige dich, reg dich nicht auf, ich konnte es sowieso nicht. Als ich mir vorstellte, wie du mich tot findest... und das Blut kommt aus der Schläfe, als mir das einfiel... besser, es passiert nicht hier vor deinen Augen.«

Mein Zustand in diesem Augenblick ist unmöglich wiederzugeben. Aber heute denke ich, daß es für N. I. besser gewesen wäre, wenn sein Leben damals zu Ende gewesen wäre.

Erschöpft von der nervlichen Anspannung und den schlaflosen Nächten legte N. I. sich hin und rezitierte für mich Emile Verhaerens Gedicht »Die Menschheit«*:

Es sickert das Blut von den Todesqualen gekreuzigter Abende
Im Purpur des Sonnenuntergangs aus fernen Himmeln...
Es sickert in den Sumpf der Moore, das Blut der traurigen Abende,
Das Blut der stillen Abende, und die Glätte der spiegelnden Wasser
Ist überall rot vom Blut der gekreuzigten Abende...
Ihr seid die neuen Christusse, ihr seid die Hirten der Herzen,
Die die Welt durch Leiden und Liebe erlösen.
Zu kristallenen Ufern führt ihr die Schafe!
An den Himmel gekreuzigt und Blut verströmend
Künden die Abende allem, allem das Ende,
Ein schwarzes Golgotha und ihrer Dornen Kranz!
Ein Golgotha der Trauer... Darin der gekreuzigten Abende Blut
Lautlos aus Wolkengewändern versickert...
Vorüber, vorüber die Zeit der glitzernden Hoffnungen,
Und in den Sumpf feuchter Moore, klaffender, unversöhnlicher,
Sickert leise das Blut, das Blut gekreuzigter Abende!

»Da hast du sie, die blutige Menschheitsgeschichte«, sagte N. I. mit schwacher Stimme.

Am erstaunlichsten ist aber, daß für N. I. die Zeit der glitzernden Hoffnungen trotz allem noch nicht vorüber war. Für

* Übersetzt nach der russischen Übersetzung. (A. d. Ü.)

diese Hoffnungen zahlte er mit dem Leben. Jedenfalls war einer der Gründe für seine unerhörten Geständnisse – Geständnisse nicht zu allem, aber doch sehr ungeheuerliche – ebendiese Hoffnung auf den Triumph jener Idee, der er sein Leben gewidmet hatte. Damals konnte ich mich nicht völlig auf den Sinn des Gedichts konzentrieren. Vor meinen Augen schimmerte der Revolver, den N. I. gerade noch in der Hand gehalten und wieder in die Schreibtischschublade gelegt hatte. Ich war von der fixen Idee besessen, ihn loszuwerden. Ich kann ihn doch nicht die ganze Zeit im Auge haben, dachte ich. Wie widersprüchlich alles in mir war: Die Aussichten waren mir klar, und trotzdem dachte ich: Und wenn der Tyrann es doch nicht wagt, Hand an N. I. zu legen? Dieses »doch« zwang mich, auf der Hut zu sein. Wegen einer möglichen Durchsuchung hielt ich es für zu gefährlich, den Revolver bei uns zu Haus zu verstecken, und mir fiel nichts Besseres ein, als ihn zu Mutter zu bringen. N. I. erklärte ich, daß ich Mutter besuchen wolle, und brachte ihm Jura, um ihn abzulenken. Jura fing zu jener Zeit schon an zu krabbeln und bewußt sein erstes Wort »Papa« zu sagen. Ich ging ins Arbeitszimmer, nahm den Revolver aus der Schublade, steckte ihn in meine Aktentasche und lief zu Mutter ins »Metropol«. Das letzte Mal hatte ich sie Ende August 1936 gesehen, als ich ihr das Kind gebracht hatte, um N. I. am Flughafen abzuholen. In beidseitiger Übereinstimmung hatten wir um ihrer Sicherheit willen beschlossen, uns nicht zu treffen.

Mutter fand meine Handlung unvernünftig.

»Was machst du denn«, sagte sie zu mir, »in solcher unruhigen Zeit läufst du mit einem geladenen Revolver herum! Gut, daß sie dich im Kreml nicht angehalten haben. Ich halte es nicht für ausgeschlossen, daß sie morgen bei mir erscheinen, und im Gegensatz zu N. I. habe ich keinen Waffenschein.«

Ich sah meinen Fehler ein, und wir beschlossen, daß es am besten sei, den Revolver zum NKWD zu bringen und zu erklären, wie er zu Mutter gelangt war. Das tat Mutter dann auch.*

* Als ich im Lubjanka-Gefängnis in der gleichen Zelle mit N. I. Jeshows Sekretärin Ryshowa saß, erinnerte sie sich an diese Episode und erzählte mir, daß der Revolver zwar geladen, aber defekt gewesen war. Man hätte damit nicht mehr schießen können.

Ich beeilte mich und lief so schnell es ging von Mutter nach Haus zurück. Das Kind schlief und schnarchte friedlich, an seinen Vater geschmiegt.

Ende Dezember 1936 klingelte es an der Tür. Unsere Wohnung war damals zu einem Totenhaus geworden. Außer Awgusta Petrowna Korotkowa, »Fitis«, N. I.s Sekretärin, die kam, um sich von ihm zu verabschieden, kam ein halbes Jahr lang, von Ende August bis Ende Februar, niemand zu uns. Die Türklingel bedeutete Schlechtes: ein Päckchen mit Aussagen oder Verhaftung. Klopfenden Herzens ging ich, um zu öffnen. Ein Kurier überbrachte ein Päckchen mit fünf Lacksiegeln. Diesmal waren es Radeks Aussagen. N. I. öffnete das Päckchen, sah hinein, brachte nur »Entsetzlich!« hervor, bat mich es vorzulesen und steckte den Kopf unter ein Kissen, wie ein Kind, das ein schlimmes Märchen hört.

Ich berichte, was ich behalten habe.

»*Untersuchungsleiter:* Bis jetzt haben Sie von der konterrevolutionären Tätigkeit der Trozkisten gesprochen, aber Sie haben noch nichts über die konterrevolutionäre Tätigkeit der Rechten berichtet.

Radek: Wenn ich offen von der konterrevolutionären Tätigkeit der Trozkisten gesprochen habe, so werde ich die konterrevolutionäre, terroristische Tätigkeit der Rechten *erst recht* (Hervorhebung von mir, A. L.) nicht verschweigen.«

Da Radeks Aussagen Ende Dezember 1936 kamen, also drei Monate nach seiner Verhaftung, und er beim Prozeß erklärte, daß er drei Monate »hartnäckig geleugnet« und nichts gestanden habe, kann man folgern, daß Radek gegen Bucharin aussagte, nachdem er sich selbst verleumdet hatte. Doch beim Prozeß sagte er in seiner Abschlußerklärung:

»Ich bekenne noch eine Schuld. Als ich meine Schuld schon gestanden und die Organisation aufgedeckt hatte, habe ich mich noch immer hartnäckig geweigert, gegen Bucharin auszusagen. Ich wußte, daß Bucharins Situation ebenso hoffnungslos wie meine eigene war, denn unsere Schuld ist, wenn nicht juristisch, so doch inhaltlich dieselbe. Aber wir sind enge Freunde, und eine intellektuelle Freundschaft ist stärker als alle anderen. Ich wußte, daß Bucharin ebenso erschüttert war wie ich, und ich war sicher, daß er gegenüber der Sowjetmacht ehrlich aussagen würde. Deswegen wollte ich nicht, daß er im Volkskommissariat für innere Angelegenheiten befangen wäre. Aber als ich sah, daß der Prozeß vor der Tür stand, verstand ich, daß ich nicht vor Gericht erscheinen und die Existenz der anderen terroristischen Organisation verschweigen könnte.«

Da man Radek in der Voruntersuchung und beim Prozeß zwang, von Anfang bis Ende zu lügen, läßt sich schwer sagen, was die Wahrheit ist. Möglich, daß man auf ihn solche Maßnahmen anwandte, daß er sofort gebrochen wurde; falls er drei Monate standhielt, hat er gegen N.I. ausgesagt, als er auch sich selbst verleumdete.

In Radeks Aussagen war festgehalten, daß die rechte Organisation in Absprache mit der trozkistischen handelte und daß sie beide zur Untergrabung des Sowjetstaats Sabotage und Terror einsetzten. Besonders prägten sich seine Aussagen über den Entschluß zum Mord an Kirow ein, sie waren reich an Details und Einzelheiten. Den Beschluß des trozkistischen Zentrums, Kirow zu ermorden, wollte Radek Bucharin im Arbeitszimmer in der »Iswestija«-Redaktion mitgeteilt haben, die Lampe mit dem grünen Schirm hätte gebrannt; bevor Bucharin dieser Aktion zustimmte, hätte er geschwankt und sich aufgeregt, sei nervös im Zimmer herumgegangen, hätte jedoch den Mord schließlich im Namen der rechten terroristischen Organisation gutgeheißen.

Als ich dies alles gelesen hatte, warf N.I. das Kissen beiseite. Kalter Schweiß stand ihm im Gesicht.

»Ich verstehe absolut nicht, was da los ist! Eben gerade noch hat Radek mich gebeten, Stalin über seinen Fall zu schreiben, und jetzt verbreitet er solche Phantasien!«

Zu jener Zeit durchschaute N.I. zweifellos schon, daß die Aussagen mit unrechtlichen Mitteln, vielleicht mit Folter, erzwungen wurden, und trotzdem erschien ihm die unheimliche Verwandlung von Bolschewiki in Verräter und Kriminelle wie ein unerklärlicher Zauber.

Nach seiner Verhaftung verstand N.I. alles. Beim Prozeß fragte Wyschinskij ihn, ob er erklären könne, warum alle gegen ihn aussagten. »Sie können das nicht erklären?« frohlockte der Staatsanwalt, offenbar weil Bucharin mit der Antwort zögerte. »Doch, ich kann es schon, aber ich weigere mich, es zu erklären«, antwortete Bucharin.

Da er sein nahes Ende voraussah, erzählte N. I. mir eine interessante Episode vom Sommer 1918 in Berlin, wo er sich dienstlich als Mitglied einer Kommission befand, die Zusatzabkommen zum Brester Friedensvertrag treffen sollte. Dort, in Berlin, hörte er, daß am Stadtrand eine ungewöhnliche Chiromantin wohnte, die das Schicksal nach den Handlinien genau voraussagen konnte. Aus Neugier beschlossen G. Ja. Sokolnikow und er, sie aufzusuchen. Was die Chiromantin Sokolnikow prophezeite, weiß ich nicht mehr. Zu N. I. sagte sie:

»Sie werden im eigenen Lande hingerichtet werden.«

»Sie meinen also, daß die Sowjetmacht untergehen wird?« fragte N. I., weil er von der Chiromantin auch noch eine politische Prognose erhoffte.

»Unter welcher Macht Sie sterben werden, kann ich nicht sagen, aber auf jeden Fall in Rußland. Da ist eine Wunde am Hals und der Tod durch Erhängen!«

Erschüttert von ihrer Prophezeiung rief N. I.:

»Wieso denn? Man kann nur von einer Ursache sterben, entweder von einer Wunde am Halse oder von einem Strick um den Hals!»*

Doch die Chiromantin wiederholte:

»Sowohl das eine, als auch das andere.«

»Jetzt würgt mich das Entsetzen vor der Aussicht eines Terrors in größtem Ausmaß. Das bedeutet in der Sprache der Chiromantin wohl die Wunde am Hals. Weiter kommt dann der Tod durch Erhängen oder durch eine Kugel, das bleibt sich gleich.«

Und immer neues Untersuchungsmaterial kam an.

Über die Aussagen von W. G. Jakowenko (Organisation von Kulakenaufständen in Sibirien) und N. I.s Reaktion darauf habe ich schon berichtet: Vor der Verhaftung nannte er es eine ungeheuerliche Erfindung, beim Prozeß hingegen bestätigte er es. Von führenden Parteipolitikern, wie etwa dem ehe-

* Im Original deutsch. (A. d. Ü.)

Mit Mitarbeitern des Volkskommissariats für Schwerindustrie

maligen Leiter der Moskauer Parteiorganisation N. A. Uglanow und dem ehemaligen Volkskommissar für Arbeit W.W. Schmidt, die in der Oppositionsperiode der Jahre 1928 bis 1930 N. I.s Ansichten geteilt hatten, und von seinen Schülern D. Marezkij, I. Krawal und A. Slepkow erhielt Bucharin vor seiner Verhaftung keine Aussagen. Aber von anderen Schülern, A. Ajchenwald, A. Sajzew und Schaposhnikow, kamen Aussagen über die »Palastrevolution«.

Gut erinnere ich die Aussagen von Jefim Zetlin. Während D. Marezkij, A. Slepkow und viele andere frühere Schüler von N. I. schon vor 1932 zur Arbeit aus Moskau fortgeschickt worden waren, dann aufgrund der Anordnung der ZKK der WKP(B) vom 9. Oktober 1932 »wegen Unterstützung der konterrevolutionären Gruppe um Rjutin und der Verbreitung seines Programms« aus der Partei ausgeschlossen und später verhaftet worden waren, arbeitete Jefim Zetlin als wissenschaftlicher Sekretär weiterhin im wissenschaftlichen Forschungsbereich beim Volkskommissariat für Schwerindustrie mit N. I. zusammen und stand in engem Kontakt mit ihm.

Ende 1933 oder 1934 (das weiß ich nicht genau) war Zetlin verhaftet worden. N. I. war überzeugt, daß Zetlin nicht an antistalinistischen Aktivitäten beteiligt sein konnte, und bat Stalin in einem Brief, ihn freizulassen. Stalin überlegte lange, aber als Zetlin verurteilt worden war und zum Ort der Haft gebracht werden sollte, wurde er auf Stalins Anweisung hin aus dem Transport zurück nach Moskau geholt. Zetlin wußte nicht, daß N. I. sich bei Stalin für ihn eingesetzt hatte, und schrieb ihm einen schroffen Brief, in dem er Bucharin vorwarf, keinen Finger für ihn gerührt zu haben, und erklärte, daß er es deswegen ablehne, weiter mit ihm zusammenzuarbeiten, daß er die Beziehung abbreche und in den Ural fahre. Dort, im Ural, wurde Je. Zetlin zum zweiten Mal verhaftet, wohl nicht später als 1936. In seinen erzwungenen Aussagen lasen wir, daß Bucharin ihn mit einem terroristischen Anschlag auf Stalin betraut habe. Zu diesem Zweck habe er ihm einen Revolver gegeben und ihm gesagt, daß Stalin zu einer bestimmten Zeit durch die Gerzenstraße fahren würde. Zetlin habe dort auf Stalins Wagen gelauert, um das Attentat auszuführen. Doch leider sei der Wagen nicht durch die Gerzenstraße gekommen...

Als N. I. Zetlins Aussagen gelesen hatte, schrieb er an Stalin, versuchte ihn davon zu überzeugen, daß er selbst keinerlei terroristische Absichten hatte, und bat noch einmal darum, den Grund für die unerhörte Verleumdung und Selbstverleumdung der Verhafteten zu untersuchen. Diese Bitte hatte natürlich keinen Erfolg.

Einmal sagte N.I.:

»Es bleibt wirklich nur noch der Ausweg, Selbstmord zu begehen, um sich von dieser unheimlichen Lektüre zu befreien.«

»Nein, das geht nicht mehr«, antwortete ich und erzählte ihm, was ich mit seinem Revolver gemacht hatte.

N. I. war nicht einmal imstande, auf mich böse zu werden; er sah mich nur verwundert an und sagte, daß noch nicht alles verloren sei, er hätte noch einen Revolver. Er holte einen großen Revolver aus seinem Arbeitszimmer. Darauf war eingraviert: »Dem Führer der proletarischen Revolution von Klim Woroschilow«. N. I. legte die Waffe in die Nachttischschublade neben dem Bett und sagte:

»Wenn sie kommen, um mich abzuholen, ergebe ich mich ihnen nicht.«

Mit Woroschilow stand N. I. sich recht gut. Es kam vor, daß N. I. auf Woroschilows Bitte für ihn seine Vorträge schrieb. Die Worte auf dem Revolver erinnerten an die Vergangenheit, und in diesen schlimmen Minuten beschloß N. I., einige Worte zum Abschied an Woroschilow zu schreiben. Er bat ihn um nichts, weil er wußte, daß Woroschilow ihm nicht hätte helfen können, selbst wenn er gewollt hätte. Er schrieb nur: »Du sollst wissen, Klim, daß ich an keinen Verbrechen beteiligt bin. N. Bucharin.«

Diesen Brief schickte ich zusammen mit dem Brief an Stalin über Je. Zetlins Aussagen mit dem Kurier weg.

Am nächsten Tag kam Antwort von Woroschilow: »Ich bitte, sich nicht mehr an mich zu wenden. Ob Sie schuldig sind oder nicht, wird die Untersuchung zeigen. Woroschilow.« (Gewöhnlich duzte er N. I.)

N. I.s moralische Erschütterung durch all das, was er in jenen Tagen durchmachen mußte, ist kaum zu beschreiben.

Der Mensch scheint mit dem Verstand das höchste Gut der Welt zu besitzen, aber in jenen Tagen hätte man dieses Gut loswerden wollen. Kein Mensch mehr sein! Man hätte sich in das einfachste Lebewesen ohne Verstand, in irgendeine Amöbe verwandeln mögen. Wir waren praktisch zusammen in eine Gefängniszelle im Kreml gesperrt. N. I. kapselte sich sogar innerhalb der Familie ab. Er wollte nicht, daß sein Vater ins Zimmer kam und sein Leid sah. »Geh weg, geh weg, Papilein«, erklang N. I.s schwache Stimme. Einmal kroch Nadeshda Michajlowna buchstäblich herein, um die neuen Aussagen zu sehen, und schleppte sich dann mit meiner Hilfe mühsam zum Bett zurück.

N. I. magerte ab und alterte, sein rotes Bärtchen ergraute. (Übrigens fiel mir die Aufgabe des Barbiers zu; in diesem halben Jahr hätte N. I.s Gesicht mit einem großen Bart zuwachsen können.)

In jener Zeit zwischen dem August 1936 und dem Februar 1937 bekam N. I. außer den beiden kurzen Briefen von Boris Leonidowitsch Pasternak noch einen Brief, der, wie mir heute scheint, unter den gegebenen Umständen sehr merkwürdig war. Er kam von dem Altbolschewiken und bekannten Journalisten Lew Semjonowitsch Sosnowskij, der lange Zeit zur trozkistischen Opposition gehört hatte und 1927 aus der Partei ausgeschlossen worden war. Vorher war er ständiger Mitarbeiter der »Prawda« gewesen und für seine begabten Feuilletons bekannt. Nach seiner Wiederaufnahme in die Partei, die, wenn ich nicht irre, 1935 geschah, wurde er auf Stalins Anweisung zur »Iswestija« geschickt. In dem Brief berichtete Sosnowskij, daß er aus der Redaktion entlassen und in prekärer finanzieller Lage sei, seine Familie hungere. Unverständlich, was Sosnowskij dazu bewegte, sich ausgerechnet an Bucharin zu wenden, obwohl der nur noch nominell als verantwortlicher Redakteur der »Iswestija« fungierte. N. I. hatte keine Möglichkeit, Sosnowskij wieder in sein Amt einzusetzen, denn er war ja praktisch selbst entlassen. Blieb nur eins: ihm finanziell zu helfen, doch auch das war nicht leicht. Auch früher hatte N. I. keine regelmäßige Bezahlung von der »Iswestija« bekommen, weil er sie abgelehnt hatte. Geld wurde ihm gewöhnlich von der Akademie der Wissenschaften überwiesen. In den ersten Monaten der Untersuchung zahlte die Akademie der Wissenschaften noch weiter an N. I. Dann kamen keine Überweisungen mehr. Dennoch gelang es mit Iwan Gawrilowitschs Hilfe, eine kleine Summe an Sosnowskij zu überweisen.

Kurz vor dem Prozeß des sogenannten parallelen trozkistischen Zentrums, der am 23. Januar 1937 begann, wurde N. I. ins ZK gerufen. In Anwesenheit aller Politbüromitglieder und unter Beteiligung von Jeshow fanden dort Gegenüberstellungen statt.

Als erster trat L. S. Sosnowskij vor Bucharin. Der Wortschatz bei den Konfrontationen unterschied sich nicht von dem der zugeschickten Aussagen: Verräter, Restauratoren des Kapitalismus, Schädlinge, Terroristen und so weiter. So bezeichneten sich die Beschuldigten selbst. Die Aussagen unterschieden sich nur in den Einzelheiten voneinander. Bei Sosnowskij war dieses Detail der angeblich zu konspirativen Zwecken geschickte Brief, den er vorher, als sie sich noch in der Redaktion trafen, mit Bucharin verabredet habe. Wie Sosnowskij aussagte, bedeutete dieser Brief, daß die Trozkisten beschlossen hätten, nun gezielt Terror zu entfesseln, und das von Bucharin geschickte Geld war ein Zeichen, daß die rechte terroristische Organisation die Ansichten der Trozkisten teile und ebenso handeln werde.

»Sie haben Geld an Sosnowskij überwiesen?« fragte Jeshow.

»Ja, das habe ich«, antwortete Bucharin und erklärte, wie es dazu gekommen war.

»Dann ist alles klar«, bemerkte Stalin, und Sosnowskij wurde hinausgeführt.

Zu Hause äußerte N. I. die Vermutung, daß Sosnowskij ihm den Brief geschickt hatte, als er schon in Haft war, damit diese Episode inszeniert werden konnte.

Als nächster wurde Pjatakow zur Konfrontation hereingeführt. Jurij Leonidowitsch Pjatakow war wegen seiner Zugehörigkeit zur trozkistischen Opposition aus der Partei ausgeschlossen, aber bald wieder aufgenommen worden. Auf dem XVI. und XVII. Parteitag war er ins ZK gewählt worden, dessen Mitglied er bis zu seiner Verhaftung blieb. In den letzten Jahren war er Sergo Ordshonikidses Stellvertreter im Volkskommissariat für Schwerindustrie gewesen. Dieses Kommissariat war für Fragen der Industrialisierung zuständig. Wegen der Art dieser Arbeit bezogen Pjatakows Aussagen sich hauptsächlich auf Sabotage. Pjatakows Aussehen erschütterte N. I. noch mehr als seine unsinnigen Verleumdungen. Er war nur noch Haut und Knochen, wie N. I. sagte, »nicht Pjatakow, sondern sein Schatten, ein Skelett mit ausgeschlagenen Zähnen.« In seinem »Brief an die Parteitag« hatte Lenin Pjatakow als einen Mann von nicht nur außergewöhnlichen Fähigkeiten, sondern auch außergewöhnlicher Willenskraft charakterisiert. Offenbar war es die außergewöhnliche Willenskraft, die ihn in diesen Zustand gebracht hatte: Es hatte großer Gewalt bedurft, um Pjatakow zu brechen. Während der Konfrontation saß Jeshow neben Pjatakow, als lebendige Erinnerung an das, was man mit ihm gemacht hatte, aus Sorge, daß Pjatakow ausbrechen und seine Aussagen verweigern könnte. Doch er verweigerte sie nicht. Er bekannte, Mitglied des konterrevolutionären Zentrums um Bucharin gewesen zu sein. Die gemeinsame Arbeit im Volkskommissariat für Schwerindustrie hatte Pjatakow diese Verbindung angeblich erleichtert.

Pjatakow sprach mit gesenktem Kopf und versuchte, die Augen mit der Hand zu bedecken. In seinem Ton lag Ingrimm, wie N. I. meinte, Ingrimm gegen diejenigen, die ihm zuhörten und das absurde Schauspiel nicht abbrachen, der unerhörten Willkür nicht Einhalt geboten.

»Sagen Sie, Jurij Leonidowitsch«, fragte Bucharin, »was zwingt Sie, sich selbst zu verleumden?«

Es entstand eine Pause. In die Pause hinein fragte Sergo Ordshonikidse, der Pjatakow, erschüttert von dem gequälten Aussehen und den Aussagen seines aktiven Helfers, konzentriert und verwundert ansah:

»Sind Ihre Aussagen wirklich freiwillig?«, und er legte die Hand ans Ohr, weil er schwerhörig war.

»Meine Aussagen sind freiwillig«, antwortete Pjatakow.

»Vollkommen freiwillig?« fragte Ordshonikidse mit noch größerem Staunen, aber auf die wiederholte Frage kam keine Antwort. Erst in seiner Abschlußrede beim Prozeß konnte Pjatakow sagen: »Jede Strafe, die Sie zu ertragen haben, wird leichter sein als die Tatsache des Bekenntnisses selbst« – womit er zu verstehen gab, daß seine Bekenntnisse erzwungen waren.

Warum konnte Pjatakow sich nicht in jenem Moment vor den versammelten Politbüromitgliedern dazu entschließen, die Wahrheit zu sagen und zu erzählen, was sie mit ihm gemacht hatten, wie sie ihn in einen solchen Zustand gebracht hatten, daß er sich kaum auf den Beinen zu halten vermochte? Es ist unmöglich, das ganz zu verstehen. Pjatakow wußte wohl, daß er nach der Gegenüberstellung nicht nach Haus zurückkam und daß die Höllenqualen in den Folterkammern des NKWD wieder anfangen würden.

Als nächster wurde bei derselben Politbürositzung Karl Radek zur Konfrontation mit Bucharin vorgeführt. Er machte keinen so jämmerlichen Eindruck wie Pjatakow. Wie N.I. erzählte, war er nur ungewöhnlich blaß und – im Unterschied zu den anderen Angeklagten, mit denen N.I. konfrontiert wurde – merkbar aufgeregt. Er wiederholte genau dasselbe: Die konterrevolutionäre trozkistische Untergrundorganisation sei über Bucharin mit einer ebenso konterrevolutionären rechten verbunden gewesen. Radek bestätigte seine Aussagen aus der Voruntersuchung, das Gespräch in der »Iswestija«-Redaktion über den Mord an Kirow und fügte noch ein Detail hinzu – eine Vereinbarung mit Bucharin über ein Attentat auf den Genossen Stalin. (Auf den *Genossen* Stalin – so drückte er

Kaganowitsch, Kalinin, Mikojan, Woroschilow, Jaroslawskij, Kosior, Rykow, Bucharin (Mitte), Kon, Budjonnyj und andere, Moskau 1930

sich aus. – A. L.) Ohne die Ermordung Stalins, sagte Radek, wäre die Restauration des Kapitalismus nicht möglich gewesen. Niemand aus dem Politbüro versuchte Radek Fragen zu stellen oder Zweifel an seinen Aussagen zu zeigen. Alle saßen unbeteiligt da. Radeks Aussagen befriedigten Stalin. Er gab sich den Anschein, als hielte er alles für wahr. Auch Sergo Ordshonikidse schwieg nach seinem mißglückten Versuch, die Wahrheit von Pjatakow zu erfahren, worauf er offenbar gehofft hatte. Aber er sah sehr unruhig aus, und in seinen Augen standen Verwunderung und Bestürzung...

Schließlich fing Bucharin an:

»Sagen Sie, Karl Berngardowitsch, wann haben Sie gelogen: jetzt, in Ihren phantastischen Bekenntnissen, oder damals in der Datscha, als Sie mich baten, Stalin von Ihrer Unschuld zu schreiben? Ich habe Ihre Bitte erfüllt.«

Radek schwieg.

»Ich bitte Sie, meine Frage zu beantworten: Haben Sie mich gebeten, Stalin von Ihrer Unschuld zu schreiben?«

»Ja, das habe ich«, bestätigte Radek und schluchzte auf. »Wasser!« bat er. »Mir ist schlecht.«

Stalin schenkte aus einer Karaffe Wasser ein und reichte es Radek. Radeks Hand zitterte so sehr, daß das Wasser aus dem Glas spritzte.

Damit war die Gegenüberstellung beendet. Nachdem man Radek hinausgeführt hatte, fragte Stalin Bucharin, wie er es erkläre, daß alle gegen ihn aussagten.

»Das können Sie besser erklären als ich«, antwortete Bucharin und forderte noch einmal eine Kommission zur Überprüfung der NKWD-Arbeit. Aber niemand hörte auf seine Bitte.

Zu Hause, als er mir das alles ausführlich erzählt hatte, sagte N. I.:

»Ich bin aus der Hölle wiedergekommen, aus einer vorübergehenden Hölle, aber ohne Zweifel werde ich auf Dauer dorthin kommen, ich kann noch heute verhaftet werden. Nur dann werde ich mir wohl wirklich alles erklären können...«

Wie gesagt, den erschütterndsten Eindruck hatte die erste Konfrontation, mit G. Ja. Sokolnikow, auf N. I. gemacht, ungeachtet ihres scheinbar glimpflichen Ausgangs. Im Laufe der halbjährigen Untersuchung gewöhnte N. I. sich infolge der allmählichen psychischen Auszehrung in gewissem Maße an die Situation und reagierte gelassener auf die Bezeichnungen »Terrorist«, »Schädling«, »Verschwörer«. Zeitweilig stumpfte er durch das Grauen bis zu Gleichgültigkeit und Teilnahmslosigkeit ab; dann wieder geriet er in unbeschreibliche Wut.

All dies geschah in einer Zeit, als in der Landwirtschaft die Wende zum Besseren einsetzte, als das Kartensystem aufgehoben wurde, die Industrie gewaltig wuchs und neue Produktionskräfte im Lande mobilisiert wurden, mit wie großen Schwierigkeiten auch immer. N. I. sah nicht zurück, sondern nach vorn. Die Sowjetunion wurde angesichts des drohenden Faschismus zu einem Bollwerk des Friedens. Das internationale Ansehen unseres Landes war 1936 so hoch wie nie. Mitte 1935 hatte der 7. Komintern-Kongreß alle kommunistischen und sozialistischen Parteien zur Einheitsfront gegen den Faschismus aufgerufen, und um des Erfolgs willen mußte die mit Mühe errungene Autorität des Landes gewahrt werden. Im Januar 1936 hatte Romain Rolland in seinem Appell »An meine sowjetischen Freunde« geschrieben: »Möge das Ideal, dem Ihr dient, der Glaube, der bei Euch verwirklicht ist, die Menschheit bezwingen!«* Und nur wenige Monate später würgte die größte Ungerechtigkeit der Geschichte, der Große Terror, der beispiellose Wahnsinn, wie N. I. es nannte, die Partei und ihre leuchtenden Ideale und machte seine große Hoffnung auf eine Humanisierung der Gesellschaft zunichte. »Was wir wollen, ist ein sozialistischer Humanismus«, hatte Bucharin in seinem letzten Vortrag in Paris im April 1936 gesagt. Doch die Höllenflamme des Terrors loderte. N. I. verstand das und weigerte sich, es zu verstehen; er fand sich in den Geschehnissen nicht zurecht, denn das menschliche Denken ist erheblich konservativer als der schnelle Flug der Zeit.

Einige Tage nach den Konfrontationen begann der Prozeß gegen das sogenannte parallele trozkistische Zentrum. Siebzehn Personen standen vor Gericht, darunter K. Radek, Ju. Pjatakow, G. Sokolnikow, L. Serebrjakow, N. Muralow... Bucharin sah die Zeitungen, die vom Prozeß berichteten, nicht an, sondern warf sie beiseite.

»Ich kann diesen Wahnsinn nicht lesen; ihre Aussagen bei den Konfrontationen reichen mir«, sagte er völlig verzweifelt. Als ich ihm das Urteil vorlas und er hörte, daß Sokolnikow und Radek nicht zum Tode, sondern zu zehn Jahren Haft verurteilt worden waren, vermutete er, daß sie sich dadurch, daß sie ihn verleumdeten, das Leben verdient hatten. Dabei war ihm klar, daß sie auch sich selbst erzwungenermaßen verleumdet hatten. Ich nehme an, daß man sie als Köder für N. I., Rykow und die anderen Angeklagten zunächst am Leben ließ, um zu zeigen, daß man sich durch Selbstverleumdung und Verleumdung der Genossen das Leben retten konnte. Das war, wie ich glaube, Stalins heimliche Rechnung, und zwar um so mehr, als dieser taktische Schritt ihn nichts kostete, da sowohl Radek als auch Sokolnikow später umgebracht wurden, was N. I. nicht mehr erfuhr.

»Wer hätte so etwas voraussehen können! Wohl nur Nostradamus!« rief N. I. in völliger Verwirrung aus.

* Übersetzt nach der russischen Übersetzung. (A. d. Ü.)

Москов. охр. отд.

№ 2886

190 года.

1910 ДѢЛО

ДЕПАРТАМЕНТА

ПОЛИЦІИ

7 ДѢЛОПРОИЗВОДСТВА

по наблюденію за производящеюся въ порядкѣ положенія объ охранѣ перепиской о студентѣ Николаѣ Ивановѣ Бухаринѣ.-

Начато 31 Декабря 1910 года.

Кончено 1 года.

На 4 листахъ.

Deckblatt eines Polizeiberichts über den Inhalt der bei Bucharin konfiszierten Korrespondenz, 31. Dezember 1910

Der Prozeß gegen das erfundene parallele trozkistische Zentrum dauerte vom 23. bis 30. Januar 1937. Bis zu N. I.s Verhaftung blieb noch knapp ein Monat.

Dieser letzte Monat war am schwersten. Im übrigen gab es helle Momente für N. I., wo er aufs Leben hoffte. Ihr (Bucharins und Rykows) »Fall« zog sich allzu sehr hin, man zögerte mit der Verhaftung.

»Und wenn man mich zu des Teufels Großmutter schickt, kommst du dann mit, Anjutka?« fragte er kindlich naiv. »Koba kann doch nicht wirklich vor der ganzen Welt den dritten mittelalterlichen Prozeß inszenieren. Mir ist nur der Parteiausschluß unerträglich, es wird schwierig sein, das zu überleben, aber Arbeit finde ich überall: Ich werde mich mit Naturwissenschaften beschäftigen, mit Poesie, ich werde eine Erzählung über das schreiben, was ich durchgemacht habe; meine geliebte Frau wird bei mir sein, mein Sohn wird heranwachsen... Was will man unter den gegebenen Umständen mehr!«

»Ich komme mit dir zu des Teufels Großmutter, aber ich fürchte, daß das nur rosige Wunschträume sind.« Ich konnte N. I. nicht beruhigen.

Die Hoffnungsschimmer hielten nicht lange vor, die Aussichten waren nur zu klar.

N. I. saß in seinem Zimmer wie in der Falle. Zuletzt konnte ich ihn kaum noch dazu bringen, ins Badezimmer zu gehen, um sich zu waschen. Er wollte seinem Vater nicht begegnen, nicht nur weil er fürchtete, ihn durch sein Aussehen zu betrüben. Noch mehr fürchtete er seine Frage: »Nikolaj! Was geht denn nur vor?« Der Gedanke daran, daß seine Mutter, die 1915 gestorben war, sein Leid nicht mit ansehen mußte, schaffte N. I. Erleichterung. Ljubow Iwanowna wußte, daß ihr Sohn sich von Kindheit an für die Naturwissenschaften interessiert hatte, und hatte gehofft, daß er Biologe werden würde (das Schicksal der Biologen fügte sich in jener finsteren Zeit nicht besser als das der Altbolschewiki). Sie bedauerte, daß Nikolaj sich für die Revolution engagierte, und regte sich auf, wenn vor der Revolution ihre Wohnung durchsucht wurde. »Unvorstellbar, was heute mit ihr wäre, sagte N. I. oft.

Der Februar 1937 zählte schon die letzten Tage unseres gemeinsamen Lebens, als plötzlich das lange Zeit stumm gebliebene Telefon klingelte. Iwan Gawrilowitsch öffnete die Tür ein wenig und bat mich, an den Apparat zu kommen. Zu meiner Überraschung war es Kolja Sosykin, mein ehemaliger Kommilitone und Komsomol-Gruppenleiter. Jener Kolja, den ich Berija nicht verraten wollte, der mich aber an ihn verraten hat. Kolja lud mich zu sich ins Hotel »Moskau« ein. Und obwohl N. I. den Verdacht hatte, daß mein Kolja ein Spitzel sei, meinte er schließlich doch, daß es nichts ausmachen würde, wenn ich mich mit ihm träfe.

»Sag nur nichts Überflüssiges«, warnte N. I. »Schöpf ein bißchen frische Luft. Geh nur, geh nur, laß dich etwas ablenken.«

Ich blieb nicht lange bei Sosykin, aber ich schaffte es, ihm alles »Überflüssige« zu erzählen, was es nur zu erzählen gab: Von den Einzelheiten der Dezembertagung des ZK der WKP(B), von den Konfrontationen und daß N. I. seine Mitschuld an Verbrechen strikt ableugne. Vorsichtig war ich nur insofern, als ich Stalin nicht erwähnte, obwohl diese unheilvolle Gestalt zu jener Zeit für mich schon rein negativ war. Auf Sosykins Frage, wie Stalin zu den Ereignissen und zu N. I. persönlich stände, bediente ich mich der Meinung, die unsere dummen Spießbürger gern verbreiteten, und antwortete: »Das NKWD betrügt Stalin.«

So schüttete ich Sosykin mein Herz aus, »schöpfte etwas frische Luft« und eilte nach Haus. Vor dem Haus sah ich, daß aus dem Nachbareingang, der näher zum Troizkijtor lag, Sergo Ordshonikidse trat und zum Auto ging. Als er mich bemerkte, blieb er stehen. Aber was sollte ich in jenem Moment zu ihm sagen? Einen Augenblick standen wir schweigend da. Sergo sah mich so traurig an, daß ich diesen Blick bis heute nicht vergessen kann. Dann drückte er mir die Hand und sagte nur zwei Worte: »Zähne zusammenbeißen!« Stieg ins Auto und fuhr ab. Man hätte sich unmöglich vorstellen können, daß Ordshonikidse nur noch wenige Tage zu leben hatte.

Zu Hause erzählte ich N. I. von der Begegnung mit Sergo. Und obwohl es schwer war, »die Zähne zusammenzubeißen«, war er gerührt. Wie wenig bedurfte es in jenen Tagen, wie freute man sich über ein gutes Wort! Sofort schrieb N. I. an Ordshonikidse, in der Hoffnung, daß dieser nicht so antworten würde wie Woroschilow. Ich habe diesen Brief nicht auswendig gelernt wie jenen anderen, von dem ich noch erzählen muß, deswegen kann ich seinen Inhalt nur kurz wiedergeben. N. I. schrieb Sergo, daß er sich N. I.s Zustand sicher vorstellen könne und wisse, was ihm bevorstünde, weil er die fabrizierten Verleumdungen gegen ihn kenne und bei den ungeheuerlichen und unerklärlichen Konfrontationen dabeigewesen sei. Die Ereignisse zwängen ihn zu der Vermutung, daß im NKWD eine Kraft wirksam sei, die weder er selbst, solange er nicht im Gefängnis säße, noch Sergo sich ganz erklären könnten. Für ihn, Bucharin, werde es aber immer klarer, daß diese Kraft sicher und ohne Angst zu scheitern vorgehe, da sie alle diejenigen, die ihr Leben dem Volk und der Revolution geweiht hatten, dazu brächte, sich selbst und die Parteigenossen zu verleumden. Und weiter hieß es wörtlich: »Ich fange an zu befürchten, daß auch ich im Falle der Verhaftung in die Lage von Pjatakow, Radek, Sokolnikow, Muralow und den anderen geraten könnte. Leb wohl, lieber Sergo. Glaube mir, daß ich in allen meinen Absichten rechtschaffen bin. Rechtschaffen, was auch immer mit mir geschehen möge.« (Dieser Schlußsatz erinnerte mich an Radeks letzte Worte bei seinem Gespräch mit N. I. in der Datscha: »Nikolaj! Glaube mir: Was immer mit mir geschehen mag, ich bin unschuldig.«) N. I. beendete seinen Brief mit der Bitte an Ordshonikidse, sich im Falle seiner Verhaftung um seine Familie zu kümmern. Er bat, daß Sergo wenigstens in der ersten Zeit, bis ich wieder zu mir gekommen wäre und Arbeit gefunden hätte, das Kind zu sich nähme. Aber diese das Kind betreffende Bitte bremste mich; ich schob es immer wieder hinaus, den Brief abzuschicken. Und obwohl ich mir kaum vorstellen konnte, daß Ordshonikidse in dieser schrecklichen Zeit die Möglichkeit haben würde, unser Kind auch nur vorübergehend zu sich zu nehmen, ließ mein Mutterinstinkt mich auf der Hut sein. Ich glaubte, daß ich den Kleinen zunächst mit Mutters Hilfe und später allein würde großziehen können. Aber das Problem löste sich von selbst. Kurze Zeit später gab es keinen Empfänger mehr für den Brief...

Sergo Ordshonikidse konnte nicht nur kein Mittäter, sondern auch kein stummer Beobachter der unerhörten Willkür werden. Es gab nur einen Ausweg – für immer zu gehen. Die

Frage ist: Wer hat ihn gewählt?... Die Gerüchte sind widersprüchlich.

Heute, nach all dem Erlebten, wirkt die Bitte an Sergo, unserer Familie zu helfen, naiv, selbst unter der Voraussetzung, daß er am Leben geblieben wäre. Aber konnte N. I. ahnen, daß man mich dreieinhalb Monate nach seiner Verhaftung von dem Kind trennen würde und ich mir keine Gedanken zu machen brauchte, wie ich es ernährte?...

Nachdem ich mich von meinem Sohn hatte trennen müssen, als er ein Jahr alt war, sah ich ihn neunzehn Jahre später, im Sommer 1956, als zwanzigjährigen jungen Mann wieder, als er zu mir nach Sibirien in die Siedlung Tissul im Gebiet Kemerowo, der letzten Station meiner Verbannung, kam.

Der Leser, falls ich einen haben werde, möge mir verzeihen, wenn ich kurz von meinen Erinnerungen an die schrecklichen Tage abweiche und fast zwei Jahrzehnte vorauseile. Ich werde noch in den Kreml zurückkehren, um mich von N. I. zu verabschieden. Die Geschichte unserer Trennung gerät nicht in Vergessenheit, da sie in meinem Herzen lebt.

Doch es verlangt einen nach etwas Freude, und ist das ersehnte Widersehen mit dem Sohn nach so langer Trennung etwa keine Freude? Freude, wenn auch von Dramatik überschattet. Wenn Sergo Ordshonikidse unser Kind auch nicht retten konnte, so taten es doch abwechselnd die Verwandten, und auch im Kinderheim ist es nicht gestorben. Ich danke allen dafür. Von dem Wiedersehen mit meinem Sohn, von dem ich so viele Jahre geträumt hatte, will ich jetzt berichten.

Zu jener Zeit hatte ich eine neue Familie gegründet. Das heißt, es ist eine große Übertreibung, wenn ich sage, ich hätte sie gegründet. Meinen zweiten Mann, Fjodor Dmitrijewitsch Fadejew, hatte ich im Lager kennengelernt. Vor seiner Verhaftung hatte er die Abteilung für landwirtschaftliche Produktion des Volkskommissariats der Sowchosen der Republik Kasachstan geleitet. Nach seiner Freilassung und Rehabilitierung kam er nicht in Verbannung und blieb meinetwegen in Sibirien. Aber wegen seiner Verbindung mit mir wurde er unter verschiedenen Vorwänden noch dreimal verhaftet. Einen großen Teil unseres Lebens saß er entweder im Gefängnis oder arbeitete weit entfernt von mir, so daß er nur im Urlaub kommen konnte. Und ich zog mit zwei kleinen Kindern durch die verschiedenen Verbannungsstationen. Er bemühte sich immer, in meiner Nähe Arbeit zu finden. Das war auch möglich, weil er an zwei Fakultäten der landwirtschaftlichen Akademie – der agronomischen und der zootechnischen – studiert und viele Jahre in der Landwirtschaft gearbeitet hatte. Ringsum waren überall Sowchosen, es war nicht schwer, eine Stelle zu finden. Aber sobald er sich an die Arbeit machte, wurde er entweder verhaftet, oder ich wurde an einen anderen Ort verlegt.

Das ist ein eigenes, ebenfalls dramatisches Kapitel meines Lebens, aber es würde den Rahmen der vorliegenden Erinnerungen sprengen. Um 1956 wurde das politische Klima wärmer, und es schien, daß wir uns endgültig vereinigen könnten, doch das verhinderte Fjodor Dmitrijewitschs früher Tod. Zermürbt von achtjähriger Haft, von Untersuchungen mit Folter, die ihn zur Selbstverleumdung trieben, und von den weiteren Mißlichkeiten im Zusammenhang mit mir, hatte er nicht überlebt. Wie gesagt, dieses Thema verlangt einen besonderen Bericht. Jetzt erwähne ich es nur nebenbei, im Zusammenhang damit, daß unsere ganze Familie Jura treffen sollte.

Die Siedlung Tissul war von der nächsten Bahnstation Tjashin etwa vierzig bis fünfundvierzig Kilometer entfernt. Es gab keine regelmäßige Verkehrsverbindung von Tissul nach Tjashin. Wir machten uns mit einem Motorrad mit Beiwagen auf den Weg. Die Kinder – Nadja, die noch nicht ganz zehn war, und den sechsjährigen Mischa – konnten wir nicht zu Haus lassen, weil sie ganz ungeduldig waren, ihren Bruder zu sehen. Für sie war das Ganze nur ein fröhliches Abenteuer. Also mußten wir uns auf dem Motorrad zusammenzwängen. Unterwegs versagte die Bremse, es gab einen Unfall, und wir wären fast ums Leben gekommen. Aber zu guter Letzt erreichten wir Tjashin.

Es ist schwer, meinen Zustand zu beschreiben. Ich fuhr zu meinem Sohn und gleichzeitig zu einem unbekannten jungen Mann. Was stellte er dar, der in Heimen Aufgewachsene? Würden wir eine gemeinsame Sprache finden? Würde er mich verstehen können? Würde er mir keine Vorwürfe machen, daß ich noch mehr Kinder hatte, oder es als Treuebruch ihm gegenüber empfinden? Und schließlich würde er mich sicher fragen, wer sein Vater war. Und das war das Wichtigste. Würde es nicht zu belastend für sein junges Gemüt sein, wenn ich ihm das Geheimnis eröffnete? Wir trafen uns nach dem XX. Parteitag. Ich hatte mich mit Zeitungsausschnitten zum Thema »Stalins Personenkult« eingedeckt. Wenn ich auch der Meinung war und bin, daß diese Formulierung Stalins Verbrechen nicht ausreichend wiedergibt und den jüngeren Generationen die

Jurij Larin, der Sohn von Bucharin und Anna Larina, 1960

Epoche nicht charakterisiert und das Grauen nicht erklärt, das unser Land durchgemacht hat, war sie doch immerhin ein Schritt in die Zukunft und zur Wahrheit und erleichterte mir meine Aufgabe. Kurz vor Juras Ankunft gelang es mir noch, in einem Zeitungskiosk Lenins Vermächtnis, den »Brief an den Parteitag«, zu kaufen, der als Broschüre veröffentlicht worden war. Kurz, ich wappnete mich. Mir gingen Dutzende von Fragen durch den Kopf, die ich nicht beantworten konnte, solange ich meinen Sohn nicht kannte.

Wir gingen schon auf dem Bahnsteig auf und ab, als ich in der Ferne den Zug kommen sah. Ich war so aufgeregt, daß ich spürte, ich würde gleich fallen, wandte mich zum Bahnhofszaun um und wurde ohnmächtig. Es war nicht der richtige Zug, und beim nächsten Zug, mit dem Jura dann kam, hatte ich mich wieder erholt. Ich versuchte, den ganzen Zug zu überblicken, und hatte Angst, meinen Sohn zu übersehen. Ich hatte keine Ahnung, wie er aussah. Ich kannte nur Kinderbilder von ihm. Und plötzlich fühlte ich eine Umarmung und einen Kuß. Jura war von der Seite zu mir gelaufen, während ich konzentriert zu den letzten Wagen blickte. Zu erkennen war er nur an seinen Augen, die ebenso strahlend waren wie in der Kindheit. Wie er mich erkannt hatte, weiß ich nicht. Als Kind hatte er mein Foto gesehen, und mein aufgeregtes Aussehen hatte ihm wohl etwas verraten. Er war unbeschreiblich mager, die Hose hielt sich kaum über den knochigen Hüften, und auf der Brust konnte man jede Rippe zählen. Der reinste Mahatma Gandhi. Ich sah ihm ins Gesicht und suchte bekannte Züge. Als er anfing zu reden, stockte mir das Herz: Die Stimme, die Gesten und der Ausdruck der Augen waren ganz der Vater, die Augenfarbe ähnelte eher meiner, und er war brünett wie ich, während er als Kind ganz helle Haare gehabt hatte.

»So kann's gehen, Jurotschka!... So kann's gehen!...« Im ersten Augenblick fand ich keine anderen Worte, aber er...

»Jetzt verstehe ich, warum ich so hager bin...«

Ich war nicht viel voller als Jura.

Erschöpft und gründlich durchgerüttelt vom Motorrad erreichten wir gegen Abend unser Tissul.

Der nächste Tag verging ruhig, Jura war vergnügt. Er sang Lieder und lief mit den Kindern in den Gemüsegarten, um Erbsenschoten zu pflücken. Als wir morgens zum Frühstück Grießbrei mit Himbeerwarenje aßen, fragte Jura Mischa: »Na, wer war das, der Grießbrei mit Himbeerwarenje aß?« Mischa überlegte und antwortete unsicher: »Vermutlich Lenin.« Wir lachten. Und Jura erzählte dem kleinen Mischa, daß es Buratino* war, der Grießbrei mit Himbeerwarenje aß.

So verging der erste Tag unseres gemeinsamen Lebens, ein glücklicher, ungewöhnlich leichter, heller Tag. Wie wenn einem ein Stein vom Herzen fällt.

* Buratino: Gestalt aus der Kinderliteratur; von A. N. Tolstoj frei nacherzählte Variante zu »Pinocchio«. (A. d. Ü.)

Mit Akademiemitglied A. N. Bach (ganz rechts), Moskau 1932

Ich lernte meinen Sohn kennen, fragte, was ihn interessierte und warum er gerade an jenem Institut studierte (Jura besuchte das Nowotscherkassker Institut für Hydromelioration). Ich wollte wissen, ob er Interesse an Naturwissenschaften oder Mathematik hatte, und erzählte ihm, daß sein Großvater, Iwan Gawrilowitsch, Mathematiker war und früher an einem Mädchengymnasium unterrichtet hatte. Die Begeisterung seines Vaters für Naturwissenschaften verschwieg ich, weil ich ihn nicht erwähnen wollte. Mich interessierte, welche Interessen mein Sohn geerbt haben konnte.

Jura erzählte mir, daß er zufällig in das Institut geraten sei. Einige aus dem Kinderheim waren hingefahren, um das Aufnahmeexamen zu machen, er fuhr mit, bestand das Examen und begann zu studieren. Besonderes Interesse für dieses Fach hatte er nicht. Beim Examen war er barfuß.

»Wieso denn das? Hast du denn im Kinderheim keine Schuhe bekommen?« fragte ich erstaunt.

»Doch, aber ich fühlte mich ohne Schuhe freier...«

Naturwissenschaften und Mathematik interessierten ihn nicht. Er zeichnete gern und träumte davon, Maler zu werden. Zuletzt erreichte er das auch. Aber damals hatte ich Angst vor

Themen, die mit seinem Vater zusammenhingen, und dachte nur für mich, daß er dieses Interesse von seinem Vater geerbt hatte.

Aber am nächsten Tag kam ich um das heikle Thema nicht herum, obwohl ich das Gespräch, das mir so schwerfiel, hinauszögern wollte. Ich mußte dem Jungen ja nicht nur sagen, wer sein Vater war, sondern, wie ich meinte, auch, wo er war. Aber Jura ließ nicht locker und fragte immer wieder:

»Mama, sag mir, wer mein Vater ist.«

»Was meinst du denn, Jurotschka, wer es ist?«

»Ich nehme an, irgendein Professor«, vermutete Jura. Seine Antwort ließ mich lachen.

»Nicht Professor, aber Akademiemitglied.«

»Sogar Akademiemitglied! Vater ist Akademiemitglied, und ich bin ein Dummkopf«, sagte Jura.

Jura war durchaus kein Dummkopf. Im Gegenteil, wenn man bedenkt, unter welchen Umständen er groß geworden war, war seine Entwicklung sehr überraschend.

»Aber das ist nicht das Wichtigste«, sagte ich. (Wenn Jura nicht gesagt hätte: »Vermutlich irgendein Professor«, hätte ich gar nicht daran gedacht, daß N. I. Akademiemitglied war.) »Das Wichtigste ist, daß er ein bekannter Politiker war.«

»Sag mir seinen Namen.«

»Den sage ich dir morgen.« Ich dachte: Wenn ich den Namen sage, wird Jura mir sagen: »Ist das der Volksfeind Bucharin?« – und mir wurde angst und bange.

»Wenn du ihn mir jetzt nicht sagen willst, dann laß es uns so machen: Ich versuche ihn zu erraten, und du sagst mir, wenn es richtig ist.«

Ich war einverstanden, weil ich annahm, daß er seinen Vater nicht erraten würde, und betrachtete Juras Vorschlag als eine Art Spiel und für mich als Aufschub des Unvermeidlichen. Aber Jura sagte:

»Ich vermute, mein Vater ist Bucharin.«

Erstaunt sah ich meinen Sohn an.

»Wenn du es wußtest, warum fragst du mich dann?«

»Ich wußte es nicht, ehrlich, ich wußte es nicht.«

»Wie konntest du es denn erraten?«

»Ich bin nach dem Ausschlußverfahren vorgegangen. Du hast gesagt, daß mein Großvater Iwan Gawrilowitsch ist und

Von links nach rechts: Der Enkel Kolja, Sohn Jurij, Larina, Stephen Cohen.

daß mein Vater ein bekannter Politiker war. Dann habe ich mir überlegt, wer von den bekannten Politikern ›Iwanowitsch‹ heißt, und bin auf Bucharin Nikolaj Iwanowitsch gekommen.«

Mich wunderte, daß Jura die Namen der führenden Politiker, der Mitstreiter Lenins, kannte und daß er alle nannte außer Alexej *Iwanowitsch* Rykow. Daß Bucharin der jüngste von ihnen war, wußte er nicht. Das war auch keine weitere Hilfe beim Raten. Über unseren Altersunterschied dachte er nicht nach. Es ist kaum zu glauben, aber es war wirklich alles so, wie ich sage. Bis heute halte ich es für möglich, daß er den Namen seines Vaters als Kind schon einmal von einem Verwandten gehört und unbewußt behalten hatte und daß die Erinnerung an den Klang des Namens in jenem Moment wieder auftauchte.

Ich zeigte Jura die Zeitungsausschnitte und »Lenins Vermächtnis« und erzählte ihm ein wenig von seinem Vater, obwohl ich seine Aufmerksamkeit nicht zu sehr darauf lenken wollte, um ihn zu schützen. Vor der Abfahrt bat ich ihn, seinen wahren Nachnamen nicht zu sagen, weil ich fürchtete, daß ihm das in seinem ohnehin nicht leichten Leben noch mehr Schwierigkeiten bereiten könnte.

Im Kinderheim hatte man dem Jungen einen Paß gegeben, in dem der Nachname derjenigen meiner Verwandten genannt war, bei denen er abgeholt worden war, als man ihn ins Heim brachte. So war er Jurij Borisowitsch Gusman geworden, obwohl formal keine Adoption bestand. Doch es fiel ihm schwer, das Geheimnis seiner Herkunft zu wahren. Kurz vor Abschluß seines Studiums am Institut, bevor er zum Offizier ernannt wurde, mußte er ein sehr ausführliches Formular ausfüllen. Er meinte, vorsätzlich etwas zu verhehlen, wenn er seinen Vater verschwieg, und das bedrückte ihn. So bat er mich in einem Brief um die Erlaubnis, die Wahrheit sagen zu dürfen, und fragte nach meinem und des Vaters Geburtsjahr, die er wirklich nicht wußte. Das Formular mußte innerhalb von zwei Wochen ausgefüllt werden. Sein Brief hatte lange bis zu mir gebraucht, und damit die Antwort rechtzeitig kam, schickte ich ihm ein Telegramm. Ich nannte ihm Nachnamen, Vornamen, Vatersnamen und Geburtsjahr des Vaters sowie mein Geburtsjahr und gab ihm so meine Einwilligung, daß er seine Biographie offenlegte.

Alles andere wird, wie ich hoffe, Jura einmal selbst erzählen. Ich muß nun in den Kreml zurückkehren, zu meinem damals zehn Monate alten Kind, zum zugrunde gerichteten N. I. und für immer von ihm Abschied nehmen.

Der Brief an S. Ordshonikidse lag in unserem Zimmer auf dem Tisch. Mehrmals erinnerte N. I. mich daran, ihn abzuschicken, ihn am besten selbst in die Wohnung zu bringen, was für mich noch schwerer war, als ihn dem Kurier zu geben. Ich den letzten Tagen vor N. I.s Verhaftung verbrachte das Kind mehr Zeit bei uns. Statt eines Spielzeugs (außer Rasseln, die N. I. vor der Abreise zum Pamir in die Datscha gebracht hatte, hatten wir keins) zog Jura die ausgestopfte Blauracke, die N. I. irgendwann geschossen hatte, über den Fußboden und warf sie in die Luft. Er krabbelte und stand auf, hielt sich am Bett des Vaters fest und trippelte mit unsicheren Schritten näher an ihn heran, um ihn zu küssen. Ach, wie durchdringend schrie er »Papa, Papa, Papa!...«, bis er ganz rot vor

Anstrengung war. Vor der Trennung von seinem Vater war er unbewußt, intuitiv besonders zärtlich zu ihm.

Plötzlich klingelte es an der Tür. Aufgeregt wie immer, ging ich, um zu öffnen. Diesmal wurde die Mitteilung von der Einberufung der Plenartagung des ZK der WKP(B) gebracht, die als Februar-März-Tagung in die Geschichte einging. Da allen Aussagen, die uns geschickt worden waren, ein Zettelchen »Materialien zur Tagung« beigefügt war, hatte N. I. die Tagung erwartet. Er hatte es jedoch auch nicht für ausgeschlossen gehalten, daß er schon vor der Tagung verhaftet werden könnte. Wir erhielten die Mitteilung einige Tage vor Eröffnung der Tagung, die zunächst für den 18. und 19. Februar anberaumt war (ich erinnere es nicht genau).

Auf der Tagesordnung standen zwei Punkte:

1. Die Frage betreffs N. I. Bucharin und A. I. Rykow;
2. Organisationsfragen.

Als N. I. die Mitteilung gelesen hatte, sagte er kategorisch:

»Zu dieser Tagung gehe ich nicht, die können da auch in meiner Abwesenheit mit mir abrechnen.«

Er beschloß, in Hungerstreik zu treten. Er schrieb sofort eine Erklärung ans Politbüro, die bei der Tagung bekanntgegeben werden sollte: »Aus Protest gegen die unerhörten Beschuldigungen des Betrugs, Verrats und so weiter trete ich in Hungerstreik und werde ihn so lange nicht abbrechen, bis man mich für unschuldig erklärt. Andernfalls ist meine letzte Bitte, mich in meiner Wohnung zu lassen, damit ich hier sterben kann.« (Ich zitiere aus dem Gedächtnis und garantiere nicht für Genauigkeit.)

Vor Beginn des Hungerstreiks bat N. I. mich, ihm zu helfen, in seinem Schreibtisch einen Notizzettel zu finden, den Stalin geschrieben hatte und den er vor einer möglichen Durchsuchung vernichten wollte. Er hatte den Zettel unter ganz harmlosen Umständen gefunden. Einmal, nach einer Politbürositzung Anfang 1929 oder Ende 1928, hatte N. I. bemerkt, daß er einen kleinen Bleistift aus der Tasche verloren hatte, mit dem er sich gern Notizen machte. Er war in das leere Sitzungszimmer zurückgegangen, hatte den Bleistift auf dem Fußboden entdeckt und ihn aufheben wollen. Daneben hatte das Zettelchen gelegen, das er auch aufhob. Darauf stand in Stalins Schrift: »Bucharins Schüler müssen vernichtet werden!« So hatte Stalin seine Gedanken festgehalten, hatte zufällig den Zettel fallenlassen und ihn vergessen. So war dieses Dokument, das von Stalins unheilvollen Plänen sprach, zu N. I. gelangt und hatte viele Jahre in seinem Schreibtisch gelegen. N. I. wollte den Zettel loswerden, damit man ihm nicht Diebstahl, Dokumentenfälschung oder wer weiß was sonst noch vorwarf. Dieser Zettel war das einzige Dokument, das wir vor der Durchsuchung vernichteten.

Wußten N. I.s Schüler davon? Ich bin nicht sicher, daß alle es wußten. Daß D. P. Marezkij und Jefim Zetlin davon wußten, kann ich mit Sicherheit sagen. Der Zettel, den ich mit eigenen Händen vernichtete, regte mich auf, und ich fragte N. I., aus verständlichen Gründen schriftlich:

»Dann wußtest Du also von Stalins Plänen?«

»Daß Stalin meine ehemaligen Schüler erschießen könnte, vermutete ich damals nicht. Ich dachte, er wollte meine Schule vernichten, indem er sie von mir isolierte.« (Tatsächlich schickte Stalin N. I.s Schüler zunächst an die Peripherie.) »Heute halte ich es auch für möglich, daß er sie physisch vernichtet«, war die schriftliche Antwort.

N. I.s Arbeitszimmer war vollkommen verödet. Die beiden Sittiche waren verendet und lagen in der Voliere. Der von N. I. gepflanzte Efeu war verwelkt; die ausgestopften Vögel und die Bilder an den Wänden waren staubbedeckt. Als ich das Arbeitszimmer betrat, spürte ich besonders deutlich, daß der Tod vor der Tür stand. Wir setzten uns aufs Sofa. Darüber hing mein Lieblingsaquarell »Sonnenuntergang im Elbrus«. Ich hielt es nicht aus und wischte den Staub vom Glas. Sofort öffnete sich der doppelköpfige, eisbedeckte, bläuliche Gipfel des Elbrus ein wenig, der im roten Widerschein der Abendsonne funkelte.

»Anjutka«, sagte N. I., »in dieser Wohnung ist die unglückliche Nadja gestorben« (er meinte Nadeshda Sergejewna Allilujewa), »in dieser Wohnung werde auch ich aus dem Leben scheiden.«

Damals glaubte N. I., seine Absichten verwirklichen zu können: Er würde nicht zur Tagung gehen und schlimmstenfalls in seinem Bett infolge des Hungerstreiks sterben. Wenn das Plenum seinen Protest nicht erhörte, würde Koba ihm jedenfalls die Möglichkeit lassen, zu Haus zu sterben.

Jetzt, da ich diese Zeilen Jahrzehnte später schreibe, habe ich N. I. gegenüber den Vorteil, daß ich die weitere Entwicklung Schritt für Schritt kenne, von der er in jenem Augenblick nichts Genaues wissen konnte. Er konnte nur vermuten, und seine Vermutungen waren in vieler Hinsicht von seiner wahnsinnigen Lebenslust bestimmt. Er kannte Stalin, aber die Hoffnung, zu überleben, ließ ihn ihm zeitweilig glauben.

Wir waren noch im Arbeitszimmer, als plötzlich drei Männer hereinkamen. Wir hatten das Klingeln nicht gehört, Iwan Gawrilowitsch hatte geöffnet. Die drei teilten dem Genossen Bucharin – so nannten sie ihn – mit, daß er aus dem Kreml ausziehen müsse. N. I. konnte noch nicht darauf reagieren, da klingelte das Telefon. Am Apparat war Stalin.

»Wie steht's da bei dir, Nikolaj?« fragte Koba.

»Man kommt, mich aus dem Kreml auszusiedeln, dabei habe ich überhaupt kein Interesse am Kreml, ich bitte nur, mir eine Unterkunft zu geben, in die ich meine Bibliothek mitnehmen kann.«

»Schick sie zum Teufel!« sagte Stalin und legte auf.

Die drei Fremden standen neben dem Telefon, hatten Stalins Worte gehört und »scherten sich zum Teufel«.

Erstaunlich war nicht nur Stalins Anruf, wenige Tage vor dem Februar-März-Plenum, der wohl nicht zufällig gleichzeitig mit der Nachricht von der Ausquartierung kam. Auch ohne Anruf konnte man sich denken, wie es N. I. in seinem »Kremlgefängnis« ging. Aber Koba trieb sein unheimliches Spiel immer weiter und konnte nicht aufhören. Doch noch mehr erschütterte es mich, daß N. I. in einem so schrecklichen Moment, als die noch nicht abgeschickte Erklärung zum Hungerstreik noch auf dem Tisch lag, an eine Wohnung dachte, in der er seine riesige Bibliothek unterbringen konnte. Dann hatte er also noch Hoffnung, überleben zu können? Ich glaube nicht. Er rechnete wohl eher darauf, auf diese Weise die Situation zu klären und Stalin zum Gespräch aufzufordern, doch der wollte keine Unterredung.

Es war wirklich sinnlos, N. I. auszuquartieren. Wenige Tage später besorgte »der Herr« ihm ja schon eine Wohnung im Gefängnis. Aber A. I. Rykow wurde tatsächlich noch aus dem Kreml ausquartiert. Nachdem wir diesen kaum erklärlichen Ausfall Stalins hinter uns hatten, begaben wir uns in unser

Zimmer. Plötzlich ging N. I. ins Nebenzimmer, das eigentlich eher eine kleine staubige Kammer war, mit einer gewölbten Decke und einem Fenster mit einem alten, rhombenförmigen Gitter mit Verdickungen an den Kreuzungsstellen, und vollgestopft mit altem Gerümpel. Er brach auf dem Fußboden zusammen, legte den Kopf auf ein Paar alte, staubige Stiefel und schrie:

»Vandalen, Barbaren!« und weinte.

»Was tust du, Nikolascha! Was liegst du in diesem Dreck, schnell, steh auf! Komm, wir gehen in unser Zimmer!«

»Nein, ich will mich an eine Zelle gewöhnen, ich komme ins Gefängnis! Nein, ich gehe nicht weg von hier! Ich halte das nicht aus, Anjutka, ich halte das nicht aus! Ich leide ja auch noch, weil du das alles mit mir durchmachen mußt. Hätte ich das bloß gewußt, wenn ich das nur gewußt hätte!... So sehr ich dich auch liebte, wenn ich das Gefühl nicht hätte unterdrücken können, ich wäre bis ans Ende der Welt von dir weggelaufen! Und dann wollte ich unbedingt noch ein Kind haben, direkt vor diesem Elend...«

Es gelang mir nur mit Mühe, N. I. wieder in unsere Kartause zurückzubringen.

Gegen Abend schickte ich N. I.s Erklärung über den Hungerstreik an das Plenum des ZK der WKP(B) ab.

Am nächsten Morgen verabschiedete N. I. sich von seinem Vater, Nadeshda Michajlowna und dem Kind und trat in Hungerstreik. Er wollte sich auch von seiner Tochter Swetlana verabschieden, die er Kosetschka* nannte. Das Mädchen war damals erst dreizehn. N. I. wollte sie anrufen, aber er war so niedergeschlagen, daß er Angst hatte, sie zu schockieren, und brachte es nicht fertig. Der Hungerstreik traf einen von sechsmonatiger »Untersuchung«, genauer, von sechsmonatiger schändlicher Verhöhnung geschwächten Organismus. Die Kräfte schwanden N. I. katastrophal schnell.

Zwei Tage nach Beginn des Hungerstreiks fühlte N. I. sich besonders schlecht, er war bleich und hohlwangig und hatte dunkle Ringe um die Augen. Schließlich hielt er es nicht mehr

* Kosetschka = Zicklein. (A. d. Ü)

aus und bat um einen Schluck Wasser, was eine moralische Niederlage für ihn war, denn ein Hungerstreik auf Leben und Tod verlangt nicht nur den Verzicht auf Nahrung, sondern auch auf Wasser, es muß ein trockener Hungerstreik sein. N. I.s Zustand erschreckte mich so, daß ich heimlich etwas Apfelsine ins Wasser preßte, um seine Kräfte zu unterstützen. Er nahm mir das Glas aus der Hand, roch die Apfelsine und geriet in Wut. Im gleichen Moment flog das Glas mit dem belebenden Naß in die Ecke und zerbrach.

»Du zwingst mich dazu, das Plenum zu betrügen! Ich werde die Partei nicht betrügen!« schrie er so wütend, wie er noch nie mit mir gesprochen hatte.

Ich schenkte ein zweites Glas Wasser ohne Saft ein, aber N. I. lehnte es entschlossen ab.

»Ich will sterben! Laß mich hier bei dir sterben«, fügte er mit schwacher Stimme hinzu.

Ich spürte, daß mir die Kräfte schwanden, und legte mich neben N. I. In diesem Augenblick hatte ich das Gefühl, daß wir gleichzeitig starben und in einen bodenlosen Abgrund stürzten. Ich hatte mich in all diesen schrecklichen Monaten tapfer gehalten, aber diesmal fing ich an zu weinen. Und meine Tränen versetzten N. I. in noch größere Verzweiflung. Er wollte mich mit einem Lied beruhigen.

»Laß uns etwas singen, Anjutka, das Lied, das Klykow und ich so gern zusammen sangen.« Und leise hob N. I. an:

Heller Mondschein steht über dem Flusse,
Nächtliche Stille hüllt alles ein,
Es gibt nichts auf der Welt, was ich brauche,
Dich nur zu sehen, Du Liebster mein!...

N. I.s Lied amüsierte mich und lenkte mich für einen Augenblick von den finsteren Gedanken ab.

N. I. dachte an seinen Chauffeur. »Armer Klytschini! Was der jetzt wohl von mir denkt. Wenn sie ihn nur nicht auch noch rankriegen.« (Nikolaj Nikolajewitsch Klykows weiteres Schicksal ist mir nicht bekannt.)

Nach dem 16. Januar, als Bucharins Name als verantwortlicher Redakteur der »Iswestija« gestrichen worden war, sowie während und nach dem Prozeß gegen Radek, Sokolnikow, Pjatakow sah N. I. nur noch selten in die Zeitung. Das Radio schalteten wir fast gar nicht ein, besonders seitdem wir gehört hatten, wie irgendwer gesagt hatte, daß N. I. sich für dreißig Silberlinge an die Feinde der Sowjetunion verkauft habe. Sogar Jurijs Kinderfrau, eine Weißrussin, sagte empört:

»Was faseln die Scheusale? Der arme Nikolaj Iwanowitsch soll sich für dreißig Silberlinge verkauft haben?! Das hat er nicht nötig!«

Aber ich meine, am 19. Februar, dem Tag, als die Tagung anfangen sollte, bat N. I. darum, das Radio einzuschalten. Er wollte hören, ob es eine Nachrichtenmeldung über die Tagung gab, an der er nicht teilnehmen wollte. Aber als wir einschalteten, erklang Trauermusik. Wir wurden aufmerksam: Wer war gestorben? Einen Augenblick später erfuhren wir es: Am 18. Februar 1937 war Sergo Ordshonikidse gestorben, wie es hieß, an Herzversagen. Wir bezweifelten die Diagnose nicht.

N. I.s Zustand war unbeschreiblich. Vom Leben ausgestoßen wie ein Aussätziger, konnte er nun nicht einmal mehr in die Nachbarwohnung gehen, um sich von Sergo zu verabschieden, den er tief verehrt hatte.

»Das hat er nicht ausgehalten, der arme Sergo. Der hat diesen Wahnsinn nicht ausgehalten«, sagte N. I. völlig verzweifelt.

Ach, wenn er gewußt hätte, daß Sergo keineswegs an Herzversagen gestorben war... Gut, daß er es nicht wußte! Zu jener Zeit wußte Bucharin, daß Ordshonikidse angesichts Stalins absoluter Macht nicht in der Lage war, die Situation zu ändern. Aber allein seine Anwesenheit im Plenarsaal im Dezember, sein bestürztes, aufgeregtes Aussehen, seine mißtrauischen Fragen an die Redner und Ankläger, der eine Satz, den er im Politbüro während der Konfrontation mit Pjatakow gesagt hatte: »Sind Ihre Aussagen freiwillig?« – all dies hatte N. I. das Herz gewärmt. Er war so schockiert von Ordshonikidses Tod, daß er zeitweilig wie apathisch wirkte. N. I. hielt es nicht für ausgeschlossen, daß sein Hungerstreik, sein verzweifelter Protest gegen die absurden Beschuldigungen, der Ordshonikidse, wie N. I. meinte, bekannt geworden sein mußte, sofern man ihn ihm nicht verheimlicht hatte, zusammen mit der Unmöglichkeit, irgend etwas ändern zu können, sein schicksalhaftes Ende beschleunigt hatte.

N. I. wußte, daß Ordshonikidse ihn liebte und achtete. Er hatte seine Einstellung zu Bucharin deutlich gezeigt, als das

Auf der Mausoleumstribüne, 1928 (von links nach rechts: Bucharin, Ordshonikidse, Rudsutak, Kalinin)

noch möglich war. Schon 1925, beim XIV. Parteitag der WKP(B), als N. I. die Hauptzielscheibe für die Angriffe der neuen Opposition gewesen war, hatte Ordshonikidse gesagt:

»... Wir alle kennen Bucharin, Genossen, und Wladimir Iljitsch kannte ihn am allerbesten. Er schätzte Bucharin sehr und hielt ihn für den bedeutendsten Theoretiker unserer Partei... Ich denke, wir sollten in dieser Frage wiederum Iljitschs Position beziehen. Bucharin ist einer unserer besten Theoretiker, unser guter Buchartschik, wir alle lieben ihn und werden ihn unterstützen. Genossen, wenn unsere anderen Führer die großartige Eigenschaft hätten, die Bucharin hat, der nicht nur kühn genug ist, seine Gedanken auch dann zu äußern, wenn er der ganzen Partei widerspricht, sondern auch kühn genug, seine Fehler offen einzugestehen, wenn er davon überzeugt ist – wenn unsere anderen Führer diese schöne Eigenschaft hätten, dann wäre es sehr viel leichter für uns, uns in unseren Streitfragen zu einigen...«

1929 hatte Ordshonikidse nur geringe Möglichkeiten zu helfen, bemühte sich aber, wie N. I. erzählte, als Vorsitzender der ZKK trotzdem nach Kräften, die Unstimmigkeiten auszuräumen. Als N. I. aus dem Politbüro entfernt, als verantwortlicher Redakteur der »Prawda« und Sekretär des IKKI abgesetzt wurde und von 1930 bis Anfang 1934 beim Volkskommissariat für Schwerindustrie arbeitete, zollte Sergo ihm weiterhin die frühere Achtung und war betont aufmerksam. Semjon

Alexandrowitsch Ljandres erzählte mir, daß er, wenn er mit N. I. Sergos Arbeitszimmer betrat, immer wieder bemerkte, wie dieser N. I. stehend begrüßte und das Gespräch nicht ohne freundschaftlichen Händedruck begann, auch dann, wenn das Zimmer voller Leute war. Sergo hörte sich N. I.s Meinung aufmerksam an und half ihm in vieler Hinsicht. Er unterstützte N. I.s Initiative zur Organisation der Planung von wissenschaftlicher Forschungsarbeit, durch die es möglich wurde, die Kräfte der führenden Gelehrten des Landes zu mobilisieren und die Arbeit der wissenschaftlichen Forschungsinstitute zu fördern. Kurz, N. I. und Sergo waren in großer gegenseitiger Sympathie und Achtung verbunden. Ordshonikidses Tod war ein schwerer Schlag für N. I. Er lag regungslos im Bett, wie mir schien, im Dämmerzustand. In Wirklichkeit war dieses scheinbare Dämmern äußerste Konzentration: N. I. dichtete ein Poem auf S. Ordshonikidse, in dem er seine Erschütterung und seinen Kummer über den schweren Verlust zum Ausdruck brachte. Geschwächt vom Hungerstreik, schrieb er es halb liegend auf. Ich tippte das Gedicht dann auf der Schreibmaschine in drei Exemplaren. Das erste bekam Ordshonikidses Frau Sinaida Gawrilowna, das zweite, so traurig es ist, das zu sagen, der Urheber von Sergos Tod, und das dritte Exemplar blieb bei mir.

Leider habe ich mich nicht bemüht, das Gedicht auswendig zu lernen, weil ich nicht ahnen konnte, daß man es, ungeachtet meiner inständigen Bitte, es mir zu lassen, bei der Durchsuchung konfiszieren würde. Ich weiß nur noch die beiden Schlußzeilen:

Er war wie der Granit in einem wilden Meere,
Wie Donner und wie Blitz traf er der Wellen Gischt!

Wegen Ordshonikidses Tod und des feierlichen Begräbnisses von Stalins Opfer wurde die Tagung um einige Tage auf den 23. Februar verschoben. Wie erhielten eine zweite Mitteilung über die Einberufung der Tagung. Die Tagesordnung bestand nun nicht mehr aus zwei, sondern aus drei Punkten:

1. Die Frage von N. Bucharins antiparteilichem Verhalten durch den dem Plenum mitgeteilten Hungerstreik;
2. Die Frage betreffs N. Bucharin und A. Rykow;
3. Organisationsfragen.

Der zusätzliche Tagesordnungspunkt empörte N. I. Wie konnte man von antiparteilichem Verhalten gegenüber dem Plenum sprechen, wenn die Vergehen, die man N. I. zur Last legte, nicht antiparteilicher, sondern krimineller Art waren und man sie vielleicht einem Banditen von der Landstraße, nicht aber einem Politiker vorwerfen konnte. »So etwas gibt es im öffentlichen Leben nicht« – diesen Satz ließ Bucharin sogar beim Prozeß einfließen.

Aber wie empört N. I. auch über die Einstellung zu seinem verzweifelten Protest war, der zusätzliche Tagesordnungspunkt versetzte ihn doch gleichzeitig auch in Erstaunen. Vielleicht stand seine Sache doch nicht gar so schlecht, dachte er, vielleicht würde Koba wieder einmal mit etwas Unerwartetem verblüffen, den Menschen hervorkehren, der Untersuchung gegenüber Mißtrauen bekunden und sie beide – auch Rykow – verschonen. Ach, wie naiv sehen diese Erwägungen heute aus! Dabei lag vielleicht sogar ein Körnchen gesunden Menschenverstandes darin, wenn man Bucharins psychischen Zustand in Verbindung mit Stalins Charakter berücksichtigt.

Jedenfalls faßte Bucharin aufgrund des neuen Tagesordnungspunktes einen neuen Beschluß, nämlich trotz allem zur Tagung zu gehen, ohne aber den Hungerstreik abzubrechen.

Bucharin hatte sieben Tage gehungert und war so schwach, daß er im Zimmer gehen übte, um bis zur Sitzung zu kommen. Obwohl der Weg nicht weit war – die Tagung fand im Kreml statt –, beschloß ich, ihn zu begleiten. Aber meine Kräfte reichten nicht, um die Sitzung abzuwarten oder gegen Ende wiederzukommen, um N. I. abzuholen. Außerdem konnte man nicht sicher sein, ob N. I. nicht gleich nach der ersten Sitzung festgenommen werden würde. Ich schleppte mich nach Haus und wartete voller Unruhe. Diesmal kam N. I. zurück und erzählte mir folgendes:

In der Halle, an der Garderobe hatte er Rykow getroffen. Selbst entkräftet und verhärmt, hatte Alexej Iwanowitsch seinen Freund N. I., der sich so sehr verändert hatte, voller Schmerz angesehen. Dann hatte Rykow gesagt: »Am weitsichtigsten von uns war also Tomskij.« Wenn Rykow also noch bei der Dezembersitzung Tomskijs Selbstmord als belastenden Umstand für die Untersuchung gesehen und verurteilt hatte, so hatte er jetzt, zur Zeit der Februar-März-Tagung, verstanden, daß die Untersuchung nur Untersuchung hieß, in Wirklichkeit aber eine »Abrechnung« war, wie Alexej Iwanowitsch sagte.

Als er den Saal betrat, in dem Stalin schon anwesend war, drückten nur zwei Personen Bucharin mitfühlend die Hand: Ieronim Petrowitsch Uborewitsch und Iwan Alexejewitsch Akulow, der damals Sekretär im ZIK war (beide wurden bekanntlich erschossen). Akulow sagte sogar: »Nur Mut, Nikolaj Iwanowitsch!« Die anderen taten so, als bemerkten sie Bucharin nicht.

Im Saal konnte N. I. sich nicht mehr auf den Beinen halten, fiel in einem Anfall von Schwindel hin und saß in dem Durchgang, der zum Präsidium führte, auf dem Fußboden. Stalin trat heran und sagte:

»Wem hast du den Hungerstreik erklärt, Nikolaj? Dem ZK der Partei? Sieh dich an, wie du aussiehst, völlig entkräftet. Entschuldige dich beim Plenum für deinen Hungerstreik.«

»Wozu das«, fragte Bucharin, »wenn ihr mich sowieso aus der Partei ausschließen wollt?«

Der Parteiausschluß erschien N. I. als die schlimmste Strafe, obwohl er zwischendurch wieder bereit war, »zu des Teufels Großmutter« zu ziehen, um nur zu überleben.

»Kein Mensch wird dich aus der Partei ausschließen«, antwortete Stalin. So log er weiter, ohne Scham vor den nahebei sitzenden ZK-Mitgliedern, die seine Worte vermutlich hören konnten. Wahrscheinlich glaubten auch sie Stalin. »Geh nur, Nikolaj, entschuldige dich beim Plenum, du hast schlecht gehandelt.«

Wie liebte es dieser Heuchler, wenn alle sich seinem Willen beugten! Er sagte das vier Tage vor Bucharins Verhaftung, zu einem Zeitpunkt, wo für den »Herrn« zweifellos nicht nur die Verhaftung, sondern auch die Erschießung schon längst beschlossen war.

Doch Nikolaj glaubte Koba wiederum. Man konnte sich schwer vorstellen, daß jemand so sinnlos lügen sollte. Mit Mühe kletterte N. I. aufs Podium und entschuldigte sich für den Hungerstreik, den er im Zustand großer Erregung über die unbegründeten Beschuldigungen beschlossen habe, welche er entschieden zurückweise. Er erklärte, daß er den Hungerstreik in der Hoffnung beenden werde, daß die ungeheuerlichen Beschuldigungen zurückgenommen würden. Noch einmal forderte Bucharin eine Kommission zur Überprüfung der NKWD-Arbeit. Lange Reden zu halten war sinnlos, und er hatte auch nicht die Kraft dazu. Er stieg vom Podium und setzte sich wieder auf den Fußboden, diesmal nicht, weil er hingefallen war, sondern weil er sich ausgestoßen fühlte.

Außer denen, die nahebei gesessen und das Gespräch zwischen Bucharin und Stalin gehört hatten, ahnte wohl keiner der Anwesenden, daß hinter dem Abbruch des Hungerstreiks und der Entschuldigung Stalins Versprechen stand, N. I. nicht aus der Partei auszuschließen. Also vermutete N. I., daß auch die Beschuldigungen zurückgenommen werden würden.

Doch nach Bucharin hielt Jeshow eine Anklagerede gegen den Block der Rechten mit dem trozkistisch-Sinowjewschen Zentrum und den Block der Rechten mit dem parallelen trozkistischen Zentrum, das vor einem Monat verurteilt worden war. Also blieben die Beschuldigungen wegen Sabotage, wegen der Organisation von Kulakenaufständen und Zerspaltung der UdSSR, wegen Terror und »Palastrevolution« und wegen zahlreicher mißglückter Attentatsversuche auf Stalin und der Mittäterschaft beim Mord an Kirow in Kraft.

Und trotzdem hielt N. I. es nach Stalins »Versprechen« immer noch für möglich, daß Koba das Plenum freudig überraschen und Mißtrauen gegenüber den verleumderischen Aussagen bekunden würde und daß darin der geheime Sinn seines »Versprechens« lag. Warum hätte er es sonst gegeben? Und wirklich – warum?... Und welchen Zweck hatte der geheimnisvolle Telefonanruf sonst?...

Zum ersten Mal seit einer Woche aß N. I. »aus Achtung vor dem Plenum« wieder etwas und wurde, wie es schien, ein wenig ruhiger. Aber nachts schlief er schlecht; ihm schien immer, daß jemand klopfte oder die Wand von Ordshonikidses Wohnung aus durchbohrte und dort konterrevolutionäre Dokumente versteckte, damit sie dann bei der Durchsuchung gefunden wurden, wie es in Radeks Datscha geschehen war, wenn man der Putzfrau Dusja glauben durfte.

Am nächsten Tag kam N. I. in hoffnungslosem Zustand zurück. Wie bei der Dezembertagung hatten Molotow und Kaganowitsch Bucharin heftig angegriffen. In Molotows Rede hinein hatte N. I. gerufen:

»Ich bin nicht Sinowjew oder Kamenew, ich lüge nicht über mich!«

»Wenn wir Sie verhaften, werden Sie gestehen«, antwortete Molotow. »Die faschistische Presse berichtet, daß unsere Prozesse provokativ seien. Indem Sie ihre Schuld ableugnen, beweisen Sie, daß Sie ein Nazisöldling sind!«

»Da hast du die Mausefalle«, bemerkte N.I., als er mir davon erzählte.

Einer der Redner erwähnte die Konfrontationen mit Radek, Pjatakow und Sosnowskij und daß sie den Block der Trozkisten mit den Rechten bestätigt hätten, so daß es klar sei, was Bucharin und Rykow betrieben hätten. Stalin fügte hinzu:

»Bucharin hat mir einen Brief geschickt, in dem er Radek in Schutz nahm. So ein schlauer konspirativer Schritt!« (Ich zitiere, wie N.I. es erzählte.)

Dann kam die Anklage, daß Bucharin, Rykow und Tomskij an Rjutins Programm beteiligt gewesen seien. Bucharin und Rykow leugneten entschieden, mehr von dem Programm gewußt zu haben, als in der Presse bekanntgegeben worden war. Bucharin erklärte, daß er seinen eigenen Standpunkt selbst schriftlich niedergelegt hätte, wenn er einen gehabt hätte, dafür brauchte er Rjutin nicht.

Am meisten erschütterte N.I. aber die Rede Kalinins, dessen moralische Qualitäten er erheblich höher eingeschätzt hatte als Molotows oder Kaganowitschs. Kalinins Rede ließ Stalins Druck auf die Politbüromitglieder besonders deutlich werden. Kalinin sprach träge, rang sich jedes Wort mühsam ab, »kratzte sich den Hintern«, wie N.I. sich ausdrückte. Der ohnmächtige »Allrussische Älteste« sprach mit solchem inneren Schmerz, daß N.I. ihn nicht hassen, sondern nur bedauern konnte. Wie schon erwähnt, war es Kalinin, der in einem Privatgespräch zu Bucharin gesagt hatte: »Sie haben hundertfünfzigprozentig recht, N.I., aber wir haben die Macht verloren, und jetzt ist nichts nützlicher als die Einheit der Partei.«

Die ZK-Mitglieder waren, N.I. zufolge, verwirrt und bedrückt. M.I. Uljanowa, die Bucharin freundschaftlich verbunden war, wischte sich mit dem Taschentuch die Tränen ab.

Das Plenum erörterte die Frage betreffs Bucharin und Rykow am 23. und 24. und vielleicht auch noch bei der Vormittagssitzung am 25. Februar (ich weiß es nicht mehr genau, aber es ist auch nicht so wichtig). Um eine allgemeine Abstimmung des ZK zu vermeiden, schlug Stalin vor, eine Kommission zu wählen, die den endgültigen Beschluß in dieser Sache fällen sollte. Zur Kommission gehörten alle Politbüromitglieder, von den Militärs I. E. Jakir und außerdem Marija Iljinitschna Uljanowa und Nadeshda Konstantinowna Krupskaja, um die unerhörte Willkür indirekt durch Lenins Namen zu decken. Sie hatten Stalins Macht schon zu spüren bekommen, als sie Kamenew und Sinowjew während des Prozesses hatten verteidigen wollen und halb tot das Zimmer des »Herrn« verlassen hatten. Das Ergebnis der Kommissionsarbeit war zweifellos von Stalin vorentschieden.

Das Februar-März-Plenum von 1937 (das für Bucharin und Rykow nur ein Februarplenum war) setzte seine Arbeit fort. Aber bis zur Verkündigung des Kommissionsbeschlusses nahmen Bucharin und wohl auch Rykow nicht mehr an den Sitzungen teil, sondern blieben drei Tage zu Hause. Psychisch war N. I. darauf vorbereitet, daß er verhaftet werden würde und aus dem Leben scheiden müßte. Trotz dieser Aussicht war er so gefaßt wie noch nie in diesen qualvollen Monaten der »Untersuchung«. Er hatte die Hoffnung auf einen Freispruch zu Lebzeiten aufgegeben und beschloß, an die Nachkommen zu appellieren und einen Brief an eine künftige Generation von Parteiführern zu schreiben, in dem er seine Unschuld an allen Verbrechen erklärte und um eine posthume Wiederaufnahme in die Partei bat.

Ich war dreiundzwanzig Jahre alt, und N. I. war überzeugt, daß ich eine Zeit erleben würde, in der ich diesen Brief dem ZK übergeben könnte. Weil er aber sicher war, daß der Brief bei einer Durchsuchung konfisziert werden würde, und befürchtete, daß ich in diesem Fall Repressalien ausgesetzt sein könnte (daß das auch ohne den Brief geschehen würde, vermutete N. I. nicht), bat er mich, ihn auswendig zu lernen, damit er den handschriftlichen Text vernichten konnte. Viele Male las Bucharin mir den Brief flüsternd vor, und ich mußte ihn gleich danach wiederholen, ihn dann selber lesen und leise aufsagen. Ach, wie ungeduldig wurde er, wenn ich einen Fehler machte. Als er schließlich sicher war, daß ich den Brief genau erinnerte, vernichtete er den Text. Bucharin schrieb seinen letzten Appell an die Partei, seinen letzten Appell an die

Menschen an dem kleinen Tischchen in unserem Zimmer. Auf diesem Tisch lag auch eine Mappe mit Briefen, die Lenin an Bucharin geschrieben hatte und die er vor seiner Verhaftung sehr bewegt noch einmal las.

Dann kam der Schicksalstag, der 27. Februar 1937. Abends rief Stalins Sekretär Poskrebyschew an und teilte N. I. mit, daß er zur Sitzung erscheinen müsse.

Wir fingen an, uns zu verabschieden.

Iwan Gawrilowitschs Zustand war unbeschreiblich. Geschwächt vom Gram um den Sohn, lag der alte Mann hauptsächlich. Beim Abschied hatte er Krämpfe. Die Beine hoben sich unwillkürlich hoch und fielen dann wieder aufs Bett, die Hände zitterten, sein Gesicht lief blau an. Es schien, als würde er gleich sterben. Aber dann wurde es besser, und Iwan Gawrilowitsch fragte seinen Sohn mit schwacher Stimme:

»Was geht denn nur vor, Nikolaj, was geht denn nur vor? Erklär mir das!«

N. I. schaffte es nicht, zu antworten, weil das Telefon wieder klingelte.

»Sie halten das Plenum auf, wir warten«, mahnte Poskrebyschew auf Anweisung seines Herrn.

Ich kann nicht behaupten, daß N. I. sich besonders beeilte. Er schaffte es auch noch, sich von Nadeshda Michajlowna zu verabschieden. Dann kam ich an die Reihe.

Der tragische Augenblick dieser schrecklichen Trennung und der Schmerz, der bis heute in meinem Herzen wohnt, sind nicht zu beschreiben. N. I. fiel vor mir auf die Knie und bat mich mit Tränen in den Augen um Vergebung für mein zerstörtes Leben. Er bat mich, den Sohn als Bolschewiken zu erziehen, »unbedingt als Bolschewiken!« wiederholte er zweimal; bat, um seine Rechtfertigung zu kämpfen und keine Zeile seines Briefes zu vergessen. Und den Brieftext dem ZK zu übergeben, wenn die Situation sich änderte, »und sie wird sich ganz bestimmt ändern«, sagte N. I. »Du bist jung und wirst es erleben. Schwöre mir, daß du das tust!« Und ich schwor.

Dann stand er auf, umarmte und küßte mich und sagte erregt:

»Sieh zu, daß du nicht verbitterst, Anjutka. In der Geschichte kommen bedauerliche Druckfehler vor, aber die Wahrheit siegt!«

Vor Aufregung überkam mich ein inneres Schütteln, und ich spürte, daß meine Lippen zitterten. Wir wußten, daß wir uns für immer trennten.

N.I. zog seine Lederjacke an, nahm die Mütze mit den Ohrenklappen und wandte sich zur Tür.

»Sieh zu, daß du nicht über dich lügst, Nikolaj!« Nur das vermochte ich ihm zum Abschied zu sagen.

Nachdem ich N.I. zum »Fegefeuer« geleitet hatte, hatte ich mich gerade hingelegt, als man zur Durchsuchung kam. Es bestand kein Zweifel – N.I. war verhaftet.

Es kam eine ganze Abteilung, zwölf bis dreizehn Personen, eine davon ein Arzt in NKWD-Uniform und mit weißem Kittel. Durchsuchung mit Arzt... das war etwas ganz Neues! Wie human...

Die Durchsuchung leitete Boris Berman, der damalige Chef der Untersuchungsabteilung des NKWD, der später erschossen wurde. Berman erschien wie zu einem Bankett, in elegantem, schwarzem Anzug und weißem Hemd, mit einem Ring am kleinen Finger, der einen sehr langen Nagel hatte. Sein selbstzufriedenes Aussehen war ekelerregend. Er trat zu mir ins Zimmer, und das erste, was er fragte, war:

»Haben Sie Waffen?«

»Ja«, sagte ich und wollte in die Nachttischschublade neben dem Bett greifen und den Revolver mit der Inschrift »Dem Führer der proletarischen Revolution von Klim Woroschilow« herausnehmen.

Plötzlich packte Berman meine Hand, als hätte er Angst, ich könnte auf ihn schießen, und nahm den Revolver selbst aus der Schublade, las die Inschrift und grinste, offenbar weil er eine unerwartete Trophäe gefunden hatte, was dem »Herrn« sicher gemeldet werden würde.

»Noch mehr Waffen?«

»Ja.« Wir hatten noch ein deutsches Jagdgewehr, das A.I. Rykow N.I. in den zwanziger Jahren aus Berlin mitgebracht hatte.

Dann wollte Berman gezeigt bekommen, wo Bucharins Archiv sei. Ich fragte, was er darunter verstände. Wie sich herausstellte, einfach alles. Ich ging mit ihm durch das Zimmer von Iwan Gawrilowitsch, neben dem der Arzt saß, ins Arbeitszimmer. Dort traf ich einen ganzen Haufen Männer und zwei Frauen an. Alle machten sich an die Arbeit. Aus dem Safe zerrten sie die Sitzungsprotokolle des Politbüros und die Stenogramme der ZK-Tagungen, leerten alle Schreibtischschubladen und die Schränke mit den Dokumenten von Bucharins langjähriger Arbeit bei der »Prawda«, der Komintern, dem wissenschaftlichen Forschungsbereich und der »Iswestija«. Bücher und Broschüren, die Bucharin geschrieben hatte, und seine veröffentlichten Reden wurden beschlagnahmt. Aus dem Zimmer, wo wir die letzten qualvollen Monate verbracht hatten, nahmen sie die Mappe mit Lenins Briefen und den Entwurf für ein Parteiprogramm mit – das Projekt war 1919 auf dem VIII. Parteitag der RKP(B) verabschiedet worden. In der Tischschublade fanden sie einige Briefe mit interessanten Beschreibungen von Naturerscheinungen, die ich als Kind von N. I. bekommen hatte... Der handschriftliche Text und das maschinengeschriebene Exemplar des Poems auf Sergo Ordshonikidse wurden konfisziert. Sosehr ich Berman auch bat, mir meine Briefe und das handschriftliche Poem zu lassen, da es Dokumente seien, »die keinen Bezug zur Untersuchung haben«, wie ich es begründete – im übrigen, was hatte schon Bezug zu jener schändlichen »Untersuchung«? –, er lehnte es ab. So wurde alles bis auf den letzten Fetzen beschlagnahmt. Sie warfen es auf einen großen Haufen, den sie »Archiv« nannten und der sich wie ein Berg im Arbeitszimmer türmte. Barbarisch löschten sie die Spuren von Bucharins ehrlicher und engagierter Tätigkeit, um die Gestalt des wirklichen Bucharin von der Erdoberfläche zu tilgen und sie durch die des verleumdeten zu ersetzen, der vor Gericht trat und der doch auch nicht ganz so war, wie Stalin und seine eifrigen Diener gewollt hatten. Dann ließen sie einen Lastwagen vor dem Hintereingang vorfahren, luden ihn bis obenhin voll (ich sah das aus dem Küchenfenster) und fuhren alles weg, vermutlich zum NKWD.

Berman, die beiden Frauen und einige Männer blieben. Eine demütigende Prozedur begann: die Leibesvisitation.

Sie hoben Iwan Gawrilowitsch aus dem Bett, bedrückt und erschüttert stand er da. Er zitterte vor Erregung, als sie in seinen Taschen wühlten und alles im Bett umdrehten. Wie sie Nadeshda Michajlowna durchsuchten, habe ich nicht gesehen. Dann gingen sie in das Zimmer, wo das Kind mit seiner Amme war. Die Kinderfrau Pascha war kämpferisch gestimmt, sie ließ sich nicht durchsuchen, stieß den NKWD-Mann und schrie: »Sucht nur! Sucht nur! Ihr findet hier nichts, ihr Schamlosen!« Das Kind schlief friedlich. Sie wollten an sein Bett treten, aber das verhinderte ich energisch. Den Kinderwagen durchsuchten sie trotzdem.

Ich blieb von der Leibesvisitation verschont. Ich war im Nachthemd gewesen, als sie kamen, und blieb bis zum Schluß darin. Aber die Betten, meins und N. I.s, prüften sie genau.

Gegen Mitternacht hörte ich Lärm aus der Küche und ging, um zu sehen, was da los war. Das Bild, das sich mir bot, machte mich fassungslos. Die »Kollegen« hatten Hunger bekommen und veranstalteten ein Gelage. Weil der Küchentisch für alle nicht reichte, hatten sie es sich auf dem Fußboden bequem gemacht. Statt eines Tischtuchs hatten sie Zeitungspapier ausgebreitet, und darauf erblickte ich eine riesige Schinkenkeule und Wurst. Auf dem Herd brieten sie Spiegeleier. Fröhliches Gelächter ertönte. Vor Entsetzen verschwand ich so schnell wie möglich wieder in mein Zimmer, und sofort fielen mir die gerade auswendig gelernten Worte aus N. I.s Brief ein: »Heutzutage sind die sogenannten Organe des NKWD in der Mehrzahl entartete Organisationen von ideenlosen, demoralisierten, gut versorgten Beamten«... Genau das waren diese Vollstrecker, aber wer hatte sie verdorben?

Hinter mir betrat Berman das Zimmer und lud mich ein, mit ihnen Abendbrot zu essen.

»Sie haben ja gar nichts gegessen, Anna Michajlowna, wollen Sie vielleicht nach Bucharins Beispiel in Hungerstreik treten?« fragte Berman.

Ich antwortete schroff:

»Nein, ich beabsichtige keinen Hungerstreik, aber mit Ihnen setze ich mich weder an einen Tisch noch auf einen Fußboden.«

Berman schmunzelte ironisch und teilte mir mit, daß er jetzt ginge und nur die »Kollegen« blieben.

Ich fragte, bei wem ich mich nach N.I. erkundigen könnte. »Das können Sie bei mir...«, sagte Berman sofort und nannte mir seinen Namen und seine Telefonnummer. So erfuhr ich, daß er Berman hieß.

Nachdem sie gut gegessen hatten, fingen die »Kollegen« an zu singen. Neben der Küche befand sich Iwan Gawrilowitschs Zimmer. Wie muß ihm bei alledem zumute gewesen sein! Aus Angst, die fröhliche Gesellschaft würde das Kind wecken, ging ich in die Küche, um sie zur Ruhe zu bringen. Die »Kollegen« dachten nicht daran, sich zu entschuldigen, aber zu meiner Freude sagten sie mir, daß sie gehen würden. Stille kehrte in der Wohnung ein. Aber es gingen nicht alle, die Frauen blieben. Sie hatten die Aufgabe, alle Bücher in Bucharins Bibliothek durchzublättern, weil man hoffte, vielleicht in den Büchern etwas zu finden, was ihn in Mißkredit brächte. Das Durchblättern dauerte vierundzwanzig Stunden. Ich ging mehrmals ins Arbeitszimmer und in das große, dunkle Zimmer mit gewölbter Decke, wo die Bücherregale standen. Die ermüdeten Frauen blätterten und blätterten unaufhörlich. Ich bezweifle, daß sie alle Bücher durchblättern konnten. Bevor sie gingen, versiegelten sie die Bücherschränke.

Ich lag mehrere Tage wie tot im Bett. Die Reaktion auf die lange Nervenanspannung trat ein. Noch lange quälte mich die Einbildung, das Geräusch des Umblätterns von Seiten zu hören.

Nadeshda Michajlowna legte ihr medizinisches Korsett an (anders konnte sie sich nicht bewegen) und kam zu mir ins Zimmer gekrochen. Wir konnten einander nicht trösten. Wir tauschten unsere Eindrücke von der Durchsuchung und unsere finsteren Prognosen für N.I.s und Rykows weiteres Schicksal aus und beobachteten voller Schmerz das Kind. Jura krabbelte durchs Zimmer und suchte und rief nach seinem Vater.

Niedergeschlagen und von der langen Folter geschwächt, versuchte ich nach einigen Tagen, meine Kräfte zu mobilisieren. Ich mußte mich mit dem Kind beschäftigen, das ein halbes Jahr lang nicht die nötige mütterliche Fürsorge bekommen hatte. Außerdem drängte es mich, Nachricht über N.I. zu bekommen, solange man uns das Telefon noch nicht abstellte. Die Nummer, die Berman mir gegeben hatte, konnte ich nur von diesem Apparat aus erreichen. Eine Woche nach N. I.s Verhaftung beschloß ich anzurufen, um mich nach ihm zu erkundigen. Eine Männerstimme antwortete, ich erkannte Berman. Aber als er hörte, wer am Apparat war, antwortete er selbst: »Berman ist nicht im Dienst.« Ich rief jeden Tag an. Allmählich erkannte auch Berman meine Stimme und antwortete weiterhin, daß er nicht da sei, ohne auch nur zu fragen, wer am Apparat sei. Schließlich hielt ich es nicht mehr aus und schrie: »Warum lügen Sie? Ich erkenne doch Ihre Stimme!« Sofort legte Berman auf. Aber am gleichen Tag rief er von sich aus an, offenbar mit Jeshows Genehmigung. Er diktierte mir eine Liste mit Büchern, die N. I. aufgestellt hatte. Es waren die deutschen Bücher, die er 1936 in Berlin gekauft und mit denen er schon zu Haus gearbeitet hatte. Ich bekam die Genehmigung, den versiegelten Schrank zu öffnen.

»Geben Sie die Bücher dem Untersuchungsleiter Kogan, ein Passierschein wird bestellt«, sagte Berman.

Als ich gerade losgehen wollte, rief Kolja Sosykin an, bot an, mich zu begleiten, und kaufte unterwegs für N. I. Apfelsinen, möglicherweise mit Geld, das das NKWD ihm dafür gegeben hatte. Vor dem Eingang am Lubjankaplatz trennten wir uns.

Kogan saß in einem kleinen, schmalen und langen Arbeitszimmer, das einem Sarg ähnelte. Er begrüßte mich betont höflich.

»Sehen Sie, Anna Michajlowna, erst gestern abend habe ich mich in diesem Zimmer mit Nikolaj Iwanowitsch unterhalten, wir haben zusammen Tee getrunken. Er ist ja ein großes Leckermaul, ich mußte ihm sechs Stück Zucker ins Glas tun.«

»Merkwürdig, das tat er zu Hause nie. Es verlangt ihn wohl nach Süßem wegen des bitteren Lebens.« Ich übergab die Apfelsinen und Bücher.

»Wieso wegen des bitteren Lebens? Nikolaj Iwanowitsch und ich verstehen uns gut, und die Apfelsinen haben Sie umsonst mitgebracht, er hat alles. Bringen Sie sie lieber dem Kind.«

Aber ich nahm sie nicht zurück.

Dann hielt Kogan mir einen Notizzettel hin, auf dem in N. I.s Handschrift stand: »Mach Dir keine Sorgen um mich. Man schmeichelt mir hier immerzu und kümmert sich um mich. Schreib, wie es Euch geht. Was macht das Kind? Laß Dich mit Jura fotografieren und schick mir das Bild. Dein Nikolaj.«

»Das klingt ja, als wenn N. I. hier im Sanatorium wäre«, sagte ich zaghaft, so verblüfft war ich über den Inhalt des Briefes, »›man schmeichelt mir und kümmert sich um mich.‹«

»Er kann hier sogar arbeiten.« Und Kogan schob mir ein Manuskriptblatt mit dem Anfang von Bucharins Arbeit »Der Kulturverfall im Faschismus« zu.

Als ich die Überschrift las, bemerkte ich:

»Kommt es Ihnen nicht paradox vor, daß der Faschistensöldling Bucharin an einem antifaschistischen Buch arbeitet?«

Kogan errötete:

»Das geht Sie nichts an! Wenn Sie hier die Untersuchung ansprechen, dann haben wir uns heute zum letzten Mal gesehen. Andernfalls dürfen Sie mich gelegentlich anrufen und zu mir kommen, um sich nach N. I.s Ergehen zu erkundigen.«

Kogan erinnerte mich daran, daß ich N. I.s Notiz erwidern sollte. Ich schrieb kurz von unserem »nicht schlechten« Ergehen, vor allem von Jura, und versprach, die Fotografien zu bringen. Kogan bestand darauf, daß ich schreiben sollte, daß wir nach wie vor im Kreml wohnten. Ich übersah nicht, welchen geheimen Sinn das vielleicht hatte, lehnte es ab, das zu schreiben, und erklärte dem Untersuchungsleiter, daß ich nur auf den Tag warte, an dem ich den Kreml verlassen könnte.

Wir verabschiedeten uns, der Untersuchungsleiter drückte mir kräftig die Hand. Ich sah ihn an, und unerwartet bemerkte ich in seinen Augen unbeschreiblichen Kummer.

Ich erhob mich, um zu gehen.

»Meine Telefonnummer, Anna Michajlowna, schreiben Sie sie auf!«

Er schrieb sie selbst auf einen kleinen Zettel, bat mich, sie nicht zu mißbrauchen und nicht eher als in zwei Wochen anzurufen und die Fotos zu bringen.

Zwei Wochen später waren die Fotos fertig, und ich versuchte, Kogan zu erreichen. Nach vielen Versuchen teilte Kogans Nachfolger mir mit:

»Untersuchungsleiter Kogan befindet sich auf einer langen Dienstreise. Es hat keinen Zweck, ihn anzurufen.«

Wer jene Zeit erlebt hat, weiß, was die »lange Dienstreise« bedeutete. Man erlaubte mir nicht, weiter anzurufen, mich nach N.I. zu erkundigen oder die Fotos zu übergeben.

Noch einmal zurück zur Februar-März-Tagung. Die Nachrichten davon, die ich direkt von N.I. bekam, brachen am 27. Februar, dem Tag, als Bucharin nicht von der Sitzung zurückkam und gleichzeitig mit Rykow verhaftet wurde, ab.

Weitere Einzelheiten erfuhr ich von den Frauen, deren Männer an der Tagung teilgenommen hatten und nach Bucharin verhaftet, aber vor ihm erschossen wurden. Die Nachrichten bekam ich hauptsächlich von Sarra Lasarewna Jakir, Nina Wladimirowna Uborewitsch und von Tschudows Frau Ljudmila Kusminitschna Schaposchnikowa. Alle drei erzählten mir dasselbe, daher halte ich die Informationen für zutreffend.

Der Entscheid der Kommission wurde in Bucharins und Rykows Anwesenheit verkündet. Dann wurden sie festgenommen und unter Bewachung fortgeführt. Der Beschluß lautete:

»Aus dem ZK ausschließen, aus der Partei ausschließen, festnehmen, die Untersuchung fortsetzen.« Er hatte Befehlscharakter, wurde nicht erörtert und dem Plenum nicht zur Abstimmung vorgelegt.

Die des Verrats beschuldigten Bucharin und Rykow durften sich wohl kaum selbst abschließend äußern. Ich bezweifle, daß man sie aufs Podium ließ. Wie ich hörte, beschränkten sie sich im Hinausgehen auf kurze Beteuerungen ihrer Unschuld.

Viele wollten wissen, ob jemand während der Februar-März-Tagung zu Bucharins und Rykows Verteidigung auftrat. Mit Sicherheit kann ich sagen, daß das in Bucharins Beisein nicht geschah, das hat N.I. mir selbst erzählt.

Wie sich die ZK-Mitglieder verhielten, als Bucharin und Rykow auf den Kommissionsbeschluß warteten und nicht an den Sitzungen teilnahmen, und wie nach deren Verhaftung, weiß ich nicht.

Nach meiner Rückkehr nach Moskau drangen aus verschiedenen Quellen Gerüchte durch, daß P.P. Postyschew, damals Sekretär im ZK der KP(B)U, und G.N. Kaminskij, der Volkskommissar für Gesundheitswesen der RSFSR bei der Februar-März-Tagung Bucharin und Rykow verteidigt hätten. Sie forderten, G. Ja. Sokolnikow und K. B. Radek, die zwar im letzten Prozeß verurteilt, aber noch am Leben waren, vor das Plenum zu holen und ein Kreuzverhör zu veranstalten – eine Konfrontation in Anwesenheit der Vollversammlung also. Doch Stalin hielt es für überflüssig, die verurteilten »Volksfeinde« vor das Plenum zu rufen, und erklärte, daß in Anwesenheit vieler Politbüromitglieder bereits Konfrontationen von Bucharin mit Sokolnikow und Radek stattgefunden hätten (die Konfrontation mit Sokolnikow fand nicht vor dem Politbüro statt; mit wem A. I. Rykow konfrontiert wurde und wo das geschah, ist mir unbekannt; A. L.) und daß Sokolnikow und Radek ihre Aussagen gegen Bucharin bestätigt hätten. Und wenn die ZK-Mitglieder ihrem Politbüro vertrauten, wären wiederholte Konfrontationen nicht nötig. So lehnte Stalin den Vorschlag ab. Inwieweit diese Information stimmt, kann ich nicht sagen. Der entscheidende Moment war verpaßt, die meisten ZK-Mitglieder waren schon dem Untergang geweiht. Auch Postyschew und Kaminskij hatten nicht mehr lange zu leben.

Wie mutig I. E. Jakir war, der zu der Kommission gehörte, die über Bucharins und Rykows Schicksal zu entscheiden hatte, indem er sich bei der Abstimmung der Stimme enthielt, hörte ich von Jakirs und Uborewitschs Frauen (Uborewitsch hatte es von Jakir selbst erfahren), und schließlich erzählte auch Tschudows Frau es mir. Unter Berücksichtigung der Situation kann man Jakirs Verhalten mit einer Verteidigung von Bucharin und Rykow gleichsetzen.

Wie M. I. Uljanowa und N. K. Krupskaja sich in der Kommission verhielten, konnte ich von den Frauen der Militärs nicht erfahren. Sie waren darüber nicht informiert. Aber L. K. Schaposchnikowa erzählte mir, daß Tschudow gesagt hätte, daß die beiden nicht zur Sitzung der Kommission erschienen waren. Dafür habe ich keine weitere Bestätigung. Aber es ist sehr wahrscheinlich, daß es so war. Die beiden Frauen wußten ja nur zu gut, daß sie nicht imstande waren, Stalins Entscheidung zu ändern...

Doch ich bin sicher: Falls das Abstimmungsergebnis der Kommission dokumentarisch erhalten ist – es war eine namentliche Abstimmung, wie mir jene Frauen erzählten –, dann nur in der Form, die Stalin wünschte.*

Der Kommissionsbeschluß – in Wahrheit Stalins Beschluß –, der einem Beschluß der Vollversammlung gleichgesetzt wurde (über den die Vollversammlung nicht abgestimmt hatte), entspricht nicht dem, was in der Presse mitgeteilt wurde:

»Das Plenum erörterte auch« (neben anderen Fragen, A. L.) »die Frage von Bucharins und Rykows antiparteilicher Aktivität und faßte den Beschluß, sie aus den Reihen der WKP(B) auszuschließen.«

Diese Nachricht stimmt nicht mit den Beschuldigungen überein, die früher, im Zusammenhang mit den Aussagen in den beiden vorangegangenen Prozessen, gegen Bucharin und Rykow erhoben worden waren; und schließlich gibt die Formulierung »antiparteiliche Aktivität« nichts von der ungeheuerlichen Verleumdung wieder, mit der Stalin über sie herfiel:

»Zwei Worte über Schädlinge, Saboteure, Spione und so weiter. Inzwischen ist es, glaube ich, allen klar, daß die gegenwärtigen Schädlinge und Saboteure – ob sie nun unter der trozkistischen oder der Bucharinschen Flagge antreten – längst keine Strömung in der Arbeiterbewegung mehr sind, sondern sich in eine prinzipien- und ideenlose Bande von professionellen Schädlingen, Saboteuren, Spionen und Mördern verwandelt haben. Selbstverständlich müssen diese Herren als Feinde der Arbeiterklasse und Verräter unserer Heimat erbarmungslos zerschlagen und ausgerottet werden. Das ist klar und bedarf keiner weiteren Erläuterung.«

So zerschlug und vernichtete Stalin in »zwei Worten«, ganz beiläufig, die bolschewistische Leninsche Garde.

Ich vermute, daß die zitierten »zwei Worte« aus Stalins Rede während der Februar-März-Tagung 1937 erst nach Bucharins Verhaftung gesagt wurden, um die Möglichkeit einer weiteren Einwirkung auf ihn nicht zu verlieren.

* Aus diesem Grunde mißtraue ich den Dokumenten über die Zusammensetzung der Kommission und die Erörterung des Beschlusses, auf die G. Bordjugow und V. Koslow sich in ihrem Artikel »Nikolaj Bucharin, Episody politischeskoj biografii« (»Nikolaj Bucharin, Episoden einer politischen Biographie«), in der Zeitschrift »Kommunist«, 1988, Nr. 13, S.108, stützen.

Lange Jahre habe ich N.I.s Brief-Vermächtnis im Gedächtnis bewahrt. In der Verbannung habe ich den Brief mehrmals notiert, ihn aber dann, aus Angst, daß er entdeckt werden könnte, wieder vernichtet. Erst als ich den Text 1956 nach dem XX. Parteitag der KPdSU wieder aufgeschrieben hatte, vernichtete ich ihn nicht mehr. Auf längst vergilbten Blättern habe ich ihn bis heute aufbewahrt.

Hier der vollständige Text von N.I. Bucharins Brief:

An eine künftige Generation von Parteiführern

Ich scheide aus dem Leben. Ich neige mein Haupt nicht der proletarischen Streitaxt, der es gebührt, unerbittlich, aber auch moralisch rein zu sein. Ich spüre meine Ohnmacht vor einer Höllenmaschinerie, die, vermutlich unter Anwendung mittelalterlicher Methoden, gigantische Schlagkraft besitzt, organisierte Verleumdung fabriziert und kühn und überzeugt vorgeht.

Dsershinskij lebt nicht mehr. Vergessen sind die großen Traditionen der TscheKa, als die Idee der Revolution alle Handlungen leitete, Härte dem Feind gegenüber rechtfertigte und den Staat vor jeder Konterrevolution bewahrte. Deswegen hatten die Organe der TscheKa sich besonderes Vertrauen, besondere Ehre, Autorität und Achtung verdient. Heutzutage sind die sogenannten Organe des NKWD in der Mehrzahl entartete Organisationen von ideenlosen, demoralisierten, gut versorgten Beamten, die unter Ausnutzung der früheren Autorität der TscheKa, Stalins krankhaftem Mißtrauen zuliebe (um nicht mehr zu sagen), auf der Jagd nach Ruhm und Orden ihre schändlichen Geschäfte betreiben, wobei sie im übrigen übersehen, daß sie damit gleichzeitig sich selbst vernichten, denn die Geschichte duldet keine Zeugen von schmutzigen Geschäften!

Jedes Mitglied des ZK, jedes Parteimitglied können diese »wundertätigen« Organe zu Staub zermahlen, zu einem Verräter und Terroristen, zu einem Saboteur und Spion machen. Wenn Stalin Zweifel an sich selbst bekäme, würde die Bestätigung auf dem Fuße folgen.

Drohende Wolken hängen über der Partei. Allein mein ganz unschuldiger Kopf wird noch Tausende Unschuldiger nach sich ziehen. Es muß doch eine »Bucharinsche Organisation« geschaffen werden, die es in Wahrheit nicht nur heute nicht gibt, da ich bereits seit sieben Jahren nicht die geringste Meinungsverschiedenheit mit der Partei mehr hatte, sondern die es auch damals, in den Jahren der rechten Opposition, nicht gegeben hat. Von Rjutins und Uglanows Geheimorganisationen war mir nichts bekannt. Ich habe meine Ansichten zusammen mit Rykow und Tomskij offen vertreten.

Seit meinem neunzehnten Lebensjahr bin ich in der Partei, und das Ziel meines Lebens war immer der Kampf für die Interessen der Arbeiterklasse, für den Sieg des Sozialismus. In diesen Tagen druckt die Zeitung mit dem heiligen Namen »Prawda«* gemeinste Lügen, als beabsichtigte ich, Nikolaj Bucharin, die Errungenschaften des Oktober zu vernichten und den Kapitalismus wiedereinzuführen. Das ist eine unglaubliche Unverschämtheit. Es ist eine Lüge, deren Unverschämtheit und Verantwortungslosigkeit gegenüber dem Volk nur noch mit der Feststellung vergleichbar wäre, daß Nikolaj Romanow sein ganzes Leben dem Kampf gegen Kapitalismus und Monarchie, dem Kampf für die Verwirklichung der proletarischen Revolution gewidmet habe.

Wenn ich mich in den Methoden für den Aufbau des Sozialismus mehr als einmal geirrt habe, so mögen mich die Nachkommen schärfer verurteilen, als Wladimir Iljitsch es tat. Wir schritten zum ersten Mal zum gemeinsamen Ziel, auf noch nicht gebahntem Wege. Es waren andere Zeiten und andere Sitten. In der »Prawda« wurde ein Diskussionsblatt gedruckt, alle stritten, suchten Wege, zankten sich, schlossen wieder Frieden und gingen gemeinsam weiter.

Ich appelliere an Euch, eine künftige Generation von Parteiführern, zu deren historischer Mission die Pflicht gehört, das ungeheuerliche Knäuel von Verbrechen zu entwirren, das in diesen schrecklichen Tagen immer gewaltiger wird, flammend auflodert und die Partei erstickt.

An alle Parteimitglieder appelliere ich!

In diesen möglicherweise letzten Tagen meines Lebens bin ich überzeugt, daß die Geschichte früher oder später den Schmutz von meinem Haupte spülen wird.

* »Prawda« = »Wahrheit«. (A. d. Ü.)

Ich war nie ein Verräter. Um Lenin zu schützen, hätte ich ohne Zögern mein Leben gegeben. Kirow habe ich geliebt und gegen Stalin nichts Böses ersonnen.*

Ich bitte die neue, junge und ehrliche Generation von Parteiführern, meinen Brief vor der Vollversammlung des ZK zu verlesen, mich zu rehabilitieren und wieder in die Partei aufzunehmen.

Wisset, Genossen, daß auf dem Banner, welches Ihr in siegreichem Zug zum Kommunismus tragt, auch mein Blutstropfen ist!

1961 übergab ich den Brief zum ersten Mal dem ZK der KPdSU. In jener Zeit, als die bolschewistischen Prozesse im Komitee für Parteikontrolle überprüft wurden, wurde ich mehr als einmal dorthin gerufen. Man sagte mir, daß die Frage von N. I. Bucharins Rehabilitation in Kürze entschieden werde. Aus mir unbekannten Gründen geschah das damals nicht.

Mit der Bitte um N. I. Bucharins Rehabilitation wandte ich mich mehrfach an die verantwortlichen Parteiführer und die oberste Parteiinstanz – die Parteitagspräsidien der KPdSU. Doch vergebens.

In meinem an den Generalsekretär des ZK der KPdSU, M. S. Gorbatschow, gerichteten Brief, adressiert an das Präsidium des XXVII. Parteitags, schrieb ich: »Auf Ihren Parteibüchern stehen Lenins Worte: ›Die Partei ist Geist, Ehre und Gewissen unserer Epoche.‹ Handeln Sie entsprechend diesen Qualitäten!

Ich meine, daß Sie als Führer der Partei nur eine Möglichkeit haben, auf mein Gesuch zu antworten – nämlich positiv.

Es hat mich große Mühe gekostet, den Text von N. I. Bucharins Brief ›An eine künftige Generation von Parteiführern‹ über lange Jahre in Gefängnissen, Verbannung und Lagern im Gedächtnis zu bewahren. Ich möchte gern glauben, daß Sie diese ›künftige Generation‹ sind.«

***

* Dieser Satz bedeutet nicht, daß Bucharin Stalins Ansichten nicht angefochten hätte; er weist nur die Beschuldigung zurück, ein Attentat auf Stalin geplant zu haben. (A. L.)

Ein halbes Jahrhundert trennt mich von den geschilderten dramatischen Ereignissen. Während ich diese Zeilen abschließe, ist Nikolaj Iwanowitsch endlich posthum wieder in die Partei aufgenommen. Die Gerechtigkeit hat gesiegt. Aber in meinem Gedächtnis ist nichts verblaßt, und in meinem Herzen leben Bucharins Worte an die Zukunft: »Wisset, Genossen, daß auf dem Banner, welches Ihr in siegreichem Zug zum Kommunismus tragt, auch mein Blutstropfen ist!«